KB266983

랜드 파워

랜드 파워

LAND POWER

랜드 파워

부와 권력을 결정짓는 토지의 힘

마이클 앨버터스 지음 | 노승영 옮김

INFLUENTIAL
인플루엔셜

역사적인 토지 권력의 불평등과 과거·현재의 거대한 토지 재편을 다루는 매혹적인 책이다. 21세기에 토지를 놓고 벌어질 투쟁에 대해 알고 싶다면 반드시 읽어야 한다.

— **토마 피케티 | 파리경제학교 교수, 《21세기 자본》 저자**

유구한 세월 동안 과소평가된 주제인 '누가 토지를 소유하는가'를 다루는 중요한 책. 사회적 위계질서와 불의가 어떻게 토지 권리를 중심으로 형성되었는지 들여다보며 이 시급한 문제를 토지 재편이 어떻게 해결할 수 있는지 흥미로운 본보기를 제시한다.

— **프랜시스 후쿠야마 | 스탠퍼드대학교 교수, 《역사의 종말》 저자**

누가 통제하는가? 누가 소유하는가? 누가 관리하는가? 그리고 이 모든 것을 바꾸려면 어떻게 해야 하는가? 마이클 앨버터스는 전 세계의 역사를 아우르며 현대 사회에서 부상 중인 새로운 시각을 독자들에게 제시한다. 이 책은 사회 권력과 정치 권력의 근저에 놓인 질문을 우리에게 던지고 있다.

— **대니얼 지블랫 | 하버드대학교 교수, 《어떻게 민주주의는 무너지는가》 공저자**

옛것의 충격을 직면하게 하는 강렬한 책이다. 토지는 오늘날 권력 분배에서도 여전히 중요한 역할을 수행한다. 앨버터스는 오늘날의 세계와 과거의 다양한 사회를 누비며 다채로운 여행을 이끄는 가이드로 활약한다. 과거의 토지 수탈이 현재를 어떻게 형성해 왔는지 폭로하면서도, 전 지구적 토지 재분배가 현재 진행형이고 사회를 더 나은 방향으로 이끌 것이라고 강조한다.

— **니컬러스 멀더 | 코넬대학교 교수, 《경제 무기The Economic Weapon》 저자**

토지는 언제나 경제적 부의 원천이었다. 이 흥미진진한 책은 토지가 권력의 원천이며 여러 사회조직과 정치구조를 형성하는 근간이라는 사실을 보여준다.

— 대런 아세모글루 | 노벨경제학상 수상자, 《권력과 진보》 공저자

'토지land'는 영어로 네 글자밖에 안 된다. 하지만 인종 갈등, 성 불평등, 개발을 위한 투쟁, 환경 위기라는 네 가지 과제에 어마어마한 영향을 미친다. 이 강력하고 설득력 있는 책에서 앨버터스는 우리 삶을 형성하는 가장 단순하면서도 심층적인 요인인 발밑의 땅에 대해 사고하는 법을 재발명한다.

— 벤 앤셀 | 옥스퍼드대학교 교수, 《정치는 왜 실패하는가》 저자

지금은 최대한 넓은 시각으로 토지 이용에 대해 이야기할 때다. 《랜드 파워》는 공적·사적 토지 체제가 미래 세대를 위해 생태계와 사회를 효과적으로 보호할 수 있는지 새로운 통찰을 제시한다.

— 크리스틴 톰킨스 | 톰킨스자연보호재단 설립자 및 전 파타고니아 CEO

마이클 앨버터스는 토지의 소유, 통제, 이용이 공동체의 근본적 붕괴를 비롯하여 사회구조에 어떤 영향을 미쳤는지에 대해 설득력 있는 논의를 펼친다. 그리고 이렇게 결론짓는다. "토지 재편이 계속되는 이유는 과거에 토지 수탈이 남긴 깊은 상처가 치유되지 않았기 때문이며 우리는 여전히 그에 대해 무언가를 할 수 있다." 이것은 인디언토지보유재단을 지금껏 추동한 원동력이며 오늘날까지도 내 가슴을 뜨겁게 한다.

— 크리스 스테인브룩 | 인디언토지보유재단 회장

모든 것이 땅으로 귀결되는 현대 사회가 어떻게 형성되었는지에 대해 능수능란하게 이야기를 들려준다. 재치 있고 대담하고 도발적인 이 책은 토지 재편이 어떻게 노예화와 토착민·여성·소수 민족 강탈로 이어져 세상에서 가장 심각한 사회악에 이르는 길을 닦았는지를 설명한다. 저자는 우리가 현 상황에 이르게 된 과정과 일부 나라에서 과거의 토지 재편을 바로잡기 위해 시행하고 있는 정책을 소개한다. 무척 흥미진진한 이야기로 오늘날의 세계를 이해하는 데 큰 도움이 되는 책이다.

— 베아트리스 마갈로니 | 스탠퍼드대학교 교수

토지 소유 구조가 어떻게 정치 권력을 빚어내고 어떻게 정치 권력에 의해 빚어지는지에 대한 힘찬 논증이다. 전 세계를 아우르는《랜드 파워》는 생생하고 해박하며 배울 점이 무척 많은 책이다.

— 패트릭 조이스 | 역사학자, 《농민을 기억하며Remembering Peasants》 저자

《랜드 파워》는 시공간을 넘나들며 토지 권력이 강제 이주, 불평등, 착취와 관련해 어떤 역할을 하는지를 탄탄한 학문적 토대 위에서 설명한다. 기원전 1만 년부터 19세기에 걸친 토지 재분배 물결을 지나 극적으로 달라질 미래에 이르기까지, 빼앗긴 자들의 부상이 모두를 위한 정의를 보장하지 않고 새로운 승자와 패자를 등장시킬 뿐임을 여실히 보여준다.

— 마거릿 레비 | 정치학자, 스탠퍼드대학교 명예교수

이 땅에서 살아갈 미래 세대들에게

누가 토지를 소유하는가? 토지와 얽히고설킨 우리의 과거와 어떻게 씨름할 것인가? 이러한 문제들은 이 책의 초고를 쓸 때보다 지금 더욱 중요해졌다. 최근의 전 세계적 정치 변동은 토지 권력이 여전히 중요하다는 사실을 똑똑히 보여준다. 러시아가 우크라이나를 침공하고, 도널드 트럼프Donald Trump 대통령이 그린란드·파나마 운하·가자 지구·심지어 캐나다를 흡수하겠다고 으름장을 놓으며, 중국이 남중국해에서 영유권을 확대하려고 하는 등 전 세계적으로 영토 확장에 대한 야심이 커지고 있다. 전후戰後 세계 질서가 삐걱거리고 타국의 영토를 존중하는 오랜 규범과 규칙이 도전받는 지금, 세계는 토지 강탈이 재개되며 혼돈의 시대에 접어들고 있다.

한반도에서 토지 권력은 특별한 울림이 있다. 한국전쟁으로 한반도의 영토가 나뉘었기 때문이다. 남한과 북한은 대토지 소유주에게서 그들을 위해 일하는 사람에게로 토지를 이전하는 전방위적 토지 개혁을 채택했다. 하지만 개혁 방식은 사뭇 대조적이었다. 북한에서는 전체 토지를 집단화한 반면에 남한에서는 작은 구획의 토지를 경작자들에게 유상 분배했다. 그에 따른 발전의 모습도 서로 달랐다. 북한이 권위주의적 지배 체제를 다지기 위해 집단농장을 이용하면서 수십 년간 노동 의욕과 농업 생산성이 꺾였으나 남한의 소농들은 승승장구했다. 그들의 성공 덕에 각 가정에서 자녀 교육을 감당할 만한 여유가 생겼으며 궁극적으로 부를 축적하고 경제적 다변화를 이룰 수 있었다.

남한이 산업화된 민주주의 국가로 탈바꿈한 배경에는 성공적인 토지 개혁이 있었다. 하지만 남한은 독재적이고 억압적인 방식으로 개혁을 추진하는 것이 얼마나 위험한지를 온전히 실감한 적이 드물었는데, 2024년 말과 2025년 초 나라를 뒤흔든 정치 위기에서 그 위험성이 적나라하게 드러났다. 남한에서 토지를 둘러싼 관계는 향후 수십 년간 다시 바뀔 가능성이 있다. 인구가 감소하고 농촌 인구가 노령화하면서 새로운 기회, 즉 토지에 재정착하고 남한 사회에서 토지의 역할을 재편하는 새 정책이 수립될 것이다.

기후 변화가 심화되고 신기술에 필요한 자원의 수요가 커지면서 토지를 뺏고 빼앗기는 전 세계적 경쟁이 격화하고 있다. 앞으로 이런 현상 때문에 항로, 영향권, 이주 패턴이 새롭게 변화할 터이다. 한반도도 예외일 수는 없다. 독자 여러분이 이 책을 통해 과거의 토지 재편에서 교훈을 얻어 미래의 난제를 해결하는 지혜를 기를 수 있기를 바란다.

2026년 2월
마이클 앨버터스

랜드 파워,
현대 사회 탄생의 새로운 관점

토지는 권력이다. 우리의 정체성, 가족의 과거, 부, 행복, 관계의 뿌리가 전부 발아래 땅속에 있다. 초기 인류는 수천 년간 땅을 존중하고 거기에 기대어 먹고살았으나 그 땅이 누구 것인지는 생각할 필요가 없었다. 인구는 적고 땅은 넓었으며 개척할 곳은 얼마든지 있었다.

이제는 아니다. 지난 수천 년간 인구가 급증하면서 토지는 귀중한 자원이 되었다. 고대 메소포타미아, 그리스, 로마에서는 토지를 빼앗으려는 전쟁이 심심찮게 벌어졌다. 토지 전쟁은 근대 국가의 등장과 함께 전 세계로 들불처럼 번져 나갔다. 누가 토지를 소유하느냐가 누가 권력을 쥐느냐를 정의하게 되었다.

토지 권력은 경제 권력이다. 인류 역사가 시작된 이래 토지는 야생 동식물과 귀금속 같은 천연자원의 토대로서 막대한 금전적 가치를 지녀왔다. 산업화 이전에는 가장 생산적인 자산이기도 했다. 지난 수천 년간 인류의 절대다수가 농업 생산을 위해 토지에 의존하여 가축을 기르고 목재를 수확했다. 현대에도 토지는 실제로 번영을 배가시킨다. 인구 증가에 따라 토지의 가치가 상승할 뿐 아니라(개개인에게 돌아가는 토지가 점점 감소하므로) 토지 소유자에게 직접적 이익이 주어지며 운 좋게도 토지를 소유하거나 관리하는 사람들의 부가 늘어난다. 삶이 '산 위의 왕king of the mountain' 게임(원래의 왕을 밀쳐내고 정상의 자리를 차지한 사람이 새로 왕이 되는 놀이—옮긴이)이고 다들 산 위로 올라가려고 노력한다면, 토지를 획득하는 것은 에스컬레이터를 타고 정상까지 올라가는 일과 같다. 그러려면 한참을 올라가야 하겠지만 말이다. 지구상에 있는 모든 토지의 가치 총액은 약 200조 달러로, 전 세계 경제의 총생산량보다 크다. 어떤 형태의 부도 토지의 상대가 되지 못한다.[1]

토지 권력은 사회 권력이기도 하다. 대지주는 오랫동안 사회 질서를 형성했으며 사회적 위계질서의 피라미드 꼭대기에 앉아 존경을 받고 배타적 조직과 사교 집단에 특별히 접근하는 혜택을 누렸다. 수백 년에 걸쳐 영토를 다스리면서 사람들에게서 지대, 노동, 복종을 뜯어냈고 토지를 무보수로 경작시키면서 다양한 형태로 지배했다. 베르사유에서 몬티셀로와 바그다드까지 전 세계의 국왕, 추장, 귀족, 정치 지도자, 재계 거물은 자신이 소유한 토지를 이용하여 지위를 과시하고 권위를 휘둘렀다. 가문과 개인의 정체성과 영향력은 그들이 소유한 토지에 의해 정해졌다. 유럽의 귀족들은 토지를 자기 이름에 박아 넣었다. 윈저 공작이나 요크 공작 같은 칭호는 가문의 유산을 나타낼 뿐 아니라 성과 주변 토지와도 연결되어 있었다. 이 엘리트들이 통치 체제 구축의 선봉에 설 수 있었던 것은 토지 덕분이었다.

이것은 토지 권력이 정치적 성격도 띠기 때문이다. 전 세계 어디에서든 유력한 토지 소유자는 자신이 가진 자원과 지위를 내세워 국가와 정부의 설립을 쥐락펴락할 수 있었다. 정치 참여 또한 토지에 결부되었다. 토지 소유는 시민권과 소속감의 주요 표지이므로 대부분의 사회는 언젠가부터 토지를 기준으로 누가 투표나 공직 수행을 통해 정치에 참여할 수 있는가를 결정했다. 정치인들은 토지 정책을 요긴하게 활용하여 정치적 지지를 끌어내고 정적에게 타격을 입힌다. 재산세, 지역제zoning(건물의 유형과 인구밀도 등을 규제함으로써 토지 이용을 통제하는 제도—옮긴이), 수용권, 토지의 수탈과 공여는 사회의 승자들이 패배한 적들에게 휘두르는 무기다.

토지와 권력의 밀접한 연결은 한번 맺어지면 쉽게 끊어지지 않는다. 토지 소유의 이점은 해가 갈수록, 세대가 거듭될수록 축적되며 쉽게 극복할 수 없다. 이 연결이 끊어지는 것은 우리 발아래 토지가 움직일 때뿐이다.

19~20세기에 걸친 인구 증가, 국가 형성, 사회 갈등은 누가 토지를 소유하는가를 놓고 전 세계에서 극적인 변화를 촉발했다. 이 격변의 시대(이 책에서는 '대재편the Great Reshuffle'이라고 부르겠다)에 일어난 혁명적 변화는 사회와 구성원들을 새로운 궤도에 올려놓았다. 이 책은 토지 권력이 교체될 때 어떤 일이 일어나는지, 이것이 이후 수백 년간 사회의 미래를 어떻게 좌우하는지를 살펴본다. 그리고 지금 당장 미래를 어떻게 고쳐 쓸 수 있는지도 들여다본다. 대재편은 아직 끝나지 않았으며 일부 사회는 미래 세대에 근본적 영향을 미칠 토지 권력의 새판을 짜는 실험을 벌이고 있다.

1850년대에 미국인들이 캘리포니아 남부 내륙에 정착하기 시작한 사례는 대재편의 엄청난 위력을 똑똑히 보여준다. 멕시코-미국 전쟁이 끝난 뒤 멕시코가 캘리포니아를 미국에 양도하는 조약을 1848년에 체결했고 그 여파로 새로운 삶을 개척하려는 정착민의 물결이 서부로 밀려들었다. 영토를 늘리고 개발하려고 혈안이 된 연방 정부는 정착민들을 부추겨 태곳적부터 그곳에 거주하던 아메리카 원주민들을 강제로 몰아냈다. 아메리카 토지 강탈은 유명한 이야기지만 19세기에 끝난 사건이 아니다. 토지를 빼앗은 자와 빼앗긴 자는 그때 생겨난 길을 오늘날까지도 걷고 있다.

당대의 토지 정책으로 인한 희생자 중에 코첼라 밸리Coachella Valley에 살던 카후일라 부족Cahuilla이 있다. 연방 정부의 관리들은 1852년 카후일라족에게 불평등 조약을 강요하여 대부분의 영토를 양도받았다. 그 후 정부는 조약을 무시하고서 더 많은 토지를 빼앗았으며 남태평양 철도 회사Southern Pacific Railroad에 철도 부지를 바둑판 모양으로 쪼개서 한 칸 걸러 한 칸씩 무상 공여하겠다며 철도 건설을 부추겼다. 이 때문에 카후일라족은 열 곳의 보호구역으로 찢어졌으며 바둑판 모양의 보호구역은 대부분 쓸모없고 한숨이 나올 정도로 척박했다.

캘리포니아 코첼라 밸리 안팎의 권력은 토지의 소유와 이용에 따라 변화했다. 빈곤층으로 전락한 카후일라족의 상당수는 한때 자신들의 소유이던 땅에서 정착민들을 위해 일해야 했으며 인디언사무국은 카후일라 문화를 억누르는 동시에 남은 사람들을 통제할 방법을 찾았다. 토지를 빼앗은 자와 빼앗긴 자의 간극은 커져만 갔다.

카후일라족의 토지 재편은 1800년대에 끝나지 않았다. 1900년대 초반 사막 기후와 이름난 온천, 야자나무 골짜기 덕분에 외부인들이 점점 매력을 느끼면서 카후일라족 피난처 중 아과칼리엔테 보호구역Agua Caliente Reservation의 가치가 어느 때보다 높아졌다. 1920년대에는 연방 정부가, 1950년대에는 팜스프링스시 당국이, 1960년대부터는 민간 개발업자들이 여전히 카후일라족 소관이던 이 땅을 낚아채려고 달려들었다. 팜스프링스시가 할리우드의 부자와 유명인을 위한 놀이터로 탈바꿈하면서 토지 권력을 가진 자와 가지지 못한 자 사이의 격차는 건강, 학력, 정치적 영향력 등 모든 면에서 나타났다. 한 블록만 떨어져도 차이가 뚜렷했다.

이후 아과칼리엔테와 팜스프링스시가 맺은 일련의 개발 계약과 보호구역 내 카지노 사업의 도입은 최근 수십 년간 아과칼리엔테를 변화시킨 전환점이었다. 아과칼리엔테 주민들은 의연히 살아남았으며 오늘날의 세계를 능숙하게 헤쳐나간다. 하지만 그들의 사례는 토지의 주인이 바뀌었을 때 무슨 일이 일어날 수 있는지, 그리고 그 영향이 얼마나 두루 퍼질 수 있는지를 보여주는 본보기다.

훗날 미국으로 명명될 땅에 처음 발을 디딘 유럽인들은 그 땅에 소유자가 없다는 사실을 발견했다. 그들은 그 방식을 이해할 수 없었고 존중할 마음도 없었다. 그들은 그 땅을 '테라 눌리우스terra nullius(임자 없는 땅)'로 치부하여 제 것으로 삼았으며 그곳에 살던 사람들을 몰아내고 노예를 들여와 족쇄를 찬 채 땅을 일구게 했다. 미국 건국 이후로 백인 미국인들은 땅의 가치를 높이고 그 위에 주택을 지어 경제적 지배력을 다졌으며 아메리카 원주민과 흑인은 점점 뒤처졌다.

백인 정착민에게 지급된 가장 기본적인 경제 기반은 토지 그 자체였

다. 최초의 인디언 추방에서 서부 확장과 보호구역 지정에 이르기까지,
플랜테이션 노예제의 탄생에서 남북전쟁 이후 재건과 도시 등급 지정
(1930년대에 미국 정부는 도시마다 부동산 투자 적격 여부를 등급으로 판단했
는데, 위험 등급을 받은 지역을 지도에 빨간 줄로 그어 표시한 '레드라이닝' 정책
으로 흑인들은 온갖 불이익을 당했다—옮긴이)에 이르기까지 아메리카 원
주민과 흑인은 결코 토지에 대한 권리를 가질 수 없었다. 이는 20세기
와 21세기에 미국으로 이주한 타 인종들도 마찬가지였다.

미국 내 토지를 소유한 자들이 미국의 운명을 좌우했다. 인종에 따
른 지속적인 경제 불평등, 계층 이동과 기회의 인종적 격차 증가, 정치
적 대표성의 적나라한 인종적 불균형은 모두 과거의 토지 소유가 남긴
흔적이다.

그러나 북아메리카, 남아프리카공화국, 호주에서 대재편이 이루어졌
을 때 발생한 불평등과 파괴가 토지 재분배에 반드시 따라오는 필연적
결과는 아니다. 토지가 없는 사람들에게 토지를 공여하여 다수의 삶
이 개선된 사례가 부지기수다. 아일랜드와 동아시아의 경험에서 보듯
토지 소유권이 분할되어 널리 공유되면 사회 전체가 혜택을 누릴 수도
있다. 토지 재편이 반드시 제로섬 게임으로 이어지는 것은 아니다.

토지 재분배는 행복하고 건강한 미래를 빚어낼 드문 기회다. 하지만
대부분의 사회는 기회가 찾아왔을 때 오히려 일을 그르쳤다. 그리고
그들이 저지른 잘못은 한참 뒤에 문제를 일으켰다. 지난 2세기 동안
토지가 재분배된 방식은 전 세계에서 뚜렷하고 반복적이고 지긋지긋
한 성 불평등, 저개발, 인종차별을 고착화했다. 토지 재분배 시도는 환
경을 파괴하고 자원을 고갈시키고 생물 다양성을 감소시켜 기후 위기

와 환경 위기에도 일조했다.

토지 재분배가 실패하는 이유는 여러 가지이지만 무능력 때문인 경우는 드물다. 토지에는 권력이 따르기 때문에 치열한 쟁탈전이 벌어진다. 이것은 토지를 차지하고 토지 권력을 휘둘러 지위, 부, 통제력을 쟁취하려는 싸움이며 승자와 패자를 뚜렷이 가르고 사회의 미래를 좌우한다.

토지 쟁탈전에는 흔히 권력과 부가 결부되기 때문에 여기에 깃든 더 넓은 사회적 함의를 간과하기 쉽다. 하지만 토지 권력은 불평등을 해소하는 데도 활용할 수 있다. 일본, 한국, 대만은 토지를 통해 평등과 발전을 동시에 도모하며 긍정적 영향력을 보여준 본보기다. 최근에는 "흑인의 생명은 소중하다Black Lives Matter"와 "토지 반환Land Back" 같은 사회운동이 벌어지면서 보상과 배상을 통해 토지를 올바르게 재편하는 방식을 더 꼼꼼히 들여다보려는 논의가 활발하게 진행되고 있다.

이 책은 현대 사회가 어떻게 탄생했는지에 대해 새로운 이야기를 들려준다. 이 이야기에서 토지 재편은 세계에서 가장 끔찍한 사회악들이 생겨날 길을 닦았다. 하지만 더 읽어보면 또 다른 이야기도 있다. 이 이야기는 아직도 현재 진행형이다. 대재편은 결코 끝나지 않았다. 전 세계 여러 나라에서 토지 소유권이 여전히 분할되어 재분배되고 있으며 어떤 나라들은 과거 재편의 잘못을 바로잡는 정책을 실험하고 있다.

이는 토지에 대한 압박이 여전히 증가하는 중이기 때문이기도 하다. 도시화가 착착 진행됨에 따라 땅에 의지해 사는 사람의 수가 점점 줄고 있는 것처럼 보이지만 실상은 정반대다. 유엔 인구 통계에 따르면,

1960년부터 지금까지 농촌 지역에 사는 사람의 수는 20억 명에서 거의 35억 명으로 약 75퍼센트 증가했다.[2] 도시에 사는 수십억 명도 가족과 정체성을 매개로 농촌과 긴밀히 연결되어 있다. 도시 인구가 더 빠른 속도로 증가하기에 도시 토지의 재편이 주목받고 있긴 하지만 많은 농촌 지역에서도 인구가 꽤 많이 증가하고 있다. 이 추세는 생계뿐만 아니라 토지에 뿌리를 둔 정체성과 문화도 위협한다.

토지 재편이 계속되는 이유는 과거 토지 수탈의 깊은 상처가 치유되지 않았고 할 수 있는 일이 아직 남아 있기 때문이기도 하다. 토지는 권력이지만 그렇다고 해서 반드시 불균형, 모욕, 파괴를 부추기는 것은 아니다. 토지 권력을 사회 전체의 이익을 위해 행사하면 더 나은 미래를 만들 수도 있다.

나는 더 나은 미래를 실현하기 위한 최선의 방법을 15년 넘게 고민했다. 대부분의 사회비평가와 사회학자가 전 세계의 북적거리는 도시에서 거주하기 때문인지 모르겠지만, 인류와 토지의 깊은 유대가 현대적 삶의 구석구석을 얼마나 속속들이 빚어냈는지를 제대로 인식한 사람은 거의 없다. 이 점을 간과한 문제가 얼마나 중대한지를 깨달은 것은 내가 운명적으로 찾아온 현장 조사를 위해 페루와 볼리비아 고산지대에 갔을 때였다. 그곳에서 토지는 초미의 관심사였다. 페루 안데스 산맥 어딜 가나 농민들은 땅을 갈고 가축을 키웠다. 볼리비아 라파스 La Paz에서는 사람들이 토지 관리 기관을 가득 메운 채 서류를 달라며 책상을 쾅쾅 내리쳤다. 하지만 그들에게 토지는 단순한 생계 수단이나 사고파는 상품이 아니었다. 토지는 그곳에서 사는 사람들과 가족의 유산을 그곳에 남겨 놓고 떠난 사람들이 정치적·경제적·사회적으로 무엇을 할 수 있는지를 좌우했다. 사회의 모든 길은 토지로 통했다.

나는 이탈리아에서 남아프리카공화국까지, 아일랜드에서 중국까지, 캘리포니아에서 파타고니아까지 전 세계를 누비며 먼지 쌓인 기록물 보관소, 방대한 도서관, 무수한 토지 관리 기관, 무엇보다 밭과 이랑에서의 현장 조사를 통해 토지의 다양한 모습을 연구하고 학습했다. 기회가 생길 때마다 배낭을 메고 버스나 승용차에 올라타 시골로 가서 땅을 둘러보았다. 수많은 농민, 공무원, 토지 관리인, 사업가와 대화를 나누기도 했다. 그들은 평생을 토지에 바쳤으며 토지의 재편 여부를 놓고 상부에서 내린 결정에 좌우되는 삶의 궤적을 걸었다. 다들 토지의 가능성에 대해 열성적으로 이야기했으며 자신이 품은 꿈과 계획의 중심에 토지가 있다고 말했다. 정부와 정치인의 토지 남용을 씁쓸하게 회상하는 사람도 많았다. 바로 그들의 목소리가 이 책에 담겨 있다. 그 경험을 곱씹고 역사와 이론을 더 폭넓게 연구하면서 문화와 개인이 우리 발밑의 땅을 어떻게 사고팔고 쟁취하고 착취하는지가 한 국가의 성공과 실패를 가를 수도 있다는 사실을 절감했다.

토지가 어떻게 지금의 세상을 만들어냈는지 이해하려면 인류의 역사에서 토지와 권력이 어떻게 연결되기 시작했는지를 탐구하는 데서 출발해야 한다. 그 연결은 전 세계에서 저마다 다르게 발전했으며, 대재편이 시작되기 전 최종적으로 다섯 가지의 주요 토지 소유 형태로 안착했다. 이 책의 1부에서는 그 과정들을 자세히 짚으면서 지난 수백 년간 전 세계의 지도를 바꾸고 현대 사회의 모습을 극적으로 변화시킨 기념비적 토지 소유 구조의 변화를 간략히 살펴본다. 2부에서는 대재편 시기에 이루어진 선택이 어떻게 현대 사회의 네 가지 병폐인 인종적 위계, 성 불평등, 저개발, 환경 파괴의 토대를 놓았는지를 설명한다. 3부에서 보겠지만 이 병폐들은 불치병이 아니다. 일부 국가는 병폐를 해소하는 의미 있는 첫걸음을 내디뎠으며 눈에 띄는 진전을 거뒀다. 하지만 대다수 국가는 이제야 문제의 심각성을 인식하고 이를 해결하기 위한 정책과 계획을 논의하고 있다. 이 국가들은 이미 성과를 거둔 국가들로부터 교훈을 얻을 수 있을 것이다.

지난 2세기 동안의 토지 대재편은 사회의 미래를 좌우했지만 영원한 운명 속에 가두지는 않았다. 올바른 주인을 만난 토지는 더 공정하고 지속 가능한 세계를 만드는 도구로 쓰일 수 있다. 어떤 국가들은 더 나은 세계를 향해 길고 험한 길을 한 걸음씩 나아가며 실제로 진보를 이뤄내고 있다.

차례

PART 1

주인 없는 땅

일러두기

• 이 책에서 토지 면적 단위는 국제 표준 단위인 헥타르(ha)를 사용하였다. 1헥타르는 10,000제곱미터(㎡)이다.

1장

토지와 권력

땅을 가진 자와 가지지 못한 자

　토지가 누구의 소유도 아니던 때가 있었다. 인구는 적고 땅은 풍부하던 시절이었다. 초기 인류의 삶을 규정한 것은 수렵과 채집이었다. 인류는 소규모 집단을 이루고서 땅에서 식량을 채집했으며 필수 자원의 계절적 변동에 맞춰 이동했다. 풍요의 시기는 예외적이고 짧았으며 풍요의 순간을 재현하고 연장할 도구는 어설펐기에 인구는 여전히 적었다. 1만 2000년 전까지만 해도 땅 위를 누빈 호모 사피엔스 조상은 수백만 명에 불과했다.

토지 소유권 개념이 없었기에 토지를 바탕으로 하는 유의미한 정치권력도 전무했다. 하지만 그때에도 인류와 토지의 관계는 삶과 사회의 성격을 규정했다. 인구는 제한적이었고 계절에 따라 채집하거나 저장할 수 있는 양에 한계가 있었으므로 인류의 생활 방식은 생태적으로 지속 가능했다. 오늘날 존재하는 사회적·경제적·인종적 계층화는 전혀 찾아볼 수 없었다.

변화가 시작된 것은 기원전 1만 년경이었다. 전 세계의 몇몇 지역에서 정착 생활을 하는 집단과 작물 경작이 나타났다. 공동체가 일정한 장소에 정착하는 현상은 어류, 조류, 기타 대형 동물의 이동 경로에 인접한 습지에서 가장 두드러졌다.[1] 그로부터 5,000년이 지나자 작물과 가축에 의존하는 농경 사회가 자리잡게 되었다.

변화의 핵심은 풍요와 잉여생산물이었다. 1년 내내 한 장소에 사는 형태가 지속 가능하려면 그 지역의 자연적 풍요를 활용하거나 농경과 목축으로 풍요를 일궈내야 했다. 그러나 이것이 가능한 비옥한 땅은 한정적이었으며 그에 따라 토지와 잉여생산물을 이용하는 방식이 중요해졌다. 그리하여 초기 사회에서 규모가 작기는 해도 토지가 권력을 빚어내기 시작했다.

토지를 지배하는 자가 잉여생산물을 장악했으며 이를 통해 재산의 축적과 사회적 지위를 뒷받침할 수 있는 귀한 자원을 장악했다. 기원전 3300년에서 기원전 3100년 사이에 고대 메소포타미아의 도시 우루크Uruk에서 발견된 초기의 행정용 쐐기문자 점토판에 곡물 배급과 세금의 내역뿐 아니라 노역과 노예의 내역도 기록된 것은 이 때문이다. 기원전 2550년경 비석에 쐐기문자로 새겨진 메실림 조약The Treaty of Mesilim은 전쟁 중이던 두 도시국가 간 영토 분쟁에 대한 가장 초기 증거 중 하나다. 기원전 2300년경에는 이 지역의 서기관들은 점토판에 토지에 대한 세부 내역을 기록했는데, 대개는 토지 매매나 경계 분쟁에 대한 것이었다.[2]

이로부터 수천 년이 지나서 중동, 유럽, 라틴아메리카, 아시아에서 인간 사회가 점차 확대되면서 토지의 중요성도 계속해서 커졌다. 지식과 교역, 농업과 기술이 점점 발전하면서 기원 전후 무렵에는 인구가

30배 넘게 증가하여 2억 명 가까운 사람이 땅 위를 누볐다.[3] 이즈음 고대 그리스와 로마에서 토지가 체계적으로 분할되고 구획되었다는 명확한 고고학적 증거들이 존재한다. 심지어 로마는 기원전 78년에 토지 소유 지도와 관련 문서를 보관하는 기록보관소까지 지었다. 초기 단계의 국가가 형성되어 잉여생산물을 분배할 수 있게 되면서 사제 계급, 세금 징수원, 의료 전문가, 상비군이 탄생했다. 토지와 잉여생산물을 통제하는 자들은 새로 등장한 이 전문가 계층을 활용하여 사후 세계에 대한 접근권을 독점하고 자신들의 수명을 연장했다. 그리고 이웃 집단을 정복하여 그들의 자원과 노동력을 차지했다.

이 시점에 이르자 권력에 대한 토지의 영향력이 막대해진 탓에 기록상 최초의 혁명적 토지 재분배 시도가 촉발되었다. 로마 공화정의 전성기에는 수백 년에 걸쳐 토지 집중 현상이 심화되었다. 로마 귀족과 지방 엘리트는 새로 정복한 영토, 정복지의 노예 노동력, 소농의 소규모 농경지를 바쁘게 집어삼켰으며 소농은 계절노동자나 임금노동자 신세로 전락했다. 지주들은 징세 도급을 통해 더 큰 부를 쌓았고 일부 지주는 원로원 의원이나 집정관 같은 공직을 맡아 권력을 차지했다. 그러다 기원전 133년, 엘리트 계급은 전례 없는 난관을 맞닥뜨렸다. 처음에는 티베리우스 그라쿠스Tiberius Gracchus가, 다음으로는 그의 동생이 로마 평민들에 의해 호민관으로 선출된 것이다(평민들은 토지를 거의 소유하지 못했음에도 투표권이 있었다). 그라쿠스 형제는 자신들의 권력으로 귀족 권력의 토대에 도전했으며 빈농에게 유리하도록 토지를 재분배하는 법안을 내놓았다. 이에 대한 대응은 신속하고 단호했다. 그라쿠스 형제는 차례로 살해당했다.

그즈음 지구 반대편에 자리한 멕시코 남부 오악사카 밸리의 몬테알 반에 살던 사포텍 부족Zapotec에게는 토지가 곧 권력이었다. 이 복잡한 사회는 메소아메리카 최대의 정착지 중 하나였다. 소수이지만 강력했던 사포텍 귀족들은 산꼭대기를 평평하게 깎아서 만든 신전과 제단이 있는 단지에 거주하면서 드넓은 골짜기 아래로 펼쳐진 평민들의 농지를 다스렸다. 귀족들이 제사를 지내고 정교한 복식과 장신구를 착용하고 망자를 호화롭게 매장하고 이웃 집단의 영토를 전쟁으로 탈취하는 동안 평민들은 노역과 수확물의 일부를 그들에게 바쳐야 했다.[4]

토지 권력은 사회, 문화, 부를 낳았지만 불평등을 고착화하기도 했다. 사회가 성장하면서 사회적·경제적 계층 분화가 전례 없이 심해졌다. 부유한 소수의 엘리트 집단이 통치자로 부상한 반면 피지배자들은 조상들이 당연하게 누리던 기본적 자유와 자주성을 잃었다. 고대 그리스와 로마처럼 사회가 커지고 인종과 민족이 다양해지면서 사회적 지위와 연계된 초기 형태의 인종적·민족적 위계가 생겨났는데, 그 토대 또한 토지였다.[5]

농업이 자리 잡고 쟁기 같은 도구들이 등장하면서 성역할도 변화했다.[6] 남성은 밭에서 일하는 시간이 늘었고 여성은 집에서 수확물을 다듬고 살림하는 시간이 늘었다. 출생률이 높아지면서 여성은 육아에도 더 많은 시간을 써야 했다. 예를 들면, 고대 메소포타미아에서는 기원전 6000년에서 기원전 4000년 사이에 쟁기가 보급되자 남성이 사냥꾼과 목동에서 농부로 직업을 바꾸었고 여성은 밭에서 쫓겨났다. 이로 인해 남성 중심주의가 사회와 신앙을 지배하기 시작했으며 신과 사제도 여성에서 남성으로 바뀌었다.[7] 쟁기는 수천 년에 걸쳐 전 세계에 서서히 전파되었으며 그와 더불어 남성 중심주의도 확산되었다.

풍요를 좇다 파괴를 저지르는 일도 있었다. 인류 역사 초기에는 인구가 매우 적었기에 환경의 훼손이 최소한에 그치고 금세 회복할 수 있는 정도였다. 하지만 인구 증가는 땅을 빠르게 황폐화시킬 위력을 지니고 있었다. 통치자들이 잉여생산물을 늘리기 위해 피지배자들이 숲을 벌목하고 토지를 더 많이 개간하도록 독려했기 때문이다. 아일랜드의 드넓은 고지대에 펼쳐진 이탄 습지는 초기 농경 인구 증가의 흔적을 보여준다. 그들은 기원전 3000년부터 기원전 500년경까지 섬의 숲을 거의 다 벌목하고 토양을 산성화했으며 경작 가능한 모든 땅에서 농사를 지었다. 지구 반대편에서는 수백 년 뒤 한나라 시대 중국 북부의 인구 급증으로 인해 화베이평원华北平原의 대부분이 벌목되고 환경이 심각하게 훼손되었다. 그로부터 1,000년 뒤 이스터섬에 새로 자리 잡은 사람들은 인구가 증가하기 시작한 13세기부터 17세기 말 사이에 숲을 파괴하여 동식물을 멸종시키고 전쟁과 사회 붕괴를 촉발했다.

16세기에는 새로운 혁신이 일어나 토지와 권력의 연결이 더욱 공고해졌다. 그 혁신이란 국민국가의 건설이었다. 프랑스, 영국, 스페인은 수백 년에 걸쳐 국경을 확정하고 무력을 독점하고 상비군과 중앙집권적 관료제를 정비했다. 19세기 즈음에는 독일과 이탈리아를 비롯한 유럽 대부분과 라틴아메리카가 같은 단계를 밟았다. 토지에서 나오는 권력은 초기의 수렵·채집 사회와 정주 공동체에서 상상도 하지 못했을 모습으로 세상을 급속히 탈바꿈시켰다.

그러는 내내 인구는 급증했다. 19세기 초에는 전 세계 인구수가 10억 명에 도달했다. 새로 건설된 국가에서도 여전히 농업은 경제적 동력이었기에 토지는 어느 때보다 귀한 대접을 받는 동시에 인구 압박에 짓눌렸다.

토지는 사회생활의 거의 모든 측면을 규정하고 좌우했다. 토지의 소유권과 생산성은 사람들이 사는 집, 하는 일, 먹는 음식, 진 빚, 유지하는 사회관계, 해마다 날마다 영위하는 일상을 결정했다. 많은 사람이 남을 위해 땅을 경작하며 목숨만 겨우 부지할 정도로 근근이 살아갔다. 자영농이나 (타인의 노동을 통해 이익을 거두는) 대지주 같은 극소수만이 토지를 소유했다.

신생 국가에서 토지 소유 기록은 국경을 확정하고 인구를 관리하고 세금을 징수하기 위한 필수 요건이었다. 전문 관료들이 토지 소유 현황을 체계적으로 파악하고 추적하여 그 정보를 징세원과 공유하기 시작했다. 통화가 제정되고 안정화·표준화되면서 토지에서 발생한 잉여생산물이 다양한 방식으로 쉽게 교환되고 여러 종류의 억압과 시장·정치 권력으로 전환될 수 있었다. 영국은 1694년에 중앙은행을 설립했고, 1816년에 금본위제를 채택했으며 이 시기에 통화 공급이 늘고 그에 대한 신뢰도가 커져갔다. 프랑스는 1795년에 프랑을 국가 통화로 재지정했으며, 1800년에 중앙은행을 설립했다. 이제 관료와 징세원은 밀과 보리 같은 수확물을 파운드와 프랑으로 바꾸고 수입을 은행에 예치하여 도로 건설, 전쟁, 제국 확장을 위한 자금을 마련할 수 있었다. 통신과 운송이 발전하면서 권력은 이전과 비교할 수 없을 만큼 새롭고 효과적인 방법으로 행사할 수 있게 되었다. 강대국들은 더 많은 토지를 지배하고자 했으며 잉여생산물을 등에 업고 식민지 확장을 통해 전 세계의 토지를 손에 넣었다.

이 세상에서 누가 권력을 쥘지는 그들이 소유한 토지에 달려 있었다. 16세기부터 19세기까지 국왕, 영주, 그 밖의 통치자들은 드넓은 토지와 자원을 끌어모았으며 사회의 나머지 구성원들은 무토지 극빈층으로 전락하여 힘겹게 살아갔다. 토지 소유는 시민권과 정치 권력을 정의하는 기준이 되었다. 남성 중심적인 규범을 확립하고 유지하는 데도 동원되었다. 인종과 계급의 위계질서를 형성했으며 기회와 자유를 구조화하기도 했다. 하지만 토지가 잘못 관리되고 지나치게 혹사된 탓에 생물 다양성과 환경에 돌이킬 수 없는 피해를 초래했다. 결국 압박이 점점 커지다 토지 소유 체계가 무너질 지경에 이르렀다. 바야흐로 대재편이 일어나 우리가 지금 살아가는 세상이 탄생하기 직전이었다.

토지 소유와 권력의 연관성이 모든 사회에서 동일한 방식으로 발전하진 않았다. 수렵·채집과 오래된 소규모 정주 공동체가 고스란히 유지된 지역도 있었다. 초기 국가 단계에서는 토지 소유와 권력이 발맞춰 발전하는 가운데 문화, 기후, 사회적·경제적 통제권 행사에 의해 국가마다 다른 패턴이 자리 잡았다.

1500년부터 1800년대까지 주된 토지 소유 형태는 (초기 국가 형성이나 제국 확장에 의해 교란되기 전의) 토착민 토지 소유, 영주-소작농 토지 소유, 지주-소작인 토지 소유, 아시엔다hacienda(라틴아메리카 농촌의 전통적인 대농장—옮긴이), 소규모 자작농smallholder farming 이렇게 다섯 가지였다. 토착민과 소규모 자작농 사회를 제외한 대부분의 형태는 토지를 전례 없는 방식으로 소수에게 집중시켰다. 이러한 토지 소유 형태들은 현대의 고질적 문제인 인종차별, 성차별, 기후 변화, 빈곤, 불평등을 유발하고 부추기고 뿌리내리게 했다.

1500년대 초에는 토착민 집단이 여전히 전 세계 대부분의 토지를 점유하고 관리하고 있었다.[8] 이 시기 서유럽은 대지주들의 지배를 받았으며 국민국가와 제국을 건설하려는 준비를 갖춘 상태였다. 아메리카, 아프리카, 오스트레일리아, 동남아시아, 유라시아 북부와 중부에서 주로 나타나는 패턴은 인구 분산과 풍부한 토지·자원이었다. 하지만 예외도 있었다. 아즈텍족, 잉카족, 한족 같은 일부 집단은 일정한 장소에 정착하여 마을, 도시, 심지어 제국을 건설하고 농업을 발전시켰다. 이 복잡한 사회에서는 농업 생산물, 노동, 영토를 통제함으로써 토지가 권력과 연결되었다.

하지만 대부분의 토착 부족은 수렵·채집을 이어가면서 유목이나 반半유목 생활 방식을 유지하거나 비교적 자율적인 소규모 정주 공동체를 이루고 살았다.[9] 그들은 토지와 친밀하고 복합적이며 다채로운 관계를 맺었지만 서유럽에서처럼 토지가 배타적이고 개인적이며 양도 가능한 자산이라는 소유 관념은 갖고 있지 않았다.[10] 토지는 식물과 사냥감 같은 필수 자원의 원천일 뿐 아니라 영적·문화적으로도 중요한 가치를 인정받았다. 하지만 이러한 상황에서는 개인이 토지를 통해 거대한 권력을 이용하고 행사할 수 없었다.

예를 들면 퀘벡의 이누 부족Innu은 1600년대 초 프랑스인과 접촉하기 전까지만 해도 혈연관계로 연결된 소집단을 이뤄 거주하면서 수렵, 낚시, 채집으로 먹고살았다. 철마다 야생 식물을 따라다니며 수확하고 세인트로렌스강을 따라 이동하는 뱀장어를 잡고 여러 짐승을 사냥했다.[11] 제임스만의 인근에서 이스턴 크리 부족Eastern Cree도 비슷한 삶을 살았다. 이들은 사냥터를 매개로 땅과 특별한 관계를 맺었다. 친족 집단이 특정 지역을 광범위하게 '통제'했지만, 그 통제는 제한적이고 유동적이어서 오늘날 일반적으로 생각하는 소유보다는 관리 차원에 가까웠다. 외부인들도 특정한 시기나 계절에는 이 사냥터를 이용할 수 있었다.[12] 남쪽의 뉴잉글랜드 해안에서는 왐파노아그 부족Wampanoag 등이 수렵·채집과 더불어 옥수수, 콩, 호박 같은 작물을 계절에 따라 재배했다. 이러한 관행으로 인해 주기적으로 거주지를 옮기는 반정주 생활 방식이 자리 잡았다. 토지에 대한 통제와 권한은 다층적이었으며 끊임없이 변화했다. 집단으로 이용하는 구역이 있는가 하면 개인으로 이용하는 구역도 있었으며 토지는 족장의 권리 혹은 그와의 관계에 따라 좌우되었다.[13]

이 토착 부족들은 훗날 유럽 식민주의에 의해 갈기갈기 분열되며 이들이 살아가던 대규모 토지는 몰수되어 유력자, 야심 차고 탐욕스러운 탐험가, 정착민에게 재분배된다. 그럼에도 일부 토착 사회는 유럽에 이어 아메리카 대륙에서 국가가 형성되던 1800년대까지도 고스란히 살아남았다. 북아메리카 서부, 아프리카 내륙, 유럽 최북단, 아시아의 스텝과 산악 지대, 동남아시아와 오스트레일리아 일부 지역의 수렵·채집 부족과 독립적인 정주 공동체는 초기 국가 형성과 유럽 식민주의의 맹공을 이겨냈다. 아메리카 대륙과 유라시아의 깊은 숲과 산골짜기, 동남아시아 고지대, 아프리카 내륙 등에 자리 잡은 공동체들은 20세기까지 번성했으며 몇몇은 오늘날까지 살아남았다. 이 토착 공동체 중 일부는 정착민과의 첫 접촉 이후 생계 수단을 바꾸고 토지와의 관계를 조정하기 시작했다. 하지만 이들의 토지 관계에는 대체로 전통적 요소가 남

아 있었으며 서구식 재산권을 (강요받지 않는 이상) 고스란히 받아들인 집단은 거의 없었다.[14]

하지만 19세기 초 전 세계에서 상당수의 토착 공동체가 전통과 관습을 잃었으며 성장 중이던 근대 국가와 제국의 경제에 편입되고 동화되었다. 수 세기에 걸친 봉건주의, 식민주의, 국가 통치로 인해 토지 소유권은 극도로 불평등해졌고 전 세계 대부분에서 토지와 권력이 긴밀하게 연결되었다.

1500년부터 1800년대 사이 동유럽, 중부유럽, 남유럽과 러시아의 대부분 지역에서, 그리고 혁명 이전 프랑스에서는 영주-소작농 토지 소유 형태가 우세했다. 이 지역들에서는 소수의 엘리트가 넓은 토지를 소유했으며 농민들은 그 땅을 경작하여 목숨을 부지하면서 지주의 기분과 명령에 휘둘렸다. 심지어 일부 지역에서는 농노제를 통해 지주가 농민 자체를 소유하기도 했다. 토지, 거기서 나온 산물, 그곳에 매인 사람들을 소유함으로써 지주는 어마어마한 권력을 누렸으며 농민은 요람에서 무덤까지 사실상 아무런 권력도 가지지 못했다.

엘베강Elbe River 동쪽(당시에는 프로이센의 영토였으며 지금은 독일 동부와 폴란드 서부에 해당한다)에서는 전형적인 이야기가 펼쳐졌다. 19세기와 20세기 초, 그리고 그전부터 수백 년간 대부분의 토지는 기사의 영지였다. 융커Junker라고 불렀던 영지 소유자들이 누린 귀족적인 법적·정치적 특권은 영지와 지방 정부에 대한 통제권에서 비롯했다. 융커들은 19세기 초에 봉건 영주로서 세력을 펼쳤는데, 농민들에게 전횡을 휘둘렀으며 그들에게 세금과 노역을 강제로 부과했다. 어느 지방의 백작은 이렇게 말했다. "속민屬民은 '리터구트Rittergut(기사령)'의 권력에 떼려야 뗄 수 없이 매여 있었다. 영주는 영지를 새 영주에게 마음대로 팔 수 있었으며 속민도 영지에 딸려 갔다."[15] 이러한 조건들은 융커의 '혹독한 처우와 억압' 그리고 농노의 '증오, 반항, 무지, 잔혹'으로 특징지어졌다.[16]

1807년, 융커가 주도하는 프로이센 군대가 나폴레옹군과 싸워 굴욕적 패배를 당하자 당시 프로이센의 고위 관리였던 슈타인 남작Baron vom Stein은 농노제를 "노예제의 마지막 잔재"라고 부르며 폐지했다.[17] 하지만 지주들이 반발하고 집행이 허술했던 탓에 강제 노역은 19세기 중엽까지 계속되었다. 그 뒤로도 75년간 지주들은 사실상 영주 노릇을 했으며 농민들은 여전히 그들에게 노역을 바쳤다. 소작농들은 처음에 영지에서 거주하며 저임금과 열악한 조건에서 정주 노동자로서 일하다가 그 뒤에는 현지에서 고용되거나 떠돌아다니는 이주 노동자로서 일했다. 지주들은 토지로부터 나오는 권력을 이용하여 개혁을 방해하고 회피했으며 명목상의 개혁이 시행되고 오랜 시간이 지난 뒤에도 착취를 이어갔다.

프로이센에서 가장 이름난 융커인 오토 폰 비스마르크Otto von Bismarck는 이 구조가 낳은 산물이었다. 상류층 지주 가문에서 태어난 그는 지주를 극진히 우대하는 프로이센 정치 체제에서 승승장구했다. 1871년, 그는 여러 지역을 통합하여 하나의 독일을 만들고 유럽의 강국으로 탈바꿈시켰다. 비스마르크는 정치에 입문한 1840년대에 가문이 소유한 두 곳의 영지를 다스리고 있었다. 한 영지는 면적이 약 510헥타르에 달했고 수많은 계약 노동자와 소농이 그의 가문을 위해 전통적인 무급 노역을 제공했다. 다른 영지는 약 560헥타르의 면적으로 거기서 곡물, 양털, 감자로 만든 위스키를 생산했는데, 계약 노동자 44명이 초가집에서 지냈다.[18] 하지만 비스마르크는 그 일대 최고 부자와는 거리가 멀었다. 몇몇 영지는 면적이 약 5만 헥타르로, 비스마르크 가문 영지의 100배에 달했다. 사실상 하나의 왕국이나 마찬가지였다.

동아시아, 동남아시아, 아일랜드, 인도의 수많은 지역에서는 1800년대까지 지주-소작인 토지 소유 형태가 일반적이었다. 이 형태는 많은 지역에서 1500년대부터 존재했지만, 1600~1700년대에 식민주의의 확산과 함께 아일랜드와 인도까지 널리 퍼졌다. 이 체제에서 지주들은 토지를 소유하여 소작인에게 임대했으며 지대를 정했고 마음에 안 드는 소작인을 내쫓으며 권력을 휘둘렀다. 이 때문에 많은 소작인은 지주를 두려워하고 그들에게 적잖은 빚을 졌으며 억울한 일을 당해도 호소할 길이 없었다. 토지가 집중되면서 지주들은 막대한 경제적·정치적 권력을 얻어 더욱 강력해졌으며 이를 이용하여 규칙과 규제를 자신들에게 유리하도록 바꿨다.

아일랜드를 예로 들어보자. 수백 년간 아일랜드인들은 자국에서 하층의 소작인 계급으로 수탈당하며 힘겹게 살았다. 1870년대에는 1만 명이 채 안 되는 영국인 지주들이 아일랜드의 드넓은 땅을 차지한 채 아일랜드 농민 수백만 명을 부리며 이익을 얻었다. 이러한 체제에서 살아가는 아일랜드인들은 빈곤, 기근, 언어와 관습의 상실 같은 고통을 겪었다.[19]

그러다 경제가 침체하고 몇 차례 흉년이 들면서 소작인 주도의 토지 전쟁이 발발했다. 아일랜드의 소작인들, 그중에서도 특히 가난했던 서부의 소작인들은 종속된 처지로 인한 빈곤과 굴욕에 시달리고 있었다. 풀뿌리 토지 운동이 전국을 휩쓸었다. 활동가들과 조직가들은 수천 명의 소작인이 참가하는 수백 건의 회합을 열었다. 1879년 6월 15일, 골웨이주 밀타운에서 열린 회합에서 토머스 헤이스팅스Thomas Hastings라는 토지 운동가가 단상에 올랐다. 그는 지주인 슬리고 경이 소작인들에게 토지 개량 권리를 포기하고 불합리한 토지 평가에 동의하라고 강요하던 장면을 생생하게 회상했다. "그 불쌍한 노예들이 지주 앞에서 흙바닥에 웅크려 마지막 한 톨의 권리까지 내어주는 서명을 하던 광경에 격분했던 기억이 납니다. 그 권리는 그들에게 일용할 양식을 보장해 주고 있었습니다." 토지 전쟁을 이끈 지도자 중 한 명인 마이클 대빗Michael Davitt은 같은 회합에서 지주 제도의 불공평함을 강조하며 "사람들의 고혈을 빨아먹는 흡혈귀 체제"라고 불렀다.[20]

그로부터 75년 뒤 중국 산시성 장좡촌張庄村에서 아일랜드에서와 유사한 상황이 재현되었다. 마을 사람들은 얼추 비슷하게 가난하고 그들 간에 문화적 차이도 전혀 없었지만 토지를 더 많이 소유한 사람들은 안락하게 사는 반면에 지주에게서 땅을 빌려 농사짓거나 자기 땅이 부족해 지주 밑에서 일하는 사람들은 입에 풀칠하기도 힘들었다. 당시의 희귀한 기록 중 하나는 이렇게 묘사한다. "땅을 빌려 경작하거나 삯꾼으로 일하는 가난한 사람들은 자신이 기른 작물의 절반도 가져가지 못했으나 부자들은 넓은 땅에서 잉여생산물을 얻었다. 그렇기에 누군가는 영원히 남을 거대한 지하 무덤을 지을 수 있었던 반면, 다른 사람들은 죽으면 거적을 두른 채 구덩이에 던져졌다. 흙 몇 삽이 무덤을 표시하는 전부였다."[21]

그 마을에서 가장 부유한 지주였던 성징허는 약 9헥타르의 토지, 돼지와 양 여러 마리, 양조장을 소유했다. 그는 절박한 처지에 놓인 가난한 마을 사람들에게 고리대금을 놓았으며 제때 빚을 갚지 못하면 땅과 농기구를 빼앗았다. 어느 가난한 농민이 병든 아내를 위해 약을 사려고 성징허에게 4달러를 빌리고 빚보증을 위해 아들을 7년간 삯꾼으로 보냈다. 7년이 지나 이자, 망가진 농기구의 값, 아들이 아플 때 대신 일한 사람의 품삯을 계산했더니 빚은 처음보다 더 불어 있었다. 농민은 아들을 데려오기 위해 지붕의 목재를 뜯어 팔아야 했다. 그의 아들은 이렇게 말했다. "성징허의 밑에서 일하는 내내 배불리 먹은 적이 한 번도 없습니다. 늘 배가 고팠습니다. 자기는 매일 제대로 된 밥을 먹으면서 제게는 수수죽만 줬습니다. 물 위에 떠 있는 수수 알갱이 개수를 셀 수 있을 정도였습니다."[22]

유럽의 지배를 받던 라틴아메리카에서는 전혀 다른 토지 소유 형태인 아시엔다 체제가 성행했다. 1492년, 아메리카 대륙에서 식민 지배를 시작한 스페인과 포르투갈은 유럽의 식민지 개척자들에게 드넓은 토지를 나눠주면서 토착민들에게 세금과 노역을 부과할 권리까지 넘겨주었다. 1500년대가 되자 이 관행은 제도로 발전했다. 지주는 노동을 강제할 수 있었으며, 유력한 유럽계 지주와 빈곤한 토착민 노동자 사이에 뚜렷한 격차가 벌어졌다. 미국 남부, 카리브해 연안, 브라질 일부 지역에서 노예제를 토대로 삼은 플랜테이션은 핵심적인 측면에서 아시엔다와 유사하지만 변형된 형태였다. 플랜테이션은 강제 노동을 시키기 위해 현지의 토착민 공동체에 의존하기보다는 아프리카에서 노동력을 수입했다는 점이 달랐다. 아시엔다 체제는 1800년대 들어서까지 유지되었으며 1900년대 중반을 넘어서까지 이어진 곳도 많았다. 미국에서는 남북전쟁 이후 전통적인 플랜테이션이 끝을 맞이했으나 20세기까지도 소작제와 짐크로법Jim Crow laws의 형태로 변형되어 명맥을 유지했다. 카리브해 연안에서도 사정이 비슷했는데, 1800년대에 노예제가 폐지되면서 플랜테이션 체제의 토대가 흔들렸으나 1900년대까지 잔존한 지역도 많았다.

아시엔다의 전형적 사례는 페루 우아란Huarán에서 찾아볼 수 있다. 우아란은 쿠스코에서 약 70킬로미터 떨어진 해발 3,000미터의 고산지대인 사그라도계곡Valle Sagrado에 자리하고 있다. 6,500헥타르 규모의 아시엔다 우아란에서 먹고 자며 일하던 수백 명은 세대를 거치며 1971년까지 반봉건적으로 지주를 섬겼다. 1968년에 권력을 쥔 군사 정부가 아시엔다를 해체하겠노라 약속하자 우아란의 일꾼들은 기회를 놓치지 않고 농무부에 구제를 요청하는 청원서를 쏟아냈다.

1970년 1월 15일 자 편지에서 가난한 농민 무리는 농무부에 이렇게 청원했다. "저희는 어릴 적부터 부모님을 따라 아시엔다에서 일했습니다. 임금은 전혀 받지 못했고 노예나 마찬가지인 상태였습니다. 가혹하고 비인간적인 노동을 강요받으며 번번이 학대에 시달렸습니다. 다들 대중없이 장시간 노동을 해야 했고 심지어 밤에도 일했습니다. 양치기와 농사일, 넓은 농경지에 물을 대는 일을 하면서 병에 걸렸고 공부는 엄두도 낼 수 없었습니다. 저희는 모두 글을 모르며 무지와 예속에 잠겨 죽어가고 있습니다. 저희는 정의를 원합니다." 그들은 지주의 토

　　　　　　　　　　　　　　　　　| 1부 주인 없는 땅 |

지와 정치 권력의 연계가 어떻게 자신들의 입을 막았는지도 설명했다. "저희는 아시엔다의 강력한 소유자에게 학대받고 영구적으로 예속되었습니다. 그는 고위 관료이기도 했기에 저희는 그를 고발할 수 없었습니다. 미지급된 임금을 요구하거나 학대에 항의하려고 당국을 찾았다가는 보복을 당하리라는 위협에 늘 시달리며 살아야 했습니다."[23] 그들은 대리인이 쓴 편지에 지장을 찍었다. 글을 쓸 수 없는 문맹이었기 때문이다.

같은 날, 아시엔다 인근에 사는 소농들이 농무부에 또 다른 청원을 제출했다. "이웃이자 그들과 같은 일꾼으로서 아시엔다 우아란의 오스카르 페르난데스 오블리타스Oscar Fernández Oblitas에게 늘 학대를 당했습니다. 그는 '내 아시엔다를 계속 늘려야 하는데 이웃의 소규모 토지 소유자들이 감히 땅을 팔지 않는다'라며 저희의 목을 조르고 있습니다."[24]

다른 일꾼들은 개인적 용도로 사용할 수 있는 토지가 점점 줄어들면서 터무니없이 높은 지대를 내야 했고, 페르난데스에게 땅을 모조리 빼앗기고 가축을 도둑맞거나 도륙당하고, 정체불명의 농약 때문에 병에 걸리고, 교육 기회를 박탈당하고, 임의로 체포되어 페르난데스가 관리하는 감옥에 수감되고, 더는 일하지 못하게 되었을 때 사회복지 혜택을 거부당하고, 개인 재산을 페르난데스에게 강탈당했다고 하소연했다.

영주-소작농 토지 소유, 지주-소작인 토지 소유, 아시엔다 체제에 의해 정의되는 사회에서는 (여러 차이점이 있긴 했지만) 극소수의 인구가 토지의 대부분을 소유했다. 대개는 기껏해야 5퍼센트의 지주가 토지의 80~90퍼센트 또는 그 이상을 소유했다. 이러한 현실은 각 사회에

서 살아가는 주민 절대다수의 일상에 광범위한 영향을 미쳤다. 도시
는 아직 초기 단계였으며 산업화는 수십 년 뒤의 일이었다.

대지주들은 많은 노동자를 거느리고 산업과 경제를 지배했으며 국
가와 지역에서 요직을 독점했다. 경제적·정치적 불평등은 사회적 불평
등과 맞닿아 있었다. 지주들은 남성 일색이었으며 다양한 인종이 공존
하는 사회에서 인종적으로 특권을 가진 계층 출신이었다. 한편 대부분
의 농촌 주민들은 대지주 밑에서 일하면서 근근이 먹고살았는데, 종
종 노예 관계에 가까운 형태로 일하거나 대지주에게 불공정한 소작료
를 내고 땅을 빌리는 식이었다.

영주-소작농 토지 소유, 지주-소작인 토지 소유, 아시엔다 체제에
의해 정의되는 사회와 대조적으로 미국 북동부, 캐나다 동부, 아르헨티
나 북부, 오스트레일리아 동부, 아프리카 최남단 같은 지역들에는 독립
적인 소규모 자작농들의 거주지가 있었다. 1500년대와 1600년대(오스
트레일리아에서는 1700년대 후반)에 유럽 열강은 대규모 농업에 적합하지
않고 말라리아 같은 풍토병이 그나마 덜 심한 지역의 토지를 유럽계 정
착민들에게 조금씩 나눠주어 개간하도록 했다. 이런 소규모 자작농 사
회에서는 토지와 마찬가지로 권력 또한 영주-소작농, 지주-소작인, 아
시엔다 체제를 채택한 사회보다 더 고르게 분배되었다. 훨씬 많은 사람
들이 글을 깨쳤고 투표권을 얻었으며 운명을 스스로 개척할 수 있었다.

이와 관련해서는 미국 뉴잉글랜드의 사례가 가장 잘 알려져 있
다. 1600년대 초 최초의 정착이 시작된 뒤 소규모 농업은 식민지 시
대 뉴잉글랜드 경제의 주축이 되었다. 정착지는 처음에 농민들이 스

스로 먹고살 수 있는 규모의 소소한 땅으로 이루어진 매우 작은 구획 township(토지를 바둑판 모양으로 분할하기 위해 설정된 단위—옮긴이) 형태에 서 출발했다. 1700년대 말에는 공공 토지 측량 제도를 통해 정착지가 체계화되었으며 구획을 구역section과 필지lot로 분할하는 방식이 규정 되었다(구획은 36개의 구역으로 나뉘며 필지는 구역 내 개인 소유의 땅을 가리 킨다—옮긴이). 토지 투기꾼들과 기업들은 넓은 토지를 가족 규모의 구 획으로 나눈 뒤 점점 증가하는 정착민과 그 자녀들에게 파는 사업 모 델을 구축했다. 이 모델은 결국 미국 중서부로 확산되었으며 1862년에 제정된 자영 농지법Homestead Act(이하 홈스테드법)에도 반영되었다. 홈스 테드법에 따르면 농사를 짓겠다고 약속하는 정착민은 65헥타르의 토 지를 무상으로 받을 수 있었다. 소규모 토지 소유가 늘어나면서 지방 자치와 학교 및 기반 시설에 대한 공공 투자가 활발해졌다. 미국 초기 의 정치인(이를테면 노예주이자 대농장주였던 토머스 제퍼슨)들과 논평가(대 표적으로 알렉시 드 토크빌)들은 소규모 자작농과 연계된 정치적·경제적 권력 분산이 민주주의의 기반이라고 강조했다.

나의 가족사는 부분적으로 이 패턴에 들어맞는다. 어머니 쪽 조상 들은 1820년에 프라이부르크(당시는 독일연방의 바덴주)를 떠나 필라델 피아로 항해했다. 그곳에서 도보로 펜실베이니아 북서부까지 이동한 뒤 홀란드 토지회사Holland Land Company로부터 미개간지 70헥타르를 매 입하여 농사를 시작했다. 몇 세대 만에 가족 중 일부는 가게 주인과 엔지니어가 되었으며 몇몇은 디트로이트로 이주하여 자동차 업계와 제너럴일렉트릭General Electric에서 일했다.

아버지 쪽 조상들은 그만큼 운이 따르지 않았다. 그들은 폴란드 남부와 동부에서 대대로 영주-소작농 토지 소유 제도 때문에 고생했다. 폴란드 남부는 오랫동안 합스부르크제국의 가난하고 경제적으로 고립된 변방이었다. 혁명의 물결이 유럽을 휩쓸고 난 1848년에 합스부르크 제국이 농노제를 폐지하자 농민들은 소규모 토지를 직접 소유하게 되었다. 러시아의 지배를 받던 폴란드 동부에서는 1864년에 러시아에 맞선 봉기가 일어나 농민들이 농노제에서 벗어나게 되었다. 하지만 수 세대에 걸친 농노제는 짙은 그림자를 계속 드리웠다. 나의 할아버지와 증조할아버지는 지독한 가난과 1차 세계대전의 참상을 피해 마침내 미국으로 이주했다. 그들은 곧 디트로이트로 향했으며 증조할아버지는 전철 기관사 일자리를 얻었다.

* * *

지난 2세기 동안 토지 소유 구조는 지각변동을 겪었다. 정치적·경제적 요인에 의해, 또한 인구 증가에 따른 압박으로 인해 많은 나라가 잇따라 사회 내에서 토지를 재분배해 왔다. 어떤 나라는 토착민 공동체로부터 토지를 몰수하여 정착민들에게 나누어 주었고, 어떤 나라는 대지주에게서 토지를 몰수해 농장 노동자들에게 분배했다. 어떤 나라는 이 조치를 200년 전에 시작했고 또 어떤 나라는 여전히 실험을 진행하면서 오늘날까지도 토지를 새로 분배하고 있다. 하지만 대재편을 겪고도 아무 일 없이 지나간 나라와 지주 가문은 거의 없었다.

토착민의 토지를 빼앗아 정착민에게 주는 행태는 유럽 식민 지배의 초창기로 거슬러 올라가지만 그 수위가 절정에 이른 것은 19세기와 20세기 초다. 새로 탄생한 국민국가들은 영토에 거주자들을 채워넣고 지배하고자 했으며 소수 집단을 몰살하거나 동화시키려 들었다. 이런 종류의 토지 재분배는 미국, 캐나다, 남아프리카공화국, 오스트레일리아, 라틴아메리카 대부분의 지역을 현재와 같은 모습으로 만들었다. 팔레스타인 서안 지구와 중국 신장 위구르 자치구 같은 지역에서는 이와 유사한 정착 정책이 오늘날까지도 이어지고 있다.

대지주에게서 노동자에게 토지를 재분배하는 조치는 근대에 프랑스 혁명과 더불어 시작되었으며 1848년 혁명, 양차 세계대전, 동유럽 공산화를 통해 유럽 전역에 퍼졌다. 2차 세계대전이 끝나자 동아시아에서도 대재편이 일어났으며 탈식민지화 물결은 이후 수십 년간 중동과 북아프리카에서 토지 재분배를 촉발했다. 라틴아메리카 국가들은 20세기 내내 군사 쿠데타와 혁명의 상황에서 토지를 재분배했다. 브라질, 콜롬비아, 남아프리카공화국을 비롯한 일부 국가에서는 오늘날에도 이런 방식의 대규모 토지 재분배를 시행하고 있다.

토지가 재분배되는 방식은 대재편을 겪은 모든 사회에서 삶에 지대한 영향을 미쳤다. 토지 재분배는 여러 세대에 걸쳐 사회의 승자와 패자를 결정한다. 번영을 이끌거나 짓밟을 수 있고, 위계질서를 무너뜨리거나 공고히 할 수 있으며, 친환경적 미래를 설계하거나 자원 채굴의 길을 닦을 수 있다. 멕시코에서는 20세기 초에 혁명이 일어난 뒤 수십 년에 걸쳐 정부가 사유지의 절반 가까이를 농민 집단에 재분배했는데, 대부분의 토지가 남성 가장에게 돌아갔다. 또한 취약한 재산권이 생산성의 발목을 잡았으며, 정부가 이를 바로잡으려고 생산성 향상을 위해 화학 비료와 살충제를 농민에게 강요하자 생태계, 토양, 물이 오염되었다. 1세기가 지나 전체 인구의 80퍼센트 이상이 도시에 사는 지금도 토지 재분배가 남긴 성 불평등, 저개발, 이주, 환경 파괴의 유산은 여전히 이 나라에 걸림돌이 되고 있다.

토지 소유 형태 중에는 대재편 뒤에 살아남은 것도 있고 한물간 것도 있다. 토착민의 토지 소유는 전 세계 대부분의 지역에서 정착민의 표적이 되어 심각하게 감소했다. 하지만 대재편 이전부터 존재한 소규모 자작농 중심의 농업은 많은 정착민이 이 모델을 채택하고 상당수의 현대 국가들이 대규모 집단화의 대안을 실험하면서 번성했다.[25]

영주-소작농 토지 소유, 지주-소작인 토지 소유, 아시엔다와 플랜테이션 체제는 많은 지역에서 토지 재분배로 인해 무너졌다. 심지어 재분배를 빗겨간 지역에서도 근대화의 물결과 잠재적 재분배에 대한 두려움으로 토지 소유 체제를 변화시켰다. 일부 대지주들은 노동자와의 관계를 변화시켜 가며 계속 그들을 지배한 반면에 또 다른 대지주들은 생산을 기계화하여 노동자를 내쫓았다. 한편으로는 농업 투자의 위험을 분산하기 위해 산업과 금융으로 투자를 다변화하는 대지주들도 있었다. 대지주들은 이 과정에서 토지를 잃지 않았기 때문에 권력도 그대로였다. 농촌에서 나타난 극심한 불평등은 도시에서도 재현되었으며 토지 권력은 여러 세대에 걸쳐 사회적 삶을 빚어냈다.

오늘날 영국 왕실의 토지 소유 형태는 과거 영주-소작농 토지 소유의 잔재가 변형된 것이다. 영국 왕실은 수 세기 동안 방대한 영지를 봉건적 원칙에 따라 운영하면서 수많은 소작농들에게서 수입을 거뒀다. 결국 영국 의회가 나서서 그 수입을 억지로 포기시켰지만, 크라운 에스테이트Crown Estate(영국 왕실의 토지를 관리하는 기관—옮긴이)는 오늘날까지도 8만 헥타르에 가까운 소작지와 도심 부동산에 더해 방대한 해양자산과 삼림 등을 소유하고 있다. 여기에서 나오는 운영수익은 윈저 왕가의 활동을 상당 부분 떠받치는 자금줄이다.

영국은 옛 토지 귀족과 현재의 통치 체제인 의회민주주의 사이에서 일종의 평화를 이뤄냈지만 미국의 변화는 훨씬 험난했다. 오늘날 미국은 남부의 플랜테이션 체제를 온전히 청산하지 못한 후폭풍을 여실히 겪고 있다. 플랜테이션 노예제를 둘러싼 논쟁은 1860년대에 내전으로 이어졌다. 북군은 승리를 거둔 뒤 미국 정부와 함께 '40에이커와 노새 한 마리(남북전쟁 때 윌리엄 셔먼 장군이 흑인 병사들의 사기를 북돋우기 위해 토지와 노새를 나눠주겠다고 약속했다—옮긴이)' 정책을 추진했다. 그 일환으로 플로리다 북부에서 해안을 따라 사우스캐롤라이나까지 약 50킬로미터에 이르는 토지를 백인 플랜테이션 소유자에게서 노예 출신의 흑인 노동자들에게 재분배하고자 했다. 하지만 에이브러햄 링컨Abraham Lincoln 대통령이 암살된 뒤 남부 백인의 지지를 얻어 대통령에 당선된 앤드루 존슨Andrew Johnson은 이 정책을 빠르게 철회했다. 백인들은 잃었던 토지를 거의 대부분 되찾았다. 상당수 흑인들이 자신이 노예로 일하던 바로 그 땅에서 소작이나 임금 노동을 강요받는 처지로 내몰리게 되는 경우가 많았다. 짐크로법은 흑인의 기본적 자유와 기회를 부정하는 아파르트헤이트apartheid(인종 격리 정책)로 남부를 뒤덮었으며, 부동산과 금융 부문에서 격리 정책이 시행된 뒤 대다수의 흑인 미국인은 20세기 중엽에 개혁 시도까지 좌절되면서 오래도록 토지를 소유할 수 없었다.

오늘날 우리의 삶은 대재편 시기에 토지의 주인이 바뀔 때 내려진 선택들에 좌우되고 있다. 모든 나라에서 가장 귀중한 유형자산인 토지, 그리고 그 이용과 관리는 각국의 사회적·경제적·정치적 층위에 영향을 미친다. 경제와 사회는 변해도 토지는 그대로다. 인류의 가장 심각한 문제들을 해결할 희망을 조금이라도 품으려면, 우선 대재편이 우리가 살아가는 세상을 어떻게 빚어냈는지를 알아야 한다.

2장

재편되는 땅의 질서

정착민, 집단주의, 경자유전, 협동조합

　　1789년 8월 4일 저녁, 소요의 물결을 다스리기 위해 프랑스 권력의 심장부인 베르사유 궁전에서 국민제헌의회가 열렸다. 프랑스 혁명이 시작된 지 몇 주 지나지 않은 때였다. 루이 16세는 평민들이 프랑스 사회를 재편하겠다며 결성한 의회의 권위를 울며 겨자 먹기로 인정해야 했다. 하지만 이것만으로는 혁명의 물결을 잠재울 수 없었다. 무장한 농민들이 토지 귀족을 공격하기 시작하면서 프랑스는 '그랑데 퍼르La Grande Peur(대공포)'에 사로잡혔다.

　　회의는 소란스럽고 극적이었다. 평민들은 자신들에게 동조하는 귀족들과 성직자들을 불러들여 특권을 내려놓고 직함을 포기한다는 열성적인 연설을 하게 했다. 고발이 난무했으며 회의는 자정을 넘겨서까지 계속되었다. 8월 5일 이른 아침, 의회는 수 세기 동안 이어진 봉건적 권리, 귀족의 특권, 교회의 십일조를 폐지하는 일련의 법령을 마련했다. 이 특권들은 귀족과 교회가 토지의 소유 및 권리를 근거로 농민을 지배해 온 체제를 떠받치고 있었다. 수백 년 묵은 체제를 무너뜨리고 토지를 옛 소유자에게서 새 소유자에게 재분배하려는 운동의 시작을 알리는 첫 총성이었다.

토지의 소유 및 권리를 뒤흔드는 새 시대가 열렸다. 석 달 뒤 의회는 가톨릭교회 소유의 토지를 몰수했다. 당시 교회는 국가의 승인하에 종교를 독점했으며 프랑스 국토의 약 7퍼센트에 달하는 부동산을 소유했다.[1] 이듬해 지방 정부들이 교회 재산을 경매로 매각하기 시작했다. 1792년 여름을 기점으로 혁명은 더욱 급진적인 국면을 맞았다. 프랑스 혁명 제2기에 혁명가들은 군주제를 무너뜨리고 귀족과 교회의 반동적 역습을 꺾고자 했다. 귀족, 성직자, 부유한 지주 들은 대거 망명했고 루이 16세는 체포되어 단두대에서 처형당했다. 새 공화국 정부는 나라를 등진 부유층의 드넓은 토지를 몰수하여(프랑스 국토의 약 4퍼센트에 달했다) 매각했다.

이 개혁은 프랑스 사회를 근본적으로 재구성했다. 프랑스 내 토지의 소유와 이용을 재편함으로써 권력 행사의 구조를 바꿨다.[2] 봉건제가 철폐되고 대토지가 분할되고 토지 소유에 근거한 귀족과 성직자의 특권이 폐지되면서 프랑스는 해방과 개인의 평등이라는 새 시대를 열었다. 이 변화는 프랑스만 탈바꿈시킨 것이 아니라 전 세계에 혁명과 해방의 모델을 전파했다. 장자 상속제 폐지와 토지 소득에 대한 비례세 도입, 그리고 수십 년에 걸쳐 부유한 지주들의 탈세와 부패를 근절하기 위해 프랑스 전역에서 실시된 부동산 소유권을 지도화하는 계획에 이르기까지 다양한 개혁 조치들이 변화를 뒷받침했다.

프랑스 혁명으로 희생당한 인사들도 많았지만 토지 재편과 관련해서 알려지지 않은 수혜자들도 많았다. 혁명 이후 프랑스 농촌 전역에서 소규모 자작농이 급증했다. 신민은 시민이 되었다. 마침내 시민들이 교육을 받음으로써 다가올 산업혁명에서 프랑스가 유리한 여건이 조성됐다.

프랑스 혁명은 토지 권력이 재편된 최초의 사례는 아니었다. 프랑스 혁명이 일어나기 수백 년 전부터 식민주의의 전파로 인해 토지의 주인이 바뀌는 속도가 점점 더 빨라지고 있었다. 유럽의 식민주의자들은 대륙의 가장자리에서 출발하여 점점 내륙으로 들어가면서 토착민의 토지를 서서히 빼앗았다. 하지만 프랑스 혁명은 유럽의 상류층에게서 토지를 대규모로 몰수했다는 점에서 독보적인 사건이다. 이는 인류 역사의 전환점이라고 할 만했다.

이 시기는 또한 인구 증가 양상이 급격히 변화하는 변곡점과도 맞물려 있었다. 세계 인구는 1800년의 10억 명에서 오늘날 80억 명까지 여덟 배 증가했다. 인류 역사에서 최초의 정착 생활이 시작된 순간과 비견할 정도로 획기적인 변화였다. 인구 증가가 가속화하면서 토지를 이용하려는 수요가 어느 때보다 커졌다. 인류는 대륙 전역으로 퍼져나가면서 프레리prairie(캐나다 중남부에서 미국 텍사스주에 분포한 초원 지대—옮긴이)를 개간하고 전례 없는 속도로 숲을 벌목했다. 유럽과 아시아 일부 지역을 비롯하여 오래전부터 사람이 살던 곳은 이전까지 한 번도 없었던 압박을 겪었다. 인류 역사상 최초로 곳곳에서 토지가 희소해졌다. 토지와 권력의 연계는 철갑을 두른 듯 더 공고해졌다.

대재편은 토지의 희소성으로 인한 갈등 때문에 일어났으며 1800년대 프랑스를 시작으로 전 세계에서 되풀이되었다. 거대하고 신속하게 대재편을 겪은 나라들은 누가 토지를 소유해야 하고 따라서 누가 권력을 가져야 하는가를 결정해야 했다. 이 변화의 원동력은 국민국가의 확산과 정착, 그리고 권력을 둘러싼 갈등에 있었다. 역사상 유례없이 강력한 상비군과 막강한 관료제도 이러한 변화를 가능하게 했다. 대재편은 나라마다 다른 시기에 일어났으며 일부 지역에서는 아직도 진행 중이다.

인구가 엄청난 속도로 증가하기 시작한 뒤로 결정적 차이를 만들어 낸 것은 토지 권력의 재편 자체가 아니라 그 방식이었다. 누가 토지를 차지하는가, 누가 토지를 잃는가, 토지를 어떻게 이용하고 공유할 수 있는가, 사회가 토지 이용을 어떻게 관리할 것인가는 번영, 평등, 지속 가능성에 심대한 영향을 미쳤다.

토지 소유권의 재편이 시공간을 가로질러 진행되면서 승자와 패자가 바뀌었다. 가장 친숙한 패턴은 대재편이 시작될 때 가장 흔했던 장면, 즉 토착민의 토지를 대규모로 빼앗아 정착민에게 내어준 것일 테다. 하지만 이는 시작에 불과했다. 토지가 집중되어 희소해진 곳마다 사람들은 더 많은 토지를 원했다. 그로 인해 토지 재분배는 인기를 끌며 많은 경우에 포퓰리즘적인 정치 조치로 작용했다.

프랑스 혁명이 일어날 즈음 각국 정부는 토지를 토착민들에게서 빼앗는 데 그치지 않았다. 대지주에게서도 토지를 빼앗아 다른 사람들, 주로 농촌의 무토지 농민들에게 재분배했다. 토지 재편은 사회 내부로 방향을 틀었고 누구도 피할 수 없었다. 경우에 따라서는 정부가 지주와 토지 매입을 놓고 협상하여 이렇게 얻은 토지를 농촌 노동자들에게 팔거나 무상으로 지급하기도 했다. 하지만 프랑스의 경우에서 보듯 대재편의 고전적 사례는 드넓은 토지를 무력으로 몰수하는 것이었다.

20세기에도 전 세계 절반에 가까운 나라가 대지주들의 토지를 몰수해 토지가 없거나 부족한 사람들에게 재분배했다.[3] 이 조치는 약 20억 명에게 영향을 미쳤으며 여전히 수십억 명에게 그 여파가 남아 있다. 내전 이후 중국에서, 혁명 이후 러시아와 멕시코에서, 철의 장막이 드리운 동유럽 국가들에서 진행된 대규모 토지 재분배는 정부가 과거와 급격하게 절연한 대표적 사례들이다.

하지만 이야기는 토지 재편에서 끝나지 않는다. 새 토지 소유자들이 토지와 권력을 어떻게 이용하는가는 한 나라의 미래에 지대한 영향을 미친다. 대지주로부터 토지를 빼앗아 무토지 농민에게 나눠주는 결정은 공정, 평등, 심지어 배상 등을 둘러싼 열렬한 이념적 정당화를 동반하기도 한다. 한편 토착민의 토지를 빼앗아 정착민에게 지급하는 선택은 번영, 개인의 자유, 기회를 내세워 정당화된다. 하지만 자작농이 처음으로 자신의 밭을 갈기도 전에, 그리고 새로 결성된 집단 농장에서 첫 수확이 이루어지기도 전에 토지를 어떻게 이용할 것인가에 대한 선택들로 인해 수많은 사회적 결과가 이미 정해졌다. 선의, 귀중한 신념, 열렬한 수사적 정당화만으로는 재편된 사회가 더 자유롭고 덜 불평등하리라 보장할 수 없다.

각국의 미래를 다양하게 빚어낸 토지 재분배 정책은 네 가지 유형으로 나뉜다. 정착민 개혁settler reforms, 집단주의 개혁collective reforms, 경자유전 개혁land-to-tiller reforms, 협동조합 개혁cooperative reforms이다. 몇 가지 유형을 혼합한 개혁을 채택하는 나라들도 있지만 대부분 하나의 경로를 선택한다. 토지 재분배에 대한 이러한 접근법들은 종종 완전히 별

개처럼 보이지만, 이것들을 함께 조망할 때 이들이 창조한 세상을 이해하기 시작할 수 있다.

우리가 살아가는 세상을 빚어낸 것은 대재편 시기에 내려진 선택들이다. 오늘날 가장 시급하고 지속적인 문제들을 해결할 희망이라도 가지고 싶다면, 토지 소유 구조를 뒤흔들 변화를 이해해야 한다.

정착민 개혁

유럽 열강은 르네상스 시대와 이베리아반도에서 무슬림을 몰아내기 위한 수 세기에 걸친 전쟁이 끝날 때쯤부터 멀리 떨어진 땅을 탐험하고 정착하기 시작했다. 이 시기에 영국, 프랑스, 스페인은 대륙을 넘나드는 거대 제국을 건설했다. 그들은 새 영토의 지배권을 놓고 수십 차례나 전쟁을 벌였으며 거기에 무엇이 있는지도 알지 못한 채 드넓은 땅덩이를 사고팔았다.

하지만 이 땅들에는 공통점이 하나 있었다. 토착민들이 이미 그곳에 살고 있었다는 사실이다. 유럽인들은 토착민들을 호기심과 경멸이 뒤섞인 시선으로 바라봤으며 종종 열등하고 미개한 '야만인'으로 분류했다. 초기 식민지 개척자들은 토착민들과 충돌하지 않으려고 정기적으로 거래하기도 했지만 토착민들을 서로 싸우게 하거나 괴멸시키거나 노예로 삼거나 그들에게 기독교를 전파하여 문명화하려는 경우가 더 많았다.

토착민들은 자신들의 생존에 위협이 가해지면 저항했다. 제국주의 열강은 처음에 수적으로 불리했지만 결국 제국을 통제하고 확장하는 데 최고의 무기를 꺼내 들었다. 바로 정착민이었다.

정착민은 제국의 영토 관리에 일조하며 새로운 지역을 채우는 역할을 했다. 그들은 자원을 본국으로 보내 정부의 재정을 채우는 데도 이바지했다. 제국주의 열강은 새 영토에 정착민을 보내면서 참전 군인과 사회 부적응자 들을 선봉에 세웠다. 다양한 동기를 품은 집단들이 그 뒤를 따랐다. 반 사회적이거나 통제하기 어려운 집단을 식민지로 내보낸 덕에 본국에서는 군국주의의 위협, 사회적·종교적 갈등, 범죄, 인구 증가의 압박을 가라앉힐 수 있었다. 문제는 이런 정착민들이 본국의 명령을 쉽게 무시하는 경향이 있었다. 그들은 제국의 최전선에 서는 대가로 최초의 대규모 토지 재분배 정책에서 혜택을 받았다. 이것이 바로 정착민 개혁이다.

1500년경만 해도 전 세계 토지의 대부분은 토착민이 관리하고 있었으나 1800년경에는 근대 제국주의의 침투를 저지하기가 힘든 상태였다. 토착민 집단은 계속해서 저항했지만 대재편은 압박의 강도를 높였다. 정착민 개혁의 시작은 대륙의 가장자리를 조금씩 개척하는 것이었다. 북아메리카의 세인트로렌스강을 따라 정착한 뉴잉글랜드와 퀘벡, 남아프리카공화국 최남단, 그리고 라틴아메리카의 몇몇 지역들이 그 예다. 하지만 이러한 개혁은 이내 널리 퍼져서 내륙 깊숙이 파고들기 시작했다. 1800년대를 거치면서 급속도로 진행된 정착민 개혁은 전 세계의 드넓은 영토를 휩쓸었다.

정착민 개혁은 대체로 토착민 집단에게서 (종종 변경에 자리한) 토지를 빼앗아 새 정착민들에게 공여하는 방식으로 이루어진다. 가장 빠르고 완전했던 정착민 개혁은 대부분 인구가 희박한 지역의 수렵·채집 공동체를 겨냥했다. 이 공동체들은 정해진 토지 구획이 아니라 광활한 영토에 거주하기 때문에 약탈에 특히 취약하다. 그래서 토지를 침탈해 들어가기가 수월하다. 토착민의 토지가 침탈당하면 공동체가 약화되고 정착민과의 갈등이 불거지는데, 이를 구실로 더 많은 토지를 빼앗을 수 있다. 정착민 개혁의 절정은 어떤 패턴도 존재하지 않던 토지를 거대한 바둑판 모양으로 나눠 사유지로 둔갑시키는 것이다.

공격적이고 방임적인 정착 정책은 정착민 개혁을 가속화했다. 1862년 미국의 홈스테드법과 비슷한 정책들이 시행되면서 곳곳에서 정착민들이 토지를 차지하려고 달려들었다. 그들은 정부가 공공 소유지로 분류한 토착민 토지를 저렴한 가격이나 공짜로 손에 넣기를 원했다.

1889년의 오클라호마 랜드러시Oklahoma land rush보다 충격적인 예는 없을 것이다. 초기에 미국은 동부 해안 지역을 발판 삼아 개척지를 확장하면서 아메리카 원주민들을 강제로 몰아내기 시작했다. 많은 원주민들이 '인디언 보호구역'으로 이주당했다. 원래 그곳은 미국 중부의 드넓은 땅이었으나 시간이 지나면서 점점 축소되어 결국 오늘날의 오클라호마가 되었다. 1866년, 정부는 강제로 이주당했던 대초원 인디언들의 거주지를 마련하기 위해 (1830년대에 남동부에서 강제로 이주당한) '5대 문명화 부족'을 인디언 보호구역의 동부로 다시 이주시켰다.[4] 이에 따라 오클라호마 중부에 80만 헥타르의 무주공산이 생겼다. 1889년 4월 22일 정오에 정부는 이 땅을 정착민들의 자영 농지 정착을 위해 내놓았다. 약 5만 명의 정착민이 출발선에 모였다. 연방 관리의 총성이 울리자 그들은 먼지를 일으키며 달려나갔다. 참가자들은 소액의 등록비만으로

65헥타르의 토지를 차지할 수 있다는 희망에 부풀었다. 그날 하루가 끝나갈 무렵에는 80만 헥타르에 가까운 토지가 정착민들에게 돌아갔다. 1년이 채 지나지 않아 '인디언 보호구역'에는 인디언보다 백인이 많아졌다. 그 뒤로 15년간 정착민들은 랜드러시, 토지 분할, 경매를 통해 수백만 헥타르에 이르는 아메리카 원주민의 땅을 손에 넣었다.

영국은 식민지 토지 정착을 등에 업고 역사상 가장 거대한 제국 중 하나를 건설했다. 초기 주요 식민지 세 곳은 미국, 캐나다, 호주였다. 처음에는 수백 명, 나중에는 수천 명의 영국인 이민자들이 대양을 건너 식민지에서 새 삶을 시작했다. 이들은 대부분 자유민 신분이었지만, 일부는 연한계약 노동자(17~19세기 유럽에서 미국으로 이주할 때 선박 운임 따위를 사전에 지급받은 노동자─옮긴이)였고 호주의 경우는 죄수였다.

이 식민지들은 이집트, 인도, 자메이카 같은 영국의 여타 식민지와 근본적으로 달랐다. 세 곳에서는 대규모 영국인 정착지를 건설하려고 토지를 정복하기보다는 소수의 행정 엘리트를 파견하여 현지인들로부터 자원을 수탈하는 데 중점을 두었다.

미국과 캐나다, 호주의 식민지가 커지면서 정착민들은 토지를 빼앗고 전쟁을 벌이고 신종 질병을 퍼뜨려 토착민 인구를 급감시켰다. 식민지들은 영국으로부터 독립한 뒤로 유럽인 이민자들에게도 더욱 적극적으로 문호를 개방했다. 아일랜드, 독일, 이탈리아, 스칸디나비아, 동유럽 출신의 이민자들이 몰려들었다.

정착민과 토착민은 처음에 문명인 대 야만인, 기독교도 대 이교도, 백인 대 인디언이라는 이분법으로 나뉘었으나 이주가 늘어나고 인종이데올로기의 지형이 달라지면서 이 구분에도 변화가 생겼다. 영국인 이외의 유럽인들은 여전히 백인 범주에 포함되긴 했지만 정착민과 이민자를 '백인' 대 '비백인'으로 구분하는 관행이 점차 일반화되었다. 이 이분법은 과거의 이분법과 딱 맞아떨어졌으며, 결국 백인을 특권 피라미드의 꼭대기에 두는 인종적 위계질서에 따라 사회를 구조화했다.[5]

스페인과 프랑스는 식민지 토지 정착을 통해 영국의 패턴을 다른 지역에서 답습했다. 스페인은 중앙아메리카와 남아메리카, 카리브해 연안, 필리핀에서 토착민의 토지를 빼앗았다. 식민지 개척자들과 가톨릭교회가 합세하여 영토를 차지했고, 토착민과 수입 노예를 동원하는 강제 노동으로 자원을 수탈했으며, 열등하게 여겼던 토착민들에게 가톨릭과 스페인어를 전파했다. 반면에 아르헨티나 북부와 코스타리카 일부 같은 아메리카 대륙의 몇몇 지역에서 이루어진 최초의 토지 정착은 훨씬 평등주의적이라고 평가된다. 이 지역들에서는 많은 정착민이 더 좁은 땅을 받았으며 농업이나 목축업에 종사하면서 토착민 노동에 의존하기보다는 제힘으로 일했다. 그 급격한 발전 양상은 멕시코나 페루, 볼리비아 고산지대보다는 미국 북동부, 캐나다 동부, 호주 동부와 비슷했다.

북아프리카에서는 프랑스가 야심 찬 식민 사업의 일환으로 토착민들에게서 토지를 빼앗아 프랑스계 정착민들에게 나눠주었다. 정착민들은 현지의 무슬림 인구보다 더 생산적이고 자격을 갖췄고 문명화되었다고 여겨졌다. 이러한 인종적 렌즈는 북아프리카 식민 지배의 모든 측면에 스며들었고, 2차 세계대전이 끝나고 수십 년이 지나서 프랑스 식민지들이 독립할 때까지 남아 있었다. 프랑스는 인도차이나에서 더 악랄한 정착 수법을 썼다. 다수의 프랑스 시민을 보내서 농민으로 정착시키기보다는 소수의 행정 엘리트를 파견해 식민지에서 자원을 수탈하는 데 치중했다.

영국, 스페인, 프랑스 제국이 식민 지배를 통해 정착 수법을 가다듬은 반면, 이후의 많은 나라에서는 자국 내 정착민 개혁을 통해 이 패턴을 답습했다. 그중에는 세 유럽 열강으로부터 독립한 나라들도 있었다. 주권을 쟁취하고 오랜 기간이 지난 뒤에도 정착민 개혁을 지속한 나라는 미국, 캐나다, 호주, 멕시코 말고도 많다. 중국은 신장에서, 이스라엘은 팔레스타인 영토에서, 인도네시아는 서파푸아에서 토착민 공동체와 토착 소수 민족을 약화시키는 정착민 개혁을 추진했다.[6]

강제로 빼앗은 토지에 건설한 사회에서 장기적으로 공평한 결과가 나타나기 힘들다는 사실은 그리 놀랍지 않다. 정착민 개혁은 정착민을 토착민보다 우월한 위치에 놓는 인종적 위계질서를 떠받친다. 정치적 서사는 정착민을 진취적이고 근면하고 자격을 갖춘 사람으로 묘사하는 반면에 토착민은 후진적이고 전근대적이고 자격이 없는 사람으로 묘사한다. 역사적으로 정착민 개혁은 토지 소유권을 부여할 때 남성을 여성보다 우대함으로써 성 불평등을 심화시켰다.

국가적 번영은 생각만큼 단순하지 않다. 정착민 사회에서 발전의 결과는 시간이 지남에 따라 극명하게 갈렸다. 일부는 부유하고 민주적인 사회로 발전한 반면에 일부는 빈곤과 권위주의에 시달렸다. 아이러니하게도 정착민들은 당시 세계에서 가장 자원이 풍부하던 지역을 가장 빈곤한 지역으로 전락시켰으며, 다른 한편으로 가장 빈한하던 지역이 경제적 발전기를 맞게끔 이끌었다. 그 차이는 토지가 재편될 때 내려진 구체적 결정에서 비롯했다.

풍성한 자원을 수탈하기 위해 소수의 정착민이 토지와 노동력을 독차지하는 정착민 개혁은 그들을 부자로 만들어 줄 수는 있겠지만, 수혜자들이 특권을 지키려 안달하고 정치 권력을 독점하기 위해 나머지 모두를 희생시킴으로써 장기적으로는 저개발의 길을 닦는다. 그 길의 끝은 독재, 엘리트 간 내분, 내전, 심지어 혁명으로 이어진다.

정착민들이 수탈할 자원이 부족하고 지리적으로 소규모 농업이 알맞은 지역에서는 개혁가들이 정착민들에게 대체로 소규모의 토지를 고르게 분배한다. 이런 개혁은 토지에서 기회를 찾으려는 이민자들을 끌어들이며 경제 발전을 앞당기는 경향이 있다. 이와 더불어 토지와 자원이 상품화되어 시장이 만들어진다. 토지가 고르게 분배되어 권력이 분산되기에 재산권이 안정되고 정착민들이 폭넓은 정치적 대표성을 누린다.

이에 반해 성장에 치우친 개혁의 결과는 불균등하고 불평등하다. 토착민 집단은 배제되어 비시민이나 2등 시민으로 전락한다. 승자, 즉 정착민만 누리는 국가적 번영은 공허하다.

정착민 개혁은 환경에도 심각한 피해를 미친다. 새로운 땅에 도착한 정착민들은 새롭게 맞닥뜨린 환경에 대해 거의 알지 못한다. 자원이 부족하고 안전망이 전무하기에 생계를 서둘러 마련해야 한다. 이 때문에 정착민들은 미개간지를 파헤치고 기름진 토양을 척박하게 만든다. 물길을 오염시키고 자원을 고갈시키며 짐승을 사냥하거나 올무로 잡고 해충을 농약으로 박멸한다. 토착 생태계는 이런 압박에 짓눌려 신음하며 때로는 붕괴한다.

정착민 개혁은 시간이 흐르면서 점차 드물어졌다. 미개간지가 줄어들고 토착민 집단이 토지를 빼앗긴 지 오래된 곳에서는 더욱 찾아보기 힘들었다. 토지가 사람들로 빼곡히 채워지면서 정착민들 사이에서도 경쟁이 치열해지고 압력이 상승했다. 인류가 오래전에 정착한 토지에서도 이러한 경쟁이 격화되었으며 머지않아 각국의 정치 투쟁으로 이어졌다. 국가들의 전례 없는 행정적 통제력과 군사력에 힘입어 새로운 형태의 토지 재분배가 확산되었다. 정부는 이제 약자에게뿐 아니라 강자에게도 자신의 의지를 강요할 수 있게 되었다.

집단주의 개혁

대재편의 첫 세기가 정착민 개혁의 시대였다면 두 번째 세기를 이끈 것은 전혀 다른 승자들과 패자들이었다. 이런 의미에서 프랑스 혁명은 훨씬 급진적인 개혁의 신호탄이었다. 이 두 번째 시기는 사적으로 대토지를 소유한 대지주에게서 토지를 몰수하여 농촌 노동자들에게 넘겨주는 개혁으로 정의된다.

대재편의 새로운 접근법 중에서 가장 극적인 사례, 그리고 수많은 개혁에 영감을 준 사건이 소비에트연방에서 벌어졌다. 1917년 11월 7일, 볼셰비키당이 상트페테르부르크 항구에서 대담한 봉기를 일으켰다. 1차 세계대전 동안 혹독한 복무 여건과 열악한 처우에 불만을 품었던 병사 수만 명이 여기에 합류했다. 이들은 하루 만에 주요 정부 청사를 장악했으며 자정 무렵에 러시아 정부 권력의 핵심인 겨울궁전에 진입했다. 11월 8일 새벽, 정부가 전복되었다. 그 격동의 날, 새롭게 들어선 입법 기구가 블라디미르 레닌Vladimir Lenin의 토지 포고령을 통과시켜서 사유재산을 폐지하고 극심한 가난에 시달리던 농민들로 이루어진 공동체인 코뮌commune에 토지를 재분배했다. 농민들이 전면적인 농노제로부터 벗어난 지 60년도 채 지나지 않은 때였다.

10년 뒤 레닌이 죽고 이오시프 스탈린Joseph Stalin이 소비에트연방의 권좌에 새로 올랐다. 그 무렵 소비에트연방은 도시의 성장에 따라 산업 생산에 꼭 필요한 자원과 식량이 부족해 허덕이고 있었다. 스탈린은 상황을 타개하기 위해 급진적인 5개년 계획을 채택했다. 이 계획은 토지와 농업의 모든 측면을 전면적으로 집단화하려는 것이었다. 공산당은 드넓은 농촌에 당원들을 대거 파견해 농민들을 농장으로부터 분리했고 정부의 중앙 계획 지시에 따라 그들을 재조직했다. 많은 농민은 집단화를 '제2의 농노제'라 부르며 절대다수가 반대했으나 그들에게는 선택의 여지가 없었다.[7]

다른 나라들도 소비에트연방의 사례를 따랐다. 중국은 2차 세계대전 이후 벌어진 내전을 끝낸 뒤 모든 토지를 국유화했으며 농촌 인구 수백만 명을 집단농장(인민공사)으로 조직했다. 쿠바는 1959년 쿠바 혁명 시기에 사유지를 대규모로 몰수한 뒤 농촌 지역을 대부분 집단화했다. 토지를 집단화한 나라들은 소비에트연방, 중국, 쿠바에서와 마찬가지로 농민들을 집단농장에 배치하여 통제하고 세세하게 관리하고자 했다.

대규모 사유지와 농촌 노동자를 중심으로 개혁을 추진하는 정부들은 우선 특정한 대규모 토지를 취득과 재분배의 표적으로 삼는다. 토지 소유자와 협상하여 시장 가격으로 토지를 매입할 때도 있지만 명령으로 밀어붙이는 경우가 더 흔하다. 많은 정부는 대지주에게서 토지를 강제로 빼앗으면서 보상을 쥐꼬리만큼 주거나 전혀 주지 않으며 어떠한 법적 저항 수단도 허용하지 않는다. 혁명 이후 중국과 러시아에서, 2000년대에 짐바브웨에서 벌어진 개혁이 이런 식이었다.

집단주의 개혁에서는 몰수한 토지를 농촌 노동자 집단에 배분해서 집단농장 형태로 경작하게 한다. 무토지 임금노동자, 소작인, 기타 농민이 함께 한 조를 이뤄 토지를 경작하고 수익을 공유하는 경우가 많다. 정부는 집단주의 개혁 과정에서 대규모 토지 소유권을 그대로 두거나 심지어 통합하기도 한다.

집단주의 개혁은 (영주-소작농 토지 소유, 지주-소작인 토지 소유, 아시엔다 체제 등의 형태를 취하는) 사유지 집중에서 비롯되는 경향이 있다. 이러한 토지 소유 형태들은 대지주의 등짝에 큼지막한 과녁을 붙인다. 토지를 수천 개의 소규모 필지로 분할하여 토지 소유권의 새판을 짤 때 발생하는 혼란을 편의상 또는 이념적 이유로 피하고 싶어 하는 정부에 집단주의 개혁은 솔깃한 방법이다.

현명하고 신중하게 관리한다면 집단농장에도 장점이 있다. 집단화는 농업에서 규모의 경제를 실현할 수 있는 잠재력을 가진다. 대토지의 생산 과정을 쪼개어 소규모 농장에 분배하기보다는, 투입 요소 구입·농사·생산물 판매를 대규모로 진행하여 효율성을 꾀하며 이익을 얻을 수 있기 때문이다. 광활한 목초지처럼 개별적으로 관리하기 힘든 공유 자원을 집단적으로 소유하는 것도 유익할 수 있다. 집단화는 개별 농업의 위험이 큰 상황에서 문제가 생겨 파산에 내몰리거나 토지를 매각해야 하는 일이 벌어지지 않도록 농민들을 보호할 수 있다. 공동체의 협력과 공공의 문화 보전에 일조할 수도 있다.

하지만 대부분의 집단농장은 이런 결말로 이어지지 않는다. 하향식 집단주의 개혁을 벌이는 정부는 집단농장을 국가 사업을 위한 자금줄이자 정치적 지배와 전방위적 압박 수단으로 쓰고 싶다는 유혹에 끌린다. 정부는 군주처럼 군림하며 집단적 결정을 관리·감시하고 반대자를 고립시킨다. 또한 토지에 대한 최종 소유권을 대체로 정부가 갖는다. 이러한 급진적 개혁에서는 노동자의 권리가 무력해지고 억압이 일상화된다. 그러다 어느 시점이 되면 대부분의 개혁이 좌초한다.

집단주의 개혁을 채택한 나라들은 저개발의 함정에 빠지기 쉽다. 집단화는 노동자 개인의 노동 의욕을 꺾고 장기적으로 생산을 저해하며 만성적인 재산권 불안을 유발하기도 한다. 농민에서 은행가까지 모든 사람이 투자 결과를 확신하지 못하기에 새로운 투자를 기피한다. 그 결과 산출이 지지부진해지고 경제의 구석구석에 침체가 스며든다. 집단화는 사회공학과 정치적 통제를 도모할 매력적인 기회를 정부에 선사하기도 한다. 그러면 끔찍한 사태가 벌어질 수 있다. 정부의 정책 입안자들은 농민을 시골의 집단농장에 가둬놓는 경향이 있어 도시화와 경제 현대화를 저해한다. 그리고 오도된 결정은 전체 시스템에 치명적 결과를 낳는다.

소비에트연방의 사례는 우리에게 경각심을 불러일으킨다. 집단화의 목표는 곡물 생산을 증가시키고 신속한 산업화를 뒷받침하는 것이었다. 하지만 집단화로부터 첫 10년간 폭력, 혼란, 저항, 심지어 수백만 명의 목숨을 앗은 지독한 기근이 한동안 이어졌다. 농민들은 자신들의 생산물에서 국가가 더 많은 몫을 가져가고 싶어 한다는 것을 금세 알아차렸다. 그리하여 그들은 늑장을 부리며 노동 강도를 낮추는 방식으로 저항했다(스탈린은 이를 '태업'이라고 불렀다). 수십 년에 걸쳐 소비에트연방은 전통적 농업을 현대화했으며 잉여생산물을 이용하여 산업을 진작하고 국제적 야망을 뒷받침하는 데 간신히 성공했다. 하지만 재산권이 존재하지 않는 탓에 부패가 만연하고 신뢰가 낮아지고 투자가 위축되는 적잖은 대가를 치러야 했다. 이 문제들은 소비에트연방의 후신인 러시아에서도 여전히 골칫거리다. 1950년대 중국에서도 비슷한 일이 일어났다. 토지 집단화는 농업 생산량을 떨어뜨리고 대기근의 원인이 되어 수백만 명의 사망자를 낳았다.

일부 집단주의 개혁은 여성의 사회적·경제적 지위를 향상시키려는 노력을 기울였다. 소비에트연방, 중국, 쿠바는 농업 생산 분야에서 여성에게 임금노동자로서 더 큰 역할을 맡게 했는데, 여기에는 생산량을 늘리려는 의도뿐 아니라 여성의 사회적 지위를 개선하려는 바람도 담겨 있었다. 하지만 이러한 진보적 노력은 현실에서 기대에 못 미쳤다. 집단농장에서 여성은 남성에 비해 하찮은 역할과 적은 임금을 받았다.[8] 실제 급여를 남성 가장을 통해 지급하는 경우도 많았다. 그런가 하면 집단농장을 통솔하고 운영하는 주체 역시 대개 남성이었으며 집단농장 내에서 권력을 차지하고자 했던 여성은 역사적으로 폭력과 박해의 대상이 되었다. 또한 집단주의 개혁을 채택한 정부는 일하는 여성의 가사 책임, 특히 양육 책임을 제대로 뒷받침하지 못하는 경우가 잦았다.

집단주의 개혁이 환경 재앙으로 이어지는 일도 다반사다. 집단농장에서 일하는 노동자들이 환경 파괴의 대가를 온전히 부담하지 않기 때문에 토양과 자원을 훼손하는 공유지의 비극이 발생하기도 한다. 정부는 생산량 부족을 만회하려고 값싼 비료와 농약을 대량으로 쏟아붓고 이 때문에 지역 생태계가 망가지고 유역이 오염된다.

그럼에도 집단주의 개혁은 이따금 인종적·계급적 위계질서를 무너뜨릴 잠재력을 입증하기도 했다. 멕시코에서는 집단주의 개혁이 추진되기 전까지 토착민 출신들은 대지주 밑에서 소작농으로 일했다. 그들은 넓은 토지에서 강제 노동을 하면서 임금을 거의 받지 못했으며 학대에 저항할 수단도 제대로 갖지 못했다. 이러한 대토지는 대개 백인 가문들이 소유했고, 그들은 자신들이 식민지 시대에 이주한 유럽인들의 후손이라고 주장했다. 토지 재분배는 대토지를 현지의 노동자 공동체에 넘겨줌으로써 인종주의적 예속 관계를 끊어냈다. 공동 소유 형태가 식민지 시대 이전 토착민 공동체의 형태를 연상시켰기에 토지를 분배받은 대부분의 공동체가 훗날 선택권이 주어졌을 때 토지 공동 소유를 (사유재산권을 포함하는 다층적 방식으로) 유지하기로 결정했다. 초기에 토지 집단화를 시행한 정부는 인종 간 혼혈인 메스티소Mestizo('혼혈'이라는 뜻으로, 라틴아메리카에서는 토착민과 스페인계 백인의 혼혈을 가리킨다―옮긴이)의 서사를 장려했으며, 노동자를 인종보다는 농민이라는 계급에 따라 대우하는 방향으로 담론을 전환하면서 토지 공여를 통해 농민의 지위를 향상시켰다.

국가가 명령하고 시행하는 방식이 아니라 사회 집단들의 일관된 노력으로 진행되는 집단주의 개혁은 위로부터 강제된 집단화보다 훨씬 덜 해롭다. 콜롬비아와 볼리비아 같은 일부 정부는 지속적인 토지 재분배 사업의 일환으로 무토지 신청인들에게 개별 공여가 아닌 집단 공여 방식을 허용한다. 집단 공여는 강력한 경제 발전의 중심이 되는 경우는 드물지만 매우 평등주의적이고 장기적으로 지속 가능하며 환경적 영향에 더 유의하는 경향이 있다. 이는 대체로 수혜자들이 토지에서 장기간에 걸쳐 긴밀한 공동체를 결성하려고 마음먹기 때문이다.

집단주의 개혁과 공산주의의 연관성은 절대적이지는 않아도 냉전이 고착화하면서 무시할 수 없는 수준이 되었다. 1940년대 후반 중국, 한반도, 이탈리아 등 공산주의의 열기가 끓어오르던 지역의 조직가들은 무토지 농민의 불만에 귀 기울였고 급진적인 토지 재분배를 혁명 강령의 핵심으로 삼았다. 미국은 토지 불평등과 농촌 빈곤이 갈등을 조장하고 공산주의의 확산으로 이어질까 봐 우려했다. 일본, 한국, 대만, 이탈리아, 베트남, 엘살바도르 같은 나라들에서는 '경자유전 개혁'을 선택했다. 이들은 이념적으로 더 매력적인 또 다른 접근법을 대안으로 채택하여 제도를 마련하고 자금을 지원했다.

경자유전 개혁

2차 세계대전이 끝나고 유럽과 일본이 잿더미에 앉자 미국 관료들은 파시즘을 근절하고 공산주의의 대안이 될 만한 모델을 제시하고자 했다. 일본은 그 시험대 중 하나가 되었다. 2차 세계대전에서 일본이 항복한 뒤, 연합군 최고사령부의 수장 더글러스 맥아더Douglas MacArthur

장군은 1945년 12월 9일 일본 정부에 보낸 서신에서 일본의 지주-소작인 체제를 "일본 농민을 수 세기 동안 봉건적 압제에 예속시킨 경제적 굴레"로 일컬었다. 전쟁 전 일본에서는 극소수의 유력한 지주가 절대다수의 가난한 소작인을 부렸다. 일본 북부 야마가타현의 한 지주가 했던 발언에서 당시 지주들의 우월감을 엿볼 수 있다. 오타키 가문의 수장으로서 최상급 농지 약 180헥타르를 소유했으며 소작인 170명을 거느렸던 그 지주는 이렇게 말했다. "오타키 사부로에몬은 4,000가마니의 토지를 소유한 관리인이자 대표자로서 그에 걸맞게 품위를 지키며 행동한다. 나는 오만해야 한다."[9]

지역의 지주 집단이 뭉친 전국적 연합체는 강력한 정치적 영향력을 휘둘렀다. 연합군 최고사령부는 이것을 일본의 제국주의적 팽창욕을 떠받친 기둥이자 일본을 전쟁으로 이끈 우익 민족주의의 원동력으로 여겼다. 경자유전 개혁은 이에 대해 미국이 내린 처방이었으며, 이는 어떻게 역사의 새 장을 열 것인가에 대한 전후 일본 관료들의 초기 구상들과도 맞아떨어졌다.

경자유전 개혁은 일본을 급진적으로 변화시켰다. 1947년 10월, 아직 미 군정의 치하에 있던 일본의 입법 기관은 사적으로 소유할 수 있는 토지의 면적을 약 3헥타르로 제한하는 법안을 통과시켰다. 그중 소작인에게 임대할 수 있는 면적은 약 1헥타르에 불과했다. 정부와 지역 농업 조합은 이처럼 엄격하고 전면적인 한도 기준을 초과하는 토지를 모조리 사들였다.

오타키 가문에서 땅을 빌렸던 전직 소작농은 자작농이 되었으며 대번에 인생 역전을 경험했다. 이제는 수입을 고스란히 차지할 수 있었기

때문이다. 일본 중부 시노하타의 한 주민은 이렇게 말했다. "전쟁 전에
는 일하고 일하고 또 일해도 돈을 모을 수 없었습니다. 그렇게 해도 맛
있는 음식을 먹을 수 없었고 배불리 먹을 수도 없었습니다. 하지만 이
젠 뼈 빠지게 일하면 돈이 조금 남습니다. 많진 않아도 빈궁하지 않을
정도로는 남습니다. 예전에 비하면 호사스러운 삶이죠."[10] 사람들은
집을 개축하고 더 좋은 옷을 사고 식습관을 바꿨으며 더 많은 물질적
풍요를 누리기 시작했다.

경자유전 개혁은 대체로 이러한 모델을 따른다. 대지주에게서 땅을
실제로 경작하는 사람들에게로 토지를 재분배하며, 대체로 기존에 지
주-소작인 토지 소유 형태가 존재했던 곳에서 시행된다.

가장 눈에 띄는 경자유전 개혁들은 2차 세계대전 이후 일본을 비롯
한 동아시아에서 실시되었다. 한국과 대만이 이 경로를 밟았으며 중국
조차 집단화로 급선회하기 전 경자유전 개혁을 잠시 기웃거렸다. 독립
이후 인도의 일부 지역과 미국의 영향권 아래 있던 남베트남에서도 경
자유전 개혁이 실시되었다. 최초의 경자유전 개혁은 1800년대 후반에
서 1900년대 초반에 아일랜드에서 시행된 것으로 추정된다.

경자유전 개혁이 반드시 지주-소작인 토지 소유 형태에서만 일어
나는 것은 아니다. 영주-소작농 또는 아시엔다 체제에서도 가능하다.
이 경우에는 채무 노예 상태로 땅을 경작하던 노동자와 농장 인부 같
은 무토지 임금노동자에게 토지가 지급되었다. 이탈리아는 1950년대
에, 엘살바도르는 1980년대에 이런 식으로 자국 토지의 상당 부분을
분배했다. 경자유전 개혁의 특징은 개인이나 가족 단위로 토지를 지급

받는다는 것이다. 경자유전 개혁은 냉전 시기 동안 자유민주주의 열강의 전폭적인 지지를 받았을 뿐 아니라 세계은행 같은 국제 개발 기구의 인정도 받았다. 세계은행은 냉전 시기에 경자유전 개혁을 장려하기 시작하여 냉전 종식 이후로도 20년간 지지를 이어갔지만 최근에는 상황에 맞춘 개혁 방식을 채택하기 시작했다.

경자유전 개혁은 정착민 개혁과 달리 인종과 민족에 근거한 예속과 불이익의 악습을 바로잡는 데 도움이 된다. 예를 들면 1870~1909년에 시행된 아일랜드토지법Irish Land Act은 (아일랜드의 토지를 오랫동안 차지한 채 영국 정부가 아일랜드의 관습과 언어를 짓밟는 데 일조한) 영국인 지주들에게 맞서 가난한 아일랜드 농민들의 권익을 신장했다. 이 토지법은 아일랜드 하층 계급에 강제된 가혹한 토지 소작제를 폐지했으며 소작인이 지주에게서 토지를 매입할 때 보조금을 지급했다. 개혁을 앞당기고 저항을 줄이기 위해 토지를 매각하는 지주들에게는 혜택을 제공했다. 이후의 개혁에서는 나머지 지주들에게 토지 매각을 강제했다. 그렇게 땅을 차지한 독립적이고 자율적인 아일랜드 소농 계급은 새로운 아일랜드에서 고개를 높이 들 수 있었다.

경자유전 개혁은 발전의 기폭제가 되기도 한다. 일본의 경자유전 개혁 이후 새롭게 힘을 얻은 소농들은 일본 역사상 처음으로 자녀를 논밭에 내보내지 않고 학교에 보낼 수 있었다. 한 세대가 채 지나지 않아 일본은 도시화가 진전되고 교육 수준이 높아졌으며 경제 호황의 본거지가 되었다. 사회적 하층 계급 출신들이 공직, 군부, 재계에 대거 진출했다. 정부는 잉여 자금을 이용하여 수출 지향적 제조업을 육성했으며 엄격한 통제하에 있는 금융기관을 통해 자금을 지원했다. 경자유전

개혁은 한국과 대만에서도 비슷한 변화를 가져왔다.[11]

경자유전 개혁이 토지 재편 욕구에 미친 영향은 아무리 강조해도 지나치지 않다. 유럽계 정착민들이 토착민들의 토지를 차지하기 위해 벌인 시도를 제외하면, 미국이 경자유전 개혁을 경제적으로 이롭고 강력하며 효과적인 정책으로 인식하게 된 것은 2차 세계대전 이후였다. 미국은 토지 재분배를 파시즘을 해체하고 공산주의를 약화시키는 필수 도구로 여겼다. 그전까지만 해도 토지 재분배는 무토지 농민들 사이에서 정치적으로 인기가 있었지만 번번이 갈등과 혼란을 낳았으며 지주들의 거센 저항에 부딪쳤다.

하지만 일본, 한국, 대만이 토지 재편 덕분에 봉건적 농업 사회에서 '아시아의 호랑이'로 재빠르게 탈바꿈하자 토지 재분배는 개발경제학자들에게 매력적이며 필수적인 연구 대상이 되었다. 이들의 연구로 대토지 소유가 토지 활용을 저해하는 반면, 토지에서 최대한의 산출을 끌어내려는 강력한 유인을 가진 소농들이 단위 면적당 더 많은 생산량을 기록한다는 사실이 밝혀졌다. 토지 재분배는 평등과 발전이 서로 충돌하지 않고 동시에 달성될 수 있는 예외적인 정책으로 인식되기에 이르렀다. 전반적으로 보자면 이 단순한 경제적 계산은 달라지지 않았다. 미국은 토지를 소유하지 못한 농민들 때문에 정치적으로 불안정한 곳이나 공산주의자들이 농촌의 극심한 불만을 악용하려 든다고 여겨지는 곳에서 경자유전 개혁을 홍보하기 시작했다. 세계은행도 경자유전 개혁을 저개발의 함정에서 구해줄 치료제로 전 세계 나라들에 처방하기 시작했다.

성 불평등과 환경 문제에 대해 경자유전 개혁이 남긴 유산은 분명히 더 복합적이다. 동아시아와 아일랜드를 비롯한 많은 나라의 경자유전 개혁은 재산권을 남성 가장에게 넘겨주어 성 불평등에 일조했다. 이런 정책들은 여러 세대에 걸쳐 성별에 따른 가사 노동, 소득, 가정 내 발언권의 불균형이 나타날 토대를 마련했다. 남성은 자산 가치가 상승한 덕분에 사회적·경제적 권력을 더 키웠지만 여성은 계속 뒤처졌다.

또한 경자유전 개혁은 환경을 훼손하는 경향이 있다. 독립적 농민으로 자립하기를 꿈꾸는 가난한 경작자들은 토지에서 얻은 수입을 독차지하게 되면 금세 생산량을 극대화하려고 노력한다. 그들은 산업용 비료와 살충제를 입수할 수만 있으면 반드시 사용하며 종종 토지를 쥐어짠다. 땅을 놀렸다가는 먹고살 수 없기 때문인데, 이러한 행태는 자원을 고갈시키며 토지와 유역에 피해를 입힌다. 토지가 부족하고 무토지 임금노동자와 가난한 소작인이 존재하는 상황에서 경자유전 개혁을 시행하면 공공의 미개간 토지가 무토지 주민들에게 개별적으로 지급될 수 있다. 이때 자연 경관이 농지로 바뀌어 생물 다양성과 환경 건강에 악영향을 끼친다.

경자유전 개혁은 집단주의 개혁과 냉전이 사라진 뒤에도 명맥을 이어갔으며 최근의 일부 개혁은 성차별과 환경 문제에 더욱 관심을 기울였다. 하지만 냉전 시기에 토지 재분배를 추진하되 집단주의 개혁을 바라지 않았던 나라 중 상당수는 경자유전 개혁을 망설였다. 토지 재편으로 하룻밤 사이에 독립적인 토지 소유자들이 쏟아져 나오며 경제에 혼란이 발생하고 정치적 통제가 불가능해질 것을 우려했기 때문이다. 이런 나라들은 다른 방안을 모색했다.

협동조합 개혁

집단주의 개혁과 경자유전 개혁이 서로 뚜렷이 대비되고 심지어 경쟁하면서 토지를 조직하고 이용하는 다른 방법들이 등장할 여지가 커졌다. 냉전 시기 열강이 벌이던 경쟁에서 뒷전에 밀려나 있던 많은 나라는 제3의 길을 선택했다. 그것은 협동조합 개혁이었다.

1969년 6월 24일, 극적인 대국민 연설에서 페루의 신임 군사 지도자 후안 벨라스코 알바라도Juan Velasco Alvarado 장군은 토지 측량 계획을 발표했다. 이는 세계에서 가장 대담한 협동조합 개혁 실험으로 이어졌다. 스페인의 식민 지배로 인해 페루에서는 소수의 아시엔다에 토지가 집중됐는데, 특히 안데스산맥 고산지대가 심했다. 농민들은 임금을 거의 받지 못한 채 아시엔다에서 고된 노동을 계속했으며 부유한 지주들의 손아귀에서 존엄을 부정당했다. 벨라스코는 대대적인 토지 재분배를 공포하는 자리에서 스페인 식민지 개척자들에게 용감히 맞서 싸운 토착 영웅 투팍 아마루Thupaq Amaru의 말을 빌려 이렇게 선언했다. "농민들이여, 지주들은 이제 그대들의 가난을 양식으로 삼지 못할 것이다." 그 뒤로 10년간 정부는 대규모 사유지를 대부분 몰수하여 농민들이 운영하는 거대한 협동조합으로 탈바꿈시켰다.

후닌Junin 지역의 한 지주는 토지를 몰수당한 경험을 생생하게 회상했다. "찬물을 한 바가지 뒤집어쓴 심정이었습니다. 너무도 불쾌한 경험이었기에 영영 잊지 못할 겁니다. 저는 조부모님에게 물려받은 오랫동안 제 것이던 땅을 더는 소유할 수 없게 되었습니다." 이에 반해 토지를 받은 농민들은 환호했다. 카네테Cañete 지역의 한 아시엔다 노동자는 토지 몰수에 대해 들었던 때를 이렇게 기억했다. "사람들은 하도 기뻐서 울음을 터뜨렸습니다. 얼토당토않은 꿈에서조차 상상하지 못했던 것을 마침내 소유하게 되었다는 사실을 믿을 수 없었죠. 고랑 하나도 없던 처지에서 500헥타르의 주인이 되다니요! 정말이지 개인적으로 승리를 거둔 기분이었습니다."[12]

하지만 농민의 토지 소유권은 허상에 불과했다. 정부는 단일한 관리 조직 아래에서 운영되는 협동조합에 농민들을 밀어 넣었으며 토지의 최종 소유권을 넘겨주지 않았다.[13] 개혁 당시 아시엔다 내부나 근처에 비공식적으로 가족 농경지를 소유하고 있던 농민들은 소유권을 계속 인정받았으며 훨씬 큰 자율성을 얻었다. 게다가 새로 결성된 협동조합에 노동력을 보태 그 수익을 나눠 가졌다. 하지만 협동조합은 시간이 흐르면서 부침을 겪었다. 대부분의 농민은 애초에 협동조합을 원하지 않았다. 자신의 토지를 더 많이 가지고 개입과 관리를 피하고 싶어 했다. 몇 년 지나지 않아 대부분의 협동조합은 작업 배분, 이윤, 관리를 둘러싼 내분에 시달렸다. 사람들은 협동조합을 떠나고 싶어 했다. 군사 정부가 무너지면서 협동조합도 같은 운명을 맞았다.

협동조합 개혁은 여러 면에서 집단주의 개혁과 비슷하다. 처음에는 개인들이 사적으로 소유하고 있던 대토지를 농촌 노동자 집단에 재분배한다. 경우에 따라서는 대토지를 그대로 두고 합치거나 작게 쪼개기도 한다. 노동자들은 토지를 함께 경작하며 투입물의 구매와 생산물의 판매를 집단 차원에서 맡는다. 하지만 조합원들이 토지를 전부 경작하거나 모든 투입물과 이윤을 집단적으로 공유하지는 않는다는 점에서 집단주의 개혁과는 커다란 차이가 있다. 조합원들은 자신의 토지를 경작하거나 부업을 할 때도 많다. 그들은 노동력의 일부를 집단 작업에 투입하여 개인 작업을 보충한다. 토지의 공식적인 소유권은 대체로 정부가 갖지만 늘 그런 것은 아니다.

협동조합 개혁은 탈식민지화 시기의 북아프리카와 냉전 시기의 라틴아메리카에서 특히 유행했다. 아프리카 국가들은 탈식민지화 시기에 협동조합 개혁을 통한 토지 재분배로 식민지 시기에 자리 잡은 인종 기반 질서의 큰 줄기를 끊어냈다. 예를 들면 알제리, 모로코, 튀니지에서 프랑스 식민지 개척자들은 주요 토지를 대부분 지배했으며 토착 아랍인과 베르베르 부족Berber의 무슬림들을 농업 경제의 변두리에 있는 열악한 토지로 밀어냈다. 이 때문에 농촌의 무슬림들은 가난과 소외를 겪었다. 많은 사람이 프랑스 소유의 농장에서 상근 노동자나 임시 노동자로 일했고 일상적으로 차별당했다. 2차 세계대전 이후 독립운동이 일어나고 프랑스 정부가 식민 지배를 중단하면서 백인 유럽인은 농업 부문에서 밀려났다. 현지인들은 농업 협동조합을 통해 토지를 차지함으로써 농촌 노동에서 인종주의적 요소를 제거했다.

라틴아메리카의 볼리비아, 칠레, 엘살바도르, 니카라과, 페루 같은 나라들은 모두 1950년대부터 1980년대 사이의 엇비슷한 시기에 협동조합 개혁을 시행했다. 포르투갈은 1970년대 중엽 남부에서 대규모로 협동조합 개혁을 실시했다. 유고슬라비아는 2차 세계대전 이후 협동조합 개혁을 채택했다.

협동조합 개혁은 단기적으로 농업 생산성을 끌어올리는 불쏘시개 역할을 했지만 페루에서 보듯 금세 불이 꺼지기 십상이었다. 집단주의 개혁과 마찬가지로 노동 의욕 저하, 정부의 관리 부실과 억압, 도시화 지체 등이 부실한 성과의 원인이다. 협동조합 개혁이 집단주의 개혁 과정에서 벌어지는 최악의 사태인 대규모 기근과 사망으로 치닫는 경우는 드물다. 하지만 집단주의 개혁은 너무 쉬운 상대다. 경자유전 개혁과 비교하면 협동조합 개혁은 경제 발전에 대한 기여도 측면에서 훨씬 뒤처진다.

협동조합 개혁을 채택하는 정부가 집단주의 개혁을 실시하는 정부만큼 여성의 권리 신장을 이념적으로 지지하는 경우는 드물다. 따라서 협동조합 개혁은 기존의 성별 격차를 반복하고 심화하는 경향을 갖는다. 남성이 협동조합을 지배하는 경우가 대부분이기 때문에 정부 지원에서 가장 큰 몫은 남성에게 돌아간다. 협동조합이 해산할 때 맨 앞줄에 서서 가장 귀중한 몫을 낚아채는 것도 남성이다.

협동조합 개혁은 인종적 위계질서를 무너뜨린다는 측면에서 집단주의 개혁과 매우 비슷하다. 볼리비아, 칠레, 페루 같은 남아메리카 나라들에서 협동조합 개혁은 봉건적 형태의 인종주의적 예속을 타파했다. 인류학자 엔리케 메이어Enrique Mayer의 말대로 1960년대 후반 페루의 토지 개혁은 "농촌 지역에서 모든 형태의 예속을 완전히 철폐했으며 이것은 안데스 지역의 역사에서 아메리카 대륙의 노예제 철폐에 버금가는 중대한 변화"다.[14] 협동조합 개혁은 북아프리카에서도 인종적 위계질서에 균열을 일으켰다.

대부분의 협동조합 개혁은 환경 파괴로 이어진다. 생산량 부족을 만회하려고 비료와 농약을 쓰다가 토양과 수계에 피해를 입히기 때문이다. 이러한 화학물질은 생태계 안정에 필수적인 토착 동식물, 곤충, 미

생물을 죽여서 지역의 생물 다양성에도 악영향을 끼친다. 재산권이 취약하기에 지나친 이용으로 자원이 고갈되기도 쉽다.

* * *

오늘날 우리가 살아가는 세상을 빚어낸 것은 대재편이 도달했을 때 각국이 내린 선택이다. 토착민에게서 토지를 탈취하는 선택을 내린 나라들은 인종적 위계질서와 성 불평등에 짓눌리고 생태계 유실에 시달리며 심각한 자연환경 훼손에 허덕이는 나라를 후손들에게 물려주었다. 이러한 압박이 20세기 초중반에 한계점에 도달했다면 이 나라들은 대지주들에게서 토지를 몰수하여 집단화하는 선택을 내렸을지도 모른다. 이렇게 생긴 집단농장들은 오래전에 사라졌겠지만, 그 자리에 남은 사회들은 저개발, 부패, 권위주의, 환경 파괴로 아직까지 신음하고 있다. 만약 한 나라가 그 대신 대토지를 협동조합으로 전환했다면 저개발의 정도가 완화되고 권위주의와 부패의 뿌리가 얕았을 가능성이 크다. 하지만 환경은 비슷한 대가를 치렀을 것이며 성별 관계는 더 후퇴했을 수도 있다. 한편 대토지를 소규모 가족 농경지로 쪼개는 경로를 택한 나라들은 사회가 부유해지고 농업 비중이 훨씬 줄어들었을 가능성이 크다. 하지만 남성이 여전히 직장과 가정에서 군림하고 오염과 자원 고갈이 심각한 환경 문제를 불러일으켰을 것이다.

네 가지 기본적인 토지 재분배 경로는 스스로를 강화하여 쉽게 벗어날 수 없는 궤도를 고착화시키는 경향이 있다. 토지를 재분배하는 정부는 토지 이전이 완료됐다고 해서 그냥 뒷전으로 물러나지 않는다.

토지를 이용하여 국가 사업을 뒷받침하고 정치적 지지를 얻어내고 사회적 통제권을 행사한다. 정부가 선택한 경로는 어떻게 재산권을 조직하고, 기반 시설을 건설하고, 시민을 분류하여 범주화하고, 환경을 관리할지를 좌우한다. 그 결과는 도시화와 현대화로 농업의 상대적 중요성이 감소하고서 오랜 시간이 지난 뒤에도 여전히 사회를 규정한다.

토지 재분배의 결과 중에는 현대 사회의 가장 끈질긴 문제들도 포함된다. 토지는 인종적 위계질서가 수립되는 데 일조했다. 또한 성 불평등을 심화하고 더 오랫동안 지속되도록 했다. 저개발에 이르는 길을 닦았으며 기후 변화, 자원 고갈, 생물 다양성 감소와 연관된 문제를 악화시켰다.

각각의 경로가 어떤 미래를 고착화하는지를 보려면 과거 세대에 이루어진 토지 재편에 여전히 시달리는 지역에 발을 디뎌야 한다. 그 여파를 겪고 있는 사람들과 이야기를 나눠야 한다. 그래야만 토지의 진정한 힘을 이해할 수 있다.

PART 2

기울어진 땅

3장

인종적 위계질서의 탄생

아메리카 대륙의 정착민과 토착민

1980년 8월 하순, 캘리포니아주 팜스프링스시를 굽어보는 샌저신토산Mt. San Jacinto의 측면을 타고 번진 작은 산불은 토지를 둘러싼 오랜 분쟁에 다시 불을 붙였다. 불은 사막바람을 타고 남쪽으로 번졌고 팜스프링스 시내를 지나 아과칼리엔테 인디언 보호구역의 성스러운 골짜기까지 번졌다. 조상 대대로 전해져 내려오던 공동체의 보금자리가 까맣게 타들어 갔다. 하지만 이 자연재해는 팜스프링스시가 오랫동안 고대하던 기회를 가져다주었다.

50년이 넘도록 아과칼리엔테 부족원들은 자신들의 토지를 차지하려고 혈안이 된 시 당국을 상대로 맞서 싸웠다. 시 당국의 목표 중 하나는 팜캐니언Palm Canyon 하천을 따라 샌저신토산맥을 넘어가 맞은편 고속도로까지 연결되는 도로를 보호구역 한가운데에 건설하는 것이었다. 산불은 시가 마침내 도로 건설의 시동을 걸 핑곗거리가 될 것 같았다.

화재가 진압되기도 전에 육중한 D9 불도저 군단이 팜캐니언에서 대기하고 있었다. 인부들은 보호구역 내에서 불타버린 나무들을 베어내려고 파란색 스프레이 페인트로 표시까지 했다. "당시에는 연방 보호구역에 들어가서 도로가 들어설 자리를 치우고 무엇이든 원하는 대로 해도 괜찮다는 사고방식이 팽배했습니다." 숀 밀라노비치Sean Milanovich 박사는 이렇게 회상했는데, 그의 아버지 리처드 밀라노비치Richard Milanovich는 30년 가까이 아과칼리엔테 부족 의장을 역임한 인물이다. 땅이 파괴되고 강탈당하는 것을 막기 위해 아과칼리엔테 부족원들은 공사를 물리적으로 저지하는 수밖에 없었다. 밀라노비치 박사가 말했다. "아버지와 친척들이 그곳에 가서 작업들을 막았습니다. 밤새 지켰죠. 두어 번 실랑이를 벌이기도 했습니다. 아버지가 시 당국에 말했습니다. '이것 봐요. 당신네들이 도로를 내고 싶어 한다는 거 알아요. 하지만 우리 보호구역에 건설하도록 내버려 두진 않을 겁니다.'"[1]

산불을 토지 강탈의 또 다른 구실로 삼으려는 시의 시도는 밀라노비치 박사의 어릴 적 기억에 생생히 남아 있다. 그는 이렇게 말했다. "아버지는 시 당국이 원하는 대로 내버려 둘 생각이 전혀 없었습니다. 그들이 이 땅을 차지하여 우리의 소중한 숲을 통과하고 우리의 소중한 야자나무 오아시스와 계곡을 통과해서 D9 불도저가 지나가면서 야자나무를 쓰러뜨리고 미루나무를 쓰러뜨리고 오리나무를 쓰러뜨리게 하다니 어림도 없는 일이었죠." 아과칼리엔테 보호구역으로부터 땅을 탈취하여 개발하려는 시도는 오랜 기간에 걸쳐 거듭 벌어졌다.

오늘날 팜스프링스는 캘리포니아주의 라스베이거스라 불린다. 이곳은 코첼라 밸리의 심장부에 아늑하게 자리 잡은 부자와 유명 인사의 놀이터다. 코첼라 밸리의 화려한 카지노, 할리우드풍 위락 시설, 휴양

온천을 보고 있으면 이 지역의 고단한 역사를 잊기 쉽다. 금발과 환한 조명으로 뒤덮이기 전의 팜스프링스는 빈민가들 사이사이에 부촌이 섞여 있는 조각보 같은 풍경이었다. 1900년대 초중반에 형성된 이런 패턴은 토지의 소유 및 이용 방식에 영향을 미쳤으며, 그 뒤로 여러 세대에 걸쳐 공동체의 운명을 좌우했다. 토지를 누가 어떻게 가지게 되었는가가 이 모든 차이를 만들었다.

팜스프링스 이야기는 토지 재분배를 통해 백인 정착민과 사업가가 계층 사다리의 꼭대기에 올라간 과정을 보여준다. 백인 정착민들은 아과칼리엔테 분파로부터 거듭 토지를 탈취하고 부족의 언어와 전통을 말살하려 들었으며 부족원들을 자신들의 영토에서 외부인이자 종속적 존재로 전락시키는 사회적·경제적 체제를 수립했다. 밀라노비치 박사가 내게 말했다. "우리는 백인 못지않게 현명하고 강하지만, 그들은 우리가 피부색이 진하고 자기들과 같은 언어를 쓰지 않고 기독교인이 아니라는 이유로 자기네가 하고 싶은 대로 해도 된다고 생각했습니다. 그렇게 우리의 땅을 빼앗고 통치자를 자처했습니다." 하지만 팜스프링스 이야기는 결코 특이한 사례가 아니다.

토지 권력은 인종적 위계질서의 기저에 있다. 특정한 인종 집단이 다른 인종의 토지를 빼앗고 정치 규칙과 경제 메커니즘을 만들어 자신들의 지배권을 공고히 하는 식으로 말이다. 이런 사회에서 권력이 인종에 근거한 토지 소유와 거기서 비롯한 특권과 긴밀하게 연결되면, 인종 기반의 사회 질서가 사회구조에 엮여든다. 사람들이 어떻게 태어나는가, 어떻게 양육되고 살아가는가, 어떤 교육을 받는가, 어떤 직업적 기회를 얻는가, 심지어 언제 어떻게 죽는가 등 모든 것이 피부색에 좌우된다.

앞에서 보았듯 정착민 개혁을 통해 토지가 분배된 사회에서는 이 패턴이 거듭 재연되었다. 이런 사회에서는 인종적 위계질서 개념이 처음부터 존재하며, 정착민들은 자신들이 토착민들보다 영적으로나 사회적으로 우월하다고 여긴다. 토지 권력은 위계질서를 급격히 심화시키며 한층 더 경직시킨다. 정착민들은 토지를 빼앗고 전쟁을 벌이고 신종 질병을 퍼뜨려 토착민 집단을 황폐하게 만든다. 이로 인해 인종 차이는 정치적·경제적 차원으로까지 강력하게 확대되었고, 정착민은 토착민보다 우월한 지위를 차지하게 되었다.

코첼라 밸리, 아과칼리엔테 분파, 팜스프링스 정착민의 이야기는 백인과 토착민 사이의 인종적 위계질서가 어떻게 생겨났는지를 보여준다. 또한 오랜 인종적 위계질서를 타파하는 데 가장 요긴한 것이 토지 그 자체라는 점을 강조한다.

팜스프링스 주변의 코첼라 밸리는 태곳적부터 카후일라 인디언 내 아과칼리엔테 부족의 영토였다. 최근 팜스프링스 시내에서 이뤄진 발굴 조사에 따르면 그들의 조상은 약 8,000년 전 북쪽에서 이 지역으로 이주한 뒤 계곡으로, 이웃한 산과 고개로 퍼져 나갔다.

이 지역의 환경은 카후일라족이 토지 및 자원과 관계를 맺는 데 영향을 미쳤다. 계곡에 사는 카후일라족은 콩과작물인 메스키트를 주식으로 삼았으며, 6월에서 8월 사이에 꽃을 피우는 사막 떨기나무에서 씨앗 꼬투리를 채집했다. 또한 토착 야자나무에서 대추야자를 채집하고, 용설란을 수확하여 옷과 그물을 지었으며, 작은 동물을 사냥하고,

씨앗·뿌리·꽃·열매를 식용과 약용으로 썼다. 더위를 피하기 위해 야자나무, 버드나무, 화살풀로 만든 통풍이 잘 되는 구조물에서 살거나 바위 사이에 들어앉은 임시 움막에서 지냈다.

산에 사는 카후일라족은 10월과 11월에 도토리를 채집하여 가공했다. 사슴, 산양, 토끼, 다람쥐를 비롯한 작은 동물도 사냥했다. 계곡에 사는 부족과 달리 흙, 통나무, 나무껍질로 튼튼하게 집을 지었다.

카후일라족 사회는 살쾡이족과 코요테족이라는 두 의례 집단으로 나뉘었으며 다시 씨족들로 분화되었다. 그중에서 세 씨족이 연합하여 지금의 카후일라족 아과칼리엔테 분파를 결성했다.[2] 마을 인구는 대체로 백 명에서 수백 명 사이였다. 카후일라족은 1년 내내 정착 생활을 했지만 식량을 수확하거나 채집하는 시기에는 대부분 몇 주에 걸쳐 이동했다.

길은 한 마을을 다른 마을로 이어줬고 자원과 이웃 집단으로 이끌었다. 카후일라족은 주로 동서 방향으로 교역을 했는데, 이런 식으로 콜로라도강과 해안 지대의 부족을 연결했다. 그들의 교역은 의례적이고 경제적인 성격을 둘 다 갖고 있었다. 카후일라족은 조가비 구슬, 해안가의 도토리, 요리에 쓸 수 있는 화산암을 받고 화살촉, 식량, 그 밖의 재료를 내어주었다.[3]

아과칼리엔테에서 농경을 시작한 시기를 정확히 알기는 힘들지만 1800년대 초에 일부 작물을 재배하고 있던 것은 분명하다. 그들은 인근 개울에 관개수로를 연결하여 옥수수, 호박, 멜론을 재배했다. 오늘날 팜스프링스에 자리한 온천은 원래는 의례 활동과 치유 의식을 비롯한 회합의 중심지였다. 밀라노비치 박사는 이렇게 말했다. "카후일라족에게는 모든 것이 땅속에 있습니다. 모든 것이요. 우리의 마음은 땅에서 나옵니다. 우리에게 전해져 내려오는 이야기는 전부 땅에서 나옵니다. 우리가 어떻게 이 땅에 오게 되었는지, 어떻게 땅 위를 돌아다녔는지, 어떻게 식물을 채집했는지, 어떻게 사냥했는지까지 말이죠. 우리의 이야기와 노래는 전부 땅에서 나옵니다. 땅은 우리를 치유하고 보호하고 보살핍니다."[4]

카후일라족이 처음 접촉한 유럽인은 아메리카 식민지에 당도한 영국인 식민지 개척자들이 아니라 멕시코에서 왔다. 처음에 스페인인들은 캘리포니아 북부의 선교지와 남쪽의 멕시코에 있는 자신들의 소유지를 잇는 서해안 교역로를 구축하려 했다. 하지만 카후일라족에게 심각한 문제가 발생한 것은 1800년대 초에 멕시코가 스페인으로부터 독립을 쟁취한 뒤였다. 멕시코의 새 정부는 독립을 확고히 하려는 열망과 북부 엘리트의 압박으로 인해 캘리포니아의 목축업자들에게 드넓은 토지를 나눠주기 시작했다. 여기에는 카후일라족의 서부 영토가 포함되어 있었다. 당시 아과칼리엔테 분파는 잠시나마 땅을 빼앗기지 않고 지킬 수 있었다. 아과칼리엔테 분파가 자리 잡은 카후일라족 영토의 동부가 지형이 험하고 경관이 황량했기 때문인지 그들의 땅은 아직 주요 정착지로 꼽히지 않았다.[5]

역사적으로 이 짧은 시기는 멕시코의 '란체로ranchero(목축업자를 일컫는 스페인어—옮긴이)' 시대라고 불린다. 잠깐 사이에 끝난 멕시코판 서부 개척이었다. 이 시기에 아과칼리엔테 지역에 관한 첫 공식 기록이 나왔다. 탐사 임무를 맡은 멕시코군 중위의 일기 덕분이었다. 그는 멕시코 정부가 소노라Sonora와 캘리포니아를 연결하는 육로를 개척하기 위해 파견한 탐험대의 일원이었다. 중위의 일기는 이 지역의 존재가 이미 알려져 있었음을 시사한다. 카후일라족은 이 지역을 '세크헤Séc-he(끓는 물)'라고 불렀지만 초기 스페인 탐험가들과 그 뒤를 이은 멕시코인들은 이를 '아과칼리엔테(뜨거운 물)'라고 번역했다. 살아남은 쪽은 새 지명이었다.

한편 동쪽으로 수천 킬로미터 떨어진 곳에서 카후일라족에게 훨씬 중대한 위협이 형체를 갖춰가고 있었다. 동부 해안의 정착민들이 아메리카 원주민들의 토지를 먹어치우며 태평양까지 거침없이 행진할 길을 닦고 있었다. 이 행진은 결국 카후일라족을 집어삼킨다.

식민지 시대 초기에 아메리카 대륙의 정착민들은 힘겹고 위험천만한 삶을 살았다. 그들은 유럽을 떠나 오랜 항해 끝에 아메리카 대륙의 동부 해안에 도착하여 전초기지를 마련했다. 상당수는 해안에 상륙했을 때 장기간 항해에서 얻은 질병이나 영양실조에 시달리고 있었다. 현지의 토지, 자원, 기후는 낯설었으며 굶주림과 추위가 그들을 기다리고 있었다. 정착 초기에 사람들의 수명은 짧았고 사망률은 높았다.

아메리카 원주민들은 정착민들의 적응을 도왔다. 매사추세츠와 로드아일랜드 해안의 매시피 왐파노아그 부족Mashpee Wampanoag은 영국에서 종교적 탄압을 피해 1620년에 메이플라워호를 타고 찾아온 청교도들인 필그림파더스Pilgrim Fathers에게 식량을 나눠주고 현지 사정을 알려주었다.[6] 왐파노아그족의 일족인 매시피 왐파노아그족은 필그림파더스가 첫 수확을 거두었을 때 그들과 함께 잔치를 벌이기도 했는데, 어떤 사람들은 이것을 오늘날 추수감사절의 뿌리로 여긴다.

머지않아 새 식민지가 번성하기 시작했으며 이민자의 물줄기는 개울이 되더니 이내 강물이 되었다. 종교 박해가 없다는 것도 매력적인 요소 중 하나였다. 이민자들은 처벌과 폭력의 그림자가 없는 신세계에서 공개적으로 신앙을 실천할 수 있었다.

하지만 가장 큰 선물은 토지였다. 영국 왕실은 막대한 양의 토지 증서를 발급하여 식민지의 성장을 뒷받침했다. 유럽에서는 엄격한 계급 구조와 토지 부족 때문에 최상위 특권층을 제외하면 좀처럼 토지를 소유할 수 없었던 데 반해, 정착민들은 미개척지까지 갈 수만 있다면 그 토지를 소유할 수 있다는 실질적인 약속을 받았다. 이 사정은 식민지 북부에서 더욱 두드러졌다.

펜실베이니아 식민지의 경우를 보자. 찰스 2세는 지금의 펜실베이니아와 델라웨어에 걸쳐 있는 드넓은 토지를 윌리엄 펜William Penn에게 하사했다. 이 공여 덕분에 펜은 단번에 개인으로서는 세계 최대의 토지 소유자가 되었지만 그곳을 정착지로 일구어야 한다는 과제도 함께 주어졌다. 펜은 자금을 모으기 위해 식민지 개척자들을 끌어들이기 시작했고 야심 찬 정착 계획에 착수했다. 세계적으로 유례를 찾을 수 없을 만큼 폭넓은 계층에 개방된 대규모 교육 프로그램이 대표적이었다. 펜은 교육을 종교적 이해력과 계몽의 핵심으로 보았다. 그의 실험으로 미국 북부의 일부 지역은 당시 지구상에서 가장 문맹률이 낮은 곳 중 하나가 되었다.

물론 여기에는 함정도 있었다. 영국 왕실이 백인 정착민들에게 나눠 준 토지에는 이미 아메리카 원주민들이 거주하고 있었다. 지금의 미국 본토에 식민지 시대 이전부터 거주하던 원주민 인구가 어느 정도의 규

모였는지에 대해서 합의된 수치는 없지만 대략 100만 명에서 1000만 명에 이를 것으로 추정된다.[7]

정착민과 아메리카 원주민의 관계가 틀어지기까지는 그리 오랜 시간이 걸리지 않았다. 식민지 개척자들은 신종 질병을 아메리카 대륙에 들여왔다. 천연두와 홍역이 원주민들 사이에서 창궐했다. 해안에서 내륙으로 진출하려는 정착민들이 아메리카 원주민들의 본거지에 위협이 되리라는 사실은 의심할 여지가 없었다. 정착민들의 행동은 상황을 악화시켰다. 유럽인 탐험가·무역상·정착민의 상당수가 원주민들을 납치하여 노예로 팔거나 원주민 지도자를 비롯한 공동체 구성원들을 죽이거나 생포하려 했다. 정착민들은 자신들이 아메리카 원주민들보다 인종적·종교적으로 우월하다는 신념을 숨기지 않았으며 이를 내세워 토지 탈취를 정당화했다.

아메리카 원주민의 토지에 대한 식민지 정책은 조약 체결과 무력을 통한 인디언 추방이라는 불안정한 조합이었으며 이 두 가지가 동시에 추진될 때도 많았다. 평화로운 공존이 20년 넘게 지속되는 경우는 드물었으며, 이내 미개간지 정착이 또다시 공격적으로 추진되어 정착민과 민병대가 아메리카 원주민을 상대로 전투를 벌였다.

카후일라족의 거주지와 가까운 서해안에서 스페인 탐험가들과 선교사들도 만행을 벌였다. 스페인은 1700년대 중후반에 야심 찬 가톨릭 선교사 후니페로 세라Junípero Serra가 샌디에이고부터 소노마에 걸친 지역에서 선교 활동을 벌이도록 후원했다. 그들의 목표는 현지의 토착민들을 문명화하고 기독교화하는 것이었다. 그들은 카후일라족를 비롯한 현지인들 사이로 침투해서는 선교지에 데려가 세례를 받게 하고 개종시켰다.

선교지는 노동 수용소와 죽음의 캠프를 겸했다. 선교지에 끌려온 토착민들은 임금을 받지 못한 채 강제 노동을 해야 했으며 도망자는 스페인 선교사들의 사냥감이 되었다. 선교사들은 토착민을 열등한 존재로 치부했다. 세라는 2015년 프란치스코 교황에 의해 성인으로 추대되었는데, 1780년에 이런 기록을 남겼다. "영적 아버지가 아들인 인디언을 매로 벌하는 규칙은 아메리카 대륙 정복만큼 유서가 깊은 듯하다. 이 규칙은 실로 일반적이기에 성인聖人도 예외가 아닐 것이다." 선교사들은 현지의 관습과 문화를 짓밟으려고도 했다.

이곳에서도 유럽의 질병이 원주민들을 몰살했으며 급기야 선교지 내의 아메리카 원주민 사망자 수가 출생자 수를 넘어섰다.[8] 아과칼리엔테 분파는 다행스럽게도 캘리포니아 해안에서 가장 먼 카후일라족 거주지의 동부 끝자락에서 살았기에 선교지로부터 멀리 떨어져 먹잇감 신세를 면했다.

한편 동부에서의 정착은 미국의 독립으로 새로운 전기를 맞았다. 토지 증서 제도가 끝나고 더 탐욕스러운 새 제도들이 들어섰다. 당시에 인기가 많았던 새 정책 중 하나는 드넓은 변경 지대를 군용 하사 토지로 지정하는 것이었다. 연방 정부가 자금난에 시달리고 있었기에 자원병과 낮은 급여를 받던 참전 군인들은 정부에서 조성한 군용 하사 토지를 급여 대신 받을 수 있었다. 정부는 의도적으로 이러한 토지들을 정착지와 원주민이 거주하는 변경 사이의 완충 지대에 배치했다.

조지 워싱턴George Washington 대통령은 1796년에 오하이오 준주Ohio Territory(애팔래치아산맥의 서쪽, 오하이오오강 북쪽, 이리호 남쪽 지역—옮긴이)

에 군용지를 조성하면서 이렇게 주장했다. "이렇게 하면 우리 정부를 변경과 연결하고, 정착지를 점차 확대하고, 용감하고 강인하고 훌륭한 사람들을 전방에 배치할 수 있다. 그들은 (적대 행위가 벌어질 경우) 언제든지 야만인과 싸우고 침략을 저지할 준비를 갖추고 있을 것이다."[9]

대재편이 마침내 미국에 당도했다. 19세기 초반에 미국은 스페인, 프랑스, 대영제국, 멕시코로부터 영토를 획득하면서 이전보다 영토가 세 배나 늘었다. 1840년대 중반부터 1850년대 초반까지 미국은 병합과 강제 매입을 통해 텍사스, 캘리포니아, 네바다, 뉴멕시코, 애리조나, 유타, 그 밖에 여러 주의 일부 지역을 멕시코로부터 빼앗았다. 이 때문에 늘어만 가는 동부의 백인 정착민과 (카후일라족을 비롯한) 서부의 토착민을 가르던 최후의 행정적·정치적 장벽이 사라졌다. 새로워진 미국 서부에서 바야흐로 토지 정착의 광풍이 몰아칠 참이었다.

동부에서 온 정착민들이 카후일라족의 토지에 발을 딛기 불과 수십 년 전, 서부 변경과 남부에서 노예 경제가 팽창하자 이곳의 정치적·경제적 매력이 커졌다. 의욕으로 충만한 정착민들이 점차 불어나면서 이들은 인디언을 몰아내라고 미국 정부를 압박했다. 1830년에 앤드루 잭슨Andrew Jackson 대통령이 입법한 인디언이주법Indian Removal Act은 당대의 정착 정책 중에서 가장 가혹한 정책으로 꼽힌다. 인디언이주법으로 약 10만 명의 인디언이 남동부에서 미시시피강 서쪽의 인디언 보호구역으로 이주당하면서 악명 높은 '눈물의 길Trail of Tears'이 탄생했다. 치카소Chickasaw, 체로키Cherokee, 촉토Choctaw, 머스코기 크리크Muscogee Creek를 비롯한 많은 인디언 부족이 강제 이주를 당했으며 수천 명이

 | 2부 기울어진 땅 |

목숨을 잃었다. 정부는 인디언들의 토지 일부를 매각하여 전쟁 채무를 갚고 일부는 새 정착민들에게 공여했다.

하지만 이 정책들에는 문제가 있었다. 인디언 보호구역과 맞닿은 신생 주의 관료들은 안보 위협을 막아줄 완충 장치를 원했다. 미주리 주의회는 "가만있지 못하는 토착 야만인 떼에 둘러싸인" 주민들을 보호하기 위해 국경 지대에 정착민을 늘려달라고 연방의회에 청원했다.[10] 연방의회는 이런 청원이 접수될 때마다 무장한 정착민들이나 인디언의 공격을 격퇴하겠노라 약속한 정착민들에게 토지를 제공하는 식으로 대처했다.

멕시코-미국 전쟁 이후 벌어진 서부 팽창으로 태평양 연안과 카후일라족 영토까지 정착지 후보에 들어갔다. 하지만 미국이 텍사스부터 캘리포니아에 이르는 멕시코 영토를 병합하고 1840년대에 오리건 컨트리Oregon Country를 획득하면서 인디언을 서부로 이주시킨다는 계획은 가망이 없어졌다. '명백한 운명Manifest destiny(1840년대 미국에서 서쪽으로 계속 나아가 태평양까지 영토를 확장하겠다는 신념—옮긴이)'은 다른 식으로 성취해야 할 터였다.

골드러시Gold Rush와 멕시코-미국 전쟁 즈음 미국의 정착민들이 캘리포니아 남부에 조금씩 자리 잡기 시작하면서 카후일라족과 그들의 토지가 표적이 되었다. 강제 이주는 간발의 차로 피했지만 또 다른 인디언 정책이 기다리고 있었다. 바로 인디언 보호구역이었다.

미국 정부는 백인 정착지에서 멀리 떨어진 지역을 보호구역으로 지정하여 토착민 공동체를 밀어넣었다. 보호구역 대부분은 쓸모없는 땅이었다. 카후일라족을 비롯한 수백 개 부족이 이러한 운명을 맞았다.

하지만 운명이 확정되기 전까지 카후일라족은 조약 체결과 정착민들의 침입이 이어지는 불안한 시기를 거쳐야 했다.

골드러시와 서부 팽창으로 1850년대부터 정착민들이 카후일라족 영토에 들어오기 시작했다. 그들의 토지 침탈과 과세 시도는 카후일라족을 비롯한 인근의 쿠페뇨 부족Cupeño, 루이세뇨 부족Luiseño, 세라노 부족Serrano을 격분시켰다. 분노는 봉기로 이어졌으나 실패로 돌아갔고 부족들은 미국 정부 대리인들과 협상 테이블에 앉아야 했다. 1852년 1월 5일, 부족 지도자들은 처형 협박에 못 이겨 터메큘라 조약Treaty of Temecula에 서명했다. 부족들의 토지를 억지로 양도하는 대신 훨씬 작은 영구 보호구역을 받는다는 조건이었다. 미 상원은 조약 비준을 거부했으나 그 결정을 비밀에 부치라고 명령했다. 그 뒤 이 지역에서 시행된 정부 정책은 부족들과 합의를 번번이 위반하며 그들이 더 이상 자신들의 이익이나 토지를 제대로 방어할 수 없도록 약화시켰다.[11]

1856년 5월 15일, 카후일라족 대추장과 24명의 카후일라족 지도자들은 인디언 담당관에게 청원을 제출하며 백인의 지속적인 토지 탈취에 항의했다. "우리는 태곳적부터 샌고고니오 고개San Gorgonio Pass와 그 인접 토지에서 살았습니다. 미국인이 캘리포니아를 차지한 뒤, 특히 지난 2~3년 사이에 우리는 백인 정착민들에게 토지를 침탈당했습니다. 그들은 알짜배기 농경지와 목초지 대부분을 차지했으며 우리 땅으로 이어지는 물길을 돌려 막대한 관개수단를 빼앗았습니다." 그리고 이러한 손실들로 인한 결과를 설명하며 정책의 유예를 요청했다. "그리하여 우리는 종종 농경지를 포기해야 했으며 이는 우리 부족에게 크나큰 피해와 고통을 안겼습니다. 우리가 특별히 바라고 정부에 요구하는

것은 일정한 공공 토지(우리가 오랫동안 점유하고 개간한 토지)를 우리만
쓸 수 있도록 별도로 지정하여 그곳에서는 우리가 백인 정착민들에게
강제로 쫓겨나지 않도록 해달라는 겁니다."[12] 하지만 청원은 아무런 소
용이 없었다.

1년 뒤 이 지역에서 대규모 지진이 일어나 많은 아과칼리엔테 부족
원들이 사는 계곡의 유량이 줄어들었다. 어쩔 수 없이 그들은 지하수
를 이용할 수 있는 코첼라 밸리에서 살아야 했으며 이 때문에 정착민
들과의 사이에서 더 직접적인 갈등이 빚어졌다.

서부를 정착지로 전환하려는 미국 정부의 시도는 1860년대에 홈스
테드법이 제정되면서 한층 집요해졌다. 이 법안은 미국을 지구상에서
가장 거대한 자유보유권freeholder(개인이 자유롭게 부동산을 소유할 수 있
는 법적 권리—옮긴이) 사회로 탈바꿈시켰다. 용감한 개척자들은 소액의
수수료만 내고서 최대 65헥타르의 공공 토지를 공여받았다. 해당 토지
에서 5년간 거주하고 경작하면 토지 소유권을 신청할 수 있었다. 기회
를 잡으려고 달려든 정착민들이 무상으로 땅을 받기 위해 평원에 밀어
닥쳐서는 아메리카 원주민들의 토지에 대해 소유권을 주장했다. 홈스
테드법으로 약 160만 명이 총 1억 헥타르(텍사스와 캘리포니아를 합친 면
적)의 소유권을 얻었다.

당연하게도 그로부터 10~20년 안에 정착민들이 캘리포니아 전역
에 몰려들어 카후일라족 거주지와 주변 지역을 차지했다. 하지만 아과
칼리엔테 분파를 비롯한 카후일라족의 토지를 최종적으로 빼앗은 주
범은 정착민들이 아니라 철도 회사와 미국 정부였다. 미국 정부는 서

부의 정착과 개발을 뒷받침하기 위해 수천 킬로미터에 이르는 철도를 건설하여 점점 늘어나는 원거리 정착지들을 연결하고자 했다. 하지만 철도 회사들은 아직 태동 단계였으며 자금난에 시달리고 있었다. 미국 정부가 찾아낸 해법은 철도 주변의 방대한 공공 토지를 철도 회사에 무상으로 공여하여 철도 회사가 토지를 매각하거나 이를 담보로 채권을 발행하여 자본을 조달하도록 하는 것이었다.[13]

이로 인해 공공 토지의 바둑판식 토지 구획checkerboarding이 탄생했다. 공공 토지 측량 제도는 이미 서부 영토 대부분을 한 변이 약 9.7킬로미터인 커다란 정방형 격자로 구획했으며, 각 구획은 한 변이 약 1.6킬로미터인 36개의 구역으로 구분되었다. 정부는 홀수 번호 구역을 철도 회사에 지급하고 나머지 짝수 번호 구역을 정부 소유로 두었다. 이 조치는 철로 양쪽으로 약 16킬로미터 이내의 토지에 적용되었다. 이 때문에 서부의 구역들에서는 사유지와 공공 토지가 뒤섞인 바둑판 모양의 소유권 패턴이 퍼져 나갔다.

철도 토지 공여는 1850년 미국 중서부와 남부에서 시작되었으며 1862년부터 1871년 사이에 제정된 태평양철도법Pacific Railway Acts을 통해 태평양 연안까지 확대되었다. 변경 대지 70만 헥타르가 이런 식으로 공여되었다. 아과칼리엔테를 야금야금 갉아먹은 것은 바로 태평양철도법이었다.

자영 농지와 철도 토지 공여는 나란히 추진되어 토착민들을 약탈하고 백인들에게 서부 변경 지대를 내어주었다. 백인 정착민들은 아메리카 원주민들을 포위하고 잠식해 들어갔다. 이로써 서부에 새로운 인종적 위계질서가 탄생했다.

서류상으로 홈스테드법은 시민이거나 시민권 획득 절차를 밟는 과정 중인 모든 성인에게 토지 소유 자격을 부여했다. 하지만 현실에서는 백인 정착민에게 유리하도록 압도적으로 편향되어 있었다.

의회는 홈스테드법을 비롯한 여러 정착 정책을 이용하여 비백인이 점유하던 토지에서 백인을 다수로 만들려 했다.[14] 서부 변경의 수많은 신생 주는 정착을 통해 백인이 많아지는 것이 주의 승격 자격 중 하나라며 강조했다.

정착의 경제학은 이 과정을 가속화했다. 토지 취득은 서부에 이주하여 새 삶을 시작하는 데 드는 비용에서 일부분에 불과했다. 정착민들은 이주 경비를 마련하고 농장 설비를 매입하고 집을 짓고 첫 수확 때까지 목숨을 부지해야 했다. 토지 매입으로 절감되는 금액은 전체 비용의 약 10~30퍼센트에 불과했다.[15] 이런 탓에 가난에 허덕이거나 자신의 환경에서 쉽게 달아날 수 없는 소수 집단이 토지를 소유하는 것은 불가능에 가까웠다.[16]

1862년부터 1920년대에 이르는 홈스테드법의 전성기는 유럽계 백인의 미국 이민이 절정에 달했던 시기이기도 했다. 1870년부터 1890년대까지 대부분의 미국 이민자들은 서유럽과 북유럽 출신이었다.[17] 이후 동유럽과 남유럽 출신 이민자들이 늘어났다. 그러다 1차 세계대전으로 추세가 한풀 꺾였다. 대공황에 이은 1920년대 이민 제한으로 이민이 급격히 감소했다. 게다가 1800년대 후반에 동부 해안 지역에서 백인 인구가 증가하면서 젊은 세대는 서부에서 새로운 생계를 찾아야 했다.

철도 토지 공여에도 이와 비슷한 인종적 편향이 작동했다. 대부분의 공여는 정치적 연줄이 있고 백인 금융업자의 후원을 받는 민간 기업에 돌아갔다.[18] 실제로 토지 공여에 얽힌 부패와 연고주의가 대중적으로 원성을 촉발했고 결국 1871년에 공여 프로그램이 중단되었다. 하지만 이미 막대한 규모의 토지가 할당된 뒤였으며 웬만한 기업들은 토지를 건사할 수 있었다.[19] 철도 회사들은 토지의 대부분을 부유한 백인 구매자와 투기꾼에게 팔았으며 일부 구매자는 새로 이주하는 백인 정착민들에게 토지를 임대했다.[20] 회사들은 자영 농지의 물결을 따라 동부에서 밀려드는 백인 정착민들에게도 토지를 팔았다.

불행하게도 카후일라족의 거주지는 로스앤젤레스 주변의 계곡과 애리조나 남부의 금광 사이를 오가는 금광 사냥꾼들의 교차로에 있었다. 이 때문에 1860년대에 남태평양 철도 회사가 이곳을 정조준했다. 미국 정부는 옛 역마차 노선을 따라 코첼라 밸리와 카후일라족 영토를 관통하는 철도를 건설할 수 있는 통행권을 남태평양 철도 회사에 부여했다.[21]

으레 그랬듯 정부는 철도 노선 주변에 160헥타르 단위의 땅을 바둑판 모양으로 철도 회사에 할당했다. 이 때문에 카후일라족의 토지는 분할되었다. 정부는 1876년에 행정명령을 통해 홀수 번호 구역을 철도 회사에 배정하고 짝수 번호 구역으로 구성된 보호구역을 조성했는데, 이것이 바로 '아과칼리엔테 인디언 보호구역'이다. 1877년에는 인접한 땅의 추가 구획을 포함하도록 보호구역을 확장했다. 정부는 아과칼리엔테 인디언 보호구역 외에도 카후일라족을 위해 아홉 개의 추가 보호구역을 조성했다.[22] 보호구역마다 카후일라족 분파를 배정했다. 비슷한 시기에 정부는 카후일라족 보호구역의 대부분을 아과칼리엔테 보

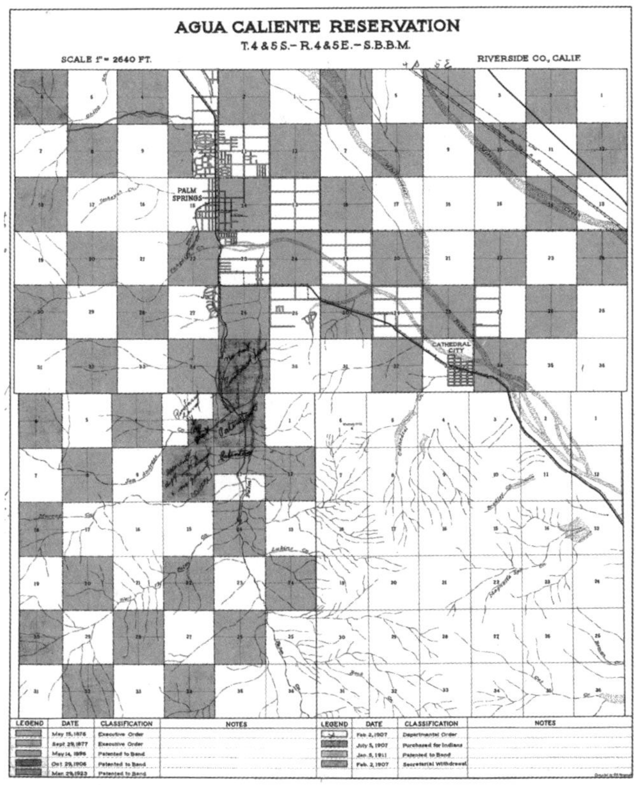

1876년부터 1877년까지 조성된 아과칼리엔테 인디언 보호구역은 음영으로 표시된 영역이다. 160헥타르의 네모칸이 번갈아 나타나며 바둑판 모양을 이룬다.

호구역과 같은 바둑판 모양으로 만들었다. 몇몇 분파는 철도 노선에서 멀리 떨어진 곳에 거주한 덕에 이러한 가혹한 운명을 피했다.

이 보호구역 지정은 카후일라족의 지속적인 영토 상실을 의미한다. 사막 지역의 카후일라족인 카바존Cabazon 분파의 추장은 1898년 지방 정부의 인디언 담당관에게 이렇게 말했다. "백인 형제가 오면 우리는 반갑게 맞이하며 그에게 말을 타고 사냥하라고 합니다. 그가 '우리가 소유할 만한 땅을 좀 주시오'라고 하면 우리는 조금 뒤로 물러나 그곳에서는 사냥하지 않습니다. 그러면 백인 형제가 더 많이 찾아옵니다. 그들은 우리에게 더 물러나라고 하고 우리는 다시 물러납니다. 이 일을 수없이 되풀이했습니다. 이제 우리는 작은 부족이 되었고 땅도 거의 없습니다."[23] 이전의 카후일라족 영토는 지금의 리버사이드 카운티 대부분과 캘리포니아 남부의 인근 카운티들에 걸쳐 있었지만 이제는 원래 면적의 5퍼센트도 안 되는 보호구역에서 북적거리는 신세가 되었다.

아과칼리엔테 보호구역은 여느 아메리카 원주민 보호구역이나 카후일라족 보호구역과 마찬가지로 명목상으로는 자신들의 문제에 대해 주권을 보유하고 자치할 수 있는 자율적 공간을 표방했다. 하지만 그 약속은 처음부터 공염불에 지나지 않았다.

보호구역이 지정되기까지 몇 년간 정착민들 및 금광 사냥꾼들과의 접촉이 증가하면서 아과칼리엔테 분파는 서양의 전염병에 노출되었다. 천연두와 홍역이 창궐하여 부족원들은 쇠약해지고 인구는 황폐해졌다. 시인이자 활동가인 헬렌 헌트 잭슨Helen Hunt Jackson은 1883년 의회에 제출한 조사 보고서에서 초기의 보호구역을 "지독하게 빈곤한" 상태라고 했다.

미국 정부와 철도 회사가 토지를 탈취하면서 공동체가 분열되었다. 공동체와 토지의 깊은 유대감을 약화시켰으며 조상 대대로 물려받은 영토는 작은 잔재만 남았다. 공동체의 자원 관리, 영적 관습, 경제 활동은 모두 토지에 뿌리를 두고 있었기에 압박과 심각한 혼란을 겪었다. 나바호Navajo, 만단Mandan, 히다차Hidatsa, 사니시Sahnish 등 터전의 대부분을 빼앗긴 다른 부족들도 마찬가지였다.

그 뒤 미국 정부는 아과칼리엔테와의 협약을 번번이 어기고 그들의 문제에 개입했다. 보호구역에서 부족 자치를 금지했으며 보호구역을 통치하고 부족 문제를 관리하는 권위적인 인디언사무국을 설립했다. 이 상황은 수십 년간 계속되었다.

마찬가지로 정부는 보호구역 토지를 아과칼리엔테 분파에 넘겨주지 않고 신탁 형식으로 보유했다. 정부의 논리는 아메리카 원주민들은 우둔하거나 근시안적이기 때문에 그들에게 토지를 넘겨주었다가는 금세 유실된다는 것이었다. 1969년, 보호구역 내 토지 이용을 묘사한 신문 기사는 이런 식으로 중상모략했다. "정부는 부족이 향후 토지를 현명하게 다스릴 만큼 토지 관리에 익숙해질 때까지 부족의 이익을 위해 토지를 신탁 형식으로 보유했다."[24]

정부 대리인들은 아과칼리엔테 분파를 복속시키기 위해 동화 정책을 채택했다. 1890년부터 보호구역 내 아동들은 세인트보니페이스 인디언 학교St. Boniface Indian School, 페리스 인디언 학교Perris Indian School, 그리고 나중에 악명을 떨친 캘리포니아 리버사이드의 셔먼 학교Sherman Institute 같은 보호구역 밖의 기숙학교에 강제로 보내졌다. 이 학교들은 학생들에게 영어를 가르치고 직업 훈련을 실시했다. 문화적·영적 전통의 실천은 금지되었다. 이러한 발상은 최초의 연방 인디언 기숙학교를 설립한 미군 장군이 간결하게 표명한 목표와 일맥상통한다. "인디언은 죽이고 사람은 살려라."

인디언사무국은 보호구역 내에서 문화적·영적 행위를 억압했다. 문화적으로 중요한 애도(누킬) 의식을 금지했으며 주민을 '문명화'한다는 명목으로 보호구역 내 영농을 장려했다. 농업을 감독하던 현지의 수석 기술자는 이렇게 평했다. "이렇게 하면 이 작은 인디언 부족이 앞으로 정부의 원조에서 벗어나 독립할 수 있을 것이다." 인디언사무국은 농무부와 협력하여 이 지역에서 사막 작물을 재배하는 실험을 시작했다. 사무국 직원들은 1910년대에 관개수로를 비롯한 농업 관련 시설을 건설했으며 공동체의 동의를 받지 않은 채 아과칼리엔테 분파의 토지에 실험농장을 설치했다.[25]

농업 지도를 맡은 에이드리언 맥스웰Adrian Maxwell은 현지의 농업 생산량을 끌어올려 인디언사무국 내에서 승진에 성공한 인물로, 대추야자, 자몽, 살구나무, 포도, 알팔파를 심으라고 독려했다. 맥스웰은 아과칼리엔테 부족원들이 머뭇거리자 "붉은 피부를 가진 자들은 세상에서 가장 쉽게 포기하는 족속이다"라고 개탄했다. 하지만 아과칼리엔테 분파는 가뭄, 혹서, 거센 폭풍을 이 땅에서 직접 겪었기에 정부의 농업 장려책을 어리석게 여길 만도 했다.[26]

여러 요인이 맞물려서 정부는 이후 보호구역 내 농업에 제동을 걸었다. 맥스웰은 1916년에 보호구역을 떠났으며 1920년대의 가뭄은 농작물에 지속적인 타격을 입혔다. 또한 1920년대에는 관광업이 성장하여 농업의 대안이 되기도 했다. 1924년, 한 총괄 기술자가 말했다. "이 인디언들은 제 힘으로 농사를 짓기보다는 백인 정착민들을 위해 일함으로써 생계를 유지할 것이라는 점이 점차 분명해지고 있다."[27]

하지만 아과칼리엔테 분파가 겪고 있던 변화는 빙산의 일각에 불과했다. 머지않아 도스법Dawes Act이 빙산을 뚫고 들어올 것이다.

이전까지의 정책들이 원주민들을 이주시킨 뒤 보호구역 안에 가두는 방식이라면 1887년의 도스법은 보호구역 자체를 해체하여 추가적인 토지 약탈을 가능하게 했다. 일반토지할당법General Allotment Act이라고도 불리는 도스법은 엄청난 규모의 토지 약탈을 가속화하고 체계화했다.

아과칼리엔테 분파를 비롯한 카후일라족 집단은 연방에 의해 보호구역에 수용된 여느 부족과 마찬가지로 1800년대 후반에 토지를 집단적으로 소유하고 있었다.[28] 아과칼리엔테 분파는 토지 접근권을 네 개의 주요 씨족이 나눠 가졌으며 각 씨족은 영토에 대해 고유한 토지 소유권을 행사했다. 도스법의 목적은 토지 할당이라는 과정을 통해 토지를 개인 소유의 구획으로 세분화하여 부족 공동의 토지 소유 체제를 붕괴시키는 것이었다.

미 의회는 1891년에 아과칼리엔테 보호구역 내에서 토지 할당을 승인했다. 하지만 실제로 토지 할당이 시작된 것은 1920년대에 온천 관광이 활기를 띠면서 토지의 가치가 높아진 이후였다. 토지 할당 측량관이 찾아오자 부족 지도부와 수십 명의 부족원은 미국 내무장관에게 항의 편지를 보냈다. "토지 측량관들이 무슨 짓을 하려는지 우리가 파악하기 전까지는 이들을 철수시키길 요청합니다. 우리는 이들이 찾아온다는 통보를 누구에게도 받지 못했습니다. 인디언들은 토지 할당에 대해 어떤 협정에도 서명하지 않았고 어떤 청원도 제기하지 않았습니다. 우리는 이 토지에 대해 특별한 권리를 갖고 있으며 우리의 동의 없이 토지가 양도되는 것을 원하지 않습니다. 우리는 토지를 현 상태 그대로 소유하고 싶습니다."[29]

비슷한 시기에 시 당국은 보호구역 남부에서 아과칼리엔테 조상 대대로의 터전인 인디언캐니언스Indian Canyons를 장악하려는 시도를 했다. 관광객들이 이 지역의 야자나무 오아시스를 보려고 몰려들자 현지의 상인들은 거기서 한몫 챙길 수 있기를 바랐다. 시 당국은 부족 지도자들을 억류하고는 연방 정부를 부추겨 이 협곡을 국립공원으로 지정해달라고 촉구했다. 정부는 잠시 이 땅을 차지했으나 아과칼리엔테 분파가 반발하자 다시 내어주었다.[30]

일단 연방 정부는 인디언캐니언스에서 철수했지만 토지 할당 측량관들을 돌려보내기란 쉬운 일이 아니었다. 아과칼리엔테 분파가 정부에 측량관들을 철수시키라고 요청하자 인디언사무국 국장이 모욕적인 답변을 내놓았다. "토지 할당을 실시하는 편이 당신네 부족에게 유익하다고 여전히 믿습니다."[31] 이와 같은 토지 할당을 토레스-마르티네스Torres-Martinez 분파를 비롯한 다른 여러 카후일라족 보호구역에서 저항이 있었음에도 불구하고 강제로 시행되었다. 아과칼리엔테 보호구역에서 시작된 할당으로 그들은 역사의 갈림길에 섰다. 구성원들이 한 명씩 부족과 씨족으로부터 떨어져 나와 다른 씨족의 토지 구획을 차지하기 시작했다. 또한 이들은 정치 집단으로 뭉쳐서 부족 통제권을 공동체 중심의 전통주의자들로부터 빼앗으려 했다.[32] 보호구역 내 토지를 부족 구성원 개개인에게 나눠주는 사업을 감독한 것은 미국 정부의 관료였다.

인디언 아동을 강제로 기숙학교에 보내서 영어를 사용하고 서구식 옷차림을 하도록 했던 조치와 더불어 토지 할당은 부족을 사분오열시켜 미국의 문화 규범과 자본주의 경제 관행에 동화시키려 했다. 그 목표는 절멸 정책으로 이루지 못한 것을 법의 위력을 이용하여 달성하는 것이었다.

백인 정치인들은 이 조치를 미국이라는 국가의 정체성 확립에 꼭 필요한 도덕적·경제적·문화적 과제로 여겼다. 시어도어 루스벨트Theodore Roosevelt 대통령은 1901년 국정 연설에서 이렇게 말했다. "제가 판단하기에 인디언을 부족의 일원이 아니라 개인으로 인식해야 할 때가 분명히 되었습니다. 도스법은 부족이라는 집단을 깨부수는 힘센 분쇄기와 같습니다. 인디언은 개개인으로 대우받아야 합니다. 백인처럼 말이죠."

아과칼리엔테 같은 보호구역의 토지가 도스법에 따라 할당되기 시작하자 미국 내무부 산하 인디언사무국은 보호구역 내 개별 가족들에게 그들을 대리하여 신탁 관리 중이던 토지 구획들을 공여했다.[33] 할당되지 않은 '잉여 토지'는 보호구역 외부의 민간인에게 매각할 수 있었다. 이 정책으로 전체 보호구역에서 캘리포니아와 맞먹는 약 40만 헥타르의 토지가 수탈당했다.

관광업의 호황으로 팜스프링스의 토지 가치가 상승하자 외부인들은 할당 이후 남게 될 아과칼리엔테 보호구역 내 '잉여 토지'를 차지하려 들었다. 씨족 정치도 토지 할당에 힘을 실어주었다. 온천 주변의 토지는 아과칼리엔테 분파 산하의 카우이시크 씨족Kauisik이 관리하고 있었는데, 그들은 관광 수입을 다른 씨족들과 두루 나누고자 했다. 그래서 다른 씨족들이 온천 일대에서 영업할 수 있도록 토지 이용을 허가할 때 수입의 일부를 공동체 전체를 위해 써야 한다는 조건을 내걸었다. 이런 탓에 다른 씨족의 구성원들 중에서 카우이시크 씨족의 약속보다 더 확실한 보장을 받고 수입을 더 자율적으로 쓰고 싶었던 씨족원들이 가장 먼저 할당을 받아들였다.[34]

하지만 아과칼리엔테 보호구역에서 정부는 개별 구획을 원하는 사람들에게 속임수를 썼다. 공동체 구성원들이 19헥타르의 토지를 요구하자 인디언사무국은 이를 승인한 뒤 타운 내 토지 1헥타르, 관개지 2헥타르, 마른땅 16헥타르를 공여했다.[35] 결국 아과칼리엔테 분파의 토지 청구가 100건 이상 승인되었으며 할당 면적은 보호구역의 약 15퍼센트에 달했다. 하지만 이 토지의 소유권을 인정받기까지는 고역을 치러야 했다.

지방 정부의 관료였던 해리 워즈워스Harry Wadsworth는 1920년대에 최초 신청자들에게 임시 할당 증명서를 발급하면서 내무부 장관이 빠르게 승인해 줄 거라고 장담했다. 일부 신청자들은 할당받은 토지를 이용하기 시작했다. 하지만 정부의 승인 절차가 지연되었다.

10여 년 뒤, 몇몇 아과칼리엔테 구성원들이 할당을 승인해 달라는 소송을 제기했다. 1944년, 미국 대법원은 '아레나스 대 미국' 재판에서 내무부 장관이 할당을 승인해야 한다고 판결했다.[36] 내무부 장관은 1920년대의 할당안을 계속 거부하다가 5년 뒤 돌연 입장을 바꿨다. 하지만 이즈음 팜스프링스의 인구가 증가하고 개발이 진행된 탓에 할당지마다 가치가 크게 차이가 났다. 1954년, 아과칼리엔테 분파의 카우이시크 씨족원 여러 명이 토지 분배 청구 이전에 이루어진 부족의 토지 할당 인정을 요구하며 소송을 제기했다. 법원은 자산과 수익이 구성원들에게 더 고루 분배되도록 토지 할당에 공정을 보장하는 '균등화'를 명령했다.

이 또한 토지 전쟁에 기름을 부었다. 팜스프링스시 당국, 인디언사무국, 심지어 아과칼리엔테 부족평의회 위원 몇 명은 보호구역 토지를 기업에 매각할 방도를 모색했다. 기업이 해당 토지를 처분하여 수입을 부족 구성원들에게 나눠주리라는 기대에서였다.[37] 하지만 아과칼리엔테 분파는 결국 자신들의 토지 기반을 지키기로 마음먹었다. 아과칼리엔테 분파는 도스법에 따라 '잉여 토지'로 지정된 비할당지를 줄이고, 자신들이 소유한 '잉여 토지'의 강제 처분을 금지하는 내용의 입법을 통해 균등화를 추진했다.[38] 결국 1959년에 의회는 균등화법Equalization Act을 통과시켰으며 정부는 아과칼리엔테의 토지 할당을 최종적으로 승인하고 공식화했다.

법적 불확실성이 제거되었을 무렵 정부는 이미 게임의 규칙을 바꾼 지 오래였다. 프랭클린 델러노 루스벨트Franklin Delano Roosevelt 대통령이 재임 중이던 1934년에 제정된 인디언재조직법Indian Reorganization Act은 아메리카 원주민을 대상으로 한 뉴딜 정책의 일환으로, 도스법에 따른 토지 할당 정책을 폐지했다. 이 때문에 보호구역 내 토지 소유 형태가 파편화되었다. 토지 할당은 일단 시행되었지만 아과칼리엔테 보호구역에서는 불완전한 채로 종료되었다. 이제는 보호구역의 바둑판 모양 안에 개인 소유자들의 소유권이 뒤섞인 새로운 바둑판이 자리 잡았다. 완전한 토지 소유권fee simple을 가진 사람이 있는가 하면 토지를 신탁 형태로 보유한 사람도 있었다. 한편 다른 보호구역들은 토지 할당을 겪지 않았기 때문에 부족 공동의 소유 형태를 유지했다.

인디언재조직법은 모든 개별 신탁 토지의 향후 변동을 금지했으며 토지 할당을 겪은 부족에 대한 추가 할당을 중단했다. 그리하여 아과칼리엔테 보호구역 내 바둑판 모양의 소유권은 오늘날까지 이어지고 있다. 그 결과 어지럽고 우스꽝스러울 정도로 복잡한 토지 이용 패턴이 형성되었다. 지금은 부족 소유 토지부터 개인이 완전히 소유하는 토지, 보호구역 내 할당지, 보호구역 역외 부족 토지, 기타 사유지 등 온갖 토지 이용 방식이 혼재한다. 이 복잡성의 결과는 애석하게도 단순했다. 바로 엄격한 인종적 위계질서였다. 외부의 이해관계로 압박받을 때 공동체 단위로 계획을 세우고 번영을 꾀하는 능력이 부족 토지의 분할로 방해받으면서 인종적 위계는 더욱 강화되었다.

이와 비슷하게 아과칼리엔테를 비롯한 카후일라족 분파들은 팜스프링스의 이웃 부족들이 번영하는 동안 경제적으로나 사회적으로 어려움을 겪었다. 1920년대에 농업 진흥 시도가 수포로 돌아가고 백인 소유의 관광업이 성장하면서 카후일라족은 요금 징수원, 야영장 관리인, 호텔 직원 같은 저임금 일자리를 얻거나 가게 주인, 화재 감시원, 경찰관으로 일했다.[39] 카후일라족의 취업 기회, 교육 수준, 건강 상태는 같은 지역의 백인들보다 열악했다.

아과칼리엔테 분파의 구성원들은 1940년대 후반까지도 팜스프링스시의 기초 의료 서비스를 이용할 수 없었다. 1980년에 산불이 발생한 후 보호구역을 관통하는 도로를 건설하려던 시 당국의 시도에 맞서 싸웠고 부족 의장을 역임한 리처드 밀라노비치는 캘리포니아 소보바 인근의 주 정부 지원 병원에서 태어났다. 팜스프링스에서 그의 어머니가 분만을 거부당했기 때문이다. 그녀가 임신 합병증으로 팜스프링스 병원에 갔을 때 의사들은 이렇게 말했다. "우리가 당신을 받아주는 건 합병증이 있기 때문이에요. 하지만 애를 낳을 때는 인디언 병원으로 가야 해요. 백인이 아니면 누구도 여기서 분만할 수 없어요."[40]

공동체 내부에서는 분열의 골이 더욱 깊어졌다. 1934년의 인디언재조직법으로 강제 동화 조치가 누그러지긴 했지만, 많은 사람들이 부족 자치권을 속히 회복하고자 하는 와중에 어떤 사람들은 연방 정부의 토지 할당을 통해 부족의 토지 기반에서 벗어나 정치적·경제적 독립을 누리고 싶어 했다.[41]

1950년대가 되었을 때 팜스프링스 지역의 철도 회사가 소유했던 구역은 부유한 백인 거주지가 된 반면, 아과칼리엔테 보호구역은 상대적으로 가난한 부족 공동체의 터전이 되었다. 보호구역은 생활비가 더 저렴했기 때문에 불우한 처지의 다른 소수 인종들도 끌어들였다. 1920년대부터 1950년대까지 내내 성장 추세였던 관광업에서 일자리를 찾으려고 아프리카계 미국인들과 라틴아메리카인들이 대거 팜스프링스로 이주했다. 그들은 보호구역 내에 조성된 토지에 세입자로 정착했다. 상당수는 팜스프링스 시내 중심가에 자리 잡았는데, 그곳은 '14섹션'이라 불리는 아과칼리엔테의 바둑판 구역 중 하나였으며 역시나 온천이 있었다.

연방법에 규정된 부족 토지의 단기 임대 기간 제한 때문에 철도 회사 구역과 아과칼리엔테 구역 간의 격차는 더욱 벌어졌다. 이러한 제약으로 인해 상업적 개발이 좌초되고 소수 인종이 백인 특권층과 분리되어 거주하는 저소득층 주거지가 조성됐다. 팜스프링스시 당국은 보호구역 토지에 거주하는 14구역 주민들에게 수도와 전기 같은 공공 서비스의 제공을 거부하여 문제를 악화시켰다. 부족원들은 이에 대처하기 위해 합판과 타르지(타르를 입히거나 배게 한 건축 자재용 종이—옮긴이)로 주택을 짓고 정화조를 파고 수도관을 연결하고 그 일대에서 쓰

레기를 소각했다.[42]

　아과칼리엔테 분파는 그 땅의 고유한 가치를 잘 알았지만 그것을 활용할 수 없었다. 전원 여성으로 이루어진 새 아과칼리엔테 부족평의회의 의장 아일린 미겔Eileen Miguel은 1950년대 중반에 토지 임대 문제를 다루는 미 의회 청문회에서 이런 취지로 발언했다. 미겔이 팜스프링스 출신이라고 밝히자 청문회 위원장은 무지한 답변을 내놓았다. "그렇다면 당신은 돈이 넘쳐나겠군요. 그렇죠? 당신네가 얼마나 부자인지 익히 들어서 알고 있어요." 미겔이 대답했다. "아니요. 저는 돈이 넘쳐나지 않아요. 죄송하지만 마셜 씨께서 우리가 부자라고 하신 말씀은 약간 불쾌하네요. 우리는 부자가 아니에요. 값비싼 땅을 가지고 있긴 하지만 흙을 먹을 순 없으니까요."[43]

　개별 할당이 마무리되고 아과칼리엔테 분파가 연방 정부와 최장 99년에 이르는 토지 임대 협상을 체결한 1959년을 시작으로 이곳의 토지는 훨씬 값어치가 올라갔다. 부유한 백인 집단은 14구역에서 솔깃한 사업 기회를 포착했다. 일확천금의 호기였다. 이로 인해 토지 용도 지정제, 임대, 부족 주권을 놓고 인종 간에 격렬한 분쟁이 촉발되었다.

　그 후 벌어진 일은 성장하는 공동체들에서 부유층과 빈곤층이 나란히 살아갈 때 흔히 볼 수 있는 일이었다. 바로 젠트리피케이션과 토지 강탈 말이다. 팜스프링스는 14구역의 가난한 주민들을 쫓아내고 그 지역을 상업 지구로 탈바꿈시키고자 했다. 하지만 보호구역 토지에서는 그럴 수가 없었다. 어쨌거나 토지 권력은 양날의 검이었다.

　시 당국은 칼날을 벼렸다. 그들은 시 조례를 충족하지 못하는 주택에 거주하는 세입자들을 퇴거시키겠다고 위협했다. 그리고 보호구역

　　　　　　　　　　　　　　　　　　　　　　　| 2부 기울어진 땅 |

거주자들이 재산세를 납부하지 않는다는 거짓 주장을 내세워 그 지역에 수도와 전기 같은 공공 서비스의 공급을 거부했다.[44] 또한 부족 평의회가 토지 임대 계약의 일환으로 합의한 보호 및 후견 제도를 공격적으로 이용했다. 이 제도에 따르면 지방 법원에서 임명한 관리인은 부족원들의 사적인 문제를 관리할 수 있었다. 얼마 지나지 않아 관리인들은 아과칼리엔테와 14구역에 사는 가난한 소수 인종 세입자들에게로 눈길을 돌렸다. 그들은 세입자들을 대거 퇴거시켰으며 시 당국과 함께 도심 일부 지역을 불도저로 밀어버렸다. 세입자들이 일을 나간 사이에 그들의 집을 불도저로 밀어버린 경우도 있었다.[45]

시 고위 관료들은 자신들의 행동을 정당화하려고 인종주의적 고정관념을 들먹였다. 프랭크 보거트Frank Bogert 시장은 아과칼리엔테 분파가 주로 흑인과 라틴계 주민들에게 토지를 임대한다는 사실을 겨냥해 이렇게 발언했다. "그들은 영락없는 부랑자들에게 세를 놓습니다. 그 땅의 가치와 그곳에 사는 인간쓰레기들에 대해 생각하면 통탄할 일입니다." 에드 매쿠브레이Ed McCoubrey 시의원이 장단을 맞췄다. "그 사람들은 자기 계발에 관심이 없습니다."[46]

시 당국의 초토화 전술은 개발에 맞선 공동체의 저항을 무너뜨렸다. 한때 이곳의 주민이었던 알폰소 메디아노Alfonso Mediano는 이렇게 회상했다. "그 후로 이웃끼리 연락이 끊겼습니다. 작은 마을이었는데도 장례식이나 결혼식에서만 서로 얼굴을 볼 수 있었죠."[47]

시 당국과 관리인들의 권위주의적인 태도는 1968년에 주 정부가 개입한 뒤에야 끝났다. 조사를 담당했던 캘리포니아주 법무부 차관보 로런 밀러 주니어Loren Miller Jr.는 신랄한 보고서를 이렇게 마무리했다. "팜스프링스시는 14구역 주민들을 부동산 소유자, 납세자, 유권자로 존중하지 않았을 뿐 아니라 인격체로 인정하지도 않았다."

관리인들은 10년의 활동 기간 동안 14구역과 무관한 부족원들의 문제에도 깊이 관여했다. 그들의 가부장주의적 태도 때문에 부족원들은 토지와 재무, 미래를 관리할 역량을 사실상 빼앗겼다. 등록된 구성원 중 한 명이었던 모레이노 퍼텐치오Moraino Patencio는 할당이 최종적으로 확정되고 후견 제도가 확립된 지 고작 몇 주 뒤에 동생이 태어난 일을 떠올렸다. 할당이 끝난 뒤 태어난 여느 부족원과 마찬가지로 그의 동생은 자기 몫의 부족 토지를 얻을 방법이 전무했다. 그의 동생은 대모에게서 팜스프링스 바깥의 보호구역 외 토지를 물려받았지만 법원에서 지정한 관리인이 동생의 인수 능력에 문제를 제기했다. 그의 아버지는 아들의 권리를 찾아주기 위해 소송을 제기해야 했다. 퍼텐치오가 내게 말했다. "도저히 불가능한 상황이었습니다."[48] 법원, 관리인, 변호사 모두 이 건에 대한 대가로 엄청난 수수료를 요구했다.

캘리포니아 남부의 카후일라족 분파들에게도 아과칼리엔테 분파와 비슷한 일이 일어났다. 카후일라족 집단들은 백인 정착민들에게 토지를 빼앗기고 보호구역으로 내몰렸으며 상당수는 아과칼리엔테의 사례처럼 쓸모없는 바둑판 모양의 토지에 처박혔다. 유럽의 질병이 부족원들 사이에서 창궐했으며 연방 정부는 강제 학교 교육, 동화, 노골적 처벌 같은 정책을 통해 부족의 관습과 언어를 말살하려 했다. 카후일라족 상당수는 그 뒤로도 토지 할당과 정부 개발 사업 때문에 토지를 잃고 공동체의 분열을 겪었다. 일부 부족은 적대적인 시 당국과 지방 정부를 상대해야 했지만, 팜스프링스시만큼 적대적이고 강력하며 표리부동한 곳은 없었다. 광범위한 예속으로 인해 캘리포니아 남부 곳곳에서 팜스프링스의 경우와 비슷한 인종적 위계질서가 탄생했다.

미국의 초기 역사에서 벌어진 아메리카 원주민의 강제 이주와 정착민의 토지 수탈은 미국 전역에서 수백 개의 아메리카 원주민 부족에 영향을 미치는 새롭고 강력한 인종 질서를 만들어냈다. 백인 정착민은 경제적·사회적·정치적 이득을 얻은 반면에 토착민 집단은 이 모든 전선에서 패배했다. 새 질서는 곳곳에서 잔혹한 차별 정책으로 공고해졌으며 적어도 1960년대 내내, 경우에 따라서는 더 오래 지속되었다.

그 모든 과정의 배후에는 누가 토지를 가지느냐에 대한 결정이 있었으며, 토지에서 어떻게 살아가고 토지를 어떻게 소유하고 그곳에서의 삶을 지켜낼 수 있는가에 대한 결정이 뒤따랐다. 토지 재분배는 번영을 빚어낼 수도 있지만 그냥 내버려 두면 참극과 인종주의를 빚어내기도 한다.

1800년대 아메리카 원주민의 복지에 대한 체계적 자료는 손에 넣을 방법이 없다. 이것은 의도된 결과이기도 하다. 미국 헌법에서는 '세금을 내는 인디언(부족과의 관계를 끊고 일반 국민과 함께 살아가는 사람들)'만이 의회의 대표 산정에 포함되도록 규정했다. 이 때문에 미국 인구조사국은 절대다수의 '세금을 내지 않는 인디언'에 대한 정보를 수집하지 않았다.

하지만 보호구역 제도가 본격적으로 시행되고 아메리카 원주민 인구의 관리에 대한 관심이 커지면서 의회는 1890년, 1900년, 1910년에 아메리카 원주민을 대상으로 한 별도의 인구조사를 위해 예산을 배정했다. 1890년 조사의 세부 내역은 대부분 화재로 소실되었다. 이 때문에 아메리카 원주민 공동체의 생활상을 보여주는 최초의 뚜렷한 스냅 사진은 1900년 자료다.

그 모습은 참혹했다. 미국 내 아메리카 원주민 인구는 1900년에 약 24만 명으로 감소했다. 정착민들이 찾아오기 이전과 비교하면 인구 붕괴라고 부를 법한 수치였다.

토지 권력의 추가 이동하면서 백인과 아메리카 원주민의 복지에도 격차가 크게 벌어졌다. 백인의 기대 수명은 50세였지만 아메리카 원주민은 약 40세였다.[49] 이는 흑인의 기대 수명인 42세보다도 짧았다. 아동 사망률 격차도 상당해서 아메리카 원주민 아동은 백인 아동보다 훨씬 높은 비율로 사망했다.

물론 아메리카 원주민은 매우 다양한 종족으로 이루어졌다. 미국의 토지 정착 과정에서 문화 상실, 강제 이주, 갈등, 동화를 겪은 내력도 저마다 다르다. 일부는 1900년 당시 다른 부족들에 비해 보호구역에 더 오래 거주한 상태였다. 이런 차이를 반영하듯 체로키족과 치카소족 같은 부족들은 비교적 사망률이 낮고 기대 수명이 길었다. 이에 반해 다코타Dakota와 라코타Lakota 같은 부족들은 사정이 훨씬 열악했다. 하지만 백인에 비하면 거의 모든 부족이 불리한 처지였다.

20세기 초는 아메리카 원주민의 침체기였다. 대부분의 토지를 빼앗기고 그나마 남은 토지에 대한 통제권도 상실한 뒤 1918년부터 1942년까지 아메리카 원주민이 보호구역에서 거둔 소득의 연평균 증가율은 고작 0.25퍼센트에 불과했다(미국 전체 인구의 소득 증가율은 2.3퍼센트였다).[50] 20세기 후반에는 미국 전역에서 소득 증가율이 상승했다. 하지만 아메리카 원주민은 여전히 예외였다. 1969년의 미국 인구조사 자료에 따르면 백인 가정의 빈곤율이 10퍼센트를 약간 웃돌았던 반면에 아메리카 원주민은 3분의 1이 가난하게 살았다.[51] 1인당 소득은 백인의 절반이었다. 아메리카 원주민의 경제적 계층 이동성은 미국 내 어떤 인종 집단보다도 낮았다.[52]

차별과 유해한 정부 정책은 이 격차를 영속시켰다. 1950년대부터 미국 정부는 잔존하는 아메리카 원주민 보호구역을 '절멸'하고 토지 수탈을 완료하고자 했다. 이 일환으로 1956년에 제정된 인디언재정착법 Indian Relocation Act에서는 보호구역 내의 기초 서비스, 학교, 병원에 대한 연방 기금 지원을 중단했다. 이 때문에 보호구역에서는 일자리가 사라졌으며 로스앤젤레스와 미니애폴리스 같은 도시 지역으로 대탈출이 일어났다. 연방 정부는 직업 훈련과 도시 이주에 예산을 일부 배정했으나 상당수의 아메리카 원주민은 직장에서 차별의 벽을 맞닥뜨렸다.[53] 그리하여 많은 보호구역이 황폐해졌다. 절멸 정책은 1970년대에 종료되었지만 일부 보호구역과 부족은 주권을 되찾지 못했다.

현재의 토지 권력 구도는 50년 전과 별반 달라지지 않았기 때문에 사회적 상황과 인종적 위계질서에서 큰 변화가 일어나지는 않았다. 2018년 미국 인구조사국의 자료에 따르면 백인의 빈곤율이 10퍼센트인 반면에 아메리카 원주민은 25퍼센트가 가난하게 살았다.[54] 보호구역에서 살아가는 아메리카 원주민(아메리카 원주민 인구의 3분의 1)은 보호구역 밖에서 살아가는 아메리카 원주민에 비해 일관되게 더 빈곤하다.

인종 간 부의 격차가 지속되는 이유 중 하나는 아메리카 원주민의 재산 축적을 가로막는 장벽이다. 문제의 핵심에는 토지가 있다. 미국 정부는 여전히 대다수 부족 토지의 법적 관리인으로 남아 있으며 이 때문에 아메리카 원주민은 대부분의 미국인이 하는 것처럼 부를 축적하지 못한다. 시간이 지남에 따라 가족 구성원과 토지 청구인의 수가 증가하면서 신탁 토지라는 조건으로 인해 세대 간 분할 소유 문제가 발생한다. 이 때문에 소유권의 가치가 희석되고 토지 이용 방안에 대한 의사결정이 힘들어진다. 또한 임대, 상업적 개발, 매입 같은 대부분의 토지 이용 결정에 정부의 허가를 받아야 한다. 아메리카 원주민들의 반발에서 보듯이 토지 사유화만이 해법은 아니다.[55] 하지만 현재의 토지 상황에 대해서는 모두 불만을 가지고 있다. 아메리카 원주민들은 자신들에게 훨씬 유리한 방식으로 제도를 재설계하는 일에서 주도적 역할을 맡기를 바라고 있다.[56]

아메리카 원주민과 백인은 소득과 부의 격차가 큰 만큼 교육과 건강의 격차도 커졌다. 성인 아메리카 원주민 중에서 대학 학위를 가진 사람은 24퍼센트밖에 안 되는 반면에 백인은 47퍼센트이며 대학 진학 비율에서도 비슷한 차이가 난다.[57] 아메리카 원주민은 당뇨병, 심장병, 알코올 및 약물 관련 원인으로 인한 사망률도 더 높다.[58] 역사적 트라우마와 연관된 정신 건강 문제도 더 많이 겪는다.[59]

아메리카 원주민 공동체도 미국 내에서 비슷한 형태의 무시와 차별을 겪는다. 특히 아메리카 원주민 여성에 대한 폭력은 만연해 있다. 살인은 19세 이하 아메리카 원주민 여성에게서 세 번째로 흔한 사망 원인이며 20~44세 여성에게서는 여섯 번째로 흔한 사망 원인이다.[60] 하지만 법 집행 기관은 이 문제를 소홀히 하며 진지하게 다루지 않았고 이는 아메리카 원주민 여성을 폭력에 취약한 처지로 만들었다.

차별은 많은 아메리카 원주민의 일상에서 여전히 흔한 경험이다. 최근의 한 조사에 따르면 성인 아메리카 원주민의 3분의 1은 구직, 승진, 임금에서 차별을 겪었다고 응답했다.[61] 약 30퍼센트가 경찰에게 차별 대우를 받았다고 응답했으며 23퍼센트는 병원이나 진료소에 갔을 때 차별을 경험했다고 말했다.

토착민의 토지와 자원은 계속해서 수탈당하고 있으며 온당한 동의와 협의 절차가 생략될 때도 많다. 다코타 송유관Dakota Access Pipeline과 키스톤 XL 송유관Keystone XL Pipeline의 건설에 반대하는 최근의 유명한 투쟁에서 보듯이 기업들이 토착민의 토지와 부족 문화를 위협하는 공사를 벌이는 것에 대한 토착민 공동체의 불만이 상당하다. 하지만 그에 대한 반격도 존재한다. 아과칼리엔테 분파의 등록 구성원 한 명은 자신들의 역사와 창조 설화에서 보건대 "우리는 누가 우리에게 다가오는지, 지금 우리를 누가 밀어붙이는지, 우리가 그것에 어떻게 대응하는지를 늘 주시한다"고 내게 말했다.[62]

* * *

2023년 11월의 어느 화창한 아침, 아과칼리엔테 분파가 다른 카후일라족 구성원들과 한자리에 모여 자신들의 이야기를 들려주는 새 문화 박물관의 개관을 기념하는 축제를 열었다. 팜스프링스 도심에 자리 잡은 이 최첨단 박물관은 아과칼리엔테 분파가 수십 년간 품어온 꿈의 결실이다. 건물 디자인은 그들이 조상의 땅에 자리한 천연 온천과 야자수가 늘어선 골짜기와 대대로 이어져 왔음을 상징한다. 방문객은 첫 번째 전시실에서 공동체가 어떻게 시련을 이겨냈는지를 보게 된다. "우리 땅과 물은 수탈당했고 우리 부족은 질병으로 몰살당했고 우리 문화는 위협과 오해를 받았다. 하지만 우리는 살아남겠다는 각오로 새 사회에 적응했다."

아과칼리엔테 분파는 많은 구성원들이 고물가 때문에 더는 도심에 살 수 없게 된 1970년대 무렵부터 팜스프링스 내에서 인종 간 부의 격차를 해소해 나가기 시작했다.[63] 이러한 변화 속에서 토지 수탈과 보호 구역 정책이 짓밟으려 한 부족의 문화·언어·영적 전통을 복원하기 위한 새싹이 돋았다.

1960년대에 캘리포니아주가 팜스프링스의 토지 분쟁에 개입하자 팜스프링스 시 당국은 날개가 꺾였다. 14구역에서뿐 아니라 아과칼리엔테 보호구역 전역에서 변화의 바람이 불기 시작했다. 1970년대 후반, 아과칼리엔테 부족평의회는 팜스프링스시와 중요한 토지 이용 협약을 체결했는데 이는 14구역을 비롯한 도시 내에서 자신들의 토지를 부족이 직접 관리한다는 내용이었다. 이로써 토지 권력이 움직이기 시작했다.

1980년 화재 때 시 당국이 토지를 차지하려 한 시도에서 보듯 긴장이 계속되긴 했지만 새로운 협력 관계는 대체로 순조롭게 풀려나갔다. 시 당국과 부족은 서로 협력하여 경제 발전을 추진했으며 둘 다 이익을 얻었다. 1987년 인디언게임규제법Indian Gaming Regulatory Act 같은 우호적인 연방법 제정도 유리하게 작용했다. 아과칼리엔테 분파는 카지노를 열어서 거둬들인 수익을 부족의 경제적 발전, 환경 보호, 문화 재생, 교육 사업에 썼다. 아과칼리엔테 분파는 최근 수십 년간 아메리카 원주민 공동체 사이에서 주목받는 경제적 성공 사례가 되었다. 보호구역 내 아과칼리엔테 구성원의 1인당 중위 소득은 팜스프링스 지역의 나머지 인종 집단보다 훨씬 높다.[64] 이 변화의 뿌리에는 토지에 대한 통제권의 회복이 있었다.

아과칼리엔테 분파는 이제 경제적 이익을 활용하여 그동안 약화된 공동체 정체성을 강화하기 위한 새로운 시도를 뒷받침하고 있다. 공동체와 방문객에게 아과칼리엔테의 역사를 가르칠 문화 박물관을 건설한 것과 더불어, 조상들에 대해 더 깊이 알기 위해 고고학 발굴을 후원하고 카후일라어 구사자들을 섭외해 카후일라어 수업을 진행하며 광범위한 카후일라족 공동체를 지원하고 있다.

하지만 유산을 되찾는 일은 결코 쉬운 과제가 아니다. 많은 것이 유실되었고 할 일이 수두룩하다. 예를 들면 카후일라어는 아과칼리엔테 분파 내에서 절멸하다시피 했으며 카후일라어를 유창하게 구사하는 사람은 아무도 남아 있지 않다. 그들의 노력은 전국에서, 그리고 그들이 속한 지역 사회에서 지속되고 있는 백인과 아메리카 원주민 사이의 긴장과 인종차별 때문에 더 복잡해지고 있다.

전 세계에서 토착민 집단이 정착민 개혁의 희생양이 된 사례는 아과칼리엔테 분파 말고도 많다. 토지는 인종적 위계질서를 조성하고 심화하여 (자신을 우월한 인종으로 여기는) 식민지 지배자들에게 토착민 집단을 예속시키는 필수 도구로 거듭 활용되었다. 토지는 곧 권력이고 정착민 집단이 그 토지를 차지했으므로 인종적 위계질서는 여러 세대에 걸쳐 지속되며 사회에 지울 수 없는 흔적을 남긴다.

토착민 집단의 회복을 위한 가장 효과적인 방법 중 하나는 줄어든 토지 기반에서 그나마 남은 것을 지키고 보호하며 확대해 나가는 것이다. 자신들의 토지와 거기서 나오는 이익을 일부라도 고수하면 토지 권력이 오랫동안 자신들에게 불리하게 작용했던 체제 내에서도 재건과 반격의 발판을 마련할 수 있다. 그렇지만 수십 년에 걸친 정착민 개혁으로 벼려지고 단단해진 인종적 위계질서는 쉽게 사멸하지 않는다.

4장

이 땅은 남자들의 땅이다

캐나다, 인도, 엘살바도르의 토지 개혁과 성 불평등

토지와 부동산은 인류 역사에서 부의 창출과 권력 획득을
추동하는 최고의 엔진 중 하나였다. 인구 증가와 국가 건설로 인해 토
지를 차지하려는 경쟁이 고조되면서 토지의 가치는 지난 2세기 동안
기하급수적으로 증가했다. 그와 더불어 토지 소유자들은 복지를 증진
시키고 가족의 건강과 자녀의 교육 수준을 개선하고 사회적·정치적
권력을 얻었다. 토지가 어떻게 재분배되는가는 대재편의 혜택이 누구
에게 돌아가는가, 이후 수십 년간 여러 세대에 걸쳐 어떤 종류의 사회
가 형성되는가에 중대한 영향을 미친다. 토지 재분배가 모두 동일하게
이루어지는 것은 아니다. 아과칼리엔테에서 수천 킬로미터 북쪽으로
눈길을 돌리면 알 수 있듯이 언뜻 비슷해 보이는 정착민 모델을 따르
는 개혁도 실상은 다른 경우가 있다.

1867년 캐나다 건국 당시 드넓은 프레리에는 탐험가와 정착민의 발
길이 거의 닿지 않은 상태였다. 그곳에는 (현재 퍼스트네이션이라 불리는)
캐나다 토착민들이 주로 살고 있었다. 캐나다 동부의 정착민들은 그

지역을 '루퍼츠랜드Rupert's Land(캐나다 북부와 서부에 걸친 지역으로, 1670년에 찰스 2세가 영국의 허드슨베이 컴퍼니에 이 지역을 하사했다. 왕의 조카인 루퍼트 왕자가 이 식민지의 초대 총독이었기 때문에 루퍼츠랜드로 명명되었다—옮긴이)'의 일부로 알고 있었다. 서부의 로키산맥에서 동부의 퀘벡 대부분까지, 미국 국경에서부터 북극권까지 펼쳐진 거대한 모피 무역 지대가 전부 허드슨베이 컴퍼니Hudson's Bay company의 독점 소유였다.

캐나다 초대 총리인 존 A. 맥도널드John A. Macdonald 경은 태평양 연안에 남아 있던 영국령 식민지인 브리티시컬럼비아와 루퍼츠랜드를 병합하여 국경을 넓히고자 했다. 이를 통해 남쪽에서 거침없이 세력을 확장하고 있던 이웃 나라 미국의 침입으로부터 신생 국가를 지키기 위해서였다.

맥도널드 정부는 이 지역에 대한 통제권을 확대하기 위해 1872년에 전형적인 정착민 개혁 조치인 자치령토지법Dominion Lands Act을 통과시켰다. 이 법은 캐나다 동부의 주민들과 유럽·미국 출신의 개척민들에게 프레리를 향한 농지 소유의 문을 열어주었다. 자치령토지법은 미국의 1862년 홈스테드법을 본떠 정착민이 토지에 집을 짓고 농사를 짓겠다는 약속과 함께 등록비 10달러를 내면 토지 65헥타르를 공여했다.

하지만 캐나다의 대재편 방식은 몇 가지 중요한 측면에서 미국 모델과 차이가 있었다. 첫째, 토착민들을 토지에서 실제로 쫓아내는 방식이 약간 달랐다. 맥도널드 정부는 프레리에서 이주와 정착에 필요한 토지를 얻기 위해 캐나다 원주민 퍼스트네이션First Nation과 일련의 조약을 체결했다. 조약이라고 하지만 실제로는 강압적으로 맺어진 협정이었다. 서구의 질병으로 인한 사망자 증가, 들소 도살, 캐나다 정부의 끈질긴 압박 때문에 퍼스트네이션은 조약에 쉽사리 반대할 수 없었다. 그들은 식량과 의료 지원 등 정부 원조를 약속받는 대가로 조약에 서명했다.[1] 캐나다 정부는 이를 기회로 삼아 아동을 기숙학교에 보내고 원주민들을 강제로 정착 생활을 하는 농경 집단으로 변화시켜 그들의 문화를 파괴하고 땅과의 관계를 끊으려 들었다.

자치령토지법과 미국의 홈스테드법에는 또 다른 중요한 차이점이 있었는데, 바로 여성의 농지 소유를 금지했다는 점이다. 1876년에는 이 조치를 일부 철회하여 여성 가장에게 자격을 부여했다. 대부분 남편을 잃었거나 자녀와 함께 버림받은 여성들이었다. 미국에서도 (캐나다와 비슷한 예외 조항을 제외하면) 기혼 여성은 홈스테드법을 적용받지 못했다. 다만 미국에서는 독신 여성에게 자격이 주어졌지만 캐나다에서는 그렇지 않았다.[2]

독신 여성을 홈스테드법에서 배제하면서 절대다수의 농촌 여성은 결혼을 대신할 주요 경제적 대안을 상실했다. 이러한 결과는 다분히 의도적이었다. 로버트 푸어Robert Poore 상원의원의 발언대로 대부분의 캐나다 정치인들은 "나라의 미래가 신성한 결혼 생활에 달렸다"고 믿었으며 결혼의 대안이나 이혼을 통해 결혼을 끝내는 방안을 엄격히 금지해야 한다고 생각했다.[3] 홈스테드법을 통한 대규모 정착 사업을 비롯하여 캐나다 서부의 발전과 안정을 이루는 가장 손쉬운 방법은 기독교적 전통에 기반한 결혼 개념과 성역할을 충실히 따르게 하는 것이었다.[4] 여성이 토지를 취득하여 독립하도록 허용하는 것은 이 관념에 정면으로 반했다.

이에 맞서 '여성을 위한 홈스테드' 운동이 일어났으며, 여성 정착민에게 프레리를 개방할 것을 주장했다. 캐나다 여성들은 자영 농지를 얻기 위해 수년간 청원했지만 정치인들에게 번번이 거부당했다. 대부분의 여성은 자영 농지를 얻을 기회를 누리지 못했으며, 이 상황은 홈스테드 사업이 거의 중단된 1930년까지 줄곧 유지되었다.

홈스테드 사업이 중단될 즈음 캐나다 정부가 남성에게 공여한 토지는 40만 헥타르를 넘었다. 인류 역사상 최대 규모의 부가 남성에게 이전된 사례 중 하나였다. 여성은 드넓은 캐나다 서부의 자영 농지를 소유할 권리를 거의 모두 차단당했다. 이로써 캐나다 전역에서 전통적이고 보수적인 성별 관계가 확고하게 자리 잡았다.[5]

여성은 호된 대가를 치렀다. 토지 소유권을 갖지 못한 탓에 초기 선거에서 투표권이 제한되었다. 남편에게 생계를 의지해야 했으며 남편이 죽거나 떠나면 빈곤의 나락에 떨어지기 십상이었다. 프레리의 경제 구조가 변화하는 과정에서, 막대한 비용이 드는 고등교육의 기회도 남성에게 먼저 돌아갔다. 지금도 캐나다 여성은 다방면에서 여전히 그 격차를 따라잡는 중이다.

전 세계에서 대재편을 규정한 역사적 변화들은 권력관계를 재편하고 막대한 부를 수혜자들에게 선사했으며 올바르게 시행되었을 때에는 국가 번영을 촉진했다. 그리고 여성은 거기서 대부분 배제되었다. 토지 재분배와 가치 상승이 이루어지기 전 상당수 사회에서는 가부장적 성별 관계가 지배적이었다. 이런 탓에 여성은 토지 접근에서 차별을 받았다. 하지만 늘 그랬듯이 여성이 배제된 것만이 문제는 아니었다. 대부분의 경우에 토지 재분배는 성 불평등과 여성 소외를 공고히 하고 심지어 심화했다. 토지 재분배 정책을 펼칠 때마다 같은 장면이 반복되었다. 각국은 남성 가장에게 토지를 나눠주었으며 여성은 얻는 것보다 잃는 게 많았다.

이 패턴 때문에 대재편은 지난 2세기 동안 여성이 남성에게 점점 더 의존하게 되는 추세를 확립했다. 그리하여 성별 간 부의 격차부터 가정 폭력과 남아 선호로 인한 낙태에 이르는 문제들을 해결하기가 더욱 힘들어졌다. 대부분의 사회에서 이러한 불평등은 먼 과거의 일이 아니다. 수십 년 전, 기껏해야 1세기 전에 확고하게 자리 잡았다. 대재편을 여전히 겪고 있는 일부 사회에서는 이 패턴이 계속 반복되어 향후 불평등의 씨앗을 낳고 있다.

현대 사회를 이루는 이러한 근본적 문제에 대처하기 위해 우리는 서로 다른 대륙, 시기, 문화, 토지 재분배 접근법을 가진 세 나라에서 이 문제가 어떻게 전개되었는지를 들여다볼 것이다. 1800년대 후반과 1900년대 초반, 캐나다 정치인들은 여성이 프레리의 농지를 독자적으로 취득하지 못하도록 함으로써 여성이 자율권과 자결권을 획득할 고유한 기회를 박탈했다. 인도 서벵골주에서는 소작인을 지원하기 위한 1970년대의 경자유전 개혁과 관련 사업이 가족 내 분쟁에 불을 지피고 남아 선호를 부추겼다. 엘살바도르에서는 1980년대와 1990년대에 거듭된 토지 재분배로 더욱 많은 토지와 의사결정 권한이 남성의 손에 들어가면서 가부장제가 훨씬 공고해졌다.

여성이 자신의 독립성, 자율성, 부를 키워줄 토지와 기타 자산에 접근할 기회를 항상 잃게 된다는 법칙이나 보편적 진리는 없다. 이러한 역사적 경향은 전적으로 사회가 만든 것이다. 사회는 다른 경로를 선택할 수도 있다. 최근 수십 년간, 무엇보다 강력한 여성 운동이 다양하게 전개된 덕에 많은 사회가 대안의 경로를 채택했다. 하지만 역사에는 결과가 따르며 과거의 선택을 없던 일로 되돌릴 수는 없다. 지난 2세기 동안 토지 분배와 재분배 정책으로 토지 접근과 소유에 대해 성별화된 패턴이 나타나면서 여성은 현대 사회에서 극복하기 힘든 불리한 위치에 놓이게 되었다.

캐나다의 정착민 개혁

캐나다는 남쪽의 이웃 나라 미국과는 사뭇 다른 방식으로 건국되었다. 미국은 영국 왕실에 맞서는 혁명으로부터 탄생했으며 자유와 기회 및 사회적 관계의 평등 같은 이상을 중시한 반면에 캐나다 건국은 영국이 만들어낸 산물이었다. 캐나다에서는 독립을 위한 투표나 운동이 전혀 벌어지지 않았다. 그 대신 영국은 위계화된 계급 관계, 종교적 권위, 전통적인 사회 규범과 성별 규범을 중시하는 기본적으로 보수적인 사회를 건설하는 일에 착수했다.[6]

건국 초기에 캐나다는 문화적으로나 사회적으로 통합과는 거리가 멀었기에 이런 계획에 본질적으로 꼭 들어맞는 상태는 아니었다. 당시 캐나다 인구는 각양각색의 유럽계 이민자와 캐나다 토착민과 더불어 캐나다가 영국으로부터 독립하기 오래전 이곳에 도착했던 동부 식민지의 정착민으로 이루어졌다. 그럼에도 초기에 보수적인 정치 지도자들은 급진적인 평등민주주의와 부도덕하고 정신을 타락시키는 미국의 영향에 맞선 캐나다 연방의 비전을 주창하고 나섰다.[7] 이를 위해 전통적인 성역할을 공고히 했는데, 그들이 활용한 주된 수단 중 하나는 캐나다에서 가장 귀중하고 풍부한 자원인 토지였다.

캐나다에서 토지는 처음부터 엘리트 계층, 남성 중심 정치의 문지기 역할을 했다. 상원의원들은 공직에 진출할 자격을 얻기 위해 상당한 규모의 부동산을 소유해야 했으며, 캐나다 전역에서는 부동산 소유 기준을 충족하는 남성에게만 참정권이 부여되었다.[8] 하지만 토지는 엘리트 계층과 남성 중심 구조라는 현상을 유지하는 요긴한 정치적 도구에 그치지 않았다. 초기 정부의 인사들은 '전통적 성별 질서'를 사회에 전파하고 확립하는 데 토지를 이용했다.[9] 프레리 정착은 금세 그 중심이 되었다.

가장 결정적인 정책은 1872년의 자치령토지법이었다. 이 법은 소액의 등록비를 납부한 정착민에게 65헥타르의 토지를 무상으로 공여하여 프레리를 자작농에게 나눠주는 내용이었다. 이때 여성이 홈스테드법에서 배제되면서 캐나다 사회의 전통적 성별 질서는 그 뒤로 수십 년간 확고하게 자리 잡았다.

자치령토지법이 통과된 당시에는 이 법안의 성차별적 성격에 대한 조직적 반발이 터져 나오지 않았다.[10] 당시 여성은 참정권을 갖지 못했으며 서구의 여성 권리 운동은 아직 태동 단계였다.

하지만 19세기 후반과 20세기 초반에 여성들이 결혼 제도의 테두리 밖에서도 자영 농지에 접근할 수 있게 해달라며 정부를 압박하기 시작했다. 그들은 신문사에 투고하고 청원서를 돌리고 의원들에게 편지를 썼다. 그들의 요구는 여성 참정권 운동 및 프레리 지역에서 부동산 명의가 없는 배우자의 토지와 상속권을 법적으로 인정받으려는 노력에서 비롯되었다.[11] 1893년, 신문 《에드먼턴 회보Edmonton Bulletin》에 발표된 초기의 청원에는 '노처녀들이 홈스테드 자격을 원한다'라는 제목이 달렸다.[12] 청원에서는 노처녀(30세 이상의 독신 여성)에게 과부와 마찬가지로 홈스테드 자격을 부여하라고 주장했다. 하지만 이 문제는 제대로 논의조차 되지 못했다.

10년 뒤, 조지나 비니클라크Georgina Binnie-Clark가 여성 홈스테드를 열렬히 옹호하는 목소리를 내기 시작했다. 조지나는 1905년에 서스캐처원Saskatchewan에 있는 오빠의 집 근처로 이사했는데, 성별 때문에 홈스테드 토지를 무상으로 공여받을 수 없어서 토지를 매입하여 여동생과 농사를 시작했다.[13] 자매는 농사로 큰 성공을 거뒀다. 조지나는 개척지에서 남성을 여성보다 우대하는 정부 정책을 성토했다. 인상적인 자서전 《밀과 여성Wheat and Woman》에서 조지나는 독신 여성이 자영농으로 성공할 수 있으며 정부가 여성에게 남성보다 불이익을 주면 안 된다고 주장했다.[14] 그녀는 여성도 "캐나다에서 최고의 농부가 될 수 있다"고 했다. "여성은 토지를 매입하고 경작하고 종자와 가축으로 상을 받을 수도 있지만 모든 남성에게 미끼로 주어지는 65헥타르의 토지를 정부에 요구할 권리는 거부당한다."

일부 입법권자들은 자영 농지를 여성에게 확대하는 방안을 고려하기 시작했다. 여기에는 이 방안이 잠재적으로 남성에게 유리할 수도 있다는 판단이 깔려 있었다. 매니토바주Manitoba의 보수당 의원 윌리엄 로시William Roche도 그중 하나였다. 로시는 하원 회의에서 여성 홈스테드 허용안을 내무장관 프랭크 올리버Frank Oliver에게 제기하면서 이를 통해 캐나다 서부에서 커져가는 성별 불균형을 해소할 수 있다고 주장했다. 홈스테드 지역에는 남성이 여성보다 훨씬 많았기 때문에 여성에게도 홈스테드 자격을 주면 독신 남성들이 '내조자'를 찾기 쉬워지리라고 여겨졌다. 더욱 중요한 의도는 딸을 가진 남성들의 프레리 이주를 장려하려는 것이었다. 로시는 어느 목사가 1910년에 위니펙의 한 신문 편집인에게 보낸 편지를 인용하면서 여성에게 홈스테드 자격을 허용하는 법안이 "다른 방법으로는 결코 얻을 수 없는 배필"을 데려온다고 말했다.[15]

로시는 이런 근거를 바탕으로 "숙녀에게 홈스테드 특권을 허락하는 방안"을 고려한 적이 있는지 올리버에게 질의했다. 올리버는 이 문제가 종종 제기되었다면서도 이렇게 반박했다. "자영 농지를 무상으로 공여하는 목적은 토지의 생산성을 높이는 것입니다. 독신 여성에게 자영 농지를 지급한다는 발상은 그 취지에 정면으로 반합니다."[16]

이 가부장적이고 오만한 태도에 질린 캐나다 여성들은 그 뒤로 수년간 자영 농지를 요구하는 청원을 조직적으로 추진했다. 1911년에 제기된 청원은 "영국 태생(영국이나 캐나다에서 출생)으로 캐나다 거주 기간이 6개월 이상이고 나이가 21세 이상인 모든 여성"에게 홈스테드 권리를 부여하라고 촉구했다. 이 청원은 전국여성협의회, 위니펙 상공회의소, 여성기자클럽 같은 주요 단체뿐 아니라 조지나 비니클라크를 비롯한 저명한 여성 운동가들의 지지를 등에 업었다. 하지만 청원서 작성자인《곡물 재배 지침Grain Growers' Guide》편집인 이저벨라 비턴 그레이엄Isabella Beaton Graham이 1만 1000명 이상의 서명을 받아 1913년 2월 의회에 최종본을 제출했을 때(여성은 투표권이 없었기 때문에 서명자는 모두 남성이었다) 내무장관은 청원을 무시했다.[17]

　1차 세계대전이 발발하자 다른 사안들에 관심이 쏠리고 여성이 가정에서 전쟁을 지원해 주길 바라는 기대감이 커지면서 여성 홈스테드 운동은 잠잠해졌다. 하지만 자치령토지법이 시행되는 한 이 운동은 결코 중단되지 않았다. 여성들은 1920년대 내내 자치령토지법을 여성에게 확대하라는 편지를 쓰고 청원서에 서명했다. 1929년까지도 여성들은 계속해서 홈스테드 권리를 촉구했으나 성공하지 못했다.[18]

　여성 홈스테드 운동이 끓어오르는 동안에도 캐나다 정부는 프레리의 미개척지를 60년에 걸쳐 마치 핫케이크를 나누듯 남성 수십만 명에게 나눠주었다. 결국 이렇게 분배된 토지가 4000만 헥타르를 넘어섰다. 1930년에 연방 정부가 공공 토지를 주 정부에 이전하면서 비로소 홈스테드 사업은 종료되었고, 대부분의 공공 토지가 자치령토지법의 적용 대상에서 제외되었다.[19]

　홈스테드 사업에서 여성을 배제한 결정은 오래도록 좋지 못한 결과를 남겼다. 여성은 자신의 이름으로 자영 농지를 확보할 수 없었기에 1800년대 후반과 1900년대 초반의 지방 선거에서 참정권을 행사할 수 없었다. 이 잠재적 유권자들은 재산 자격 요건을 충족하지 못하여 정치에서 배제되고 목소리를 묵살당했다.[20]

　여성은 홈스테드법으로부터 배제되면서 프레리에서 주요한 경제적 기회에 접근할 수 있는 가능성도 박탈당했다. 이와 더불어 재산 상속권도 없었기에 여성은 남편이 죽거나 부재한 경우에 빈곤과 고난에 빠지기 쉬웠다.[21] 이 때문에, 대공황 시기에 곡물 가격이 폭락하고 가뭄이 프레리를 휩쓸었을 때 정부는 이곳의 농촌 여성을 쉽게 무시할 수 있었다.[22]

프레리에서 남성은 재산 소유자이자 농민이고 여성은 종속적인 '주부'이자 '내조자'라는 관념이 팽배하고 굳어지면서 많은 여성이 심리적·사회적 피해에 시달렸다. 일부 여성 농민은 풀뿌리 여성주의자가 되어 자신들의 노동, 토지 소유권, 프레리에서 남성과 더 평등하게 경작할 권리 등을 인정받기 위해 노력했다.[23] 하지만 고립된 여성들 상당수는 성별에 따른 기존 질서를 묵묵히 받아들임으로써 프레리 사회에서 성 불평등이 지속되는 데 일조했다.[24]

사회적·경제적 영향도 오래갔다. 양차 대전 사이에 교육 기회가 프레리에까지 확대되면서 남성들은 교육 수준이 더 높아져 여성보다 훨씬 빨리 전문직 일자리를 얻고 계층 상승을 이룰 수 있었다. 그러나 여성들은 농장과 가족이 안정적으로 유지되는 데 필요한 기본적 가사 기술을 배우게 될 가능성이 더 컸다.[25] 여성이 농장에서 무급 노동을 맡은 덕에 남성은 농촌 경제의 다변화에 따른 시장에서의 돈벌이 기회에 자유롭게 참여할 수 있었다. 반면에 여성은 뒤처졌다.[26] 자치령토지법이 종료되기 전 프레리에서 태어난 여성은 1990년대 즈음 그들이 60~70대에 도달했을 때 캐나다 여성 중에서 가장 높은 빈곤율을 기록했다.[27]

캐나다에서 여성이 지위와 복지 면에서 지속적으로 남성에게 뒤처진 이유 중 하나는 남성과 동일한 농장 소유권을 부여받지 못했기 때문일 것이다. 1980년대 중반에 앨버타주 농민들을 대상으로 진행한 연구에서 이 지역 여성 농민의 40퍼센트만이 가족 농장 운영에서 남편과 법적으로 동업자 관계라고 응답했다.[28] 여성의 토지 소유는 캐나다 전역에서 여전히 지지부진하다. 오늘날 캐나다의 농지 소유자 중에서

여성은 4분의 1에 불과하다.[29]

캐나다와 같은 시기에 진행된 다른 정착민 개혁도 별반 다르지 않았다. 미국과 호주에서는 이따금 독신 여성이 토지를 소유할 수 있었지만 남편이 살아 있고 함께 사는 기혼 여성은 일반적으로 토지를 취득할 수 없었다. 라틴아메리카 전역의 정착민 개혁도 사정이 비슷해서 정착 과정에서 남성이 우위를 차지했으며 절대다수의 토지를 소유했다.

캐나다 정착민 사회의 가부장적 성격은 퍼스트네이션 사회에도 전파되었다. 원래 퍼스트네이션은 다양한 성별 관습을 가지고 있었지만 대체로 유럽 사회보다 평등주의적이었으며 성별을 위계질서보다는 상호 보완의 관점에서 주로 바라보았다. 하지만 1876년에 제정된 인디언법 같은 법률은 토착민 여성이 토지와 부부 공동 재산을 소유하지 못하도록 하는 등 새로운 성별 위계질서와 이분법을 만들어냈다. 다른 관행들도 마찬가지였다. 기숙학교는 여성들에게 가정생활에 충실하라고 가르치고 이러한 관행을 강화했다. 그 결과 가부장적 태도가 사회 전반에 퍼졌다.

가부장적이고 성차별적인 사회에서 토지 권력을 이용하여 여성의 앞길을 가로막을 때 그 장벽이 더 높아질 수 있다.

인도의 경자유전식 개혁

앞에서 보았듯 정착민 개혁은 인종과 성 불평등을 고착화시킬 수 있지만 이것이 유일한 원인은 아니다. 캐나다가 성별에 차등을 둔 홈스테드 실험을 시작한 지 1세기 가까이 지난 뒤 마찬가지로 영국 식민지 출신인 인도가 토지 재분배에 착수했는데, 전혀 다른 수단을 동원했음에도 뜻밖에 비슷한 결과를 얻었다.

인도가 영국으로부터 독립한 1947년에 인도 인구의 80퍼센트 이상이 농촌에 살고 있었다. 당시 인도의 토지 소유는 무척 복잡하면서도 매우 불평등한 상태였으며 이는 카스트, 부, 성별에 따른 엄격한 사회경제적 불평등을 떠받쳤다. 이 때문에 토지 재분배는 새로운 민주주의 국가에서 시급한 과제로 대두되었다.

인도는 인구수가 방대하고 농경 정착 생활의 역사가 길기 때문에 대재편이 마침내 인도 아대륙에 찾아온 20세기 중후반에는 개척할 토지가 거의 남아 있지 않았다. 그 대신 인도의 지도자들과 관료들은 대지주가 소유한 토지를 작은 구획으로 나눠 실제 경작자들에게 준다는 계획을 세웠으며 토지의 접근과 이용 면에서 경자유전 개혁과 취지가 비슷한 몇 가지 개혁을 준비했다.

인도가 추구한 개혁에는 세 가지 기본 토대가 있었다. 첫 번째 토대는 원성이 자자한 지주('자민다르zamindar'라고 불린다)와 (그들 대신 농촌의 소작인들로부터 막대한 소작료를 걷는) 중개인 체제를 철폐하는 것이었다. 이 개혁은 지주에게 휘둘리며 일해온 실제 경작자에게 유리하게 작용했다. 두 번째 토대는 전형적인 경자유전 개혁의 노선대로 토지 소유 상한선을 지정하고 기준을 초과하는 토지를 대지주에게서 무토지 농민에게 재분배하는 것이었다. 세 번째 토대는 소작제의 규제였다. 농업에 종사하는 대부분의 인도인은 자작농이 아니라 아니라 소작농으로, 땅을 임차하거나 지주의 밑에서 소작했다. 이 농민들 중에서 확고한 권리를 갖거나 계약을 맺은 사람은 거의 없었기에 지주로부터 강제 퇴거 협박을 받거나 소작료가 일정하지 않아 고통을 겪었다. 소작제 규제는 소작농에게 유리한 방향으로 점차 바뀌었으며 그들은 더 많은 자율성을 누리고 소출에서 더 큰 몫을 가져갈 수 있게 되었다. 이 사업은 효과 면에서 경자유전 개혁을 모방했지만 실질적인 토지 소유권 이전 단계까지 나아가지는 않았다.

토지 재분배의 입법적·행정적 부담은 헌법에 따라 인도 각 주에서 맡았다. 주 정부들은 다양한 개혁을 채택했으며 범위도 제각각이었다. 하지만 인도에서 가장 활발히 추진된 개혁은 세 번째 토대(소작제 규제)였다. 방글라데시 옆에 붙은 인도 서벵골주는 야심 찬 사업들을 추진했다.

1960년대 후반과 1970년대에 서벵골주는 농민의 동요와 농촌 내 사회운동으로 들썩거렸다. 초창기 좌파 봉기는 토지 점유와 토지 재분배를 주창했다. 정치적 불안정과 보수파 지배의 시기를 겪은 뒤 1977년에 현지의 공산당 분파가 정권을 잡았다. 이들은 즉각적인 토지 개혁을 핵심 과제로 추진했으며 이듬해 '바르가 작전Operation Barga'을 선포했다. 소작농 수백만 명의 토지 권리와 소득을 개선하여 서벵골주의 토지 이용과 농업을 변혁하겠다는 대담한 계획이었다.

이 주력 사업은 엄청난 인기를 끌었다. 농업 생산성을 훌쩍 끌어올렸으며 빈곤을 현저히 감소시켰다. 공산당은 그 기세에 힘입어 2011년까지 서벵골주에서 집권했다. 하지만 바르가 작전에는 어두운 면도 있었다. 토지 권리의 상속권을 강화하여 소작농들 사이에서 남성 편향적인 상속 욕구를 자극한 것이다. 이 때문에 사회 규범과 관습이 이미 남성에게 매우 유리하던 사회에서 성차별이 더욱 심해졌다.

인도 내에서 서벵골주는 전통적으로 케랄라주Kerala와 더불어 토지 이용 및 토지 분배 구조를 재구성하는 데 성공한 주요 사례로 거론된다. 하지만 서벵골주가 토지 재편에 이르는 여정은 길고 험난했다. 1953년과 1955년의 초기 토지 관련 법률은 미미한 효과밖에 거두지 못했다. 이 법들의 목표는 토지 소유 상한선을 둬서 기준을 초과하는 토지를 무토지 농민에게 재분배하는 경자유전 개혁이었다. 하지만 상한선이 매우 높게 책정되고 대지주들이 법을 교묘히 우회하여 가족과 지인에게 명의를 이전하는 등의 편법을 쓴 탓에 최종적인 효과가 반감되었다.[30] 이 법들은 소작제에도 영향을 미쳤다. 가장 인상적인 결과는 식민지 시절 영국 정부를 대신해 소작농들에게서 세금을 걷었던 현지의 토지 귀족인 자민다르의 폐지였을 것이다. 토지는 주에 이전되었으며 주 정부는 소작농들의 새 지주가 되었다.[31]

서벵골주는 여러 해 동안 농촌의 동요와 좌파 정치의 분열을 겪고 난 뒤인 1971년 또 다른 토지 개혁을 시행했다. 이 개혁은 두 부분으로 이루어졌다. 첫 번째 부분은 경자유전 개혁으로, 토지 소유에 5~7헥타르의 엄격한 상한선을 두었으며 그 외의 토지를 무토지 가정에 재분배했다.[32] 지주의 편법과 가족 간 명의 이전은 개혁의 효과를 희석했다. 하지만 서벵골주 토지의 약 7퍼센트가 이런 식으로 재분배되었는데, 전국 평균이 1퍼센트를 약간 웃돈 것에 비하면 엄청난 성과였다.[33]

개혁의 두 번째 부분은 훨씬 큰 영향을 미쳤다. 이는 소작인 등록 사업으로, 안정적인 좌파 정당 연합이 집권한 1977년에 사업 내용이 개정되어 열성적으로 시행되었다. 일명 '바르가 작전'으로 불린 이 사업은 토지 소유에 미치는 효과 면에서 경자유전 개혁을 모방했다. 서벵골주의 대부분을 차지하던 농촌 인구 중 상당수가 지주의 땅에서 소작인으로 농사를 지었으며 바르가 작전 이전에는 공식적인 권리나 보호를 전혀 누리지 못했다. 소작농 수는 수백만 명에 이르렀다.[34] 지주들은 아무런 통보 없이 마음대로 소작인을 내쫓거나 제멋대로 소작료를 변경하거나 소작인이 생산한 농산물을 차지할 수 있었다. 바르가 작전은 소작 계약을 공식화하고 소작권을 상속할 수 있도록 했으며 무분별한 퇴거 요구에 대한 처벌 조항을 마련하고 소작인에 대한 신분 증명 의무를 지주에게 부여했다. 또한 이 사업으로 지주가 소작농에게 요구할 수 있는 수확물 비율의 상한선이 25퍼센트로 정해졌다.[35]

서벵골주의 토지 개혁, 특히 바르가 작전은 농촌을 변화시켰다. 쌀, 감자, 기름작물 등의 경작이 활발해졌으며 소작농들은 더 열심히 일했다. 관개시설 같은 필수 기반 시설에 투자를 늘렸으며 소출량이 많은 새 품종의 종자를 채택했다. 그들은 점점 부유해졌다.[36] 자녀 교육에도 더 많이 투자하기 시작했다.[37] 한편 지주들은 기세가 꺾였으며 지역 내에서의 사회적·경제적 역할이 축소되었다. 1990년대 초, 이 사업에 따라 소작농으로 등록한 인구는 약 150만 명에 이르렀다.[38]

하지만 바르가 작전은 성차별을 심화했다. 최근의 연구에 따르면 이 사업으로 부모들은 딸보다 아들을 낳고 싶어 했는데, 그래야 적어도 한 명의 아들이 가족의 토지 권리를 물려받을 수 있기 때문이었다.[39] 맏이가 아들이 아닌 가정에서는 작은아들들의 생존율이 증가한 반면에 맏이가 아들인 가정에서는 그렇지 않았다. 또한 맏이가 아들인 가정에서는 딸들의 생존율이 증가한 반면에 맏이가 딸인 가정에서는 그렇지 않았다. 출생 성비에도 이 패턴이 반영되었는데, 이는 낙태 결정에 성별 편향이 작용했음을 암시한다.

본질적으로 바르가 작전은 토지 상속 권한을 강화함으로써 토지를 여성보다는 남성에게 물려주는 기존의 편향을 악화시켰다. 그 효과는 힌두교 가정에서 가장 크게 나타났다. 힌두교 가정에서는 이미 관습적으로 토지 권리가 아들을 통해 주로 상속되고 있었기 때문이다. 이 정책은 가족계획에 관한 내밀한 선택에 스며들었으며 성별에 따라 자녀를 차별하게 만들었다.

독립 이후 인도 사회에서 여성의 지위를 약화시킨 토지 관련 개혁은 바르가 작전만이 아니다. 우타르프라데시주Uttar Pradesh의 토지 개혁과 소작제 개혁도 수혜 가정 내의 성 불평등을 강화했다. 이 개혁들은 농사짓는 여성의 존재를 인정하지 않았으며 이 때문에 21세기 들어서도 한참 동안 오직 남성 후손만이 토지의 상속인으로 인정되었다.[40]

여러 연구에 따르면 1970년대부터 1990년대까지 시행된 성평등 지향의 재산상속법 개혁은 오히려 부정적 결과를 초래했다. 1956년에 제정된 힌두상속법Hindu Succession Act에서는 아버지가 생전에 축적한 토지에 대해 아들과 딸 모두 상속권이 있지만, 조상 대대로 내려오는 가족 공동 재산에 대해서는 아들만 선천적 권리를 가진다고 규정했다. 대다수의 토지가 공동 소유인 것을 감안하면 이 규정은 사실상 여성을 토지 상속으로부터 배제했다.[41] 1970년대부터 1990년대까지 인도 남부의 몇몇 주들이 이 법률을 개정하여 여성의 공동 재산 상속권을 확대했다. 하지만 이 개혁들은 실제로 여성이 토지를 물려받을 가능성을 높이지는 못했다. 대부분의 가족들은 토지를 아들에게 '증여'하는 방법으로 법률을 우회했다.[42] 그와 동시에 이 개혁들로 인해 여아 사망률이 높아지고 여성의 자살과 아내 폭행 건수가 증가했다.[43] 2005년에 힌두상속법이 전국적으로 개정되어 상속 분야에서 성평등이 이루어졌지만 이조차도 여성 토지 소유권을 현저히 향상시키지는 못했다.

독립 이후 인도의 토지 재분배 정책은 우리가 아는 한 여성의 토지 소유에는 이렇다 할 영향을 거의 미치지 못했다.[44] 오늘날 인도의 토지 소유자 중에서 여성은 14퍼센트에 불과하며 농촌 가정에서 여성이 소유한 농지는 11퍼센트밖에 되지 않는다.[45] 토지를 소유한 여성은 대부분 결혼을 통해 토지를 얻으며 주로 남편을 여의고서 상속받는다. 딸의 상속권을 강화하는 입법이 최근 시도되긴 했지만 여전히 여성은 딸로서보다는 과부로서 토지를 물려받을 가능성이 더 크다. 또한 가족 공동 재산을 함께 소유하는 여성은 거의 없다.

한편 겉보기에 진보적이었던 토지 정책이 실제로는 사회의 안정을 해쳐 역풍을 일으킨 경우도 있었다. 전통적인 가정 내에서 토지로 인한 분쟁이 흔해졌으며 성별 관계가 악화되었다. 빈곤층에게도 토지 권리와 소유권이 더 많이 주어지면서 토지의 통제권을 둘러싼 경쟁이 격화했다. 아버지는 토지를 결혼한 딸에게 넘기면 가정에서 자신의 통제권을 잃을까 봐 걱정하고, 딸은 토지에 대한 법적 지분을 요구했다가 가정에서 분란이 일어나고 가족 관계가 파탄 날까 봐 두려워한다.

이 상황은 인구의 65퍼센트 가까이가 농촌에서 살고 토지에 생계를 의탁하는 현대 인도 사회에서 성폭력, 차별, 자살이 만연하는 데 일조했다. 한 조사에서는 여성 세 명 중 한 명이 가정 폭력을 당했다고 응답했다.[46] 전 세계 여성 자살 사건의 3분의 1 이상이 인도에서 발생하고 있으며 가족 문제가 주된 원인이다.[47] 자살은 인도의 젊은 여성에게서 가장 흔한 사망 원인이다.[48] 인도는 남아 선호로 인해 오랫동안 출생 성비에서 남아가 우세했는데, 대재편을 겪는 과정에서 이 문제가 더욱 악화되었다.[49]

애초에 가부장제는 토지 재편 과정에서 비롯된 것은 아니었다. 그리고 성 불평등의 역사는 대재편 이후의 토지 소유권 변동보다 훨씬 오래되었다. 하지만 누가 토지를 얻는가에 대한 결정은 한 사회의 성차별을 첨예화하며 토지 권력은 가부장제를 난공불락의 수준으로 공고히 할 수 있다. 인도는 토지 권력이 성 불평등을 가장 추악한 형태로 악화시키는 과정을 똑똑히 보여준다.

엘살바도르에서 벌어진 여성과의 전쟁

성별에 따른 토지 재분배는 보수적인 사회 분위기를 반영하고 기존의 성별 위계질서를 토대로 삼는 데서 그치지 않는다. 여성을 직접 표적으로 삼아 실제로 권리를 후퇴시킬 수도 있다.

1980년 3월 4일, 남성 일색인 엘살바도르 군사 정부가 비밀 회의를 소집했다. 각료 한 명이 얼마 전 사임했는데, 한때 베네수엘라에 추방되었던 노련한 전직 정치인이 그 자리를 차지한 참이었다. 회의 안건은 단 하나, 토지 재분배였다. 군사 정부는 엘살바도르 농업개혁연구소와 농무부의 최고위 관계자들을 호텔에 불러들여 감금했다. 그 뒤 24시간에 걸쳐 비밀 회의의 참석자들은 엘살바도르의 토지를 대지주에게서 농민에게로 재분배하는 급진적인 계획을 작성하여 발표했다.[50]

이어서 군사 정부는 3월 5일 밤에 약 1만 명의 병력을 동원하여 농학자, 토지 측량 기사, 군대를 이동시켜서 3월 6일까지 전국의 모든 대토지를 몰수했다. 토지 소유자들은 큰 충격을 받았다. 엘살바도르 경제·정치 체제의 정점에서 수십 년간 군림하다 가장 강력한 자산에 대한 통제권을 상실한 것이다.

가진 것을 빼앗긴 사람들은 엘살바도르의 대지주들만이 아니었다. 캐나다와 인도 서벵골주에서와 마찬가지로 여성들도 피해를 입었다. 이후 10년간 시행된 토지 재분배 정책 전반에서 상당수 여성이 토지를 잃었다. 그와 동시에 여성들은 자신들을 제외시킨 군사 정부의 토지 정책에서 수혜자 자격을 인정받으려 분투했다. 그러나 정부는 토지를 남성 가장에게 나눠주었으며 여성을 거듭 제외했다. 1980년대 말, 이미 엘살바도르에서 만연하던 성 불평등과 차별은 더욱 심화되었다.

불과 수십 년 전만 해도 엘살바도르의 경제와 성별 관계는 숨이 막힐 지경이었다. 1960년대 초에는 인구의 대부분이 농촌에 살면서 농업에 종사했지만 40퍼센트 가까이의 토지가 0.5퍼센트 미만의 대지주들에게 속해 있었다.[51] 하위 85퍼센트의 토지 소유자가 소유한 토지를 전부 합쳐봐야 전체 토지의 15퍼센트에 불과했다. 1970년대 후반, 농촌 가구의 대다수는 토지가 없는 상태였다.[52] 많은 사람들은 부유하고 상호 연계된 유력 씨족 가문들의 대토지에서 일했다.[53] 가난한 사람들은 자신들의 처지를 잘 알고 있었다. 보수파 정부는 1930년대 초에 대규모 반란과 토지 점거 사태를 잔혹하게 진압했으며 수십 년간 빈곤층을 무시하거나 약화시키려 했다.

여성은 전통적인 성역할을 따랐으며 많은 부문에서 차별을 당했다. 가부장제와 마초주의는 여성을 가정·경제·사회 전반에서 종속적 위치에 묶어두었다.[54] 과부나 엘리트 여성을 제외하면 토지를 비롯한 자원에 독자적으로 접근하여 생계를 유지하고 가족을 건사할 수 있는 여성은 거의 없었다.

현상에 균열이 나타나기 시작한 시기는 1970년대였다. 국가의 억압으로 시민단체들이 급진화되기 시작했다. 정부의 탄압과 지주를 대리하는 준군사 집단의 위협에도 불구하고 농촌에서는 시위와 대규모 토지 점거가 증가했다.

군부 내의 반체제 분파가 1979년에 정부를 전복하여 혁명정부를 수립하고 토지 개혁을 선포했다. 뒤이은 내전으로 정권이 뒤바뀌면서 토지 정책은 우여곡절을 겪었지만 그 와중에도 변하지 않은 것이 한 가지 있었다. 남성이 토지의 대부분을 차지하고 여성은 배제되었다는 점이다. 여성이 잃은 것보다 더 많은 토지를 얻기 시작한 시기는 1990년대 초 내전이 끝나고 성평등에 한층 가까워진(여전히 완전한 평등은 아니었지만) 토지 재분배의 새 시대가 열리면서부터였다.

군사 정부는 1980년의 토지 재분배 사업에서 세 단계로 이루어진 개혁을 구상했다. 첫 번째 단계는 3월 초의 운명적인 며칠간 진행되었는데, 500헥타르를 초과하는 약 470곳의 토지가 몰수되어 노동자 협동조합으로 재편성되었다.[55] 이전에 해당 토지를 경작하던 상근 노동자들은 조합원이 되었다. 조합원들은 토지 분배, 임금, 이익 배분 같은 핵심 사안을 직접 결정했다.

엘살바도르의 협동조합 개혁은 국내 농지의 5분의 1을 아울렀으며 농업 노동자들에게도 비슷한 비율로 적용되었다.[56] 두 번째 단계에서는 첫 번째 단계를 확장하여 중간 규모의 토지를 몰수한 뒤 재분배하고자 했으나 한 번도 실행되지 못했고 정부는 1982년에 계획을 철회했다.

협동조합 개혁은 농촌 노동자들에게 감탄이 나올 만한 직접적 성과를 가져다주었지만 실행 과정에서 여성들에게 심각한 불이익을 안겼으며 사회 내에서 여성의 상대적 지위를 하락시켰다. 협동조합의 참여 자격은 가구당 한 명으로 제한되었다. 성별이 혼합된 가정에서는 사회적 관습에 따라 성인 남성이 가장을 맡았기 때문에 남성 조합원의 비율이 여성보다 훨씬 많았다.[57] 가장 역할을 하는 여성조차 협동조합에서 온당한 대접을 받지 못했다. 엘살바도르 농촌에서는 여성이 가장인 가구가 22퍼센트에 달했지만 전국적인 개혁의 수혜자 중에서 여성은 12퍼센트에 불과했다.[58]

조합원 자격을 따낸 대담한 여성은 2등 시민이 되었다. 협동조합은 일부 조합원들에게 개별 토지의 접근권을 부여했다. 하지만 남성의 82퍼센트가 개별 토지에 접근할 수 있었던 반면에 여성은 65퍼센트만 그럴 수 있었으며 여성에게 배정된 토지는 대체로 작고 토질도 열악했다.[59]

여성은 협동조합 내에서 소수였기 때문에 의사결정권을 제한당했고 안 그래도 불안정했던 지위가 더 취약해졌다. 엘살바도르의 토지 협동조합들이 여성의 진보에 어떤 영향을 미쳤는지에 대한 포괄적인 연구는 하나도 없지만 같은 시기 페루와 니카라과에서 비슷하게 조직되고 성차별적이었던 협동조합들을 살펴보면 조합 내 여성의 임금과 생산성이 남성보다 뒤처졌음을 알 수 있다. 여기에는 성별에 따라 기술적 지식, 자원 접근권, 토지 이용 패턴의 격차가 발생한 것도 한몫했다.[60]

엘살바도르 토지 개혁의 세 번째 단계는 훨씬 점진적인 경자유전 개혁으로, 1980년 4월에 시작되었다. 미국은 이 개혁을 설계하고 지지하는 데 큰 역할을 했다. 엘살바도르의 개혁은 베트남전쟁 기간에 미국이 남베트남에서 시행한 경자유전 개혁과 주요한 유사점이 있었다.[61] 개혁의 목표는 토지를 임차한 소작농을 자영농으로 전환하는 것이었다. 정부는 지주들에게 토지 대금을 지불하기 위해 협상을 벌였으며, 그런 다음 비용을 수혜자들에게 전가하여 장기간에 걸쳐 갚도록 했다. 이 사업은 부실한 사전 계획, 지주의 저항, 행정적 문제로 고전했지만 결국 협동조합 개혁을 통해 할당된 토지의 약 3분의 1을 분배했다.

협동조합 개혁과 마찬가지로 경자유전 개혁도 남성을 여성보다 우대했다. 개혁 대상 토지의 대부분은 소규모 토지 소유자의 것으로, 그들은 해당 토지를 임대하거나 소작을 주고 있었다. 소규모 토지 소유주 집단에서는 과부와 독신 여성의 비율이 두드러졌다. 그렇기에 경자유전 개혁을 통해 토지를 몰수당한 사람들의 36퍼센트는 여성이었다.[62] 하지만 협동조합 개혁과 비슷한 이유로 여성은 경자유전 개혁의 수혜자가 되는 데 어려움을 겪었다. 결국 수혜자의 10퍼센트만이 여성이었으며 이 개혁은 농촌에서 남성의 토지 소유 비중을 높이는 결과를 낳았다.

1992년 협상으로 엘살바도르 내전이 끝났다. 평화 협정은 또 다른 토지 재분배의 불씨를 낳았다. 이번에는 여성들이 조직화하여 성별에 상관없는 공정한 처우를 요구했다. 가장 큰 목소리를 낸 단체는 라스 디그나스Las Dignas(존엄한 사람들)였는데, 엘살바도르의 주요 게릴라 단체인 파라분도 마르티 민족해방전선FMLN 계열이었다.[63] 라스 디그나스의 상당수 회원은 FMLN에서 고위직을 맡았으며 엘살바도르의 사회 개혁을 주장하고 여성 소외에 반대하며 오랫동안 투쟁해 왔다.[64]

라스 디그나스는 여성 가장이 토지 이전 과정에서 우선권을 가져야 한다고 주장했다. 또한 배우자가 있는 여성도 토지를 직접 공여받을 수 있도록 토지가 가구보다는 개인에게 할당되어야 한다고 주장했다. 그들의 요구는 부분적으로 받아들여졌다. 평화 협정으로 탄생한 경자유전 개혁의 토대에는 정부와 시장의 협력이 있었다. 내전에서 맞붙었던 양측의 전직 전투원들과 FMLN의 민간인 지지자들이 토지를 받았다. 민간 토지 소유자와 (더 많은 조합원을 받아들일 여력이 있는) 협동조합들은 토지 구획을 기꺼이 신청자들에게 매각했으며 새로 설립된 국립 토지은행이 중개를 맡았다. 이 사업은 전쟁 종식 이후 10년간 4만 명에 가까운 수혜자들에게 토지를 나눠주었는데, 엘살바도르 농지의 10퍼센트 이상을 아우르는 규모였다.[65]

여성은 새로운 토지 재분배에서 과거보다 나은 결과를 얻었다. 수혜자의 34퍼센트가 여성이었다. 하지만 이 수치가 여전히 성평등과 거리가 멀었다는 사실은 여성이 공평한 대우를 받기가 얼마나 힘들었는지를 보여준다. 토지 이전을 집행한 지방 정부 담당자와 FMLN 간부들은 여전히 남성 가장에게 우선권을 부여했으며 읽고 쓸 줄 알고 출생증명서나 유권자 등록 카드 같은 공식 문서가 있어야 한다는 등의 조

건을 내걸었다. 이 조건들 때문에 여성은 토지 공여에서 과도하게 배제되었다.[66]

토지 재분배의 세 번째 단계는 엘살바도르가 이런 정책을 시도한 최후의 유의미한 사례였다. 전체적으로 보자면 엘살바도르의 토지 재분배 시도는 장기적인 삶의 질을 좌우하는 핵심 자산에 대한 여성의 접근을 차단함으로써 막대한 불이익을 초래했다.

* * *

캐나다의 정착민 개혁, 인도의 경자유전식 개혁, 엘살바도르의 다양한 개혁들은 조건과 구조 면에서 서로 매우 달랐지만 궁극적인 결과는 동일했다. 셋 다 여성을 차별하거나 무시했으며 사회 내에서 여성의 소외를 심화했다. 캐나다의 정착민 개혁은 구조 자체에 가부장적 결과가 내재해 있었지만 인도나 엘살바도르에서는 이를 명시적 목표로 삼진 않았다. 그럼에도 인도와 엘살바도르에서 사업을 기획한 이들은 남성에게 유리한 결과를 보고서 별로 당황하지 않았을 것이다. 그들의 동기와 목표는 정치적·경제적 사안에 훨씬 깊숙이 뿌리내리고 있었다. 여성은 부차적 문제였다.

토지는 그 힘 덕분에 변화를 이끄는 강력한 도구로 작용한다. 하지만 각 나라들은 토지 재분배로 긍정적 변화를 이끌어내는 데 번번이 실패했다. 특히 성평등 문제에서의 실패는 너무도 분명하다. 지난 2세기 동안 대재편이 세계를 휩쓰는 사이에 각국 정부는 거듭 여성을 배제하고 남성에게 토지를 내어주었다.

이러한 경향은 모든 유형의 개혁과 정치 스펙트럼 전반에서 나타났다. 프란시스코 프랑코Francisco Franco 치하 스페인의 정착민 개혁에서 보듯이 때로는 본질적으로 가부장적이고 보수적인 사고방식을 보여주기도 했다. 스페인 정부는 남성 가장을 우대하고 여성을 배제했으며 여성이 생계를 위해 남성에게 의존하도록 만들었다. 2차 세계대전 이후 이탈리아의 경자유전 개혁도 얼추 비슷한 결과를 얻었다. 하지만 이른바 좌파 정부의 협동조합 개혁과 집단주의 개혁에서도 대체로 비슷한 결과가 나타났다. 남성은 의사결정에서 주도권을 가졌으며 협동조합과 집단농장 내에서 가장 유리하고 강력한 지위를 차지했다. 이로써 1970년대 페루, 1980년대 니카라과, 그리고 그 밖의 나라들에서 여성은 2등 시민으로 전락했다. 2차 세계대전 이후 중국, 1차 세계대전 이후 러시아에서 벌어진 것과 같은 몇몇 집단주의 개혁들은 이 함정을 피하기 위해 인상적인 노력을 기울였다. 하지만 여성의 토지 접근권을 향상시키려는 노력조차 성차별과 권위주의 정치의 잔재에 짓눌렸으며 이 때문에 누구도 토지에서 진정으로 번영을 누릴 수 없었다.

토지를 얻는 것은 지위와 권력에 이르는 에스컬레이터에 오르는 것과 같다. 전 세계의 토지 재분배 정책은 남성을 에스컬레이터에 태우고 여성은 계단에 내버려두었다. 하지만 대재편은 거기서 그치지 않았다. 남녀를 막론한 상당수의 인구가 토지와 그 자원에 대한 지속 불가능하고 착취적인 관계로 내몰렸다. 어쨌든 토지 권력은 누가 토지를 얻느냐뿐 아니라 그것을 어떻게 이용하느냐의 문제이기도 하다.

5장

사라지는 황무지

중국과 브라질의 토지 정책이 바꾼 자연

1958년은 인류 역사상 최대의 토지 재분배 및 집단화 실험이 막을 내린 해였다. 중국공산당은 10년도 되지 않는 기간 동안 사적 토지 소유를 철폐하고 대토지를 약 4억 3000만 명의 농민에게 재분배했으며 집단농장화를 강제했다. 마오쩌둥毛澤東 주석의 권력은 절정에 올라 있었다. 그는 정책을 마음대로 수립하고 시행할 전대미문의 권한을 손에 넣었다. 중국 내 토지가 속속들이 재편되면서 그는 대담한 생각을 품었다. 영국을 15년 안에 따라잡기 위해 전 인민을 산업화에 총동원한다는 발상이었다.

중국 같은 농업 중심의 경제 국가가 이런 과제를 해내는 방법은 딱하나, 농촌을 쥐어짜는 것뿐이었다. 마오쩌둥은 이 계획의 해법이 어마어마한 양의 철강을 자체 생산하는 것이라고 믿었다. 1958년 8월에 공산당이 선포한 대련강철운동大煉鋼鐵運動은 농촌 인구의 삶에 깊숙이 파고들었다. 이 운동의 목표는 거의 하룻밤 사이에 1070만 톤의 철강을 생산하는 것이었다. 당시 중국은 대약진운동이 한창이었으며 그 과정에서 끔찍한 환경 파괴를 저지르고 있었다.

토지 재분배와 집단농장화는 앞으로 전개될 사건들의 중요한 배경이자 엔진 역할을 했다. 당 간부들은 사유재산 철폐와 집단농장화에 매달렸으며 농민들이 뒷마당에 임시변통으로 만든 용광로인 토법고로土法高爐 농기구와 조리 도구 등을 녹여 강철을 주조하도록 강제했다.[1] 용광로를 작동시키려면 상당한 양의 연료가 필요했기에 농민들은 마을 숲에서 나무를 베어 불을 때야 했다. 광시廣西 남부 지역에서는 마을 주민들이 석탄 화로 190개를 관리하며 드넓은 아열대 상록활엽수 숲을 베어냈다.[2] 중부 후베이湖北성에서는 성숙기에 이른 숲이 60퍼센트 가까이 감소했고 전체 삼림 면적이 33퍼센트나 감소했다.[3] 전체적으로 대약진운동은 삼림 자원에 대규모 재앙을 일으켰으며 이는 훗날 이어질 '대벌목'의 서막이었다.[4] 또 다른 대벌목들이 차례를 기다리고 있었다.

정부는 원하던 것을 적어도 일부는 얻었다. 중국 인민은 넉 달 만에 1100만 톤의 강철을 생산했다. 하지만 급속한 산업화라는 마오쩌둥의 목표는 여전히 요원했다. 이는 이후 15년간 농촌을 파괴하고 환경적·인간적 재앙을 일으킨 여타 정책들 때문이기도 했다. 이 정책들은 대규모 토지 집단화로 기하급수적인 피해를 낳았으며 삼림 파괴, 토지 개간, 토양 황폐화를 초래했다.

대재편 시대에 벌어진 토지 정착, 토지 재분배, 토지 이용 및 관리는 세계 최악의 환경 파괴와 생태 붕괴로 이어졌다. 각국 정부는 미개척지를 사람들에게 나눠주어 경작시키거나 완전히 벌목하게 했다. 농민과 농업을 조직하여 환경을 오염시키고 파괴하는 산업화를 추진했다.

또한 토양을 침식 및 고갈시키고, 유역을 오염시키고, 생물 다양성을 파괴하는 토지 이용 정책을 추진했다.

이러한 사례들 중 상당수가 온전한 복구가 불가능하다. 변화가 매우 전면적이었고 토지 재편에 뒤이은 사업들이 매우 조직적이었기 때문에 지구를 영구적으로 바꿔놓았다. 인간은 유역을 정화하고 황무지를 녹화하고 표토를 복원하고 훼손된 서식처에 생물을 다시 데려오는 법을 안다. 하지만 이런 활동에는 비용이 많이 들며 점진적인 복구에 필요한 자원과 의지조차 결여된 경우가 태반이다.

생태계 전체를 복원하는 것은 전혀 다른 이야기다. 생태계는 섬세하며 그 구성 요소들의 총합 이상이다. 필수 요소가 사라지면 좀처럼 이전 상태로 회복되지 못한다. 유실된 숲을 복원하려고 나무를 심는 것은 첫걸음에 불과하다. 삼림 파괴는 토양, 생물 다양성, 하층 식생을 인간의 시간이라는 척도 안에는 돌이킬 수 없을 정도로 바꿔놓았다. 유럽이나 중국의 울창한 자연림을 복원하는 것은 현재로서는 불가능한 과제다. 아메리카 프레리가 복원될 가능성도 없다.

지난 75년에 걸쳐 토지 재분배로 삼림, 토양, 유역이 돌이킬 수 없이 망가진 이야기에서 우리는 토지 권력이 어떻게 환경을 파괴해 왔는지를 볼 수 있다. 중국에서는 공산주의 혁명에 뒤이은 토지 집단화와 탈집단화로 대규모 삼림 파괴, 초지 초토화, 토양 침식, 지하수 오염이 일어났다. 현재 중국은 막대한 비용을 들여 이 재앙을 치유하느라 허덕이고 있지만 결코 임무를 완수하지 못할 것이다. 지구 반대편 브라질에서는 군사 정부가 환경 재앙의 토대를 놓고 있었다. 1960년대를 기점으로 군사 정부는 대지주들이 농촌 노동자들의 압박에 시달리지 않도록 아마존 우림을 정착지로 개방했다. 아마존 우림은 현재 엄청난 속도로 벌목되고 불타고 있으며 머지않아 생물 다양성의 보루와 탄소 저장고의 역할을 잃을지도 모른다. 대재편이 찾아왔을 때 이 나라들이 토지에 대해 내린 결정들은 암담한 환경적 운명을 고착화시켰다.

그 결정들에 담긴 어리석음과 근시안적 태도는 뜻하지 않은 결과를 거대한 규모로 초래했다. 전 세계에 아직 남아 있는 천연자원들과 함께 다른 경로를 모색하려면 이러한 현실을 이해해야 한다.

중국 농업 집단화의 대가

중국은 지구상에서 가장 크고 생물 다양성이 풍부한 나라 중 하나다. 위도상으로 50도 이상, 경도상으로 62도 이상을 아우르며 건조한 고비사막, 바람이 거센 고산지대의 티베트고원, 화베이평원의 황허강과 화중의 양쯔강에 형성된 기름진 강 유역과 삼각주 같은 다양한 지형을 포함하고 있다.

약 1만 년 전에 농업이 등장하여 확산되기 전까지 지금의 중국 영토 대부분은 숲으로 덮여 있었다. 숲의 종류도 남부의 열대림과 아열대림, 화중의 낙엽수림, 북부 만주 지역의 침엽수림 등 다양했다. 이 숲들은 건강하고 활력이 넘치는 생태계의 보금자리였으며 코끼리와 호랑이 같은 대형 동물을 비롯한 온갖 동식물이 번성하는 서식지였다.

하지만 과거 중국의 숲에 대한 이 묘사는 과학자들이 재구성한 것이다. 오늘날 존재하는 자연 서식지는 이전 시대에 비하면 극히 일부분에 불과하기 때문이다. 이 생태계를 빚어낸 것은 과거 수천 년의 자연적인 기후 변동이었다.[5] 하지만 인간이 토지를 정복하려 투쟁하고 토지에서 자원을 뽑아내려고 안간힘을 쓴 결과 생태계에 지속적이고 극적인 변화가 일어났다.

중국의 자연환경이 인간의 손에 심각하게 파괴되기 시작한 것은 약 1만 년 전에 농업이 도입되어 확산되면서부터였다. 농경 정착 생활로 점차 인구가 증가하고 이는 더 많은 경작과 더 많은 삼림 벌채로 이어졌다. 한나라가 중국 대륙을 통일하면서 북부의 인구가 급증했고 화베이평원에서 대부분의 숲이 파괴되었다. 새로 유입된 정착민들이 작물을 재배하려고 나무를 베었기 때문이다.[6] 환경 변화와 몽골 유목 민족의 침략으로 한족은 그 뒤 1,000년간 남쪽으로 밀려나 지냈다. 농경 인구가 급증하면서 남부의 강변과 고지대에서도 숲이 파괴되었다. 토착민은 화전 농업에 의지하고 있었는데, 정착민의 물결이 그들을 숲속 깊숙이 몰아넣었기 때문이다.

1800년대 초반에 이르러서는 중국 영토의 대부분이 인간에 의해 변형된 상태였다. 이즈음 중국 인구는 3억 명을 넘어서서 전 세계 인구의 4분의 1에서 3분의 1 정도를 차지했다. 청나라는 국경 외부에서 저항을 맞닥뜨리자 국내로 돌아서서 내부의 변경 지대를 개발하기 시작했다. 삼림지대의 주변부, 넓은 초원, 일찍이 개척된 적 없던 고지대가 신대륙 작물의 도입으로 인해 경제적으로 주목받았다.

토지 정착이 진척되면서 환경 파괴가 발생했다. 그나마 남아 있던 원시림마저 대부분 개간되면서 북부 끝까지 숲이 파괴되었다. 이로 인해 토양과 수원이 황폐화되고 곰, 호랑이, 코끼리 등 건강한 삼림 생태계를 필요로 하는 대형 포유류가 밀려났다. 남부의 숲도 점점 개발 압박이 커지면서 쪼그라들고 있었다.

20세기 초 중국을 통치하기란 무척 어려운 일이었다. 외세는 무역을 위해 중국의 문을 열려고 했다. 일본은 중국을 지배하에 두고 전리품을 챙기려 했다. 지역 군벌들은 국지적 권력을 쥐려고 시도했다. 그러다 북부에서 공산주의 봉기가 곪아 터졌다. 집권 중이던 국민당은 권력을 중앙 집중화하려고 안간힘을 썼지만 2차 세계대전 말기에 연합군이 일본을 중국에서 몰아내자 분쟁은 내전으로 번졌으며 결국 공산당이 정권을 차지했다.

1949년, 마오쩌둥이 이끄는 공산당이 권력을 장악하면서 국민당은 타이완섬으로 도주할 수밖에 없었다. 공산당이 제시한 시급한 의제의 중심에는 대규모 토지 재분배가 있었다. 공산당이 수십 년간 봉기를 이어가는 동안 북부 본거지에서 시행했던 지역적 토지 재분배 시도가 계획의 토대가 되었다. 이제 공산당은 중국 전역에서 활동했지만 남부에서 특히 두드러졌던 토지 집중과 소작제의 철폐를 목표로 삼았다.[7]

공산당은 혁명적 열정을 발휘해 토지 개혁 의제를 추진했다. 1950년에 발표한 토지개혁법은 온전히 시행되기까지 여러 해가 걸렸는데, 지주와 부농에게서 토지를 몰수하여 빈농과 중농, 피고용 노동자에게 재분배하는 식이었다. 농촌 인구의 90퍼센트에 육박하는 약 4억 3000만 명의 농민이 이 사업을 통해 토지를 받았다.[8] 이 사건은 역사상 최대 규모의 토지 재편 중 하나로 꼽힌다.

토지 재분배는 제대로 시작되기도 전에 삼림 파괴의 서막을 열었다.

양쯔강 남부에 사는 지주와 부농은 대부분 1952년까지도 토지를 몰수당하지 않았다. 하지만 이 지역과 윈난, 쓰촨의 지주들은 토지 몰수가 머지않았음을 잘 알았기에 개혁이 당도하기 전에 토지에서 얻어낼 수 있는 것을 모조리 뽑아내려 들었다. 상당수는 자기 토지에 있는 나무를 벌목하여 팔아서 생계 자금을 마련했다.[9]

불과 몇 년 뒤 또다시 대규모 벌목이 벌어졌다. 초기의 토지 재분배는 경자유전식 개혁으로 추진되었지만 정치 지도자들은 이념적·정치적·경제적 이유로 결국 집단화를 선택했다. 그들은 공산주의 이념에 충실했기에 사유재산과 자유시장이 집단주의 목표와 대립하며 기본적으로 인민 계급을 착취한다고 여겼다. 집단화는 국가의 변혁적 목표를 위해 공동의 자원을 동원하는 가장 유망한 방법으로 떠올랐다. 이것은 대규모로 사회를 통제할 수 있는 솔깃한 기회이기도 했다.

정부는 내부 논쟁을 거쳐 1955년 여름에 농민들을 초급합작사(협동조합)로 조직했으며 1956년에는 규모가 더 큰 고급합작사로 통합했다. 이 과정에서 농민들은 개인 소유의 토지를 잃었다. 급진적인 협동조합 토지 개혁이 전개되면서 자신의 소유권이 위태로워졌음을 깨달은 농민들은 과거의 지주와 부농이 그랬듯 소득을 보전하기 위해 나무를 베기 시작했다.[10] 그들은 집단화의 첫 단계가 다가오고 있다는 사실을 예견했으며 초급합작사가 고급합작사에 흡수되면서 집단의 재산마저 잃을까 봐 두려워했다. 정부는 합작사 내의 목재를 노동이 아닌 자연의 산물로 간주하고 가치를 터무니없이 낮게 매겨서 벌목에 일조했다.

이러한 환경 파괴는 앞으로 벌어질 일들에 비하면 맛보기에 불과했다. 그 뒤 수십 년간 중국은 부실한 대형 계획에 맞추어 토지를 이용하고 관리하면서 환경을 초토화하는 해로운 패턴을 확립했다.

1958년 무렵에는 사실상 모든 농가가 집단화되어 토지와 인민에 대한 중국공산당의 정치적 통제력이 확고해졌다. 토지 이용과 농업은 향후 20년의 중대한 국가적 변화를 이끄는 엔진이 될 터였다. 중국의 자원과 인구가 압도적으로 농촌에 몰려 있었기 때문이다. 이제 농촌은 베이징이 마음대로 꺼내 쓸 수 있는 저금통이 되었다.

공산당이 전국에서 토지를 재분배하고 집단화와 탈집단화를 진행하면서 삼림 파괴, 토지 개간, 토양 침식이 잇달았다. 1950년대부터 1980년대까지 중국공산당이 겪은 세 번의 운명적 사건은 중국 북부·북서부 초원과 남부의 삼림에 심각한 피해를 끼쳤다. 그 세 가지 사건들은 대약진운동, 문화대혁명, 1980년대의 토지 탈집단화였다. 생태계가 고갈되어 자연 서식지가 산산조각 나자 여러 동식물이 위태로운 상황에 놓였다. 중국이 1970년대부터 서방에 경제를 개방하면서 침체된 농업 부문에 박차를 가하기 위해 농촌에 화학 비료와 농약을 뿌려대자 생태계에 가해지는 압박은 더욱 심해졌다. 오염 물질이 토양에 스며들고 강과 호수에 흘러들면서 수질이 급속도로 나빠졌다.

건강한 숲은 이제 남서부와 북동부 끝 변방에만 남아 있다. 드넓은 초원이 훼손되었으며 엄청난 속도로 고비사막에 집어삼켜졌다. 유역은 독성 비료 범벅이 되었다. 또한 전례 없이 많은 종이 멸종 위기에 놓였다. 오늘날 중국에 남아 있는 포유류 종의 40퍼센트 가까이가 멸종 위기종이며 식물 종의 70~80퍼센트도 위험에 처해 있다.[11] 이러한 문제들을 해결하려는 최근의 시도는 잘못된 토지 관리가 환경을 얼마나 철저히 훼손했는지를 확인시킬 뿐이다.

집단화의 결실을 거두려는 마오쩌둥의 첫 번째 대규모 시도는 대약진운동이었으며 그 중심에는 대련강철운동이 있었다. 하지만 잘못된 토지 관리가 환경 파괴를 유발한 사례는 이것만이 아니었다. 이 시기에 시행된 가장 괴이하고 중대한 정책 중 하나는 참새를 때려잡는 타마작운동打麻雀運動이었다.

중국의 농업 생산량은 1952년부터 1958년까지 증가했는데, 집단화로 인한 혼란을 감안하면 대단한 위업이었다. 하지만 공산당은 여기에 만족하지 않았다. 그들은 자연을 통제할 수만 있다면 집단화로 더 많은 결실을 거둘 수 있으리라 생각했다.

1958년 2월, 정부는 '네 가지 유해 생물'인 쥐·참새·파리·모기를 중국에서 박멸하는 제사해운동除四害運動을 시작했다. 제사해운동의 주요 취지는 공중 보건과 위생을 개선하는 것이었다. 하지만 그 일환인 타마작운동은 곡물의 씨앗을 먹어치워 농업 생산량을 축내는 참새를 박멸하겠다면서 전례 없는 사업을 조직했다.

당 간부들은 합작사에서 수백만 명을 동원하여 최대한 많은 참새를 죽이고 참새 알을 없애도록 했다. 타마작운동은 쓰촨성에서 시작되었다. 《인민일보》에 따르면, 정부는 원장구에서 약 260만 명을 동원하여 1958년 3월 14일부터 16일까지 사흘간 참새 100만 마리를 굶기고 지치게 해서 포획했다.[12] 같은 시기 청두시에서는 40만 명이 타마작운동에 참여했다. 사람들은 참새가 어디에도 앉지 못하도록 쫓아냈으며 먹이에 가까이 가지 못하게 겁을 주어 결국 하늘에서 지쳐 떨어지게끔 만들었다. (수치를 검증하는 것은 불가능하지만) 공식적인 보고에 따르면

1958년 말까지 20억 마리 이상의 참새를 죽였다고 한다.[13]

타마작운동은 중국 농촌의 생태 균형을 근본적으로 어지럽혔다. 천적이 사라지자 메뚜기를 비롯하여 곡식을 먹는 곤충의 개체 수가 폭발적으로 늘었다. 곤충들은 곡식을 게걸스럽게 먹어치웠다. 가장 믿을 만한 추산에 따르면 참새 소탕으로 연간 약 700만 톤의 식량이 유실되었는데, 이것은 약 2800만 명이 먹을 수 있는 양이었다.[14] 여기에 몇 년간 악천후가 겹치면서 1959년에는 곡물 생산량이 15퍼센트 감소했으며 1960년과 1961년에는 1958년 수준의 약 70퍼센트에 그쳤다.

그 결과 대기근이 찾아왔다. 1958년부터 1961년까지 계속된 파국적 시기에 3000만 명 이상이 사망하고 3300만 명이 태아를 잃거나 출산을 미뤘다.[15] 마오쩌둥은 이 재앙에 정신을 차리고 방향을 바꿨다. 1960년 3월, 그는 새로운 교시를 내렸다. "참새를 죽이지 마라. 네 가지 유해 생물에 참새 대신 빈대를 넣어라."

하지만 자연을 향한 공산당의 정면공격은 참새 박멸 사업으로 끝나지 않았다. 대기근을 겪고 난 뒤 마오쩌둥은 1960년에 농업·임업·축산업을 고르게 발전시키되 "곡물을 핵심 고리로 삼는다"라는 안을 내놓았다.[16] 이러한 이량위강以糧爲綱 정책의 목표는 식량 안보였는데, 1960년대 초 소비에트연방과의 관계가 틀어지고 미국이 중국의 코앞에서 베트남전쟁을 벌이자 이 목표는 더욱 절박해졌다.[17]

이러한 메시지는 정부가 "농업은 다자이에서 배우라農業學大寨"라고 인민공사(옛 합작사)를 독려하면서 무제한의 토지 개간으로 이어졌다. 다자이大寨는 산시성 남동부의 산악 지대에 있는 작고 척박한 마을이었다. 이곳은 1963년에 토양 침식으로 홍수가 심해져 주택, 논밭, 심지어 유실수까지 쓸려 나갔다.

다자이 인민공사 지부의 서기 천융구이陳永貴는 국가의 구호 자금을 사양했다. 그 대신 마을 주민들을 동원하여 토양이 단단하지 않은 황토 지대에 다랑논을 만들고 산에 관개 수로를 팠다. 농업 생산량이 회복되고 증가하자 공산당 간부들은 다자이를 인간이 자연을 정복하고 다스릴 수 있다는 본보기로 내세웠다. 자연환경을 바꿀 수 있다면 어디서든 작물을 재배할 수 있으리라는 것이었다.

문화대혁명이 벌어지던 1966년에서 1976년까지 정부는 온갖 종류의 토지를 개간하여 농지로 전환하라며 농촌 인민공사를 닦달했다. 그와 동시에 자본주의의 부활을 막겠다는 일념으로 농가의 부업과 다양한 활동을 단속했다. 마을들은 명령을 따르며 이량위강과 다자이의 가르침을 연계하는 것이 상책임을 알아차렸다. 당시 민간에서는 이런 말이 유행했다. "곡물이 우선이다. 사방에 볍씨를 뿌려라. 산의 나무를 베고 숲을 모조리 없애라."

환경은 다시 한번 호된 대가를 치렀다. 중국 북부와 북서부 반건조 지대의 초원은 금세 사막으로 변했다. 1930년대 미국에서 모래 폭풍이 몰아쳤던 사건인 더스트볼Dust Bowl과 비슷하게 중국에서도 세찬 바람이 맨땅의 흙을 쓸어버렸기 때문이다.[18] 내몽골 이진훠뤄기伊金霍洛旗에서는 1950년대 후반에서 1970년대 후반까지 사막화가 연간 3.2퍼센트씩 진행되었다. 농민들이 초원을 개간하여 맨땅이 대규모로 노출되자 바람이 조금만 불어도 황사와 모래 폭풍이 일어났다.[19] 고비사막은 전대미문의 속도로 농촌을 집어삼키기 시작했다. 이 때문에 베이징 같은 고비사막 동쪽 도시들의 대기질이 위험 수준까지 악화되었다.

또한 마을 주민들은 숲에서 마구 벌목하고 가파른 산악 지대에서 농사를 지었는데, 이것이 두 번째 대벌목이었다. 양쯔강과 황허강 유역에서는 농민들이 경사도가 25도 이상인 언덕과 비탈까지 벌목하고 작물을 심었다. 이 때문에 지역 생태계가 물과 토양을 유지할 수 없게 되었다. 폭우가 토양을 맹렬히 침식하고 유역을 비료 범벅으로 만들기 시작했다. 강에서는 극단적인 현상이 더 빈번하게 나타났다. 황허강은 1997년에 기록적 가뭄에 시달렸으며 양쯔강 유역은 1998년에 엄청난 홍수를 겪었다. 이것은 대체로 지역의 환경이 파괴된 탓이었다.[20]

1970년대 말에 이르러 중국의 자연환경은 토지 재분배 정책과 토지 이용 정책으로 인해 초토화되었다. 숲이 파괴되었고 토지와 물이 오염되었으며 초원이 갈아엎어졌다. 마오쩌둥이 벌인 환경 파괴의 후과는 1976년에 그가 사망한 뒤로도 오랫동안 이어졌다.

1970년대 말, 정부는 인민공사를 더 작은 단위로 나눠 농업 생산을 탈집단화하는 실험을 벌였다. 몇 년 뒤에는 가정연산승포책임제家庭聯産承包責任制를 도입하여 각 가정이 일정한 구획을 경작할 수 있도록 토지 이용 권리를 점차 보장해 줬다. 또한 각 가정은 자신들이 받은 농지와 임야의 관리에서 더 큰 자율성을 부여받았다. 이 정책들은 농촌의 토지 훼손과 난개발을 줄이는 데 일조했다. 하지만 의도하지 않은 단기적 결과를 낳기도 했는데, 한 연구자는 이 세 번째 대벌목을 "가장 파국적인 전국적 삼림 파괴 시기"라고 평가했다.[21]

이번에는 범인이 달랐다. 인민공사 시절에는 농민들이 자신들의 주택을 짓는 일이 금지되었지만 이 시기에는 건축이 허용되었다. 그래서 대다수의 가정이 집을 지었다.[22] 1981년부터 1985년까지 주택 건설에 들어간 목재는 거의 2억 세제곱미터로, 중국의 모든 숲에서 1년간 자라는 나무의 양과 맞먹었다.[23] 그 영향은 중국 남부와 남서부에서 더욱 극심했다.

토지의 불안정성과 토지 개간이 20년간 이어진 탓에 대부분의 토지가 황폐해졌으며 생산성이 형편없었다. 정치적·재정적 고립 때문에 생산성 향상을 위해 비료와 농약을 입수하기 힘들었던 사정도 문제를 악화시켰다. 중국에는 비료 공장이 거의 없었으므로, 농민 절대다수가 산출을 늘리기 위해 토지의 생산성을 높이는 게 아니라 더 많은 토지를 생산에 투입했다. 상황이 극적으로 달라진 것은 1970년대 미국과의 정치적 데탕트(화해 정책 — 옮긴이) 덕분이었다.

리처드 닉슨Richard Nixon 대통령이 1972년에 중국을 방문한 뒤 중국이 체결한 첫 번째 상업 거래는 질소 화학 비료를 생산할 대규모 첨단 암모니아 시설 열세 개를 들여오는 것이었다.[24] 1970년대에는 더 많은 시설을 매입했으며 1980년대에는 자체적으로 공장 건설을 시작했다. 1990년대가 되었을 때 중국은 국내 수요를 거의 충족할 만큼의 비료를 생산하고 있었다.

토지 집단화와 토지 훼손으로 인한 생산성 저하를 극복하는 일은 쉽지 않았다. 공산당은 비료 산업을 통제하고 막대한 보조금을 지급했다. 1980년대와 1990년대 사이에 마침내 비료가 풍부해지자 정부는 농촌에 비료를 비처럼 쏟아부었다.[25] 농민들은 비료를 두루 도입했다. 농업 소출이 급격히 늘어나고 농가 소득이 증가했다. 하지만 수질오염도 급증했다.

화학 비료와 농약 유출로 지하수가 오염되기 시작하면서 음용수로 쓰기 위험한 지경에 이르렀으며 이는 신생아의 선천적 기형을 유발하고 성인을 각종 질병에 시달리게 했다.[26] 녹조 현상이 일어나 수생 생태계가 파괴되고 동식물이 떼죽음했다. 토지 이용과 농업에 관한 원대한 계획이 환경에 치명적 피해를 입히는 패턴이 이번에도 되풀이되었다.

중국이 공산주의 체제하에서 숲을 난도질하는 동안 지구 반대편에서는 또 다른 거대한 숲인 아마존 우림이 위협받고 있었다. 역시나 토지 권력이 문제였지만 이번에는 야심 찬 공산주의자나 집단화를 통해 토지 권력이 행사되지 않았다. 브라질의 유력 지주들은 군사 정부와 결탁했고, 점점 불만을 품던 농촌 노동자들의 압박으로부터 벗어나고자 했다. 그들의 해법은 아마존을 정착지로 개방하는 것이었다. 머지않아 아마존의 삼림 파괴가 중국만큼 심각한 수준으로 벌어졌다.

브라질 아마존의 환경 파괴

아마존 우림은 자연이 빚어낸 경이로운 보석이며 기후 변화를 늦추기 위한 싸움에서 필수 불가결한 자원이다. 현재까지 확인된 생물 종의 10퍼센트 이상이 이곳에 서식하며 해마다 수십 종이 새로 발견되고 있다. 여러 나라에 걸쳐 있는 이 숲에는 400여 개의 토착 집단이 산다. 아마존 우림은 기후 조절면에서도 핵심적인 역할을 한다. 1500억 톤 이상의 탄소를 저장하며 매년 전 세계 탄소 배출량의 5퍼센트를 흡수하여 '지구의 허파'라는 별명을 얻었다.[27] 숲에서 발생하는 막대한 수증기는 대기천大氣川(대기 중의 수증기가 좁고 긴 띠 모양으로 응축되어 강처럼 흘러가는 현상—옮긴이)을 만들어내어 건조한 환경에 물을 순환시키고 전 세계 기후 패턴에 영향을 미친다.

중국의 숲이 수백 년간 줄어든 것과 달리 아마존 우림은 20세기까지 대체로 고스란히 남아 있었다. 하지만 아마존 우림은 지금 심각한 위험에 처해 있다. 숲의 3분의 2 가까이가 브라질 국경 안에 있는데, 이 나라는 지난 75년간 숲을 파괴하고 베어내고 불태우고 쑥대밭으로 만들었다. 아마존 우림의 17퍼센트가 완전히 파괴되어 회복 불능 상태가 된 것으로 추산된다.[28] 2020년 한 해에만 이스라엘 면적의 숲이 사라졌다.[29] 콩 재배와 가축 방목을 확대하려고 지른 불이 속수무책으로 번지면서 최근 수년간 기록적인 규모의 산불이 발생했다.[30]

브라질이 자국민을 위해 토지 접근권과 자원을 확보하려고 분투하면서 아마존은 최근 수십 년간 점점 큰 부담에 시달리고 있으며 미래도 위태로워졌다. 과학자들은 숲의 20~25퍼센트가 파괴되면 '티핑 포인트'에 들어설지도 모른다고 우려한다.[31] 그러면 물 순환이 중단되어 강우량이 감소하고 건기가 길어져 숲의 절반이 사바나로 바뀔 수 있다. 삼림 파괴가 현재 속도로 계속되면 2030년까지 숲의 27퍼센트가 파괴된다.[32]

아마존은 머나먼 오지였으며 초기 유럽인의 정착과 독립 이후 브라질의 정착 시기에도 대체로 무사했다. 정착민들은 주로 해변과 인근 내륙에 모여 살았다. 하지만 1960년대에 인구가 증가하고 부유층의 대토지 소유에 대한 불만이 정점에 이르자 군사 정부가 브라질의 경제적 엘리트 계층과 손잡고 대토지의 재분배를 대신할 방안을 마련했다. 바로 아마존을 정착용 개척지로 내어주는 것이었다.

이 극단적 님비NIMBY의 핵심에는 아마조니아 작전Operation Amazonia
이 있었으며 그 정점은 아마존 횡단 고속도로였다. 이 프로젝트들은
브라질의 환경과 전 세계적 기후 변화에 영향을 미칠 판도라의 상자
를 열어젖혔다. 게다가 이 조치는 임박한 토지 재분배 압박을 해소하
는 게 아니라 뒤로 미룬 것에 불과했다.

1985년, 브라질이 민주화되면서 변경에서뿐 아니라 내륙의 사유지
에서도 토지 재분배가 가속화되었다. 삼림 파괴와 토지 훼손이 전국적
으로 일어났다. 전 세계가 돌이킬 수 없는 기후 변화에 한 발자국씩 가
까워져 가는 지금 아마존은 여전히 절체절명의 상황이다.

브라질 초기의 토지 정착 정책은 최근에 벌어진 아마존 파괴의 토
대를 놓았다. 이 정책으로 정착민들은 해안과 내륙으로 퍼져 나가 동
부에서 아마존을 에워쌌다. 드넓은 토지가 소수 특권층의 손에 들어
갔으며 이들은 훗날 토지 재분배를 요구하는 대중적 압박에 저항하려
고 그 대안으로 아마존을 정착지로 지지한다.

초기 유럽인의 정착 시기와 브라질이 포르투갈에서 독립한 1822년
이후 1세기 동안 역대 정부들은 유력자를 우대하는 정착민 개혁을 채
택했다. 포르투갈 왕실 치하에서는 토착민들의 어마어마한 토지가 식
민지 개척자들에게 하사되었다. 이 토지는 거대한 플랜테이션으로 발
전했으며 그곳에서 노예 노동을 동원하는 경우도 비일비재했다. 수상
쩍은 방법으로 토지를 손에 넣은 사업가들은 이후 비공식 소유권을
인정받고 합법적 지위를 부여받았다.[33]

내륙에는 기반 시설이 없었기에 브라질의 초기 개척지는 대부분 해안가에 있었다. 그러다가 도시들이 성장하기 시작하면서 개척지는 내륙의 계곡과 고지대로 확대되었다. 커피 재배는 1850년대에 리우데자네이루와 상파울루 사이의 파라이바계곡에 전파되었으며 1860년대 이후에는 리우데자네이루 북서부 고지대로 퍼졌다.[34]

19세기 후반과 20세기 초반, 인구 밀도가 낮은 브라질 남부 국경 지대에서 분쟁이 벌어지자 당국은 이 지역으로 유럽인들의 이민을 장려했다.[35] 이 시기 유럽인들의 정착은 브라질 국내의 일반적인 토지 수용이나 소규모 토지를 대규모 농장에 합병하는 인클로저enclosure와는 다르게 소규모 자작농 계층을 형성했다. 하지만 이는 예외에 불과했다. 20세기 중반까지 브라질은 전 세계에서 토지 분배 구조가 가장 불평등한 나라 중 하나였다.[36] 인구의 60퍼센트 이상이 농촌에 거주하고 농업에 종사했기에 이는 특히나 뼈아픈 결과를 낳았다.[37]

브라질 내륙에서 인구가 증가하기 시작한 이 시기 내내 아마존은 여전히 오지 취급을 받았으며 대체로 무사한 상태였다. 당시의 기술과 경작 방식으로는 아마존에서 농업 채산성을 기대할 수 없었으며 천연자원을 채굴하기도 힘들었기 때문이다.[38]

아마존을 개발하려는 계획은 20세기 초에 처음 수립되었다. 정치적·경제적 위기의 폭풍 속에서 많은 투자가와 사업가는 브라질을 경제적으로 낙후한 나라로 보았다. 브라질 경제는 커피와 낙농품 의존도가 매우 컸다. '커피와 우유의 정치(커피 생산지인 상파울루주와 낙농지인 미나스제라이스주의 엘리트 계층이 권력을 장악했던 사건―옮긴이)'라고 불린 과두정치 체제가 국가 권력을 장악하면서 산업화에 제동을 걸었다. 파업과 소요가 증가하기 시작했다. 커피와 낙농품에 의존하는 경제가 취약하다는 사실은 대공황이 찾아오면서 분명해졌다. 대공황으로 브라질 경제는 폭락했다. 경제적·정치적으로 소외되었던 사람들은 개발에서 더 큰 역할을 맡고 싶어 했다.

제툴리우 바르가스Getúlio Vargas 대통령은 서부 변경에서의 정착 활동을 국가 병폐의 치료제로 여겼다. 이를 통해 더 많은 토지를 농경지로 바꾸어 전반적인 농업 생산성을 끌어올리고, 농업 기계화의 확대로 농지에서 밀려난 농촌 노동자들을 개척지로 이주시켜 개발 지역 내 토지 집중에 따른 정치적 긴장을 해소할 수 있으리라 희망했다.[39]

그 일환으로 정부는 변경을 식민화하고 개발하는 '서부로의 행진'을 추진하고자 했다. 그들이 눈독을 들인 지역 중 하나는 세계에서 가장 넓은 열대 습지가 있는 판타나우Pantanal 방면이었고, 또 하나는 아마존의 동쪽 변방과 강을 따라 펼쳐진 지역이었다.[40]

이 정책의 한 축은 250만 헥타르의 토지에 여덟 곳의 거대한 농업 정착지를 조성하는 것이었다.[41] 정착지의 환경 보호는 처음부터 엉망이었으며 정부 정책도 이에 일조했다. 고이아스주Goiás에 있는 세리스Ceres 지역에서는 개척자들이 화전 농업을 벌였다. 정부가 그들에게 토지 소유권을 발급하는 일을 미루자 상당수는 농경지를 찾아 새로운 미개척지로 이동하면서 가는 곳마다 환경을 마구잡이로 파괴했다.[42]

1950년대가 되자 개척지 정착이라는 오래된 공식의 수익성이 감소하리라는 사실이 분명해졌다. 이 공식은 일부 사람들을 먹여 살릴 수는 있었지만 증가하는 인구에 발맞춰 대응하지는 못했다. 또한 대부분의 생산 활동이 이루어지고 농촌 노동자들이 일하던 농업 중심지에서의 적나라한 불평등을 외면했다.

대중적 압박은 점점 거세졌다. 1950년대 후반, 페르남부쿠주Pernambuco 사탕수수 재배지에서 일하던 가난한 소작농들 사이에서 농민연맹ligas camponesas 운동이 벌어졌다. 농민연맹 운동은 다른 주로 번졌다. 히우그란지두술Rio Grande do Sul에서는 또 다른 운동이 전개되었다. 운동을 주도한 단체들은 급진적인 토지 재분배 계획을 요구했으며 정부가 자신들의 말을 듣지 않으면 폭력을 불사하겠다고 위협했다.[43]

이런 상황에서 한 좌파 포퓰리스트가 대중의 불만을 교묘하게 이용하여 대통령에 당선되었다. 바로 주앙 굴라르João Goulart였다. 굴라르의 정치 의제에는 토지 재분배가 포함되었으나 개척지의 정착민 개혁 대신 기존 토지의 재분배로 초점이 이동했다. 그의 발상들은 농촌 빈곤층의 상상력을 자극하며 반향을 일으켰다. 하지만 대지주로 가득한 의회가 그의 법안을 막아섰다.

굴라르는 의회를 우회하려 했지만 기득권층의 저항을 맞닥뜨렸다. 기득권층은 자신들의 목적을 위해 결집했으며 굴라르는 1964년 군사 쿠데타로 실각했다. 군사 정부는 결국 브라질의 대재편을 받아들였지만 굴라르의 대담한 포퓰리스트 개혁을 계승하지 않고 아마존 미개척지를 정착민들에게 개방했다. 이것은 오늘날까지도 거침없이 울려퍼지고 있는 파괴의 크레셴도의 시작이었다.

1960년대에 정권을 차지한 브라질 군부에 토지 문제는 피할 수 없는 과제였다. 뭔가 조치를 취해야 했다. 국가의 새 지도자들은 아마존으로 눈길을 돌리기 전에 여러 단계를 거쳐 경자유전식 개혁의 일환으로 넓은 유휴 사유지를 무토지 농민들에게 재분배할 길을 닦았었다.[44] 하지만 실제로 그랬다가는 엘리트 계층과의 정치적 연대가 위태로워질 위험이 너무 컸으므로 결국 새 정부의 개혁 시도는 대토지의 현대화로 귀결되었다. 그리하여 정부는 아마조니아 작전에 돌입했다. 인프라 개발과 조세 및 금융 혜택을 결합하여 아마존 분지 내 정착을 본격적으로 추진한다는 프로젝트였다.

토지에 대한 갈증을 달래기 위한 아마존 공략은 다방면에서 전개되었다. 정부는 값싼 토지를 공급하고 대출을 제공하고 보조금을 지급했으며, 이 모든 조치는 삼림 벌목과 지속 불가능한 농업 관행을 부추겼다. 특히 화전 농업과 가축 방목이 문제였다. 하지만 그 어떤 정책보다 장기적으로 파멸적인 환경 피해를 낳은 것은 군사 정부의 대규모 인프라 사업이었다.

특히 도로 건설은 숲을 억지로 열어젖혀서 정착지로 만들었으며 나날이 증가하는 자원 채굴과 개벌을 뒷받침했다. 초기의 대규모 사업 중 하나였던 BR-163 고속도로는 남부의 때 묻지 않은 드넓은 판타나우 습지를 관통하여 북쪽에 있는 아마존 입구까지 곧장 연결되었다. BR-163 고속도로는 신설 기관인 '식민지화 및 농지 개혁 기관'이 조성한 정착지들을 지원했다.

하지만 가장 중요한 사업은 아마존 횡단 고속도로였다. 골자는 간단했다. 정부의 주장에 따르면 "토지가 없는 사람과 사람이 없는 토지"를 연결해 준다는 것이었다.[45] 정부의 계획은 브라질 동부에서 아마존 유역을 거쳐 볼리비아의 앞마당까지 5,000킬로미터 길이의 고속도로를 건설하는 것이었다. 고속도로는 1970년에 건설되기 시작했고 금세 비수처럼 숲을 꿰뚫었다.

　정부는 고속도로 양편의 토지를 직사각형 타일 모양으로 반듯하게 구획하여 분배하고 경로 위에 있는 넓은 정착지들을 외딴 전초기지로 개발하는 사업을 진행했다. 그럼에도 아마존 정착은 버겁고 고독한 일이었다. 정착민을 유인하기 위해 정부는 20년에 걸쳐 대금을 상환하는 조건으로 토지를 값싸게 공급했으며 6개월치 임금과 저금리 대출을 제공했다.[46] 생태적·환경적 고려는 전무했다. 터무니없게도 아마존은 아무것도 없는 백지상태로 취급받았다.

　아마조니아 작전과 아마존 횡단 고속도로는 환경 재앙이 눈덩이처럼 불어나는 데 촉매 역할을 했다. 이주민 수만 명이 정부의 공여 토지를 받기 위해 아마존으로 이동했다.[47] 이주민들은 고속도로 주변에 정착하여 촌락을 조성하고 숲을 개발했다. 화전 농업과 개벌로 숲을 유린한 뒤 가축을 방목했다. 1980년대까지 1000만 헥타르 이상의 숲이 베어나갔다.[48]

　결국 고속도로에서 지선 도로들이 뻗어 나가기 시작했는데, 그중에는 합법적인 도로도 있었고 불법적인 도로도 있었다. 사람들이 지선을 따라 정착하면서 더 많은 지선, 더 많은 정착, 또다시 더 많은 지선이 물고기 뼈 모양으로 뻗어 나갔다. 정책 입안자들이 예상하고 정부가 공식적으로 승인한 것보다 훨씬 빠른 속도로 개발이 진행되었다. 아마존 횡단 고속도로 남쪽의 지선 도로들을 조사했더니 정착민들이 미지정 지역의 숲을 대거 개간하여 다른 정착민들이 밀림 깊숙이 파고들 수 있는 길을 열어놓은 상태였다.[49]

　최종 결과는 대규모 환경 파괴였다. 오늘날 브라질은 세계적인 소고

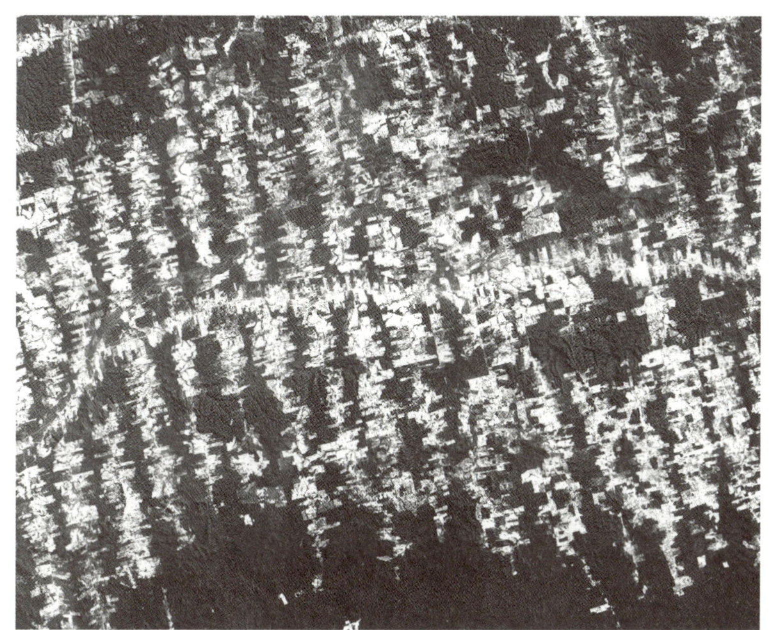
아마존 횡단 고속도로를 따라서 주변의 숲이 파괴되었다.

기 생산 강국으로, 전 세계 소의 절반 가까이가 아마존에서 사육된다. 이렇게 생산된 소고기는 전 세계로 운송되는데, 중국, 홍콩, 유럽이 주 소비처이지만 미국에도 육포와 반려동물 사료 용도로 팔려 나간다.[50] 아마존에서 생산되어 수출되는 소가죽은 미국에서 가구와 자동차를 만드는 데 쓰인다. 목축업의 토지 이용 관행은 토양을 고갈시키고 수원을 오염시켰으며 가축의 배출을 통한 직접적 방식, 그리고 탄소 집약적인 소고기 소비를 통한 간접적 방식으로 전 세계 탄소 배출량을 늘렸다.

아마존의 지속 불가능한 토지 이용 방식은 목축업에 한정된 이야기가 아니다. 농업도 사정은 별반 다르지 않았다. 개간된 지역의 토양 비옥도가 급격히 악화되었으며 이에 농민들은 더 많은 토지를 개간하고 삼림 파괴를 가속화했다.

하지만 이러한 파괴에도 불구하고 아마조니아 작전은 기존 농지에서 토지 소유 불평등을 해소하는 데 거의 효과가 없었다. 해당 지역들에서는 농촌 인구가 계속 증가했다. 수많은 정착 활동이 아마존을 황폐화시켰지만 대부분의 사람들은 토지를 갖겠다고 아마존으로 들어가는 힘겹고 불확실한 길을 선택하지 않았다. 그리하여 브라질에 민주주의가 돌아왔을 때 토지 권력의 공평한 몫을 원하는 무토지 농촌 노동자 대중의 긴장은 여전히 해소되지 않은 상태였다.

브라질 군부는 라틴아메리카의 다른 나라들과 마찬가지로 1985년에 정권을 내려놓고 병영으로 물러났다. 브라질은 자유를 위한 결정적 순간에 민주주의로 이행했다. 하지만 새로운 민주주의 앞에는 여러 난관이 놓여 있었다. 거대한 경제적·사회적 불평등은 포용과 사회 정의를 바라는 대중적 요구와 상충했다. 이러한 요구들은 토지 소유를 둘러싸고 특히 첨예하게 터져 나왔다.

그 결과, 브라질의 새로운 민주주의는 두 갈래의 토지 재분배 정책을 추진하기로 했다. 하나는 정착민 개혁을 통해 국유지를 분배하는 정책이고 다른 하나는 생산성이 낮은 사유지를 조직된 농민 단체에 분배하는 정책이었다. 두 정책 다 환경 파괴를 가속화시켰다. 아마존 우림은 돌이킬 수 없는 지경에 다다랐으며 그 밖의 지역에서도 토지와 생태계가 파괴되었다.

　　　　　　　　　　　　

민주주의로 이행하던 바로 그 시점에 브라질 무토지 농촌 노동자 운동Movimento dos Trabalhadores Rurais Sem Terra, 이하 MST이 결성되었다.[51] 이 풀뿌리 조직은 군사 통치가 저물던 시기에 소규모 농민 단체들이 브라질 남부의 생산성이 낮은 토지를 점유하면서 탄생했다. MST는 금세 이 지역에서 가장 크고 정교한 농촌 사회 운동으로 탈바꿈했으며 강력한 내부 규율을 갖추고 전국에 지부를 두었다. MST의 목표는 단순했다. 사유지를 농촌 지역 농민의 손에 넘겨주는 것이었다.

사유지 소유자들은 거세게 저항했다. 그들은 브라질 제헌의회를 통해 안전 장치를 얻어냈다. 생산적으로 사용되고 있는 토지의 몰수를 금지하고 수용된 토지에 대해서는 시장 가격으로 보상하도록 했다. 또한 정부의 하향식 토지 재분배를 막아내고 수요 위주의 상향식 절차로 방향을 돌렸다. 정부를 압박하여 변경의 국유지를 정착민에게 분배하는 대규모 계획을 유지하도록 만들기도 했다. 하지만 사유지 재분배를 완전히 막지는 못했다. 사회 운동의 압박과 농촌 인구의 도시 유입을 막으려는 도시 엘리트의 욕구가 너무 컸기 때문이다.[52]

이렇게 탄생한 이중 정책은 아마존을 비롯한 국유지에서 정착민 개혁을 추진하는 동시에 사유지를 농민에게 재분배하는 내용을 결합한 것이었다. 농민들은 개별 경작자로서 사적으로 뭉치기도 했지만 대부분은 MST를 통해 협동조합이나 집단농장 형태로 조직되었다.[53] 이 사업들은 1988년부터 2013년까지 약 100만 가구를 (텍사스주보다 넓은) 7700만 헥타르의 토지에 정착시켰다.[54]

토지 이전의 결과로 엄청난 규모의 환경 파괴가 발생했다. 정부는 무토지 가구를 외딴 국유지에 정착시키려 했는데, 이 때문에 아마조니아 작전 때와 같은 삼림 파괴가 일어났다. 국유지 무단 점유자의 소유권을 합법화하는 최근의 정책들은 이 추세를 더욱 가속화시켰다.[55] 그리고 현재 아마존 횡단 고속도로의 추가 구간이 포장되는 중이다. 이로 인해 자원 채굴 비용이 절감되고 육류와 농산물을 외부 시장에 운송하기가 용이해져 정착의 편의성과 매력이 커지고 있다.[56] 한편으로 이 지역의 삼림 파괴, 자원 채굴, 추가 개발은 더욱 가속화할 전망이다.

이에 못지않게 중요하지만 잘 알려지지 않은 이야기가 있다. 정착을 위한 사유지 이용을 놓고 벌어지는 문제이다. 사유지 재분배는 정부에 의해 사전에 계획되기보다는 수요에 따라 진행되었기 때문에 조직적이고 강제적인 토지 점유와 여러 형태의 농촌 분쟁을 유발하는 요인을 만들어냈다.[57] 강제 점유는 광범위한 재산권 불안정을 야기하고 대지주들로 하여금 자신들의 토지가 생산적으로 사용되고 있음을 보여주도록 부추긴다. 대지주들은 이 목표를 달성하기 위해 더 많은 토지를 개간하고 토양에 해롭지만 빠르게 수확할 수 있는 작물을 심는 등 환경을 해치는 방식들을 사용한다.

지주들이 자신들의 토지가 얼마나 생산적인지를 보여주고 싶어 하는 이유는 MST가 비생산적인 농지를 찾아내어 그곳을 경작하고 싶어 하는 농촌 노동자들을 모은 뒤 재빨리 점유하는 전략을 갈고닦았기 때문이다. 종종 정부는 점유된 사유지를 수용하여 점유자들에게 공여하는 방식으로 대응한다. 1988년부터 2010년대 중반까지 수백만 명이 농촌 지역에서 9,400여 건의 토지 점유 사건을 일으켰으며 약 1,200명의 농민과 농민 지도자가 살해당했다.[58]

많은 대지주들은 MST가 자신들의 토지를 점유하고 정부가 그에 대응하여 토지를 수용할까 봐 두려워한다. 최근 한 연구에 따르면, 토지 점유가 더 많이 발생하고 재산권이 불안정한 지역에서는 지주들이 수확까지 걸리는 시간이 짧고 자연 자원을 더 많이 필요로 하고 토양과 토지를 더 빠르게 훼손시키는 작물에 투자할 가능성이 큰 것으로 나타났다.[59] 이에 더해 토지를 수용당할 위험이 크다고 여기는 지주들은 토지 이용을 입증하기 위해 삼림을 전면 벌채하고 소를 방목하는 방식으로 전환할 가능성이 크다.[60]

정착민 또한 삼림 파괴를 비롯하여 환경에 악영향을 미치는 토지 이용 방식을 밀어붙이고 있다. 대지주들과 마찬가지로 정착민들도 소유권 불안정에 시달리고 있는데, 이것은 지주들로부터 보복 위협을 받기 때문일 뿐 아니라 그들 또한 토지를 계속 소유하려면 토지 이용을 입증해야 하기 때문이기도 하다. 정착민들은 다른 자원이 거의 없고 저축도 부족한 상태에서 토지를 획득하는 경우가 많다. 그러므로 소유권을 보호하고 빠르게 돈을 벌기 위해 삼림 파괴로 돌아선다.[61] 2004년 아마존 삼림 감시 프로그램에 따르면, 1970년부터 2002년까지 정부가 조성한 농촌 정착지 1,354곳에서 토지의 절반이 벌목되었다고 한다.[62] 이 추세는 현재도 계속되고 있다. 초기의 정착지가 확대되면서 이제는 정부의 지원을 받는 정착지가 삼림 파괴의 주축이 되고 있다.[63]

브라질의 걷잡을 수 없는 환경 파괴에서 보듯 토지와 연계된 권력 투쟁은 제어하기 힘든 대규모의 부수적 피해를 낳을 수 있다. 모두가 자신이 차지할 수 있는 것을 가지려 들면 환경은 몸을 피할 데가 없다. 이런 탓에 브라질과 자연의 정면 충돌은 불가피해졌다.

* * *

토지 재편이 급속한 환경 파괴라는 중대한 결과로 이어진 사례는 중국의 삼림과 초원 파괴, 브라질의 아마존 우림 파괴만이 아니다. 미국과 캐나다에서 홈스테드법이 통과되고 수십 년간 북아메리카 프레리가 훼손되는 과정에서도 비슷한 패턴이 나타났다.

이 거듭되는 패턴은 다양한 형태의 토지 개혁에 뒤이어 나타났지만 집단주의 개혁, 협동조합 개혁, 정착민 개혁에서 특히 두드러졌다. 정부들은 자연환경을 희생시키면서까지 정치적 통제권을 강화하고 국가 개조라는 목표를 추진하며 이념적 의제를 달성하기 위한 수단으로 토지를 이용하는 데 근시안적으로 집중해 왔다.

피해를 되돌리는 일은 결코 쉽지 않다. 중국에서 토지의 탈집단화가 전개되는 동안 공산당은 이러한 규모의 환경 파괴가 지속된다면 생산성과 공중 보건이 둘 다 붕괴될 수도 있음을 깨달았다. 그 결과 정부는 과거의 잘못, 특히 삼림 파괴와 연관된 잘못을 바로잡는 다양한 정책을 점진적으로 채택했다. 그러나 과도한 비료 사용은 아직도 개선되지 않았다. 오늘날 중국은 세계 최대의 농업용 화학물질 소비국으로, 전 세계 농경지의 9퍼센트밖에 안 되는 면적에 전 세계 비료와 농약의 3분의 1 가까이를 뿌리고 있다.[64] 최근 상수원을 정화하는 조치를 시작하기는 했지만 여전히 수질 오염이 심각하다.

토지 배분과 관리에 대한 새로운 접근법은 삼림 파괴를 바로잡는 정책을 실현하는 것이 핵심이었다. 중국 정부는 탈집단화 과정에서 토지를 결코 완전히 사유화하지 않았다. 농촌 내 토지 소유권은 오늘날까지도 마을 주민들이 집단적으로 보유한다. 그 덕분에 정부는 휴경을 비롯한 토지 이용 계획을 주민들에게 강제할 수 있었다.

중국 북부에서 한 치 앞도 보이지 않을 정도로 자욱한 황사가 증가하여 베이징을 비롯한 여러 도시를 강타하자 정부는 1979년에 삼림 복원 사업을 채택했다. '녹색 만리장성'이라고 불리는 삼북방호림三北防護林 사업의 목표는 1979년 기준으로 5퍼센트에 불과하던 중국 북서부, 북부, 북동부의 삼림 면적을 2050년까지 15퍼센트로 늘리는 것이다. 녹색 만리장성 사업은 길이 4,500킬로미터의 띠를 조성할 계획이며 그 목적은 주로 고비사막에서 불어오는 황사와 모래 폭풍의 빈도와 강도를 줄이고 토양 및 수자원의 회복을 촉진하는 것이다. 녹색 만리장성으로 600억 그루 이상의 나무를 심어서 이미 세계 최대의 인공림을 조성했으며 여전히 몸집을 불리는 중이다.[65]

중국공산당은 1997년 황허강의 가뭄과 1998년 양쯔강의 홍수를 매서운 경고로 받아들였으며 위태로운 생태 상태에 대응하기 위해 두 가지 계획을 채택했다. 첫 번째는 천연림보호공정天然林保護工程으로, 남아 있는 천연림을 대부분 보전하겠다는 목표를 세웠다. 이에 따라 중국 남서부에서 벌목이 금지되고 북동부를 비롯한 여러 지역에서 벌목 한도가 축소되었으며 삼림 관리 및 보호를 강화하는 규정이 제정되었다. 두 번째는 퇴경환림환초退耕还林还草라는 경사지 전환 계획으로, 가파른 경사지에 있는 농경지를 숲과 초원으로 되돌리고자 했다. 생태계 복원을 촉진하기 위한 이 사업으로 5년 만에 300만 헥타르의 토지가 숲으로 바뀌고 230만 헥타르의 토지가 이용을 금지당했다.[66]

하지만 생태계는 연약하다. 농경지를 숲으로 바꾸는 일은 단순히

나무만 심는다고 해서 끝이 아니다. 예를 들어 녹색 만리장성의 경우 대부분이 단일 수종으로 이루어진 단순림이다. 그러므로 애초에 초원과 숲을 없애면서 사라진 생물 다양성은 회복되지 않았다. 게다가 숲에서 생물 다양성이 부족해지면 나무가 질병으로 집단 고사할 위험이 커진다. 2000년, 중국 북서부 닝샤 지역에서 단 한 번의 병충해 감염으로 10억 그루의 미루나무가 고사하는 바람에 이 지역의 조림 사업이 20년이나 후퇴했다. 이 사건에서 보듯 환경은 일단 훼손되면 복원하기가 무척 힘들다.

대재편은 환경에 영구적 피해를 끼쳤을 뿐 아니라 생계 유지를 위한 인간의 직접적인 일상적 투쟁에도 영향을 미쳤다. 앞으로 살펴보겠지만 토지 권력을 국가적 목표에 동원하는 정치인들은 눈앞의 정치적 이익만 좇다가 자연뿐 아니라 경제와 인간의 안녕에도 심각한 피해를 입힌다.

경제 성장의 그림자

멕시코, 베네수엘라, 이탈리아 저개발의 함정

현대 사회는 번영에 의존하며, 토지 권력은 성장과 부의 축적을 놀라운 속도로 가속화할 수 있다. 하지만 대재편이 시작된 이후 수세기 동안 토지 재분배가 사회 설계자들을 이토록 매료시킨 이유는 이뿐만이 아니다. 앞에서 보았듯 토지 재분배는 인종적 계층 구조를 만들어내고 전통적인 사회 관계를 강화하고 특정 정당의 정치적 기반에 혜택을 제공하고 자원을 생산하거나 파괴할 수도 있다. 한편 잘못 추진된 토지 재분배에도 힘이 있다. 그것은 여러 세대에 걸쳐 발전을 얼어붙게 하고 성장을 저해하는 힘이다.

1920년대 초, 러시아 혁명은 불안을 품은 곳 어디에서든 커다란 그림자를 드리운 채 권력자의 마음에 피해망상을 불러일으키고 대중의 불만에 불을 지폈다. 멕시코는 1910년부터 1920년까지 10년에 걸친 혁명적 갈등과 변화를 이제 막 수습한 참이었지만 많은 정치적 과제가 여전히 미해결 상태였다. 자국 내의 혁명적 변화와 러시아의 사례에 자극받은 멕시코 사회에서는 1920년대에 접어들었을 무렵 부유한 지주들에게서 땅을 빼앗아 가난한 사람들에게 넘겨주라는 민중의 요구가 들끓었다. 한편 대부분의 지주들은 여전히 상당한 권력과 영향력을 유지하고 있었다. 정치적 불안이 만성화되었으며 음모와 암살이 횡행하는 가운데 지도자들은 경제적 번영을 이루려고 안간힘을 썼다. 이 위험한 조합으로 인해 정치인들은 놀랍고도 (불행하게도) 자멸적인 일련의 개혁을 구상했다.

멕시코 북부 치와와주Chihuahua의 주지사 이그나시오 엔리케스Ignacio Enríquez는 이러한 딜레마가 지역 차원에서 펼쳐지는 광경을 목도했다. 원래 그는 치와와주의 유력한 대지주들 편에 서 있었다. 하지만 멕시코 대통령 알바로 오브레곤Álvaro Obregón과 내무장관 플루타르코 카예스Plutarco Calles가 엔리케스에게 넓은 사유지들을 수용하여 무토지 농민 집단에 공동으로 공여해서 그들을 잠재우라고 압박했다.

엔리케스는 머뭇거리다 대안을 제시했다. 농민들을 국유지에 정착시킨 뒤 자율적 생산자로서 경작할 능력을 갖춘 농민들과 관심 있는 구매자들에게 대규모 사유지의 일부를 선별적으로 매각한다는 방안이었다.[1] 그는 이 정책으로 농촌 경제를 부흥시키고 토지 시장을 활성화하며 투자를 유치하고 근대화에 박차를 가할 수 있다고 주장했다. 이 정책은 그에게도 유리했는데, 유력 지주들을 지역 투자자로서 자신의 편에 묶어두는 한편 토지를 공동 소유 형태로 공여함으로써 무토지 농민들에게 과도한 자율성을 부여하지 않을 수 있었기 때문이다.

하지만 오브레곤 대통령은 엔리케스의 제안을 거절했다. 자신의 정치 세력이 상당히 취약했고 뒤숭숭한 혁명의 시기에 엔리케스가 지주들 편에 서서 일탈하도록 내버려둘 수 없었다. 또한 무토지 농민을 토지 소유자로 만들면 그들의 지지를 얻을 수 있을 뿐 아니라 그들을 자신의 영향력 아래에 둘 수 있다고 믿었다.[2] 카예스 내무장관은 더 솔직했다. 그는 엔리케스와의 대화에서 농민들을 위해 공동 농업 마을을 만드는 것은 "말만으로 이 사람들을 쥐락펴락하는 최선의 방법"이라고 했다. "토지를 원하면 정부를 지지해야 합니다. 정부의 편에 서지 않으면 토지를 얻지 못할 테니까요."[3]

약삭빠른 정치꾼 카예스는 토지 권력을 나눠주겠다는 약속을 내세워 1924년 대통령에 당선되었다. 그가 취임하자 전국에서 토지 재분배의 시동이 걸렸다. 그 뒤 70년간 멕시코의 권위주의적 집권당인 제도혁명당은 대부분의 농촌 지역에서 대지주들의 토지와 사회적 지위를 빼앗아 '에히도_{ejido}'라는 공동 소유 형태로 마을에 재분배했으며, 이 토지는 수혜 농민들이 공동으로 경작하게 했다.[4] 이것은 서반구 최대의 집단주의 토지 개혁이었다.

하지만 머지않아 멕시코 토지 재분배의 중대한 오류가 명백히 드러났다. 제도혁명당이 정치 권력을 경제보다 우위에 놓은 것이 화근이었다. 농업 부문은 처음에 성공을 거두는가 싶더니 이내 휘청거렸다. 토지 수혜자들은 토지에 가해진 온갖 제약에 어안이 벙벙했다. 그들은 토지를 팔거나 임대할 수 없었고 담보로 사용할 수도 없었다. 오랫동안 토지를 놀려둘 수도 없었고 심지어 소유권을 갖지도 못했다. 은행은 그들에게 대출을 거부했다. 상당수 농민은 농기계를 장만할 여유가 없었으며 심지어 농사에 필요한 씨앗조차 구할 수 없었다. 토지 시장은 침체의 늪에 빠졌다.

이 상황은 멕시코 지도부가 바란 것이 아니었을지 모르지만, 그럼에도 그들이 설계한 체제에서 예측할 수 있는 결과였다. 농민들은 휘청거리는 농가를 지원하라고 아우성쳤다. 제도혁명당은 농민들의 요구를 받아들이는 대신 정치적 충성을 요구했다. 제도혁명당이 만들어낸 체제에서 에히다타리오ejidatario(에히도를 경작하는 토지 수혜자)는 공여받은 토지를 생산적으로 이용할 수 없었다. 제도혁명당은 간절히 바라던 정치적 통제권을 얻었으며 노벨문학상 수상자인 마리오 바르가스 요사Mario Vargas Llosa가 '완벽한 독재'라고 이름 붙인 체제의 토대를 놓았다. 하지만 여기에는 호된 대가가 따랐다. 멕시코의 집단주의 개혁은 경제에 깊은 상흔을 남겼으며 경제적 의존, 이민, 부패의 유산은 오늘날까지도 멕시코를 괴롭히고 있다.

에히도에 반대했던 전직 치와와주 주지사 이그나시오 엔리케스는 1920년대 중반에 주지사직에서 물러난 뒤 정부에 반대하는 입장을 공식적으로 발표했으며 정부의 집단주의 토지 개혁을 신랄하게 비판했다. 그는 정부가 "농업 문제를 정치적 야심가들의 손에 무기로 쥐여주었다"고 주장했다. "정치인들은 에히다타리오의 토지 소유를 불안정하고 불확실한 상태로 유지하고 싶어 한다. 그래야 그들을 정부에 고분고분하게 만들고 선거라는 전투에서 무기로 휘두를 수 있기 때문이다."[5] 문제의 공식은 엔리케스가 세상을 떠난 뒤로도 오랫동안 유효했다.

토지 재분배는 온갖 문제를 일으킬 수 있음에도 경제 성장을 달성하는 확실한 방법으로 당연시될 때가 많다. 많은 개발경제학자들은 토지 재분배를 발전이라는 무기고 속의 마법 탄환처럼 여긴다. 대지주들이 현실에 안주하여 변화를 거부하면 경제가 침체할 수 있다. 그에 반해 무토지 농민들은 공여받은 토지를 최대한 활용하려는 의지가 충

만하다. 준비된 노동력과 비옥한 토지를 결합하면 경제 전체의 규모를 키우는 동시에 플랜테이션 농업이나 부재지주不在地主가 운영하는 계약 농업 시스템에 비해 더 공정하게 그 성과를 나눌 수 있다. 대만, 한국, 일본, 그리고 인도의 서벵골주와 케랄라주 같은 곳들은 이러한 성공 가도를 따라갔다.

하지만 토지 재분배는 복잡한 현실에서 시행되며 경제 발전에 박차를 가하기보다는 제동을 걸 가능성이 훨씬 크다. 토지 소유를 좌우하는 것은 누가 어느 토지를 소유하는지를 추적하는 임무를 맡은 관료제, 토지 소유권을 보호하는 임무를 맡은 법률·법원·국가기관인데도, 평소에 이 사실을 신경 쓰는 사람은 거의 없다. 토지 권력은 단순한 개념이 아니다. 토지 권력은 정치적이다. 만약 사회가 소유권을 확고하게 보장해 주지 못하면, 그리고 사회 지도자들이 지지자들에게 상을 주고 반대자들에게 벌을 주어 사회에 대한 통제력을 강화하기 위해 토지 권력을 이용하려 들면, 토지 소유권이 정치에 압도될 수 있다. 앞에서 보았듯 정착민 개혁은 인종적 위계질서를 강화할 수 있고, 성별에 따라 토지를 분배하는 토지 개혁은 성차별을 공고히 할 수 있으며, 착취적이고 무계획적인 토지 이용은 극심한 환경 파괴에 이를 수 있다. 정치적 당근과 채찍을 중심으로 토지 재분배 체제를 구축하는 것도 마찬가지로 해로울 수 있으며 나라를 침체에 빠뜨릴 수 있다.

토지 권력의 정치적 재편으로 인한 비극적 결과는 멕시코와 베네수엘라의 토지 재분배 경험에서 뚜렷이 볼 수 있으며 그 밖에도 중국, 러시아, 짐바브웨 같은 수십 개의 나라들이 비슷한 문제에 시달렸다. 차차 보겠지만 정치 권력을 유지하고 공고히 하려는 욕망에 이끌린 멕시코 정부와 베네수엘라 정부는 경제적으로 왜곡된 방식으로 토지를 재분배했으며 토지 수혜자를 정치적으로 쥐락펴락하려고 소유권 부여를 보류했다. 또 하나 주목할 점은 이탈리아의 토지 재분배가 멕시코나 베네수엘라만큼 끔찍하지는 않았지만 그럼에도 정치와 관리 부실이 새로운 토지 소유자들을 장기 채무와 정치화된 관료제에 묶어두었다는 사실이다. 유럽의 경제가 변화하고 경쟁이 격화하는 와중에 이탈리아에서 전개된 재분배는 정체된 농촌 하층 계급을 만들어내고 비대한 정치적 후원 메커니즘에 연료를 공급했다.

토지 권력이 정치인의 수중에 들어가면 성장을 창출할 수도 있고 억제할 수도 있다. 토지의 경제적 권력이 수많은 사람들에게 중요한 이유는 토지 배분과 관리에 대해 각국이 어떤 선택을 내리느냐에 따라 여러 세대에 걸친 발전의 향방이 좌우될 수 있기 때문이다. 하지만 현실에서 토지 권력은 경제적 역동성을 사회 전반에 불어넣기보다는 정치 권력을 강화하는 데 쓰이는 경우가 비일비재하다.

저개발 함정에 빠진 멕시코

20세기의 여명기에 멕시코는 극단적 불평등에 시달리던 빈국이었다. 멕시코가 토착민 공동체 수탈로 정의되는 식민지 시대로부터 물려받은 것은 소수의 식민지 행정 담당자와 스페인 식민지 개척자들의 후손을 우대하는 일방적 토지 분배였다. 이 엘리트 계층은 대토지를 축적했으며 자신들이 빼앗은 토지 안에서 살아가는 토착민 공동체로부터 세금을 거두고 노동력을 착취할 수 있는 권력을 획득했다. 20세기 초까지 이어진 포르피리오 디아스Porfirio Díaz의 장기 독재 덕분에 엘리트 계층은 더욱 많은 토지를 차지할 수 있었다.[6] 디아스는 자원 채굴, 인프라 개발, 농산물 수출을 통해 경제 팽창의 시동을 걸었지만 그 결과는 토지 집중 심화, 강제 노동, 남아 있는 토착민 집단의 예속 심화였다.

1910년 멕시코 혁명이 벌어지기 직전에는 인구의 75퍼센트 이상이 농촌에 살고 있었다.[7] 아시엔다를 소유한 대지주들은 1만 1000명도 되지 않았는데, 이들이 전국 토지의 60퍼센트 가까이를 지배했으며 비옥한 관개지를 독차지했다. 한 대지주는 코스타리카만 한 토지를 소유하고 있었다. 농촌 인구의 절반은 대지주 농장이나 소규모 농장에서 상주 노동자로 일했다. 그들은 작은 땅을 경작할 수는 있었지만 그 대가로 지주들에게 노동력의 상당 부분을 제공하는 채무 농노였다. 토지가 없는 사람은 더 많았다. 아시엔다 경제의 변두리에 있는 농촌 인구는 열악한 자투리땅에서 겨우 농사지으며 연명했다.[8]

이러한 상황은 혁명의 불쏘시개로 작용했다. 지역에서 봉기가 잇따르자 디아스는 1911년에 마지못해 사임했다. 멕시코 남부에서는 카리스마 있는 농민 혁명가인 에밀리아노 사파타Emiliano Zapata가 무기를 들었다. 사파타는 엄청난 추종 세력을 끌어모았으며 멕시코 혁명의 향방에 결정적 영향을 미쳤다. 그의 요구는 단순하면서도 혁명적이었다. 토지를 민중에게 돌려주라는 것이었다.

사파타는 1919년에 암살되었으므로 자신의 호소가 어떤 결과를 낳았는지 보지 못했지만 그의 주장은 토지 재분배의 핵심에 자리한 멕시코의 1917년 헌법 제27조에 큰 영향을 미쳤다.[9] 이 조항에 따라 정부는 대규모 사유지를 수용하여 토지 접근권을 거의 갖지 못한 공동체에 재분배할 권한을 획득했다. 이 조항은 1990년대까지 부를 고르게 분배하고 국가의 토지를 급진적으로 재분배하는 재편의 엔진이 될 터였다.

하지만 초창기의 토지 재분배는 가다 서다를 반복했다. 정치적 불안정과 지역 파벌의 다툼이 적잖았으며 토지 분배 방식을 놓고 논쟁이 벌어지기도 했다. 한편에는 이그나시오 엔리케스가, 다른 편에는 오브레곤 대통령과 카예스 대통령이 서서 벌인 논쟁이 이를 잘 보여준다. 1920년대 말에 제도혁명당이 창당되어 멕시코의 주류 정당이 되면서 상황이 정리되었다.

정부는 대규모 사유지를 에히도라는 공동의 토지 형태로 마을에 공여하는 집단주의 개혁을 채택했다. 에히도의 시발점은 자치, 지역 자율성, 양도할 수 없는 토지 접근권에 기반을 둔 혁명 이전의 토착 농촌 공동체 모델이었다.[10] 친숙한 원래의 형태로 돌아가는 것은 권력자들에게 땅을 빼앗기는 일에 신물이 난 무토지 농민들에게 매력적이었다. 대다수 농민은 에히도 방식의 집단적 토지 소유가 토지 수탈의 재발을 막는 안전 장치가 되어 주리라 믿었다.

제도혁명당 지도자들은 이 모델을 지지하되 자신들에게 정치적으로 유리하게 변형했다.[11] 전통적인 방식의 에히도 토지 분배는 집단농장 내의 개별적 분배를 동반했다. 하지만 제도혁명당은 개별 소유권을 없애고 토지 공여를 완전히 집단적 성격으로 바꾸었다. 그들은 에히도 권리를 보호하는 책임을 공동체가 아닌 정부에 부여했다.[12] 마침내 제도혁명당은 에히도와 그 구성원들을 당과 연결하는 강력하고 위계적인 관료 조직을 만들어냈다.

새로운 에히도 체제에서 농민 집단은 정부에 토지 공여를 청원해야 했다. 청원이 받아들여지면 마을이 집단적으로 토지를 받았는데, 마을의 결정에 따라 개인적으로 경작할 수도 있고 집단적으로 경작할 수도 있었다. 하지만 토지에 대한 개별적 권리는 극도로 제한되었다. 농민들에게는 토지 소유자로서의 정식 소유권 증서나 온전한 재산권이 주어지지 않았다. 농민들은 자신의 농경지를 2년 이상 방치할 수 없었으며 개별적으로 토지를 임대할 수도 없었다. 마을이든 개별 농민이든 토지를 팔거나 상업 대출의 담보로 사용할 수도 없었다.

토지 권력은 제도혁명당의 수중에 남았다. 제도혁명당은 20세기 대부분의 기간 동안 대지주들에게서 보상 없이 토지를 몰수하여 농민들에게 공여했다. 토지 개혁은 시골의 드넓은 땅덩이를 집어삼켰다. 결국 전국 토지의 절반 가까운 면적과 대부분의 농지가 그 영향을 받았다.[13]

토지 개혁이 시작되고 수십 년간 토지 불평등이 극적으로 감소되었다.[14] 하지만 나중에 가서는 집단주의 개혁의 정치적 효용이 경제적 이익을 넘어섰다. 제도혁명당의 창당 정신은 혁명에서 기원한 사회 정의에 토대를 두었지만, 토지 분배를 통해 토지와 농민을 통제하는 방식은 정치적 네트워크를 지탱하고 안정성을 확보하며 허울뿐인 선거에서 표를 찍어내는 주요 도구가 되었다.[15]

토지 재분배는 선거가 있는 해에 집중되었으며 농촌 소요의 위협이 가장 고조된 지역에서 적극적으로 추진되었다.[16] 정부는 고의로 수혜

멕시코에서 에히도로 보유된 토지.

자들에게 재산권을 부여하지 않았으며, 이 전략이 토지 수혜자들에 대한 영향력을 강화하는 정치적 효과가 있음을 깨닫고서는 재산권을 더욱 왜곡했다.[17] 토지 수혜자들은 도움을 받으려면 당에 복종해야 한다는 사실을 알게 되었다. 당의 명령을 거부했다가는 정부의 혜택을 포기해야 했으며 취약한 재산권과 강압적인 관료제에 시달리며 고달픈 삶을 살아야 했다.

이 왜곡된 체제가 낳은 경제적 결과는 예측 가능한 패턴으로 전개되었다. 토지를 받은 가난한 농민들은 즉각적인 생산에 초점을 맞추고 재빨리 경작을 시작했다. 대지주들에게서 몰수한 토지는 방치되고 있던 경우가 많았기 때문에 생산성이 급증하자 지역 내에서 단기간에 경제 성장의 물결이 나타났다. 이러한 시도들은 혁명 이후 잠시 경제적 평등을 개선했다.[18] 하지만 집단주의 토지 개혁이 정치적으로 변질되는 바람에 멕시코의 발전 추세는 결국 꺾이고 말았다. 장기 수혜자들이 점차 늘면서 나타나는 문제와 침체가 신규 수혜자들이 거둔 반짝 이익을 능가한 것이다. 체제에 내재한 뿌리 깊은 비효율과 왜곡이 경제 전반에 번져 불평등을 다시 불러들였다.

에히도에 미약한 재산권을 부여하기로 한 제도혁명당의 결정은 개혁이 경제적으로 실패한 주원인이었다. 토지의 매매, 임대, 담보 설정에 엄격한 제약이 가해지면서 농촌 토지 시장이 얼어붙었다. 은행은 에히도를 취급하려 들지 않았으며 그로 인해 신용 대출이 가로막혔다. 농민들은 종자, 보험, 비료와 기본적 농사 필수품을 구하기 위해 정부의 보조금과 대출에 매달릴 수밖에 없었다. 정부는 농업 대출을 제공하고 수확물을 사들이고 비료를 배급하고 토지 이용 분쟁과 토지 경계 분쟁을 해결하는 연방 기관들을 대거 설립했다.[19] 하지만 이 모든 혜택에는 정치적 통제라는 대가가 따랐다. 기관들은 선거에서 집권 정당을 지지하지 않으면 기본적인 농사 필수품을 끊겠다고 지역 공동체들을 협박했다.

시간이 지나면서 국가 투자가 감소하자 정부에 대한 농민의 의존도가 강화되고 생산의 비효율성이 악화했다.[20] 대출이 힘들어지면서 대부분의 에히도는 새로운 농업 기술을 도입할 여유가 없었다.[21] 투자가 이루어지지 않으면서 생산성이 침체되고 전반적인 경제 실적이 하락했다.

에히도는 공유지의 비극에도 시달렸다. 재산권의 불확실성과 빈곤 때문에 사람들은 공동체 자원을 남용하고 공동체 인프라에 대한 투자를 소홀히 했다. 과도한 방목, 삼림 파괴, 토양 훼손이 만연하여 핵심 자원이 위태로운 지경에 처했다.[22] 농촌 인구가 증가하자 에히도 내 토지의 착취가 심화되어 수확량이 감소했다.

정부는 비료와 농약에 보조금을 지급하여 농업에 새 생명을 불어넣으려고 안간힘을 썼다. 그중에는 독성이 강한 살충제인 DDT도 있었다. 이 조치는 단기적으로 생산 면에서 목표한 결과를 가져왔다. 하지만 유역이 광범위하게 오염되고 토양이 훼손되고 사람들의 건강에 적신호가 켜졌다. 농민들이 중독 증세를 보이는가 하면 유아의 신체적·정신적 발달에 문제가 생기기도 했다.[23]

농민 공동체는 정부의 통제와 재산권 제한, 이로 인한 피해에 시달렸다. 인구가 증가하고 새로 조성된 에히도에서 태어난 첫 세대가 성인이 되면서 가정 내, 가정 간, 그리고 제도혁명당에 매수된 에히도 우두머리에 대해 갈등이 불거졌다. 이에 따라 토지 접근권을 개선하고 확실히 보호할 수 있도록 체제를 변화시켜야 한다는 요구가 터져 나왔다.[24] 일부 농민은 그들이 소유한 토지의 법적 안정성 확대를 요구하며 조직화했다.[25] 여러 이익 단체들도 에히도와 그 구성원들에게 더 명확하고 확고한 재산권을 부여하라고 주장했다.[26] 상당수 농민들은 재산권 제한을 우회하여 위험을 무릅쓰고 자신들의 토지를 비공식적으로 임대하거나 매도했다.[27]

한편 정부는 에히도에서 발생하는 경제적 문제를 인식하고 피해를 줄이려 했다. 이를 위해 일부 개인 농장들에 특정한 규제를 두어 보호하는 조치를 취해서 농촌에서 안정적인 재산권 행사 절차를 마련했다. 사유지 소유자들에게 토지를 몰수하지 않겠다는 보증을 해주어 전반적인 농업 생산에 구멍이 뚫리지 않도록 했다. 이 조치로 개인 농

장들은 신용 접근성이 높아지고 생산성이 향상되는 반면, 에히도는 침체되었다.[28]

또한 정부는 농촌을 우선하던 노선에서 벗어나 기업 보조금, 관세, 도시 인프라를 매개로 산업화에 적극적으로 투자했다.[29] 1940년대부터 1970년대까지 산업과 민간 농업이 성장하면서 국가 경제가 전반적으로 견실하게 성장했다. 이 시기에 멕시코는 '멕시코의 기적'이라고 불릴 정도로 성공적인 경제 성장을 이루었다.

하지만 멕시코의 집단주의 개혁이 20세기 내내 진행되면서 농업 부문의 비효율이 경제 전반에 영향을 미쳤다. 이익이 한계에 다다르고 토지 안정성이 위태로워지자 상당수 토지 수혜 가정은 젊은 세대가 농장을 떠나게 만들 여력을 잃었다. 이 때문에 농촌 청년들은 도시에서 계층 상승의 매력적인 기회가 기다리는데도 도시로 이주할 수 없었다.[30] 하지만 일부 가정은 적어도 가장이 에히도 내의 권리를 유지하는 동안에 위험을 감수하고 성인 자녀를 도시로 보냈다.[31]

1960년대가 되자 도시와 농촌 간의 경제적 불평등은 멕시코 혁명 이전의 수준까지 악화되었다.[32] 집단주의 개혁은 경제 전반을 위협하는 아킬레스건이 되었다. 토지 개혁을 철저히 추진한 주들은 수십 년간 낮은 경제 성장률에 허덕였다.[33]

멕시코 농업계가 겪은 파멸의 악순환은 1980년대와 1990년대에 일련의 국가 채무와 금융 위기로 외부 개입이 촉발되면서 극명하게 드러났다. 멕시코는 국제통화기금IMF과 세계은행의 단골손님이 되었다. 이 국제기구들은 금융 지원의 대가로 경제적 구조 조정을 요구했다. 또한 멕시코는 1990년대 초에 북미자유무역협정을 체결하기 위한 협상에 돌입했다. 이 협정으로 경제 자유화에 대한 압박이 커졌으며 미국과 캐나다로부터 농산물 수입이 증가하면서 농업계에 경쟁의 공포가 엄습했다.

중대한 개혁 중 하나는 농촌 내 재산권의 확대와 강화였다. 제도혁명당은 심각한 경제 문제를 수습하고 성장에 불을 지피려고 안간힘을 쓰는 와중에 집단주의 개혁을 중단했으며 세계은행과 협력하여 마침내 토지 수혜자들에게 토지 재산권을 부여하는 계획을 마련했다. 2000년대 중반에는 절대다수의 에히도가 그 계획을 받아들였다. 정부는 에히도에 해체를 요구하는 대신 선택권을 부여했다. 대부분의 에히도는 공유 자원, 개별 농경지, 주택에 대한 개별적 소유권을 구성원들에게 부여하는 다층적 재산권을 선택했다. 에히도 구성원들은 에히도 내에서 토지를 매도하거나 에히도 내외부에 토지를 임대할 권리도 획득했다.

수십 년간 농업 부문에 축적된 관리 부실은 하룻밤 새 뒤바꿀 수 있는 것이 아니었다. 멕시코는 집단주의 개혁으로 왜곡된 경제를 회복시키느라 지금도 애먹고 있다. 하지만 취약한 재산권 등 핵심 문제에 대한 개혁 조치가 결실을 거두기 시작했다는 징후가 보인다. 농촌 가정에서 농업 생산성이 증가하고 빈곤이 눈에 띄게 줄었다. 상당수의 농민이 토지 개혁으로 분배받은 토지를 상속받았으며 에히도 내에서 계속 살고 있다.[34] 그러나 멕시코가 개인의 안녕보다 정치적 복종을 우선시하는 토지 재분배 계획을 끝내려던 시기에 베네수엘라는 오히려 그 개혁에 박차를 가했다.

베네수엘라의 혼합 개혁

2001년 12월 10일, 베네수엘라 남부의 후덥지근한 바리나스주Barinas 에 위치한 산타이네스 전투Battle of Santa Inés 사적지에서 우고 차베스 Hugo Chávez 대통령이 공무원들과 농민들을 불러 모았다. 모임 날짜는 의미심장했다. 1859년 그날, 이름난 장군이자 농민 권리의 옹호자인 에세키엘 사모라Ezequiel Zamora가 산타이네스 전투에서 막강한 보수파 지주들로 이루어진 과두 세력에 맞서 승리를 거뒀기 때문이다. 역사 적인 장소로 돌아온 차베스는 새로 통과된 토지 및 농업 발전법Law of Land and Agrarian Development을 기념하며 사모라 장군의 정신을 상징적으 로 계승했다. 이 법은 비생산적인 대규모 사유지를 빈곤층에게 재분배 하겠다고 약속했다.

차베스는 특유의 스타일로 열변을 토했다. "혁명에 대적하는 반동 과두 세력의 위협과 공모와 수작에 반격할 차례입니다. 바리나스의 산 타이네스에서 '사모라 만세!'라는 외침과 함께 오늘부터 혁명적인 토지 및 농업 발전법의 시행을 선언합니다."[35]

바리나스에서는 장관과 축하의 향연이 펼쳐졌지만 나머지 지역은 이와 극명한 대조를 이루며 멈춰 섰다. 베네수엘라 최대의 기업연합회 가 주요 노동조합, 여러 정당, 일반 대중과 합세하여 나라 전역에서 집 회, 대규모 시가행진, 파업을 벌였다. 총파업 시기는 우연이 아니었다. 이 총파업은 몇 주 전 대통령령으로 통과된 일련의 법률들에 항의하 는 행동이었으며, 그중 토지법은 논란의 중심에 서 있었다.[36]

시위대는 새 법률들을 폐지하라고 요구했다. 상당수는 차베스의 실각을 원했다. 이후 몇 달간 재계와 언론은 가차 없는 비판과 잇따른 집회와 파업으로 차베스에게 압박의 강도를 높였다. 소란스럽고 무질서한 시위와 맞불 시위의 정점은 2002년 4월의 쿠데타였다. 군부는 차베스에게 등을 돌렸고 그를 베네수엘라 연안 카리브해의 한 섬에 억류했다. 그러고는 파업 지도자이자 기업연합회 수장을 대통령으로 세웠다.

하지만 마지막에 웃은 쪽은 차베스였다. 대통령 경호대의 묘책으로 차베스는 불과 이틀 만에 대통령궁에 복귀했으며 그의 지지자들은 거리를 메운 채 영웅의 귀환을 환영했다. 자신의 완강한 반대파가 어떤 일까지 벌일 수 있는지를 알게 된 차베스는 이후 몇 년간 정치적 강공책을 폈다. 2002년 11월, 베네수엘라 대법원에서 토지법의 핵심 조항들을 무효화하자 차베스는 법원을 자기편으로 채운 뒤 개정 법률을 통과시켰다.

수십 년 전 멕시코에서 시행한 토지 재분배 정책과 닮은 꼴인 베네수엘라의 이 법안은 차베스와 그가 낙점한 후계자 니콜라스 마두로 Nicolas Maduro에게 정치적 이익을 가져다주었다. 친정부 세력에게 혜택을 베풀고 정적들을 벌주는 당파적 무기로 토지법을 동원한 것이다. 정부는 토지법을 활용하여 유력한 정치적 도전자들을 괴롭히고 약화시켰다. 그들의 자산을 몰수하고 반대파 유권자들에게 돌아갈 혜택을 가로막고 토지를 선별적으로 나눠주어 지지표를 끌어들였다.

하지만 멕시코와 마찬가지로 정치적 이익을 무엇보다 우선시한 베네수엘라의 토지 재분배는 경제에 막대한 피해를 입혔다. 베네수엘라의 토지법은 재산권을 박살 냈다. 토지와 농업 생산에 대한 투자가 급감했으며 2010년대에 경제 전반이 급격히 위축되면서 베네수엘라는 비참한 기아 위기에 빠졌다. 역사적으로 평화로운 시기에 벌어진 최대의 경제 붕괴 중 하나였다.

순전히 경제적인 관점에서 21세기 초의 베네수엘라는 대규모 토지 재분배 계획을 선택하기에는 다소 뜻밖의 나라로 보인다. 1960년부터 1980년대에 걸친 토지 재분배로 이미 베네수엘라는 대재편을 시도한 적이 있었다. 당시 약 810만 헥타르의 토지에서 주인들이 바뀌었다. 그중 4분의 3인 국유지는 정착민 개혁 방식으로 분배되었으며, 나머지 사유지는 경자유전식 개혁으로 농촌 노동자들과 농민들에게 공여되었다.[37] 1990년대 초, 베네수엘라는 전체 인구의 85퍼센트는 도시에 살고 있었다. 석유 생산은 정부 수입의 절반가량을 차지했으며 수출 수입에서도 비중이 가장 컸다.[38] 1910년대 러시아, 1920년대 멕시코, 1940년대 중국에는 억압받거나 동요하는 무토지 노동자가 득시글거렸지만 베네수엘라는 이와 거리가 멀었다.

하지만 이런 사실은 중요하지 않았다. 정치 부문에서 포퓰리즘적 토지 재편의 때가 무르익은 상황이었다. 1980년대 후반부터 1990년대 초반 사이에 대규모 경제 위기가 베네수엘라를 강타했다. 30년 넘게 안정을 유지하던 베네수엘라 정당 체제가 허물어졌다. 정부는 1992년에만 두 번의 쿠데타 기도를 겪었는데, 그중 하나는 우고 차베스라는 젊고 카리스마적인 군 장교가 주동자였다. 그는 투옥되었지만 몇 년 뒤 석방되었다. 1999년에 반부패·반빈곤이라는 포퓰리즘적 강령을 내세워 대통령에 당선된 차베스는 국가의 견제와 균형 장치를 속속 해체하기 시작했다. 차베스는 헌법을 개정하여 대통령의 권한을 강화하고 입법부의 상원을 폐지했다.

　제도 개혁으로 권력을 강화한 차베스의 다음 목표는 정치적 라이벌의 제거였다. 그의 라이벌은 언론, 재계, 대지주 등이었다. 첫 번째 공격은 2001년 후반에 통과된 일련의 법령으로, 토지 및 농업 발전법이 그 중심에 있었다. 토지법은 불과 몇 년 만에 이 나라를 경제적으로 마비시켰다.

　초기의 법률 분쟁으로 토지법은 시행부터 한계에 부딪혔다. 처음 몇 년간 토지 공여 대상은 국유지로 엄격히 제한되었다. 개혁은 정착민 개혁과 단순한 재산권 개혁을 혼합한 형태로 진행되었으며 국유지에 있던 비공식적 정착지를 합법화하는 방식이었다.[39]

　하지만 정부의 권력이 더욱 공고해지면서 차베스는 2005년에 더 강력한 법률 개정안을 밀어붙이는 데 성공했다. 정부는 이 법을 "대지주들과의 목숨을 건 전쟁"이라고 표현했다. 사유지 소유자들은 숨을 곳이 전혀 없었다. 이 법은 전국의 재산권을 재정의했는데, 지주들은 자신들이 가진 토지 소유권의 계보가 1848년부터 한 번도 단절된 적이 없다는 것을 입증해야 권리를 합법적으로 주장하고 정부에 토지를 수용당하지 않을 수 있었다. 부실한 기록, 불법적 토지 강탈, 권리 기록을 남기지 않은 채 토지를 매매하는 관행이 역사적으로 흔했기 때문에 지주들의 90퍼센트가 하룻밤 새 비공식적이거나 불안정한 지위로 전락했다.[40]

　또한 이 법에 따르면 재산은 (다소 모호하게 정의된) 사회적 기능을 수행해야 했다. 경작이 제대로 이루어지지 않는 대토지는 설령 그 지주가 토지 소유권의 합법성을 입증하는 엄격한 새 기준을 충족하더라도

수용 대상이 될 수 있었다.[41]

이 법의 시행 과정은 카프카의 소설처럼 터무니없고 불합리했다. 정부는 완전한 토지 대장도, 생산성을 평가할 적절한 방법도 없다는 이유로 민간에 집행을 맡겼다. 베네수엘라 국민이라면 누구나 새 법에 어긋난다고 의심되는 사유지의 임시 점유를 신청할 수 있었다. 그리하여 전국에서 토지 무단 점유가 유행처럼 번졌다.[42]

정부 관료들은 현실을 외면한 채 법 조항을 주먹구구식으로 해석하면서 난감한 진퇴양난의 상황을 자초했다. 예를 들어, 정부는 1헥타르당 가축 수가 한 마리 미만인 남부 평원 지대의 축산 농가들에 가축 수를 늘리거나 땅을 분할해 매각하지 않으면 토지를 수용하겠다고 통보했다. 그런 다음 태도를 확 바꿔서 헥타르당 가축 수가 한 마리를 넘는 목장 부지를 수용하기 시작하면서 이 목장들이 과도한 방목으로 토양을 고갈시켜 천연 토지 자원을 잘못 관리했다는 명분을 내세웠다. 정부는 대중적인 옥수수 원료의 식품 가격을 낮게 유지하려고 대규모 옥수수 생산자들에게 생산원가보다 낮게 옥수수를 팔라고 강제하는 일도 있었다. 정부 명령을 따른 업자들은 파산했고 따르지 않은 업자들은 토지를 수용당했다.[43]

재분배된 토지의 공여에도 일관성이 없었다. 사유지 수천 곳이 잘게 쪼개져 개별 경작자에게 공여되었는데, 대개는 명확하고 확정적인 토지 소유권을 부여하지 않은 임시 조치였다. 그와 동시에 정부는 많은 대지주들(상당수가 정치적 반대파였다)의 토지를 수용하여 집단농장이나 협동농장으로 전환했다. 집단농장은 일반적으로 농촌 노동자들이 주 정부와 협력하여 운영했다. 협동농장은 토지를 갖지 못한 신청자 집단으로 이루어졌는데, 그들은 협동조합을 구성하여 토지에 대한 접근권과 경작권을 신청했다. 이렇게 다양한 방식을 통해 사유지 수백만 헥타르의 주인들이 바뀌었다.[44]

　베네수엘라의 혼합 개혁은 멕시코에서처럼 정치적으로는 승리였지만 경제적으로는 악몽이었다. 이 체제는 법적으로 취약한 환경을 고의로 조성했으며 이를 통해 정부는 반대 목소리를 내는 정적을 공격하거나 사람들을 겁주어 복종시킬 수 있었다. 이와 관련해서는 2006년 대통령 선거에서 야권의 핵심 후보로 차베스에게 맞섰던 전직 주지사 마누엘 로살레스Manuel Rosales의 토지를 정부군이 점유하고 압류한 사건이 가장 유명하다. 로살레스는 얼마 뒤 날조된 부패 혐의로 조사받았다. 그는 페루로 피신했다가 훗날 베네수엘라에 돌아왔다.

　또한 이 개혁을 통해 정부가 정치적으로 신뢰할 만한 토지 수혜자 집단이 탄생했다. 수혜자들은 확고한 재산권을 보장받지 못한 채 선별 과정을 거쳐 토지를 받았다.[45] 정부는 토지 공여의 혜택과 법적 취약성을 이용하여 수혜자들의 지지를 얻어냈다. 선거는 점점 불공정해졌으며 이 덕분에 차베스에 이어 마두로까지 수십 년간 집권할 수 있었다.

　이들의 정치적 승리에는 엄청난 비용이 따랐다. 재산권 불안정과 정치적 토지 수용이 만연한 탓에 농촌과 도시에서 모두 투자에 차질이 빚어졌다. 단단히 자리를 잡았던 농장과 농기업의 상당수가 계획을 축소하거나 아예 철회했다. 수혜자들도 재산권 불안정 때문에 투자를 꺼렸다. 농업은 이런 역풍 속에서 일대 혼란을 겪었다. 한편 정부가 사업체들을 수용하여 도시 내 주거지와 상업지의 무단 점유자들에게 공여하면서 도시 부동산 개발업자들과 대지주들의 재산권도 점점 위태로워졌다.

2000년대에 대규모 석유 호황으로 국가 재정이 확충되고 정부 지출이 방만해지면서 정부는 많은 문제를 덮어버릴 수 있었다. 정부는 기본 식료품에 막대한 보조금을 지급했으며 사유지 소유자들에게서 수용한 농장을 직접 운영하거나 지원했다. 이러한 정부 지출과 정책 덕분에 수백만 명이 빈곤에서 벗어나고 불평등이 대폭 감소했다. 하지만 경제의 토대는 썩어가고 있었다. 하늘 높이 치솟던 유가가 2010년대에 폭락하자 경제가 붕괴되었다.[46]

국내 농업 생산이 턱없이 부족한 상황에서 무시무시한 환율과 수입 통제가 더해지면서 초인플레이션과 광범위한 식량 부족 사태를 낳았다. 채무가 눈덩이처럼 부풀고 채권자들은 소리 높여 상환을 요구했다. 의료 체계도 붕괴하고 기아가 만연했다. 2010년대 후반에는 인구의 3분의 1이 매일 끼니를 거르고 있었는데, 자녀를 먹이려고 부모가 굶는 경우가 많았다. 빈곤율이 80퍼센트 이상으로 급등했으며 경제 산출량은 4분의 3이 증발했다.[47] 이 때문에 700만 명 이상의 국민이 고국을 등졌다.[48] 베네수엘라는 사실상 몰락했으며 회복까지는 여러 세대가 지나야 할 터이다.

베네수엘라는 누가 토지를 소유하느냐의 문제에서 혁명을 일으켰지만 그 과정에서 나머지 모든 것을 무시했다. 토지를 면밀히 조사하고 무엇이 필요한지 평가하며 제 역할을 하는 관료제를 만들어내기만 했어도 정치적 지지를 얻고 평등을 증진하고 경제 성장을 뒷받침할 수 있었을 것이다. 하지만 편협한 정치적 계산을 배제하지 못해 토지 혁명이 실패하는 경우는 역사에서 자주 목격된다.

전후 이탈리아와 개혁의 상처

멕시코와 베네수엘라가 채택한 극단적 조치를 피한 나라들조차 나중에 가서는 발전의 함정에 빠질 수 있다. 정치적 유혹은 토지 권력이 긍정적 변화의 길에서 탈선하게 만들어 전 세계 경제를 옭아맸다.

1949년 10월 말, 멕시코가 여전히 급진적 토지 재분배에 몰두하고 베네수엘라가 숨 막히는 군부독재에 시달리고 있던 때 이탈리아 남부 칼라브리아Calabria의 농촌에서 약 1만 4000명의 농민이 결집하여 한 지주에게 맞섰다. 남녀노소를 불문하고 농촌 주민 전부가 행진에 참여했다. 몇몇은 마을 수호성인의 초상화 옆에서 공산당 깃발을 들고 있었다. 그들의 표적은 멜리사Melissa 마을의 베를링기에리Berlingieri 가문이었다.[49]

농민들은 베를링기에리 가문의 부동산 중 프라갈라Fragalà에 대해 소유권을 주장했다. 프라갈라는 나폴레옹 법전에 따라 1811년에 농민이 이용할 수 있도록 따로 떼어놓은 땅이었다. 하지만 베를링기에리 가문은 이 지역의 흔한 수법을 써서 농민들을 몰아내고 프라갈라를 차지했다. 농민들이 1946년부터 1947년까지 잠시 프라갈라를 점유했을 때 베를링기에리 가문은 그들에게 더 작은 토지를 타협안으로 제안했지만 받아들여지지 않았다. 결국 그들은 토지에서 또다시 밀려났다.

행진하던 대오가 분쟁 중인 프라갈라에 도착해서는 그곳을 자신들의 소유로 선포하고 구획을 나눠 즉시 밭을 갈며 씨를 뿌리기 시작했다. 집권당인 기독교민주당과 연결된 지역 의원들이 황급히 로마로 향해서 경찰의 개입을 요청했다. 현지 경찰과 인근 지역의 부대들이 멜리사 마을로 밀려들어 농민들과 노동조합 지도자들을 체포하기 시작했다. 하지만 이 조치는 불난 집에 부채질한 격이었다. 운동은 점점 커졌다. 그러자 정부는 경찰기동대를 보냈다. 경찰기동대는 도착한 첫날 베를링기에리 가문의 저택에서 밤을 보냈으며 이튿날 아침 프라갈라에서 농민들을 몰아내려 했지만 저항이 만만치 않았다. 결국 경찰은 군중을 향해 발포했다.

그 자리에 있던 농민 중 한 명인 살바토레 필로사Salvatore Filosa는 당시의 공포를 이렇게 회상했다. "경찰 지휘관이 권총을 발사하자 마치 약속이라도 한 듯 경찰들이 기관총, 수류탄, 경찰봉으로 우리를 공격했다. 군중은 허둥지둥 달아났으며 얼마 지나지 않아 사방이 연기투성이였다. 대부분의 경찰은 우리 머리 위에서 발포했다. 현장은 아수라장이 되었다. 누구는 내달리고 누구는 부상당해 쓰러지고 누구는 비명을 질렀다."[50] 이 사건으로 세 명이 사망하고 열다섯 명이 부상을 당했다. 경찰은 부상자들에게 응급 조치를 취하지도 않은 채 현장을 벗어나 베를링기에리 가문의 저택으로 돌아갔다.

멜리사에서 경찰이 벌인 잔학 행위는 전국에 충격을 일으켰다. 이 사건은 금세 전국적 뉴스가 되었다. 이탈리아 남부 전역에서 소요가 잇따라 1950년 초까지 계속되었으며 많은 농민이 경찰의 손에 죽거나 체포당했다. 그동안 공산당은 배후에서 맹렬히 활동하며 토지 점유와 시위를 조직하여 마을 주민들을 지원했다.

집권 중이던 기독교민주당은 궁지에 몰렸다. 북부와 남부에서 수많은 유력 지주들을 지지 세력으로 두고 있었지만 농촌에서 터져 나온 사회적·정치적 불만은 국정의 안정과 그들의 안위를 위협했다. 가장 큰 위협은 계속되는 소요가 정치적 숙적인 공산주의자들에게 유리하게 작용할 수 있다는 점이었다. 공산주의자들이 농촌 노동자와 도시 노동자를 연대하게 만드는 데 성공한다면 기독교민주당의 권력 장악에 심각한 도전이 될 수 있었다. 기독교민주당은 절대 패배하지 않겠다는 각오를 다졌다.

가장 명백한 해법은 사람들의 요구를 따르는 것이었다. 바로 토지 재분배 말이다. 1950년, 기독교민주당은 당내 반발을 무마하고는 중대한 토지 법안 세 가지를 통과시켰다. 이탈리아 농촌을 변화시키고 수십 년간 농촌 경제에 영향을 미칠 법들이었다. 이 개혁은 공산주의자들의 매력을 약화시켰으며 기독교민주당이 40년 가까이 이탈리아 정치 지형을 지배하는 데 일조했다.

하지만 개혁이 남긴 경제적 유산은 상당히 복잡했다. 도시화와 산업화로 나라 경제가 살아나긴 했지만 토지 재분배의 대상이 된 지역들은 발전에서 서서히 뒤처졌다. 멜리사의 농민들은 토지를 얻었지만 훗날 그들의 자녀와 손주는 이탈리아의 경제적 변화에 동참하지 못했다. 그 결과는 멕시코와 베네수엘라의 사례와 비슷했지만 이탈리아의 특수한 정치적 배경이 반전을 낳았다.

양차 대전 사이의 이탈리아는 유럽 남부의 스페인과 포르투갈을 빼

닮은 빈곤한 농업 국가였다. 이탈리아는 경제적으로 앞선 북부의 피에
몬테 지역이 수십 년에 걸친 전투 끝에 북부의 라이벌 지역들, 경제적
으로 뒤떨어진 남부의 양시칠리아왕국, 로마를 중심으로 한 교황령을
집어삼킨 1871년에야 비로소 통일되었다. 상당수의 남부 지역에서는
말라리아가 창궐했다.

1930년대 중반, 노동 인구의 절반을 약간 넘는 수가 농업에 종사했
으며 수백만 명의 농촌 노동자가 대농장에서 임금 노동자로 힘겹게 일
하고 있었다. 이러한 상황은 대농장이 경제를 지배하던 남부에서뿐 아
니라 중부와 북부의 일부 지역들에서도 마찬가지였다. 파시스트 독재
자 베니토 무솔리니Benito Mussolini는 대지주들의 지지를 받았는데, 그
는 습지를 배수하여 농경지를 늘리려 애쓰긴 했어도 토지 문제를 해
소하려는 노력은 거의 기울이지 않았다. 하지만 인구가 증가하여 농촌
빈곤이 가중되자 더는 상황을 두고 볼 수 없게 되었다. 많은 노동자가
미국, 라틴아메리카 등의 국외로 이주했다.

2차 세계대전이 끝나고 귀향한 군인들이 자신들의 빈곤한 처지가
전혀 나아지지 않은 데 분노하면서 불온한 기운이 마침내 폭발했다.
농촌은 불만으로 들끓었다. 1944년부터 1947년까지 농촌 소요와 대
농장 점유의 물결이 전국을 뒤흔들며 이탈리아공산당이 혜성처럼 등
장하는 데 일조했다. 공산주의자들은 노동자들을 조직하여 (종종 경작
되지 않고 있던) 대농장을 점유하고 농사를 짓도록 하면서 추종 세력을
늘렸다.

짧은 소강 상태가 지나고 1949년 멜리사에서 농민들이 학살되면서
대규모 소요의 물결이 다시금 일어났다. 집권 세력인 기독교민주당은

대책을 마련해야 했다. 아무 조치도 취하지 않으면 농촌의 사회적·정치적 불만이 극에 달해 국정의 안정이 위협받을 수 있었다. 공산주의자들은 결코 무시할 수 없는 정치적 위협으로 부상했다. 기독교민주당만 이를 우려한 것은 아니었다. 미국을 비롯한 연합국 정부들은 이탈리아 내 대토지 소유가 과거에는 파시즘을 떠받쳤으며 그 후에는 눈덩이처럼 불어나는 노동 운동의 구실로 작용하는 불안 요인이라고 생각했다.[51]

기독교민주당이 내놓은 해법은 경자유전 개혁이었다. 개혁의 구상에는 정치가 관여했다. 경자유전 개혁을 제대로 추진하면 공산주의자들의 매력을 약화시키고 기독교민주당 세력을 강화하며 안정성을 회복할 수 있을 터였다. 심지어 기독교민주당의 원점이며 산업화가 한창인 북부로의 이주 물결을 멈추게 할 수도 있었다. 또한 이탈리아 경제를 전반적으로 구조 조정하는 데도 도움이 될 터였다. 이와 관련해서 50여 년 전 아일랜드의 경자유전 개혁 같은 선례가 있었다. 경자유전 개혁은 당시에 유행 중이기도 했다. 미국은 동아시아에서 여러 건의 경자유전 개혁을 자문하며 자금을 지원하고 있었다.

1950년에 제정된 세 가지 토지법은 여덟 개 지역의 토지 소유권 재편을 목표로 삼았다.[52] 이 지역들은 전국에 흩어져 있었으며 이탈리아 국토의 3분의 1을 차지했는데 특히 남부와 중부에 집중되었다. 토지법의 목표는 비생산적인 대토지를 수용하여 농촌 노동자에게 공여하되 가구별 구획으로 작게 분할하는 것이었다. 한창 경작 중인 소규모 농지는 예외였다. 멕시코나 베네수엘라와 달리 이탈리아 정부는 기독교민주당 연합의 핵심인 지주들에게 토지 수용에 대해 보상함으로써 어느 정도 동의를 이끌어냈다. 지주들은 정부가 정한 생산 및 노동 관련 규정을 준수하는 한 소유지의 최대 3분의 1을 지킬 수 있었다.[53]

농무부는 개혁에 자금을 넉넉히 지원했다. 10년 남짓한 기간에 현재 가치로 약 100억 달러(가족당 약 10만 달러)에 이르는 예산을 지출했다.[54] 거기다 남부의 경제와 농촌 발전을 가속화하기 위해 남부기금 Cassa per il Mezzogiorno이라는 정부 발전 기금까지 신설했다. 미국도 마셜 플랜 기금으로 이탈리아의 개혁을 지원했다.[55]

농촌 노동자들이 토지를 받으려고 줄을 섰다. 그들 중 4분의 3 이상이 무토지 농장 노동자나 소작인이었으며 대부분이 수용 대상 토지가 위치한 지역 출신이었다.[56] 수혜자들은 자급자족이 가능한 농장을 만들기 위해 준비된 평균 5~6헥타르의 작은 구획을 받거나, 그보다 작은 구획을 받아 다른 수입원을 보완하는 데 만족해야 했다.[57] 수요가 공급을 훨씬 웃돌았다.

지역의 개혁위원회들은 재빨리 법률 집행에 착수하여 5년 안에 대부분의 토지를 재분배했다.[58] 결국 80만 헥타르에 가까운 토지가 약 11만 5000가구에 재분배되었다. 그중 절반 이상의 가구가 소득을 보완하는 수준의 작은 구획을 겨우 받았으며 온전한 농장을 운영하기에 충분한 구획을 받은 가구는 절반에 못 미쳤다.[59]

토지 수혜자를 선별할 권한을 부여받은 개혁위원회는 거대한 후원 네트워크를 꾸려서 기독교민주당을 위한 충성스러운 정치적 지지층을 만들어냈다.[60] 또한 정부는 대출과 보험을 이용하고 농산물을 판매하는 등의 업무를 보조하는 협동조합에 가입할 것을 수혜자들에게 요구했다. 이 과정을 빡빡하게 통제함으로써 기독교민주당은 자신들의 뜻

　　　　　　　　　　　　| 2부 기울어진 땅 |

을 거역하는 자들을 효과적으로 위협할 수 있었으며 귀한 자원을 지지자들에게 보상으로 내어주며 정치적 지지를 끌어냈다. 다시 한번 정치가 우위를 점했다.

멕시코의 집단주의 개혁이나 베네수엘라의 혼합형 개혁과 대조적으로 이탈리아의 토지 수혜자들은 명확히 구획된 개별 토지를 소유권과 함께 받았다. 하지만 그들도 중대한 재산권 제약을 맞닥뜨렸다. 수혜자들은 30년 정부 대출로 토지를 매수했으며 채무를 상환하기 전에는 토지를 팔 수 없었다. 채무를 조기 상환할 수도 없었다. 이러한 제약들은 북부 산업 지대로 이주가 증가하던 우려스러운 추세에 제동을 거는 데 일조했다. 토지 수혜자들은 수십 년간 개혁위원회에 휘둘리고 기독교민주당의 그늘에 머무르며 애매한 상태를 유지할 수밖에 없었다.

예측 가능했던 문제들이 시간이 지남에 따라 쌓여만 갔다. 기독교민주당은 지지 세력을 늘리고 소요를 잠재우기 위해 최대한 많은 농민에게 혜택을 주려 했는데, 이 때문에 공여 토지는 한 가족이 자급자족하기에 너무 작았다. 인프라 투자와 정부 지원 대출은 들쭉날쭉했으며 가장 가난한 농민에게 오히려 가장 적은 지원이 돌아갔다. 또한 토지를 30년간 보유해야 한다는 요건은 사람들을 토지에 매이게 했다. 대부분의 사람들은 위험천만한 노동 시장에서 토지와 농업을 안전책으로 여겼지만 농사는 그다지 돈이 되지 않았다. 도중에 다른 업종으로 진로를 바꿀 수 없었기에 토지 수혜자들은 더 유망한 경제 부문으로 옮겨가기도 힘들었다. 이 문제는 다음 세대에까지 이어졌다. 수혜자들은 대체로 토지를 맏아들에게 물려주었으며 나머지 가족은 고향을 떠나는 것 말고는 뾰족한 선택지가 없었다.

이후 수십 년간 경제 전반이 급속히 변화하는 동안 경자유전 개혁은 지역 발전의 발목을 잡았다. 개혁 이후 특히 북부를 중심으로 산업화와 도시화가 진행되었고 유럽연합에 참여하면서 국가적으로 더욱 번영했다. 하지만 번영은 고르게 찾아오지 않았다. 경제적으로 침체되고 가난한 농촌 지역들은 국가적 발전에 뒤처졌다. 이러한 지역 중 상당수는 토지 재편이 이루어진 지역과 일치한다.

칼라브리아와 멜리사 지역에서 있었던 일은 이탈리아 토지 개혁의 과오를 보여주는 축소판이다. 이 지역에서의 개혁은 경제적으로 실패했다. 1949년 멜리사에서 행진에 참여한 농민들이 품었을 기대에 한참 못 미치는 결과였다.

칼라브리아 개혁위원회는 담당 구역 내 토지의 약 15퍼센트를 재분배했다. 대부분 토질이 열악하고 농업용수가 부족한 내륙 지역이었다. 유력한 지주들 상당수가 개혁을 피했으며 토지 정책을 자신에게 유리하게 만들었다. 불안이 확산되는 가운데 개혁위원회는 사회적 긴장을 줄이고자 토지를 되도록 많은 사람들에게 두루 분배했다.[61] 자급자족형 농장 구획은 평균 면적이 5헥타르에 불과했는데, 열악한 토질을 감안하면 한 가족을 먹여 살리기에 어림도 없었다. 개혁위원회는 주택과 도로 건설에 적잖은 비용을 썼지만, 멜리사를 비롯하여 관개가 절실했던 지역들에 관련 투자를 소홀히 했다.

개혁위원회는 처음에 농민들에게 넉넉한 대출을 제공했지만 1957~1958년 즈음부터 돈줄을 바짝 조였다. 이즈음 기독교민주당은 공산주의자들을 저지할 역량을 확실히 갖췄다. 사방에서 토지 수혜자들이 어려움을 맞닥뜨렸다. 그럼에도 그들 중 90퍼센트는 1969년까지도 농지를 계속 보유했다.[62] 수혜자들이 토지에 매여서 자영농으로 살아남기 위한 기술을 갈고닦는 동안 이탈리아 경제는 그들을 지나쳐 나아갔다. 운이 좋은 가족들은 다른 지역으로 이주하거나 코센차Cosenza의 건설업체에서 일했다. 멜리사는 새로운 이탈리아에서 잊힐 운명이었다.

칼라브리아의 토지 개혁은 사회적 갈등, 유력한 지주들, 무성의한 개혁위원회라는 조건에서 진행되었다. 하지만 칼라브리아만 그런 것은 아니었다. 가장 유망한 지역조차 역풍을 맞았다. 대표적 사례로 이탈리아 중부 서해안의 마렘마Maremma 지역이 있다.[63] 마렘마에서는 더 헌신적이고 빈틈없는 개혁위원회가 상당한 토지를 재분배했으며 칼라브리아만큼의 사회적 긴장도 없었다. 하지만 마렘마에서도 재분배가 시행된 지역들은 그렇지 않은 인근 지역들에 비해 향후 몇 년간 발전에 뒤처졌으며 오늘날까지도 높은 빈곤율에 허덕이고 있다.[64]

마렘마 지역의 수혜자들은 대부분 번영을 누리기는커녕 간신히 먹고살 만큼의 수입밖에 거두지 못했는데, 이는 농지가 작고 자영농으로서 살아남기 위한 기술을 습득하기가 힘들었기 때문이다.[65] 초기의 토지 수혜자들은 장기 대출을 상환해야 온전한 토지 소유권을 획득할 수 있었으므로 절대다수는 자신의 토지에 묶인 지역을 벗어날 수 없었다.[66] 그 결과 마렘마에 남은 사람들은 다른 지역으로 떠나 더 다양한 교육 기회와 폭넓은 고용시장에 접근할 수 있었던 사람들에 비해 일자리 기회가 적고 그마저도 임금 수준이 낮았다. 게다가 농지 규모가 너무 작아서 분할할 수 없었기에 자녀들이 땅을 상속받지 못하게 되면서 젊은 인재와 혁신 동력이 지역을 빠져나갔다. 그로 인해 이 지역은 노년층 인구 비중이 인근 지역보다 훨씬 높아졌다.[67] 토지 개혁으로 인한 경제적·인구통계적 상처가 지속되면서 여러 세대에 걸쳐 지역 발전이 지체되었다. 여기에는 개혁을 설계한 이들의 편협한 정치적 계산이 큰 몫을 차지했다.

2차 세계대전 이후 이탈리아 경제가 현대화되고 성장하는 동안 토지 재분배는 걸림돌이 되어 지역 발전을 저해했으며 북부로의 인구 이동에 제동을 걸었다. 하지만 마렘마와 칼라브리아를 비롯한 개혁 지구의 경제적 성과가 부실하다고 해서 경자유전 개혁을 하지 않았다면 이탈리아의 사정이 더 나았으리라는 뜻은 아니다. 국가에 토지를 수용당한 지주들 상당수는 보상금을 투자하여 사업을 확대했다.[68] 또한 개혁은 건축 자재와 농기계에 대한 수요를 부채질했다.[69] 멕시코나 베네수엘라에서 토지 재분배가 경제를 전반적으로 약화시킨 것이 명확한데 비해 이탈리아의 개혁이 국가적 발전에 전반적으로 기여했는지는 판단하기가 힘들다. 분명한 사실은 개혁을 통해 발전시키려던 지역들이 뒤처졌다는 것이다.

멕시코와 베네수엘라와 마찬가지로 토지 권력이 정치인들의 손에 들어가면서 이탈리아의 실험은 잘못된 방향으로 흘러갔다. 기독교민주당은 경자유전 개혁을 구상하고 실행하면서 정치적 독점을 확고히 하고 기존의 정치 체제를 강화하려 했다. 실제로 수십 년에 걸쳐 정당 지형이 달라지면서 기독교민주당은 남부의 토지 개혁 지구들과 유대를 더욱 강화할 수 있었으며 그 덕에 1990년대까지도 이탈리아에서 가장 강력한 정당으로 남을 수 있었다. 이렇듯 토지 권력이 국가 정책을 빚어내고 성장을 저해한다는 점에서 토지 재편을 올바르게 추진하는 일이 얼마나 중요한지를 알 수 있다. 그러지 않으면 사회가 수십 년 간 그 대가를 치르게 될 것이다.

* * *

오늘날 토지를 이용하여 발전을 도모하거나 과거에 시행된 사업들의 문제를 해결하고자 하는 나라들은 정치적 요구에 부응하면서도 경제를 희생시키지 않는다는 까다로운 과제를 해결해야 한다. 토지에서 나오는 권력은 토지 재분배 시기에 솔깃한 정치적 유혹을 던진다. 멕시코, 베네수엘라, 이탈리아의 정치 지도자들은 모두 이 유혹에 넘어갔다. 하지만 이탈리아 지도자들은 공산주의에 대한 우려 덕분에 어느 정도 현실 감각을 유지했으며 2차 세계대전 이후 유럽의 엄중한 지정학적 환경에 의해 제약을 받았다. 물론 정치가 개입할 여지를 많이 남기긴 했지만 어떤 제약도 없었다면 더 극단적으로 치달았을지도 모른다. 멕시코와 베네수엘라는 토지를 이용하여 정치적 잇속을 챙기려다 혹독한 경제적 대가를 치렀다.

정치적 유혹을 잘 다스린다고 해서 토지 재분배가 발전에 꼭 유리하게 작용하는 것은 아니다. 수혜자들이 충분한 면적의 토지를 받아야 하며 제대로 자립할 수 있을 때까지 적어도 10년간 꾸준히 지원을 받아야 한다. 인구가 증가하고 미개척지는 줄어들고 정권 교체가 잦아지는 상황에서 이것은 결코 쉬운 일이 아니다. 각 나라는 시장과 현재의 지정학적 환경에 맞서기보다는 순응할 필요가 있다. 이는 재산권과 시장의 유인에 주목해야 한다는 뜻이다. 일부 나라들은 이 기초적인 교훈을 아직도 배우는 중이다.

하지만 익혀야 할 교훈은 이것만이 아니다. 앞에서 보았듯 토지 재분배는 인종적 위계질서, 가부장제, 환경 파괴, 경제 침체를 부추길 수 있다. 현대 사회의 네 가지 병폐는 모두 토지와 떼려야 뗄 수 없이 얽혀 있다. 하지만 토지, 권력, 사회 형성의 오랜 역사를 이해하고 그 흐름을 읽으면 토지 자체가 해결책으로 기능할 수 있다는 사실을 깨닫게 된다. 토지를 여성과 공유하면 성평등을 진전시킬 수 있다. 토지를 잃었거나 토지에 접근할 기회를 한 번도 갖지 못했던 소외 집단에 토지를 분배할 수도 있다. 소유자와 사회에 더 유익한 방식으로 국가가 토지를 등록시키고 규제할 수도 있다. 훼손된 생태계를 복원하고 탄소를 더 많이 포집하기 위해 토지를 회복시켜서 재생할 수도 있다. 그러면 토지 접근을 거부당했고 토지를 대규모로 소유하고 관리하던 상태로 돌아가지 못하는 합리적 이유가 있는 집단에 대해 토지는 배상의 상징적 기준이 될 수 있다.

토지 재편은 사회를 불행하게 할 수도 있고 직전의 재편으로부터 물려받은 문제를 해결할 수도 있다. 배상과 혁명적 변화를 요구하는 호소가 다시 한번 울려퍼지기 시작한 지금, 우리는 잘못된 토지 재분배가 낳을 최악의 결과를 피하고 공정하고 지속 가능한 세상을 만들기 위해 어떻게 대응해야 하는지에 대한 교훈을 배울 수 있다.

정착민 개혁은 인종적 위계질서를 강화하고,

성별에 따른 토지 분배는 성 불평등을 공고히 하며,

착취적이고 무계획적인 토지 이용은 극심한 환경 파괴를 부른다.

정치적 목적의 토지 재분배는 나라를 침체에 빠뜨릴 수 있다.

PART 3

다시 태어나는 땅

7장

혼돈에서 질서로

페루 토지 소유권의 회복과 아시엔다 체제의 종식

　　페루 안데스산맥 동부의 산자락, 지대가 험하고 세찬 바람이 부는 이곳은 아마존 분지의 따뜻한 공기와 울창한 식생에 둘러싸여 있다. 윌베르 비방코Wilber Vivanco의 조부모는 이곳에서 핀토밤바Pintobamba라는 대규모 아시엔다에 고용되어 평생을 바쳐 일했다. 20세기 초, 핀토밤바의 1만 7000헥타르 부지에는 카카오나무와 코카나무가 심어져 있었다. 코카는 고산지대 공동체의 삶과 관습에 매우 중요한 전통 식물이었다.[1] 쿠스코 지역에 위치한 핀토밤바는 페루 고산지대의 여느 아시엔다와 마찬가지로 농민들의 노동에 의존했다. 수백 가구가 아시엔다에서 살면서 코카 잎을 따고 카카오를 수확하여 가공했다. 각 농가는 매달 지주에게 15일치의 노동을 제공하는 대가로 아시엔다 내의 작은 농경지를 할당받았다. 노동 일수를 채우지 못하면 그들은 땅에서 쫓겨날 수도 있었다.

　노동 조건은 혹독했지만 핀토밤바의 일부 노동자는 근근이 생계를 꾸려나갔으며 심지어 안데스 고지대에서 찢어지게 가난한 무토지 이주민들을 데려와 대신 노동 일수를 채우게 하기도 했다. 그럼에도 많은 가구가 빚을 지고 끝없는 노동에 시달렸다. 아시엔다에서의 삶은 유럽 역사 속 농노들의 삶과 공통점이 많았다. 숨 막히는 조건에 허덕이던 핀토밤바 인근 아시엔다의 농민들은 결국 봉기를 일으켰다. 1960년대 초, 정부가 이 지역에서 반란의 기운을 누르려 했음에도 사회 운동이 끓어올랐다.

핀토밤바는 곧 완전히 달라졌다. 1968년, 페루에서 군사 쿠데타로 급진적인 새 정부가 들어섰다. 새 군사 정부의 지도자들은 아시엔다 체제를 허물고 대지주들을 위해 노예처럼 일하던 농민 노동자들을 해방시키기 위해 대규모 토지 재분배를 공포했다. 1971년 군사 정부는 전보다 작아졌지만 여전히 상당한 규모였던 핀토밤바 아시엔다를 몰수하여 노동자들에게 나눠주었다. 윌베르 비방코의 조부모도 이때 아시엔다에서 해방되었다. 마침내 토지에 직접 접근할 수 있었으며 심지어 정부 문서에 자신들의 이름이 토지 수혜자로 적히기까지 했다. 하지만 여기에는 중대한 함정이 하나 있었다. 그들의 접근권은 명확히 구획된 개별 필지의 형태로 규정되지 않았으며 공적 등기부에 등록되지도 않았다.

정부는 지주들에게서 몰수한 재산으로 새로운 협동조합 체제를 만들어냈다. 하지만 이 체제는 처음부터 실패할 운명이었다. 토지 권리를 확실히 보장하지 않은 탓에 대부분의 농민은 예전에 대지주에게 속박되었던 것과 마찬가지로 이제는 협동조합에 속박되었다. 10년도 지나지 않아 농민들은 지쳐버렸다. 농업 생산이 침체되고 경제가 휘청거렸다. 군부는 정권을 내려놓고 병영으로 후퇴했지만 뒤를 이은 정부들은 모두 농촌에서 들끓는 불만을 진지하게 대하지 않았다. 협동조합은 도미노처럼 무너졌으며 사람들은 토지를 비공식적으로 나눠 가졌다. 윌베르의 조부모가 1980년대에 핀토밤바를 떠나고 그의 부모가 그 토지를 매입했을 때 조부모가 남기고 간 정부 문서 어디에도 윌베르의 부모를 토지 소유자로 인정하는 내용이 없었다. 윌베르의 부모는 토지를 갖고 있을지는 몰라도 공식적인 소유자는 아니었다.

심각한 경제 위기가 찾아오고 게릴라 반란이 확대되면서 마침내 국가가 행동에 나서게 하는 기폭제가 되었다. 1990년대에 페루는 토지 소유 현황을 체계적으로 문서화하고 정당한 토지 소유자에게 명확한 토지 소유권을 부여하여 공식 토지 등기부에 등록하기 위한 법안을 통과시켰다. 정부 관료들은 토지 소유자들에게 재산권을 보장해 주는 대규모 사업을 농촌과 도시 전역에서 벌였다. 이때 윌베르는 아직 학교에 다니고 있었는데, 휴일마다 부모의 작은 농장에 가서 커피와 코카 농사를 도왔다. 하지만 그는 곧 과거에 시행된 재편의 오류를 바로잡는 것이 자신의 사명임을 깨달았다. 그는 페루 검찰청에서 훈련을 받기 시작하여 법학 학위를 취득했으며 1998년에 정부에서 신설한 토지 등기 기관에 입사했다. 단순히 생계만을 위한 일이 아니었다. 그는 이 일이 자신에게 '사회 봉사'의 의미를 갖는다고 말했다. "국가는 농촌까지 가서 도움이 필요한 사람들을 돕지 않았습니다. 저는 사람들이 자신의 토지에 대한 법적 지위를 공식적으로 취득하도록 지원하는 훈련을 받았습니다."[2]

2000년대 초, 정부의 토지 등기 사업이 쿠스코 지역에서 시행되면서 윌베르의 부모는 처음으로 자신들의 이름이 적힌 확실하고 검증 가능한 토지 등기를 받았다. 월베르가 말했다. "토지 소유권이 등기부에 등록되면서 부모님의 권리가 보호받을 수 있게 되었어요. 동시에 법적 안정성도 커졌습니다. 그 토지가 자신들의 것이며 누구도 이의를 제기할 수 없다는 사실을 확신할 수 있게 된 거죠. 이제 대출을 받을 수 있고 원한다면 토지를 매각할 수도 있고 토지 상속을 유언에 포함할 수도 있게 되었습니다."[3]

이를 시작으로 월베르의 부모가 토지를 소유한 지역에서 금세 광범위한 변화가 눈에 띄기 시작했다. 토지 등기를 전담하는 정부 기관들에서 일해온 월베르는 그 변화가 소유권과 관계되었음을 깨달았다. 그는 이렇게 말했다. "이제 토지 소유권을 손에 쥔 사람들은 상호신용금고, 협동조합, 지방 및 농촌의 저축신용협회 같은 소형 대부 기관에서 대출 받는 법을 알게 되었습니다. 농촌에서의 공공 투자는 이제 더욱 안전해졌습니다. 이제 정부는 커피와 옥수수 등의 생산 부문에서 개선 작업에 투자합니다. 이 모든 일이 가능해진 것은 정부가 투자 대상이 누구인지를 알기 때문입니다. 그리고 사람들은 더 많은 권한을 가졌다고 느낍니다. 생산 수단이 자신의 이름으로 되어 있고 그것을 누군가에게 뺏긴다는 두려움 없이 자녀에게 쉽게 물려줄 수 있기 때문입니다. 이 사실은 토지에 가치를 부여합니다. 원한다면 더 높은 가격에 토지를 매각할 수 있고 토지 소유권 등기 덕분에 국가뿐 아니라 비정부 기구가 토지에 투자할 가능성도 커졌기 때문입니다."

월베르는 언젠가 은퇴하면 그의 부모가 소유한 토지에서 여생을 보내고 싶어 한다. 페루 전역에는 비방코 집안과 같은 사연이 수천 건에 이른다. 페루는 토지 권리를 대표하는 모범 국가가 되었다. 페루 경제는 활황이며 지난 20년간 투자자들이 자금을 쏟아부었다. 페루는 중상위 소득 국가의 대열에 합류했으며, 최근에는 세계에서 가장 발전한 자본주의 경제 국가들의 배타적 클럽으로 명성이 자자한 경제협력개발기구OECD 가입 논의를 시작했다. 불평등이 극명하기는 해도 페루의 발전상은 많은 국가들의 부러움을 사고 있다.

자멸적인 토지 재분배 정책의 실책을 바로잡는 일은 결코 쉽지 않았다. 페루는 1980년대 후반과 1990년대에 잇따라 위기를 겪었다. 국제 금융 기구와 국제 개발 기구에 문호를 개방해야 했으며 세계은행과 IMF의 실험장이 되었다. 하지만 토지 소유권을 확립하고 경제를 자유화하는 노력을 통해 마침내 페루에 절실했던 변화가 자리 잡았다. 변화의 길은 울퉁불퉁하고 소란스러웠다. 토지 등기 사업은 폭넓은 대중적 지지를 받았지만 일부 토착민 공동체를 분열시키고 그들이 토지와 맺고 있던 전통적 관계를 침범하여 마땅한 저항을 불러일으키기도 했다. 하지만 전반적으로 이 사업은 페루가 저개발의 함정에서 벗어날 수 있는 확고한 토대를 마련했으며 토지 권력이 경제적 왜곡을 고착화시킬 뿐만 아니라 뿌리 뽑을 수도 있음을 보여주었다.

토지를 재분배하고 경제의 새판을 짠 나라들은 경제가 파열음을 내고 침체되는 결과를 번번이 맞닥뜨렸다. 특히 협동조합 개혁과 집단주의 개혁은 수억 명을 굶주림과 가난의 심연에 빠뜨렸으며 더욱 많은 사람들에게 비루한 삶과 실망을 안겨주었다. 20세기에 시도된 이런 개혁들은 경제를 계속해서 파탄시켰으며 전 세계에 침체의 유산을 남겼다.

토지 소유권을 확립하지 못한 것이 문제의 핵심이었다. 정치적 순응을 이끌어내기 위해서든 이념적 이유에서든 그저 무능력 때문이든 토지를 대규모로 재분배한 대부분의 정부는 토지 수혜자들에게 확실한 소유권을 부여하지 않았다. 소유권 없이 토지를 갖는 것은 계약서를 쓰지 않고 취직하는 것과 같다. 토지 소유자는 늘 불확실하고 취약한 상태에 놓인다. 이 때문에 토지 소유자는 자신의 토지를 어떻게 이용할지, 토지에 투자할지 등을 결정할 때마다 부담을 느끼고 신용이 낮아지며 민간 주체나 국가의 권력 남용과 착취에 무기력하게 당한다. 소유권을 가지지 못한 토지 소유자는 자신을 보호할 수단이 거의 없다.

하지만 토지 재분배가 잘못된 결과를 고착시킬 수 있긴 해도 개혁을 올바르게 추진하면 그 결과를 뒤집을 수도 있다. 대재편의 해로운 결과는 되돌릴 수 없는 것이 아니며, 실수에서 배운 교훈은 사회가 토지 권력을 다룰 때 구조적 결함을 바로잡으려면 무엇이 필요한지를 우리에게 보여준다.

토지 소유권을 부여하고 추적하고 집행하면 토지 재분배 사례에서 빈번하게 나타나는 실망스러운 결과들을 상쇄하는 데 도움이 된다. 여기에는 누가 어떤 토지를 소유하는지 경계를 명확히 하고, 사람들이 자신들의 토지로 무엇을 할지에 대한 예측 가능성을 제공하고, 법이 사람들을 공정하게 대우하리라는 신뢰를 부여하고, 토지 약탈로부터 사람들을 보호하는 등의 조치가 동반되어야 한다. 토지 소유권이 확립되면 토지의 가치를 높이고 시장을 활성화하고 토지와 생산성에 대한 투자를 북돋울 수 있다. 사람들이 미래에 더 많이 투자하면 시간이 지나면서 경제에도 변화가 일어난다. 이런 투자로는 자녀들을 논밭이 아니라 학교에 보내는 것, 자녀들이 장차 유망한 경제 부문에서 계층 상승이 가능한 일자리를 얻을 수 있도록 훈련시키는 것 등이 있다.

페루의 토지 소유권이 회복된 이야기에서 이런 변화를 달성하기 위한 통찰을 얻을 수 있다.

페루는 독립을 쟁취하고 140여 년이 지난 뒤에도 스페인 식민 지배의 그늘에 짓눌려 있었다. 1960년에도 토지는 페루 경제의 중심이었다. 인구의 절반이 농업에 종사한 반면, 최상위 부유층의 1퍼센트인 대지주들이 전체 토지의 80퍼센트를 지배했다.[4] 페루의 뿌리 깊은 아시엔다 체제를 거슬러 올라가면 대지주 가문들의 토지는 식민지 시대부터 그 기원을 찾을 수 있었다. 하지만 아시엔다에서도 변화의 시계가 똑딱거리고 있었다. 페루는 대재편의 전환점에 서 있었다.

노동조합과 노동자 보호 조치가 1960년대 해안 지역에서 뿌리내리기 시작했다. 노동자들이 조직화하고 해안 지역의 기업들이 국제 시장과 더 밀접하게 연결되면서 일어난 변화였다. 하지만 대부분의 사람들이 살던 고산지대에서 대지주를 위한 노동은 기본적으로 착취적 성격이 강했다. 핀토밤바에서 살던 윌베르의 조부모 같은 농민들 대부분은 임금을 거의 받지 못한 채 아시엔다에서 일해야 했다. 여성들은 지주의 집에서 허드렛일을 하는 경우도 흔했다. 농민들은 아시엔다를 떠나기가 쉽지 않았으며 상당수는 신체적·정신적 학대에 시달렸다.

나는 후스티나 로페스Justina López라는 여성과 이야기를 나눴는데, 그녀는 쿠스코의 사그라도계곡에 자리한 대규모 아시엔다 윗지역의 작은 마을에서 태어났다. 그녀는 매일 집을 나서서 계곡에 있는 아시엔다의 밭까지 수 킬로미터를 걸어가 종일 일했다. "일주일, 또 일주일, 또 일주일, 또 일주일, 끝없이 일했어요."[5] 마을에는 상수도와 화장실이 없었으며 초지가 드물어서 벽돌집을 만들 진흙이 충분하지 않았다. 해발 4,500미터의 안데스산맥에서 부는 차가운 바람이 다닥다닥 붙은 집들의 벽 사이로 스며들었다. 옥수수 수확철에는 아시엔다 노동자들이 "당나귀처럼" 옥수수를 등에 지고 날랐다. 로페스의 부모와 조부모도 그렇게 일했다. 버려진 아시엔다 지주의 저택 마당 근처에 앉은 채 그녀가 말했다. "모든 게 지주의 것이었어요." 그녀는 손을 들어 계곡을 가로질러 산꼭대기를 가리켰다. "자유롭게 살 수 있는 곳은 어디에도 없었어요. 지주들은 왕과 같았죠." 학교는 아예 없었으며 모두가 문맹으로 살다 죽었다. 그녀가 이렇게 말했다. "지주는 우리가 공부하는 걸 바라지 않았어요. 공부를 하면 아시엔다를 떠날 테니까요."

1968년 군사 쿠데타로 아시엔다 체제가 종식되었다. 신생 민주 정부는 완고한 보수파, 부패와 외세의 영향, 소요의 발발 앞에서 무력했다. 결국 군부가 나서서 고삐를 쥐었다.

군사 정부의 통치자들은 협동조합 개혁을 대규모로 벌였다. 1968년부터 1980년 사이에(대부분 후안 벨라스코 장군이 통치하던 시기였다) 사유지의 절반을 수용하여 거대한 협동조합으로 전환한 뒤 농민들을 거기에 가입시켰다. 국가가 공식적인 토지 소유권을 가졌으며 협동조합을 엄격하게 감독했다. 농민들은 토지에 더 직접적으로 접근할 수 있게 되어 환호했다. 나는 2014년에 후스티나 로페스의 마을을 방문했는데, 노동자들에게 넘어간 옛 아시엔다의 입구에는 벨라스코 장군의 초상화가 그때까지도 걸려 있었다.[6] 소수의 농민들은 운 좋게도 협동조합을 통하지 않고 토지를 직접 차지했다. 월베르의 조부모도 그런 경우였다. 하지만 이들조차 확실한 토지 소유권 증서는 갖지 못했다.

대지주들에게 개혁은 충격이었다. 일부는 체념했지만 일부는 고집을 부리며 보상을 요구했다. 어느 전직 상원의원은 이카Ica의 해안 지역과 고산지대에서 가문이 소유했던 어마어마한 토지를 1970년대에 정부에 수용당했는데, 2018년 리마의 회원 전용 컨트리클럽에서 열린 모임에서 내게 개혁에 대해 불만을 쏟아냈다. 그는 자신의 지위를 이용하여 정부가 이를 보상하게 만들겠다고 말했다. 수포로 돌아가긴 했지만 그의 계획은 안데스산맥에서 동쪽의 아마존강으로 흘러드는 물줄기를 서쪽으로 돌려서 가문이 재매입한 해안 지역의 건조지를 관개하는 것이었다. 그렇게 하면 자신의 가문이 마땅히 누려야 할 이익을 거둘 수 있으리라 여겼다.

한편 협동조합에 속한 사람들은 조합의 결함에 금세 신물이 났다. 그들은 자기 소유의 토지와 자율성을 원했으며 정부가 고분고분한 집단에 특혜를 주기 위해 협동조합을 이용한다는 사실을 알아차렸다. 노동과 보수의 관계는 모호했으며 작업 할당량은 질보다 양이 우선되는 경우가 많았다. 이 때문에 이익 배분과 노동을 둘러싼 내부 갈등이 심화되고 자신이 부당한 대접을 받는다고 생각하는 사람들이 생겼다. 협동조합 내 주도권 다툼과 부패로 인해 긴장은 더 고조되었다.[7] 그 결과 농업 생산이 정체되었으며 페루는 저개발의 함정에 빠졌다.

1970년대 후반, 시위가 확산되면서 페루 경제가 휘청거렸다. 군사 정부는 전전긍긍했다. 그들은 문제가 격화되자 민주주의로 이행하는 듯한 연출을 통해 통상적인 통치의 책임으로부터 벗어났다. 1968년에 군부 쿠데타로 축출됐던 페르난도 벨라운데Fernando Belaúnde가 다시 대통령으로 당선되었다.

　　　　　　　　　　　　　　| 3부 다시 태어나는 땅 |

취임 후 벨라운데는 농촌에서 사람들이 협동조합을 더는 용인하지 않으리라는 메시지를 받았다. 하지만 페루의 저개발 때문에 악화되는 문제들이 점점 늘어나자 이 문제에 집중할 수 없었다. 그가 두 번째로 이끌게 된 나라는 첫 임기 때와 전혀 달랐다.

1982년, 라틴아메리카 외채 위기가 폭발하면서 페루에서도 인플레이션이 심화되고 자본 철수가 늘어났으며 경제는 연달아 타격을 받았다. 정당 활동과 선거가 금지되었던 오랜 독재 시대가 끝나자 정당과 정치인들은 조직 재건을 시도했다. 안데스산맥에서는 반군 '빛나는 길 Sendero Luminoso'이 주도하는 마오쩌둥 스타일의 게릴라 반란 세력이 활동을 시작했다. '빛나는 길'은 페루 정부를 무너뜨리고 토착 농민 공동체에 뿌리를 둔 일종의 농업공산주의 국가를 건설하고자 했다. 이 조직은 소외되고 침체되었던 아야쿠초Ayacucho 지역에서 결성되어 농촌 지역으로 퍼져 나갔는데, 특히 지방 정부가 무능하고 군사력이 약하거나 무차별적 폭력을 자행하는 곳에서 환영받았다. 토지 재분배가 미흡하고 아시엔다 체제의 잔재가 남아 있던 지역에서도 자리를 잡아 더 철저하고 심지어 더 급진적인 개혁을 주장하며 농촌의 지지를 이끌어 냈다.[8]

벨라운데는 역풍 속에서 현실적인 조치를 취했다. 협동조합에 제동을 건 것이다. 벨라운데 정부는 협동조합을 해산하고 그 토지를 조합원들에게 분배하는 법안들을 통과시켰다. 하지만 대다수 농민들에게는 실망스럽게도 정부의 대응은 거기까지였다. 협동조합 해산을 지원하고 토지를 조합원들에게 분배하고 토지 소유권을 새롭게 규정하고 재편된 경제에서 새로운 소농들이 자리 잡도록 도와줄 기관을 설립하지 않았기 때문이다.

그 결과는 글자 그대로 아수라장이었다. 협동조합들 스스로가 해산 여부를 결정하고, 만일 해산한다면 어떻게 할지 그 방식도 직접 정해야 했다. 그들은 누가 어떤 토지를 받을지, 기반 시설과 농장 시설을 어떻게 관리할지, 채무를 어떻게 상환할지, 노동자 자격으로 가입한 무토지 조합원을 어떻게 대우할지 등 수많은 논쟁적 사안과 씨름했다.

정부 관리자들은 감독관 역할에서 손을 뗐다. 정부는 이 거대한 변화를 추적하지도 않았다. 모호했던 소유권에 더 짙은 안개가 내려앉았다. 농촌 지역의 재산 소유와 소유권은 본질적으로 판별이 불가능해졌다. 절대다수의 토지 소유자들은 자신의 소유권을 입증할 문서나 기록이 없었다.

토지 소유권은 1980년대 내내 더 모호해지기만 했다. 1985년에 카리스마 있는 신임 대통령 알란 가르시아Alan García와 함께 출범한 새 정부는 처음에 협동조합 해산 작업을 지속할지에 대해 애매한 태도를 취하다 나중에 가서야 해산을 지지했다. 하지만 정부가 직접 개입하는 일은 거의 없었다. 그러는 동안 경제적 변화와 도시화는 가속화했다. 농촌에서는 토지의 주인들이 바뀌고 있었다. 하지만 정확히 어디서 변화가 일어나고 어떤 결과를 가져올지 아는 사람은 아무도 없었다.

1989년 1월 2일, 페루 통계청은 걷잡을 수 없이 번지는 경제 위기의 와중에 암담한 수치를 발표했다. 전년도 국가 인플레이션이 1,722퍼센트에 이르렀다는 것이었다. 다들 인플레이션이 더 악화되리라 예상했다. 막대한 대외 부채가 계속 불어났으며 투자자들은 정부가 국가 경제를 자유화하고 자본주의의 기본에 충실해야 한다고 아우성쳤다. 소유권을 명시하고 강화하는 것도 그들의 요구 중 하나였다. IMF는 페루 경제에 자금을 투입하는 대가로 경제 구조 조정과 소유권 확립을 요구했다.

가르시아 대통령에게는 다른 계획이 있었다. 그는 IMF의 제안을 일축했으며 "신용을 민주화"하고 국가 주도의 경제 발전을 촉진하기 위해 민간 은행을 국유화했다. 페루에서 가장 유명한 소설가이자 훗날 노벨문학상을 받게 되는 마리오 바르가스 요사는 국유화와 관련된 전체주의적 통제에 반대하는 대중 운동을 이끌었다.[9] 하지만 가르시아가 승리했고 그 결과 페루 경제는 심각한 위기에 빠졌다. 인플레이션은 3,000퍼센트로 치솟았으며 경제는 위축되었다. 당연하게도 가르시아의 인기는 급락했다.

애석하게도 이조차 최악의 순간은 아니었다. 1980년대 초에 움트던 게릴라 반란이 이제는 끓어넘쳤다. 살인, 유괴, 강도가 안데스산맥 중부에서 횡행했다. 폭력의 물결은 해안 도시들로 번지기 시작했다. 수도 리마의 고급 주택가에서 폭탄이 터지는 사건까지 발생했다.

집단주의 토지 개혁이나 협동조합 토지 개혁을 채택하여 토지를 재편한 여느 나라와 마찬가지로 페루는 저개발의 함정에 빠졌다. 빈곤, 취약한 재산권, 투자 부족이 페루의 경제 침체와 정치 불안을 가중시켰다. 하지만 1980년대 후반에 페루를 뒤흔든 위기는 마침내 토지 소유권 확립의 길을 닦을 변곡점을 마련해 주었다.

1990년, 페루 대통령 선거에서 국민 작가 마리오 바르가스 요사가 정치 초보이자 농업공학자인 알베르토 후지모리Alberto Fujimori와 맞붙었다. 후지모리는 '변화'라는 모호한 공약을 내걸었다. 임기 후반에 인기가 낮아진 가르시아와 차별화하려는 전략이었다. 후지모리는 대통령 선거 1차 투표 직전까지만 해도 사실상 무명이었지만, 후보들이 난립하는 선거판에서 간신히 2위를 차지하여 바르가스 요사와 결선 투표를 치르게 되었다.

통제 불가능한 인플레이션과 깊은 불황을 감안하면 바르가스 요사와 후지모리의 대결은 경제 정책에 대한 상반된 접근법으로 귀결되었다. 바로 '충격 요법'과 '비충격 요법'이었다. 바르가스 요사는 정부의 규모와 경제적 역할을 축소하는 계획에 이어 가격 인상, 보조금 폐지, 통화 평가절하를 통해 경제에 즉각적이고 고통스러운 '충격'을 가하는 접근법을 옹호했다. 그는 선거 운동 중 정부 관료를 상징하는 원숭이 한 마리가 책상 뒤에서 과일을 게걸스럽게 먹으며 뇌물을 받고는 책상에 배설하는 내용의 텔레비전 광고를 만들어 논란을 불러일으키기도 했다. 바르가스 요사의 선거 운동 구호는 정치적 메시지의 반면교사라 할 만하다. "우리는 대가를 치를 겁니다. 하지만 함께하면 커다란 변화를 이룰 수 있습니다."

후지모리는 비충격 요법을 내세우며 보다 중도적인 입장을 취했다. 실직을 최소화하고 급격한 경제 불황을 피할 수 있도록 순차적인 안정화 방식을 주창했다. 정부를 전면적으로 민영화하기보다는 낭비를 줄이겠다고 약속했다. 그가 내세운 선거 운동 메시지와 언어는 중산층과 서민층을 겨냥했다.

결과는 깜짝 놀랄 반전이었다. 바르가스 요사의 경제 개혁안에 대한 대중적 거부감, 정치적 기득권층과의 연계, 상류층 출신 배경에 대한 불신을 등에 업고서 후지모리는 20퍼센트가 넘는 격차로 승리했다.

후지모리는 압승을 거두긴 했지만 마냥 기뻐할 형편이 아니었다. 그 순간에도 페루 경제는 속절없이 추락하고 있었다. 시간은 신중하고 순차적인 경제 회복을 기다리지 않았다.

후지모리는 대담한 도박을 감행했다. 자신의 공약과 다른 충격 요법을 택한 것이다. 후지모리의 교활하고 냉혹한 정치적 감각을 보여주는 이 패턴은 그 뒤로도 되풀이되었다. 취임한 지 2주도 채 지나지 않아 그는 리마에 탱크를 투입하고 연료, 의약품, 식량 등 경제 전반에 걸친 서비스의 급격한 가격 인상을 선언했다. '후지 쇼크'가 페루를 덮쳤다.

다음 단계는 경제 구조 조정이었다. 후지모리의 개혁은 바르가스 요사의 개혁안을 노골적으로 따라 했다.[10] 이는 결코 우연이 아니었다. 후지모리는 경제 위기를 해결하기 위해 바르가스 요사의 경제 자문 일부를 영입했다.

그중 가장 눈에 띄는 인물은 저명한 경제학자인 에르난도 데소토 Hernando de Soto이다. 데소토는 자신의 책 《다른 길The Other Path》에서 정부의 부실한 재산권 규정과 집행이 거대한 비공식 부문을 탄생시키고 시민의 경제적 번영에 필요한 지원을 박탈했다고 주장했다. 대대적인 재산권 개혁 없이는 페루에 만연한 사회적·정치적 불안정을 극복할 수 없다는 분석이었다. 모호한 재산권이라는 안개가 나라를 질식시키고 있었다.

데소토의 발상은 '신자유주의'라는 새로운 노선의 경제 사상과 일맥상통했다. 신자유주의의 추종자들은 재산권이 축적과 생산을 촉진하기 때문에 발전에 중요하다고 믿었다. 재산권이 안정되면 재산이나 투자 자산이 임의로 몰수될 염려가 사라지기 때문에 확신을 갖고 생산에 투자할 수 있다. 또한 소유권과 이해관계가 투명해지고 언제든 권리를 행사할 수 있게 되면 재산을 담보로 대출을 받아 자산을 불리거나 자녀를 학교에 보내는 등의 생산적 활동에 투자할 수 있다. 확고한 재산권은 재산의 가치 평가, 매도, 매수, 임대, 담보 설정을 용이하게 하여 부동산 시장이 원활하게 작동하도록 뒷받침한다.

재산권이 불완전하고 불안정할 경우 정반대의 상황이 벌어진다. 토지의 가치가 평가절하되고 매도, 임대, 담보 설정이 힘들어진다. 이는 근시안적인 사고방식과 단기 투자를 부추기는데, 자신의 재산에 대해 타인이 소유권을 주장하거나 강탈하는 일이 벌어질까 봐 우려하기 때문이다. 그래서 사람들은 재산을 보호하기 위해 자신의 토지에 되도록 오래 머물고 싶어 한다. 이 때문에 계절에 따라 이주하거나 장기간 집을 비우고 노동하기가 힘들어진다. 공동체가 긴밀하게 결속되어 있고 관습법이 강력하지 않으면 광범위한 재산권 부재는 투자자와 자본을 멀어지게 만들 수 있다.

재산권이 실질적인 의미를 가지려면 그 재산의 거래가 가능해야 한다. 당신에게 재산에 대한 권리가 있더라도 정부가 그 재산을 팔거나 임대하거나 담보로 삼지 못하도록 금지하면 그것은 권리보다는 의무에 가깝다. 재산권 소유자는 재산을 변형하거나 재산을 이용하여 자신이 원하는 다른 것을 얻을 수 있어야 한다. 그러지 못하면 개인과 시장 모두 제자리에 갇히게 된다.

배타성은 재산권의 또 다른 본질적 측면이다. 타인이 당신의 재산을 이용하거나 당신의 재산권을 침해하지 못하도록 할 수 있어야 한다. 모두가 자원을 이용할 수 있고 타인의 이용을 막을 수 없다면 모두 자원을 최대한 이용하려 할 것이다. 하지만 그러면 자원이 고갈되어 모두가 손해를 본다.

데소토의 발상은 설득력이 있었다. 대부분의 아이디어는 엄밀한 검증을 거치지 않았지만 당시 상황에서는 큰 문제가 아니었다. 특히 데소토가 세계적으로 넓은 인맥을 갖고 있기에 더 그랬다. 이 점은 후지모리 정부의 경제 정책 방향을 정하는 데 결정적으로 작용했다.

데소토는 후지모리에게 취임 전에 미국과 일본을 방문하라고 권했다. 그는 페루 출신의 유엔 사무총장인 하비에르 페레스 데케야르_{Javier Pérez de Cuellar}의 보좌관이던 형을 통해 뉴욕에서 후지모리와 세계은행 총재, IMF 총재, 미주개발은행 총재의 만남을 주선했다. 국제 금융계의 킹메이커들은 후지모리에게 냉혹한 선택지를 제시했다. 비충격 요법의 길을 선택해 가르시아 대통령처럼 고립된 채 인기를 잃을 것인가, 충격 요법의 길을 선택해 국제 금융계의 지지와 원조를 받는 혜택을 누릴 것인가.[11]

일본 총리도 같은 메시지를 강조했다. 후지모리는 일본계였기에 일본 총리의 권고는 그에게 개인적으로 커다란 영향을 미쳤다. 후지모리가 충격 요법 쪽으로 기울었음을 알게 된 대통령직 인수위원회 지도부는 후지모리의 취임 전 사임했다.

후지모리의 첫 충격 요법은 페루 국민에게 예상된 고통을 안겨주었다. 노동자들의 실질 임금이 급락했다. 공식 추산에 따르면 이 조치로 인구의 4분의 1이 극빈층으로 전락했다. 이미 전 국민의 3분의 1이 극빈층인 상황이었다.

극심한 빈곤과 불평등에도 경제 전반은 놀라운 반전을 이뤘다. 1년이 채 지나지 않아 정부는 초인플레이션을 억제하고 경제를 성장세로 전환하고 실업률을 낮췄다.[12]

그런 다음 정부는 국제 금융 기구들의 지도에 따라 경제 구조 개혁에 착수했다. 후지모리는 국제 금융 기구들과 소통하고 개혁을 이끄는 대표로 데소토를 임명했다. 개혁 패키지에는 무역 자유화, 국영사업 민영화, 재산권 강화 등의 야심 찬 계획이 포함되었다.

데소토가 주창한 사업 중 하나는 대대적인 도시 토지 등기 계획이었다. 정부는 세계은행의 지원을 받아 도시 외곽의 비공식 주택에서 살아가는 수십만 명의 토지 소유권을 등록해 주고 재산권을 부여했다.[13]

그와 동시에 정부는 농촌 지역의 모호한 재산권을 체계적으로 관리하기 시작했다. 토지 재분배 계획과 이후 협동조합 해체 과정에서 이러한 문제가 특히 심화된 상태였다. 첫걸음은 1992년에 시행된 '특별 토지 등기 및 지적 사업PETT'이라는 이름의 대규모 토지 등기 사업이었다.[14] 이 사업의 목표는 전국의 농촌에서 토지 권리를 공식화하는 것이었다. 토지 경계 확정, 지적도(토지 소유권과 경계에 관한 포괄적이고 공식적인 등기부) 작성, 토지 소유권 등기의 중앙 기관 등록 등도 포함되었다. 시범 사업을 점검하고 초기에 사업을 운용하는 동안 미주개발은행이 재정 지원을 맡았다. 정부는 토지 개혁 수혜자들에게 토지 소유권을 분배하겠다고 약속하는 법안도 통과시켰다. 또한 토착민 공동체가 점점 조직화하면서 목소리를 높여 자신들의 지위와 토지 권리를 인정하라고 국가에 요구함에 따라 이를 위한 조치도 취했다.

페루의 협동조합 개혁은 신자유주의 사상가들에게는 악몽이었다. 그 개혁은 토지 시장과 민간 투자를 질식시켰으며 노동자들의 주체성과 노동 유인을 고취하는 데 실패했다. 정부는 국가기관을 동원하여 승자와 패자를 선별함으로써 생산성을 끌어올리려 했는데, 여기에 정치적 계산과 간섭이 개입되었다. 결과가 기대에 미치지 못할 것이 분명해지자 정부는 협동조합을 더 직접적으로 관료의 통제하에 두어 상황을 악화시켰다. 협동조합 시대의 뒤를 이은 무한 경쟁도 별다른 성과를 내지 못했다.

국제 금융 기구들은 페루의 경제 개혁에 적극적이었기 때문에 후지모리의 권위주의적 행보를 대체로 묵인했다. 그는 1992년에 야당이 주도하던 의회를 해산하고 권력을 중앙집중화했다. 국제 금융 기구들은 페루 사회에 만연한 인권 탄압도 외면했다. 후지모리는 전국 각지로 확산되던 반군 '빛나는 길'의 확산을 진압하고 나라를 다시 안정시키는 과정에서 반정부 세력을 잔인하게 척살했다. 그는 권력 남용과 부패의 증거가 공개되면서 후지모리의 운은 2000년에 끝냈다. 일본으로 도피해 피신한 뒤 사임했다.

그즈음 상황이 바뀌기 시작했다. 페루가 민주주의로 복귀하면서 2000년대에 농촌에서 토지 등기가 가속화되었다. 정부는 전국에서 대대적인 토지 등기 사업을 벌이기 시작했다. 사람들은 토지 소유권을 요구하며 행진했으며 정치인들은 토지 등기를 공약으로 걸었다. 정부는 농촌에 대형 게시판을 설치하여 토지 등기 기관과 그동안의 성과를 홍보했다.

페루의 재산권은 신자유주의적 시장화 조치 이상의 훨씬 거대한 의미를 지니게 되었으며 전국의 농민에게 하나의 정치적 목표가 되었다. 2000년대에 쿠스코 지역을 담당하다가 이후 전국 단위의 토지 등기 업무를 맡았던 한 전직 공무원은 당시를 이렇게 회상했다. "사람들이 집단으로 뭉쳐서 농촌과 주도州都의 토지 등기 사무소에 찾아갔습니다." 그는 특히 이 사실을 강조했다. "토착민 공동체 출신의 사람들과 도시 출신의 사람들 모두 '국가가 발급한 토지 소유권 증서를 원한다'라고 격렬하게 아우성쳤습니다."[15] 경제가 빠르게 성장하고 발전하면서 이러한 요구들이 더욱 거세져 기존의 미등록 토지 소유자들까지 가세했다. 그의 말에 따르면 토지 소유자들은 "이 모든 것을 합법화할 방법을 원했다." 토지 소유권을 문서화하기 위해 "사람들은 뭉치고 조직화하여 무단 점유 국토 관리청COFOPRI과 PETT의 지원을 받아 지방자치단체와 면담했다." COFOPRI는 PETT와 마찬가지로 토지 등기 기관이었다.[16]

그로부터 10여 년이 지났을 무렵, 정부는 기존의 토지 개혁 수혜자와 기타 농촌 주민들을 망라하여 농촌 토지에 대해 200만여 건의 소유권 증서를 발행했다.[17] 이는 전체 농촌 토지의 절반에 해당했다. 토지 소유권 발급은 2010년대에 더욱 확대되었다.

윌베르 비방코의 가족과 마찬가지로, 토지 소유권 증서를 받은 사람들은 크고 작은 혜택을 누렸다. 쿠스코 내 토착민 공동체의 토지 문제를 다루는 비정부기구에서 일하는 후안 데디오스 콘도리Juan de Dios Condori는 자신의 부모가 2002년에 500헥타르의 목초지에 대해 등기부에 토지 소유권을 등록한 후 삶이 어떻게 달라졌는지를 말해주었다. 그의 부모는 쿠스코주 칸치스Canchis 지방의 살라니Sallani라는 토착민 공동체에서 살고 있었는데, 대부분의 주민들은 사적 거래를 통해 물려받은 토지를 비공식적으로 소유하고 있었다. 그들은 공동체의 지원으로 자신들의 토지를 공동의 소유지에서 분리하고 싶어 했으며 토지 등기 기관이 도움을 주었다. 이는 후안의 부모가 복잡한 가족 문제를 해결하는 데 도움이 되었다. 그의 부모는 라마와 알파카 떼를 키웠으며 이전 세대로부터 이어진 공동체의 세 혈통 중 하나로서 토지를 소유했다. 하지만 토지 경계와 소유권 구분이 명확하지 않아서 가축을 영구적으로 방목할 수 있는 곳을 확신할 수 없었으며, 그런 불확실한 상황에서 주택과 기반 시설에 투자하고 싶어 하지 않았다.

그들은 토지 소유권 증서를 발급받고서야 명확한 소유권을 가지게 되었고 안심할 수 있었다. 후안이 말했다. "부모님의 토지에 법적 안정성이 생겼습니다. 한 곳에 머물 수 있다는 확신이 생긴 거죠. 부모님은 주택을 개축했습니다. 목축·생산 시스템, 관개 등 생산성을 높여줄 설비에도 투자하기 시작했죠."[18]

토지 등기 사업은 개인에게 완전한 재산권을 부여하는 신자유주의 방식을 획일적으로 고집하지 않았다. 살라니를 비롯한 일부 토착민 공동체가 토지를 가구 단위로 나누고 싶어 한 반면에 다른 형태의 재산권을 원한 공동체도 있었다. 토착민 공동체는 토지 재분배 사업으로 주어진 토지 중 약 3분의 1을 공여받았다.[19] 당시 이 공동체들의 일부 또는 여러 공동체가 다 같이 정부가 조직한 협동조합에 편입되었다.

토착민 공동체들은 자신들의 공동체를 법적으로 인정받는 것과 더불어 공동 토지와 구성원들이 가구 단위로 경작하는 토지에 대한 권리도 인정받고 싶어 했다. 그들은 완전한 재산권이 반드시 개인의 단독권리일 필요는 없으며 집단도 개인과 마찬가지로 재산권을 소유할 수 있다고 주장했다. 그들은 기존의 토착민 공동체가 소유한 토지에 대한 양도 불가능한 권리, (공유 자원을 부분적으로 활용하여 스스로 조직화한) 공동체 내 공동 소유지에 대한 인정 등 새로운 형태의 권리 체계를 요구했다.

정부는 수천 개의 토착민 공동체를 공식적으로 인정하며 그들에게 토지 소유권을 부여했고, 1920년대에 시작된 정책을 되살려 재정비했다. 이 과정을 연구한 어느 학자는 여기에 "안데스산맥 사회 집단들의 르네상스"라는 이름을 붙였다.[20] 1998년까지 정부는 5,700개의 공동체를 인정했으며 그중 4,000개의 공동체가 토지 소유권을 부여받았다. 공동체 토지 등기 사업과 더불어 더 정교하고 정확해진 측량 사업은 2000년대에도 계속되었다. 2016년까지 5,100여 개의 공동체가 토지 소유권을 부여받았으며 정부는 현재 6,200개에 가까운 공동체를 인정하고 있다.[21]

이 과정은 때로는 순탄하지 않았다. 토지 등기에는 큰 이권이 걸려 있기에 많은 공동체가 이웃 공동체와의 경계 분쟁이 발생했다. 토지 소유권을 어떻게 관리할지를 놓고 내부에서 격렬한 논쟁을 벌이기도 했다. 또 어떤 공동체는 토지 소유권 개혁에 반대했는데, 개혁이 이따금 공동체 토지를 침해한다고 여기거나 전통적 방식에 대한 위협 혹은 자신들을 국가에 더 깊이 옭아매려는 미끼로 여겨졌기 때문이다. 이런 불만들에 대한 대응으로 토착민 공동체들은 최근에 자신들의 토지를 보호하는 새로운 수단과 더 큰 정치적 발언권을 요구했다. 일례로 정부가 토착민 공동체에 영향을 미칠 수 있는 개발 사업이나 행정 절차를 진행하기 전에 그들과 대화하고 그들의 관점과 이익을 고려해야 한다는 법적 의무가 생겼다.

2000년대의 우호적인 외부 환경과 1990년대에 시작된 경제 개혁에 힘입어 페루는 견고한 경제 성장의 궤도에 올라섰다. 페루의 국내총생산은 2000년대 들어 20년간 연평균 5퍼센트씩 성장했다.[22] 상당수 라틴아메리카 나라들의 성장률을 훌쩍 웃도는 수치였다. 2010년, 페루는 중상위 소득 국가 그룹에 진입했다.

코로나19 팬데믹으로 어느 나라보다 큰 타격을 입은 페루는 경제가 급격히 위축되었고 팬데믹이 시작되고 18개월이 지난 시점에 세계에서 가장 높은 사망률을 기록했다.[23] 하지만 페루 경제는 금세 일어섰으며 OECD는 2022년 1월부터 페루의 가입 여부를 논의하기 시작했다. 현재 라틴아메리카 국가 중에서 OECD 가입국은 칠레, 코스타리카, 콜롬비아, 멕시코뿐이다.

페루의 성공 스토리에는 다양한 측면이 존재한다. 페루의 광업 중심 경제는 2000년대에 전 세계적인 원자재 호황 덕을 보았다. 우호적인 무역 정책, 외국 자본에 너그러운 규제 환경, 안정된 경제 등은 페루를 매력적인 투자처로 만들었다.

재산권 보호를 강화한 조치도 중요한 영향을 미쳤다. 페루는 토지 소유권을 강화함으로써 토지 재분배 사업의 가장 중요한 문제 중 하나를 바로잡았다. 그와 동시에 도시 토지와 기업 부문에 대한 재산권도 강화했다.

재산권이 확대되면서 오랫동안 권리를 갖지 못했던 토지 개혁 수혜자들도 혜택을 받았다. 2010년대 초에는 이들의 빈곤, 문맹률, 불평등

이 급감했으며 농업 생산성이 증가했다.[24]

2000년대 내내 토지 등기 업무를 담당한 전직 공무원이 힘을 주어 말했다. "토지 등기와 구획 정리는 도시와 농촌에 어마어마한 영향을 미쳤습니다. 토지 소유권을 공식화하면 사람들을 경제 활동에 참여시킬 수 있습니다. 토지 소유권 증서가 있으면 대출을 받을 수 있죠. 토지가 공식 대장에 등록되면 부동산을 담보로 삼을 수 있고 합법적으로 양도할 수도 있습니다." 그는 경제에 활력을 불어넣는 데 무엇보다 중요한 것은 신용이라고 지적했다. "은행은 신용과 대출을 제공하기 위한 제도를 만들어왔습니다. 그것이 토지 소유권을 가진 사람들의 기업가 정신을 고취시켰죠. 대출을 받을 수 있게 되면서 소규모 사업과 창업을 시작하기가 무척 용이해졌습니다."

1990년대에 시작된 개혁을 통해 페루는 개발도상국 사이에서 재산권 정비의 모범 사례가 되었다. 현실에서의 실험을 통해 전 세계 발전 동향에 영향을 미치기 시작한 것이다.[25] 하지만 재산권 개혁은 복잡한 일이다. 성과를 내기까지 시간, 돈, 헌신이 필요하다. 정부는 재산이 이전되고 변화하는 과정을 기록하고 추적하는 일에 투자해야 한다. 사람들도 재산권의 가치를 인식할 필요가 있다. 그러지 못하면 재산을 이전하고 등기하는 법적 절차를 일일이 밟지 않을 것이다. 정부가 무능하거나 부패했거나 반응이 느리면 등기 증서만으로는 미흡하다. 재산권은 방어가 가능하며 권리 행사에 문제가 없어야 한다. 누군가가 당신의 재산을 탈취하려 하는데 법 집행 기관이나 법원이 손을 놓고 있으면 등기 증서는 종잇값도 하지 못한다.

시간이 지날수록 토지 재분배의 혜택을 누리기가 점점 힘들어진다. 사람들이 토지를 비공식적으로 매매하고 그에 대한 서류를 남기지 않으면 기존 재산권 체제의 균열은 더 커진다. 그러면 재산권 개혁만으로는 과거에 토지 재분배가 거둔 경제적 성과를 기대하기가 힘들어진다.

수십 년간 페루의 농촌 지역에서는 재산권을 둘러싼 짙은 혼란이 뒤덮고 있었다. 재산권 개혁이 그 안개를 걷어내기 시작했을 즈음 비공식적 토지 매매와 양도로 일부 지역이 변화를 겪었으며 채굴 기업들이 몇몇 공동체를 비집고 들어갔다. 1998년에는 극심한 엘니뇨가 농민들을 대거 파산시켰다. 게릴라 반란으로 농촌 공동체에서 고향을 등지는 사람들이 늘었으며 그들의 토지는 무주공산이 되었다. 이 일련의 일들이 페루의 농촌 인구를 재편했다. 토지를 공여받았던 사람들 중 상당수가 협동조합의 해산과 함께 토지를 잃었다.

페루 정부는 소농이 번성하고 덩치 큰 경쟁자들과 겨루는 데 필요한 포괄적 지원을 제공하지 못했다. 재산권이 강화되기는 했어도 경제 개혁으로 인해 농업의 다른 측면들이 어려워졌다. 화폐 개혁과 무역 개혁으로 수입 농산물과의 경쟁이 격화했다. 후지모리 정부는 저렴한 농업 대출의 공급원이던 농업은행을 폐쇄했는데, 민간 대부업체들은 그 빈자리를 메우려 들지 않았다. 정부는 농무부 직원의 4분의 3 이상을 해고하여 부처를 유명무실하게 만들기도 했다.[26] 많은 사업이 느닷없이 중단되었다. 토지 소유권을 확립하여 발전을 뒷받침하려던 시도가 성공했지만 그 성과가 예상에 못 미친 것은 이런 결함들 때문이다.

일본, 한국, 대만은 최선의 시나리오를 가늠하는 기준점을 제공한다. 세 나라는 양질의 토지를 대지주들에게서 경작자들에게 재분배함으로써 소규모 농업을 번영시켰다. 그런 다음 새로운 수혜자들에게 농업 자재와 자금을 넉넉하게 베푸는 한편 재산권 제한을 완화했다. 한 세대 만에 토지 수혜자들은 자녀를 논밭에서 일하게 하지 않고 학교에 보낼 수 있었다. 정부는 초기 성장을 바탕으로 수출 지향적 제조업 중심으로 경제를 탈바꿈시켜 발전을 앞당겼다. 세 나라의 개혁 조건은 특수했다. 그럼에도 페루가 일본, 한국, 대만과 비슷한 방식으로 재편했다면 지금과는 다른 길을 걸었을지도 모른다.

페루는 여전히 취약한 정부와 잦은 정권 교체, 관료제의 불필요한 요식행위, 부패에 시달리고 있다. 토착민들에 대한 노골적 차별도 계속되고 있다. 이러한 문제 때문에 재산권 개혁과 포괄적인 발전 계획을 활짝 꽃피우는 데 애를 먹고 있다. 예를 들면 토지를 등기하고 재산권을 명확히 하는 데 아직도 너무 많은 절차와 비용이 필요하다. 정부 조직과 정책이 정치적 불안정 때문에 자주 바뀌고 농민들은 관공서에 쉽게 접근하지 못하며 관료들의 전문성은 들쭉날쭉하다.[27] 일부 농촌 지역에서는 토지가 공식 대장을 거치지 않고 거래되면서 다시 비공식적 영역으로 돌아갔다. 어떤 사람들은 재산세 납부처럼 국가에 대한 의무를 지지 않기 위해 토지를 비공식적으로 소유하는 쪽을 선호한다. 이런 문제들 때문에 페루의 진보가 무위로 돌아갈 우려가 있다.

이전 정부가 무능력하고 무관심했던 탓도 있어서 농촌 지역은 2021년 대선에서 뜻밖에도 포퓰리스트 정치인인 페드로 카스티요Pedro Castillo 에게 표를 몰아주어 그를 대통령으로 당선시켰다. 카스티요는 농민들에게 대출, 세금 감면, 기술 지원을 제공하는 '제2차 농업 개혁'을 통해 은혜를 갚겠노라 약속했다.

하지만 불과 1년여 만에 카스티요는 더 많은 권력을 쥐려고 의회를 해산하는 무리수를 두다 투옥되었다. 이것은 페루에서 전혀 새로운 일이 아니다. 1980년대 중반 이후 당선된 전직 대통령들은 한 명만 빼고 모두가 부패나 권력 남용으로 기소되거나 투옥되었다. 의원들도 부패 혐의로 조사받는 일이 잦다.[28] 이런 답답한 상황에서는 복잡하고 장기적인 개혁을 수행하기가 힘들다.

그럼에도 페루의 사례에서 배울 점이 있다. 저개발의 함정이 까다롭기는 하지만 벗어날 방법이 아예 없진 않다는 사실이다.

* * *

과거에 시행했던 토지 재분배 정책의 결과로 저개발에 시달리는 나라들이 번영에 이르는 길을 찾으려면 재산권을 외면하지 않고 관심을 기울여야 한다. 물론 재산권 하나만으로는 발전에 얽힌 모든 문제를 해결할 수 없다. 행정과 기록 관리에 투자하고 법치를 강화하는 등 보완적 조치가 필요하다. 모든 상황에 통용되는 만능 공식은 존재하지 않는다. 재산권은 현지의 문화적·사회적 현실에 맞게 조정되었을 때 가장 큰 힘을 발휘하며 높은 지지를 얻는다.

페루 정부가 가장 먼저 해야 할 일은 재산권이 불분명한 토지가 더 늘기 전에 토지를 비공식적으로 이용하고 점유하는 관행을 인정하고 명문화하는 것이었다. 현재의 토지 이용 및 점유를 문서화하는 것은 재산권을 확립하기 위한 중요한 조치이며 권리 및 양도에 대한 체계적인 추적이 필요하다. 다음으로 정부 개혁이라는 어려운 과제를 해결해야 한다. 여기에는 정부를 강화하고 토지 대장을 정리하고 부패를 줄이고 개인의 권리와 토착민 공동체의 권리를 통합하고 존중하는 일이 포함된다.

토착민 공동체와 소유지에 대한 처우는 특히나 중요하다. 페루의 장기적인 발전은 스페인 식민지 시기와 독립 이후에 토착민 집단이 수탈당하고 착취당한 역사와 연관되어 있다. 그들은 타인을 위해 강제 노동에 동원되었으며 약탈을 당했다. 2등 시민으로 취급받고 토지 소유권을 보호받지 못했기에 착취에 속수무책이었다.

최근에야 이 상황에 변화가 일어나기 시작했다. 토착민 공동체의 법적 인정, 그들의 재산권을 강화하는 새 법률, 다국적 채굴 회사 같은 외부 세력에 의해 토지가 영향을 받게 될 때 사전 협의를 거칠 권리를 부여하는 정책 등이 변화에 일조했다. 외부인들은 더는 토착민 공동체들을 마음대로 쥐락펴락하지 못한다. 이제 변화의 추가 반대 방향으로 움직이기 시작했다. 외부인들은 공동체의 토지와 권리가 명확하게 규정되는 편이 더 낫다는 사실을 알아차렸다. 그래야 어떤 지역에서 자원을 채굴할 때 사회적 저항과 시위를 맞닥뜨리지 않고 무슨 일이 일어날지를 예측할 수 있기 때문이다. 이러한 태도 변화는 재산권이 어떻게 발전을 촉진할 수 있는지를 보여준다.

하지만 토지 소유권을 창출하고 유지하기란 말처럼 쉽지 않다. 토지를 대대적으로 재분배하는 정부는 정치적·사회적 이유로 수혜자들에게 영향을 미치고 통제력을 행사하고 싶어 하기 때문에 재산권이 확고하게 정립되는 것을 원치 않는다.

이 때문에 발전 경로에서 탈선한 토지 재분배 사례들이 스스로 잘못을 바로잡는 경우는 드물다. 다른 경로를 선택할 수 있으려면 다음과 같은 중대한 계기 중 하나가 필요하다. 첫 번째는 민주주의로의 전환이다. 권위주의 정권은 경제적으로 가장 파괴적인 집단주의 개혁과 협동조합 개혁을 주로 옹호했으므로 민주주의로의 전환은 종종 새로운 시작을 의미한다. 국민에게 발언권이 주어지고 정치인들이 그 목소리에 귀를 기울일 동기가 늘어나면 정책이 개선되는 경향이 있다. 개혁에 착수했던 권위주의 정권이 민주주의 정권으로 교체된 뒤에도 정부가 강제했던 집단농장이나 협동조합에서 계속 살아가고 싶어 하는 사람은 거의 없다. 그렇기에 새롭게 탄생한 민주주의 정권은 기존의 개혁을 접고 토지를 사적 소유 형태로 분할하는 것이 일반적이다. 민주주의 정권은 사람들의 요구에 따라 가족이나 공동체에 토지를 공여했으며 새 토지 소유자의 재산권을 안전하게 보호했다. 베를린 장벽이 무너진 뒤 상당수 동유럽 나라가 이러한 길을 따랐다.

페루도 처음에는 이 경로를 따랐지만 얼마 안 가서 흐지부지되었다. 1980년대에 민주주의 정권을 이끌던 지도자들은 협동조합을 해산했지만 협동조합에 가입되어 있던 사람들에게 실질적인 해결책을 제시하지는 않았다. 정부는 그들을 성공의 길로 이끌기는커녕 그저 한 발 물러서는 게 고작이었다. 이 접근법은 실패했다.

저개발의 함정에서 벗어나게 해줄 두 번째 계기는 경제 위기다. 정부가 너무 혹독한 위기를 맞으면 어쩔 수 없이 국제 금융 기구에 구제를 요청해야 할 때가 있다. 1980년대 이후 국제 금융 기구들은 경제 개혁을 조건으로 원조를 제공해 왔다. 흔히 내거는 조건 중 하나는 토지 재분배 과정에서 약화되거나 폐지된 재산권을 다시 강화하라는 것이다. 세계은행과 IMF 같은 국제 원조 기구와 국제 금융 기구는 위기가 한창인 나라들에 들어가 농촌 개혁을 강요한다.

국제 금융 기구들은 재산권 개혁을 최우선 과제로 삼았다. 공식적인 권리를 갖지 못한 사람들을 위해 대대적인 토지 등기 사업을 설계하고 시행하도록 지원했다. 그들의 논리는 간단하다. 재산권이 진전될수록 발전도 함께 뒤따른다는 것이다.

페루를 뒤흔든 것은 이 두 번째 계기였다. 멕시코와 베트남 같은 나라들도 같은 경험을 했다. 멕시코와 베트남은 20세기에 급진적인 집단주의 개혁을 채택했으며 이 결정은 수십 년간 경제의 숨통을 조였다. 멕시코에서는 혁명 이후 시행된 집단주의 개혁으로 아시엔다 체제가 해체되고 그 토지가 통째로 공동체에 지급되었다. 베트남에서는 2차 세계대전이 끝나고 북부에 새로 들어선 공산주의 정부가 지주들을 처단하고 집단농장을 강제했다. 베트남 전쟁과 통일을 겪은 이후 공산주의 정부는 남부에서도 농업 집단화를 꾀했으나 미국 정부가 1970년대 초 이미 이곳에서 경자유전 개혁을 시행한 탓에 성과가 북부에 훨씬 못 미쳤다. 멕시코는 1980년대와 1990년대에 금융 위기와 부채 위기로 세계은행과 IMF에 손을 벌릴 수밖에 없었다. 1980년대 중후반 베트남도 같은 처지에 놓였다. 국제 금융 기구의 개입이 시작된 지 몇 년 지나지 않아 두 나라는 수십 년간 재산권을 인정받지 못한 채 살아온 수혜자들에게 토지 소유권을 부여하는 절차에 착수했다.

페루와 마찬가지로 멕시코와 베트남의 재산권 개혁은 논란에 휩싸였고 큰 비용을 치러야 했으며 심지어 권위적이었다. 하지만 장기적으로는 일정한 성과를 거뒀다. 이 나라들은 투자를 유치하고 국민의 행

| 3부 다시 태어나는 땅 |

동 변화를 유도하여 경제 발전과 체질 변화를 뒷받침했다.

토지 재분배는 저개발 같은 병폐로 사회를 괴롭힐 수 있다. 하지만
적절한 조건에서는 치료제가 될 수도 있다. 토지 재편과 토지 권력은
발전을 망칠 수도 있지만 발전을 촉진할 수도 있다. 그리고 더욱 고약
한 사회 문제를 해결하는 데 활용될 수도 있다.

8장

가장 빠른 변화의 길

콜롬비아와 볼리비아의 여성 권리 운동

엘레나 안토니아 파로디스 메디나Elena Antonia Parodis Medina는 콜롬비아 북부의 시골에서 나고 자랐다. 그녀의 사연은 거의 1세기 동안 토지 분쟁과 갈등으로 분열된 사회에서 으레 볼 수 있듯 복잡한 사연으로 가득했지만 단순한 주제를 보여준다. 대대로 남성들이 임금 노동자나 소작인으로서 땅을 경작하는 동안 여성들은 자녀를 양육했으며 생계를 유지하기 위해 안간힘을 썼다는 것이다.

엘레나는 부모를 도와 아홉 명의 동생을 먹여 살리기 위해 인근 농장에서 일하면서 성장했다. 그러다 농장에서 지금의 남편을 만나 트랑킬란디아Tranquilandia라는 이름의 대형 목장으로 이주했다. 목장주는 두 사람에게 작은 땅을 내주었으며 둘은 그곳에서 여섯 자녀를 키우면서 자급자족할 만큼의 식량을 수확했다. 하지만 그들은 자신들의 땅을 가지기를 갈망했다.

그들만 그런 바람을 가진 것이 아니었다. 목장주들이 부동산을 매각하려고 하자 트랑킬란디아의 노동자들은 협회를 결성하고는 콜롬비아 정부에 그 부동산을 매입하여 자신들에게 넘겨달라고 청원했다. 결국 노동자들의 청원은 받아들여졌다. 1996년에 콜롬비아 토지청이 해당 부동산을 매입하여 노동자들에게 넘겨주고 협회 내부에서 자체적으로 배분하도록 했다.

이는 콜롬비아 토지 재분배의 역사에서 결정적인 순간이었다. 수십 년간 남성들만 토지를 공여받고 토지 소유권과 관련하여 특혜를 받아오다가 여성들이 조직화하여 정당한 몫을 주장하기 시작한 것이다. 국내외 여성 권리 운동 단체들이 힘을 합쳤으며 1980년대에 콜롬비아 정부를 움직여서 부부 공동으로 토지를 공여받도록 했다.

엘레나 부부는 32헥타르의 토지를 임시로 배정받아 옥수수, 카사바, 플랜틴, 바나나를 재배하고 돼지를 키우고 젖소 세 마리를 길렀다. 남부럽지 않은 삶이었다. 하지만 엘레나의 토지는 그녀의 완전한 소유가 아니었다. 부부는 명확한 소유권을 갖기 위해 매달 정부에 대금을 납부해야 했다. 하지만 불과 몇 년 뒤 전쟁이 벌어져 토지 소유의 꿈이 산산조각 났다.

1960년대 중반, 콜롬비아 농촌에서 좌파 게릴라 단체들이 결성되어 대토지 소유 체제와 엘리트 중심의 정치 체제에 맞섰다. 그들의 핵심 요구 중 하나는 무토지 농민을 위한 토지 재분배였다. 1990년대에 이르러 내전이 전국으로 확산되었으며 마약 카르텔과 준군사 조직까지 참전했다.

2001년, 무장 단체들이 트랑킬란디아의 농장들에 침입하여 농민 협회를 공격했다. 무장 단체들은 조합 지도자들과 조합원들을 잔혹하게 살해하고 그들의 집을 불태웠으며 이루 말할 수 없는 인권 유린을 수 없이 저질렀다. 위험이 급속히 고조되었기에 엘레나의 가족은 세간을 챙길 새도 없이 달아나야 했다. 폭력과 혼란의 와중에 모든 것을 잃었고 아들 한 명도 세상을 떠났다. 그 후 노숙자 신세가 되어 인근 도시 푼다시온Fundación의 거리에서 구걸하며 살았다. 자녀들은 공원 벤치에서 잤다. 엘레나는 이렇게 회상했다. "정말로 힘들었어요. 무척 고통스러웠죠."[1]

그들은 집을 떠나야 했던 이웃들과 함께 재산 반환을 위한 등록 절차를 시작했다. 강제 이주에서 살아남은 여성들을 주축으로 결성된 이 단체는 결국 '이라 카스트로 법률 법인'이라는 비영리단체와 접촉하게 되었다. 저명한 활동가이자 여성 인권 운동 및 학생 운동을 이끌던 이라 카스트로Yira Castro의 이름을 딴 이 비영리단체는 콜롬비아 내전으로 삶의 터전을 옮긴 가족들이 토지와 생계를 되찾는 일을 지원했다. 이들은 토지청과 협력하여 과거에 이루어진 토지 양도 관련 법적 서류를 찾아내어 엘레나 부부를 비롯한 여러 가족들이 강제 이주 전에 매달 토지 대금을 성실히 납부했다는 사실을 입증해 주었다.

2019년, 토지청과 법원이 무장 단체들의 침입 이후 트랑킬란디아에서 발생한 수많은 토지 거래와 토지 소유권 주장을 면밀히 살펴본 뒤 원래 공동체의 구성원들에게 토지를 돌려주기 위해 현지의 한 학교에서 회의를 소집했다.[2] 엘레나는 여느 때처럼 무더웠던 11월 14일에 다른 수혜자들, 토지청 공무원, 청원을 도와준 법률 지원단과 함께 그 자리에 참석했다. 그녀는 토지청으로부터 토지 소유권 증서를 건네받았을 때의 감정을 이렇게 회상했다. "오랜 세월이 지난 뒤 그토록 바라던 토지를 소유하게 됐을 때 정말 기뻤어요."[3] 콜롬비아에서 가장 유명한 작가이며 반전과 굴곡이 가득한 환상적인 소설로 잘 알려진 가브리엘 가르시아 마르케스Gabriel García Márquez가 유년기를 보낸 집 근처에 살았던 이에게 걸맞은 결말이었다.

엘레나는 그녀의 대가족에서 토지를 소유한 최초의 여성 중 한 명이다. 이 일이 그녀의 삶을 바꿨다. "일하는 법을 알면 자부심을 느낄 수 있어요. 경작할 땅이 있으면 진짜 기쁨을 느끼게 되죠."[4] 그녀는 이제 남편과 두 자녀와 함께 농장에서 일한다. 또한, 트랑킬란디아에서 토지 반환 가족 협회의 총무로 일하는 딸과 함께 지역 발전과 인프라 확충을 요구하는 활동에도 적극적으로 참여하고 있다.

엘레나를 비롯한 수천 명의 콜롬비아 여성들은 정부가 여성 단체들의 요구를 받아들여 여성을 더욱 포용하는 방향으로 돌아선 뒤에야 최초로 토지를 소유하게 되었다. 1980년대에 시작된 이 역사적 변화 덕분에 여성의 사회적 지위가 향상되었으며 남성이 공적 영역과 사적 영역 전부를 지배하던 상황에도 변화가 일어났다. 토지 권력은 여성들에게 그들의 어머니와 할머니가 상상하지 못했던 기회를 부여했다.

앞에서 보았듯 토지는 부와 권력을 창출하는 토대이기 때문에 토지의 주인이 바뀌면 수혜자는 두 가지 측면에서 모두 이익을 얻는다. 지난 2세기 동안 전 세계에서 벌어진 변화에서 여성은 대체로 배제되었으며 이 때문에 때로는 부주의로, 때로는 고의로 성 불평등이 심화되었다. 하지만 저개발의 함정과 마찬가지로 이러한 역학에서도 벗어날 수 있다. 여성 운동이 점점 더 조직화되고 전통적인 성역할과 성별 규범에 대한 감수성이 변화하면서 여기에 자극을 받은 일부 사회는 토지와 성차별 문제에 대해 다른 접근법을 채택했다.

토지 소유권은 변화의 대상이자 변화를 추동하는 가속 장치다. 남성이 토지를 독점하면 가정 내 의사 결정과 상속에 더 큰 영향력을 행사하여 가부장제의 지배력을 강화할 수 있다. 하지만 토지는 남성의 지배력을 약화시킬 수도 있다. 토지를 여성의 손에 쥐여주면 여성은 스스로 운명을 결정하고 부와 영향력을 획득하고 가족의 삶을 개선할 수 있다. 그 효과는 사회의 모든 성별화된 측면에 스며든다.

가부장제를 역전시키는 일은 결코 빠르거나 조용하게 이루어지지 않는다. 대부분의 지역에서 남성이 재산을 소유하는 해묵은 체제는 쉽게 해체되지 않는다. 재산권이 확고한 상황일수록 더더욱 힘들다. 토지 소유권의 성평등을 향한 진전은 이 강력한 유산과 싸우고 있다. 재산권에 대한 성별 기반 개혁은 남편과 아내, 부모와 자녀, 시민과 통치자 간의 관계도 뒤흔들 수 있다. 이것은 민감한 사안이다. 하지만 불가능하진 않다.

토지를 수월하게 재분배할 수 있는 곳이나 재산권이 부실한 상태라 다시 규정할 수 있는 곳에서는 토지를 통해 성별 관계를 변화시키기가 무척 쉽다. 토지를 통한 성평등 증진과 관련하여 두 가지 특히 눈에 띄는 사례를 콜롬비아와 볼리비아에서 볼 수 있다.

콜롬비아는 1980년대 후반에 남성 중심의 토지 재분배 법률을 여성을 더 포용하는 방향으로 개정했다. 더 많은 여성이 토지를 직접 소유하면서 토지 소유권을 둘러싼 성별 격차가 줄어들었으며 콜롬비아 사회는 조금씩 여성에게 공정하게 바뀌기 시작했다.

볼리비아에서 20세기 후반에 시행된 대규모 토지 재분배 사업은 여성을 대체로 배제했으며 성별 격차를 공고히 했다. 재산권은 전반적으

　　　　　　　　　| 3부 다시 태어나는 땅 |

로 취약한 상태였다. 경제 위기와 외세의 개입으로 재산권 문제가 전면에 등장하면서 여성들은 문제를 바로잡을 기회를 얻었다. 강력한 여성 운동과 개혁주의 정부 덕분에 볼리비아는 남성과 더불어 여성에게도 토지 소유권을 부여함으로써 지난 20년간 여성의 지위를 향상시켰다. 농촌 여성들은 여전히 어려움을 겪고 있지만 상당수는 그들의 어머니와 할머니가 꿈도 꾸지 못한 기회와 발언권을 누리고 있다.

콜롬비아의 방향 전환

콜롬비아는 매우 오랫동안 토지 분쟁, 정치적 불안정, 성 불평등에 시달렸다. 이 나라에는 공공 토지나 너무 약해서 저항조차 못하는 사람들의 토지를 약탈하는 오랜 악습이 있었다. 스페인의 식민지 정책으로 토착민 공동체는 토지를 빼앗겼으며 현지의 권력자들이 지배하는 아시엔다 체제가 생겨났다. 아시엔다, 가톨릭교회, 지방 정부는 스페인으로부터 독립한 후 100년간 토착민 인구 감소를 틈타서 토착민들의 토지에 대한 강탈을 가속화했다. 콜롬비아 양대 정당인 자유당과 보수당은 서로 다른 이념적 목표를 좇으며 갈등했는데, 자유당은 교회에 눈독을 들이다가 1860년대와 1870년대에 교회가 소유했던 대토지를 몰수했다. 일부 토지는 부유한 지주들에게 경매되었으며 일부는 공공 토지에 편입되었다. 이 시기에 여성이 토지를 소유하는 유일한 방법은 사별한 남편의 재산을 물려받는 것이었다.

20세기가 시작되고 커피, 설탕, 바나나, 카카오, 담배에 대한 국제 무역과 수요가 증가하면서 상업적 농업이 콜롬비아에서 급격히 확산되었다. 대지주들은 공공 토지와 농민들의 사유지를 강탈했다. 농촌 노동자가 지주나 정부와 벌이는 분쟁이 격화되면서 토지 침탈이 발생하고 탄압이 자행되었으며 지역에 따라 토지 재분배를 시도하는 곳도 있었다.

이 문제들은 20세기 중반에 자유당과 보수당의 당파 싸움에 휘말려 더욱 첨예해졌다. 토지를 둘러싼 분쟁이 격화하는 가운데 이를 통제할 국가는 속수무책인 상황에서 벌어진 당파 싸움은 1946년부터 1960년까지 계속된 잔혹한 내전으로 번져 20만 명 이상의 목숨을 앗았다.[5] 그 당시 인구의 절반 이상이 농업에 종사하고 있었으며 불평등은 극심했다. 1960년에는 최상위 2퍼센트의 지주들이 전 국토의 55퍼센트 이상을 소유한 반면에 최하위 63퍼센트는 5퍼센트 미만의 토지를 소유했다.[6]

여성은 빈약한 자원을 이용하는 일에서조차 뒷전으로 밀려났다. 기혼 여성은 1932년이 되어서야 법적 능력과 자신의 재산을 관리할 권한을 획득했다. 가계와 자산을 대표하고 관리하는 일에 공동으로 참여할 수 있는 법적 지위를 얻은 것은 1974년의 일이었다.[7] 남편과 사별한 기혼 여성과 미혼 여성은 자신의 재산을 관리할 수 있는 예외적 위치에 있었다. 가부장적 성별 규범은 여성의 제한적 권리를 법률로 거세게 압박했으며 이는 농촌 지역에서 더욱 두드러졌다.

콜롬비아가 민주주의로 이행한 뒤 1960년대 중반에 내전이 새로 발발하여 수십 년간 이 나라에 먹구름을 드리웠다. 1959년의 쿠바 혁명으로 공산주의 정부가 들어서고 대규모 토지 재분배가 시행되자 이

기세에 힘입어 콜롬비아 무장 혁명군FARC 같은 공산주의 게릴라 단체 들이 새로 결성되기 시작했다.[8] 쿠바 혁명과 마찬가지로 이 단체들은 농촌을 기반으로 삼았으며 대지주들에게서 토지를 빼앗아 무토지 농 민들에게 나눠주겠노라 약속했다. 반란 세력이 지역 전체를 장악하고 농민들의 '독립 공화국'을 선언하자 지주들은 재산을 보호하기 위해 무장 단체를 고용하여 반격에 나섰다. 정치인들은 1961년에 토지 재분 배 사업을 본격적으로 꾸준히 시행하기로 함으로써 문제를 선제적으 로 해결하려 했다.

콜롬비아는 무토지자들로부터 가해지는 압박을 덜기 위해 주로 정 착민 개혁을 실시했으며 경자유전 개혁의 비중은 작았다. 재산을 지 킬 방법을 찾던 대지주들은 일정 규모 이상으로 사유지가 재분배되지 못하도록 정부에 엄청난 압력을 가했다. 정부는 1961년부터 1990년대 초까지 35만 건 가까운 정착지 공여를 실시했는데, 그 면적은 1300만 헥타르에 이르렀다.[9]

그 결과 어마어마한 공공 토지가 남성에게 공여되었다. 토지 정착 절차에서는 가구당 한 명의 수혜자만 지정할 수 있었다. 이 조치는 남 편에게 가구를 대표하는 책임을 부여하던 당시 민법에 따라 남성에게 압도적으로 유리했다. 교육과 영농 경험을 우대하는 점수 체계도 남성 에게 유리하게 작용했다. 여성은 토지 수혜자 중에서 고작 11퍼센트를 차지했다.[10] 이 점은 당시 여성이 가장인 농촌 가구가 17퍼센트였다는 사실과 극명하게 대조된다.[11] 개혁은 농촌에서 이미 벌어져 있던 성별 격차를 더욱 고착화했다.

하지만 나라 안팎에서 여성 권리 운동이 성장하면서 토지 개혁으로 악화된 상황이 마침내 역전될 조짐이 보였다. 1980년대에 라틴아메리카 나라들은 기념비적 협약인 '유엔 여성 차별 철폐 협약UN Convention on the Elimination of All Forms of Discrimination Against Women'을 비준했으며 콜롬비아는 1982년 여기에 서명했다. 이 협약의 재산 조항은 여성이 자신의 명의로 재산을 소유하고 상속하고 관리할 권리를 인정해야 한다고 강조했다. 무엇보다 토지 재분배 사업을 진행하는 과정에서 여성을 동등하게 대우해야 한다고 명시했다.

1960년대 후반과 1970년대에 걸쳐 콜롬비아에서는 직업별로 자생적인 여성 협회들과 단체들이 결성되기 시작했다. 이들은 노동조합과 지원 단체의 혼합형으로 보였다. 콜롬비아 최초의 전국 농촌 여성 협회는 1984년에 결성되었으며 전국에 지부를 두고 지역적 관심사를 국가적 목표와 연결시켰다. 이 협회는 성평등을 향한 결정적 순간에 중요한 역할을 했다. 1988년에 법률 제30호를 통해 여성의 토지 권리를 명시적으로 인정하게 만든 것이다.

법률을 제정할 수밖에 없었던 배경에는 반란의 급증이 있었다. 마약 거래가 호황을 누리면서 불법 무장 단체들이 우후죽순처럼 생겨났다. 게릴라 집단들은 마약을 생산하고 세력권을 넓히기 위해 토지를 탈취했다. 대지주들은 준군사 집단에 자금을 지원하여 반격에 나섰는데 이들은 게릴라와 민간인을 가리지 않고 공격했다.

정부는 농촌에서 게릴라 집단에 대한 지지를 약화시키고 정세를 안정시키는 방안으로 토지 분배를 떠올렸다. 농민들에게 토지를 공여하면 반란 세력이 아니라 정당에 충성할 터였다. 또한 재산권을 위협하는 반란에 운명을 걸기보다는 현상 유지를 원하도록 만들 수 있었다.

하지만 이 법률이 낳은 가장 중요한 유산 중 하나는 농촌 여성의 입지 재편이다. 여성 협회 및 단체 들이 입법권자들에게 압박을 가한 덕에, 파트너가 있는 가구의 경우 토지 공여와 토지 소유권 증서 발급이 실제 결혼 여부와 무관하게 공동 명의로 이루어져야 한다고 명문화되었다.[12] 또한 여성 가장이 정착지 토지에 대한 우선권을 갖는다는 특별 조항이 신설되었다.

공동 명의 제도는 파트너가 있는 여성에게 여러모로 유리했다. 재산을 팔거나 임대하거나 담보로 삼는 등 재산 관리에 대한 가정 내 중대한 결정에서 드디어 여성에게 발언권이 생겼다. 여성이 파트너와 헤어질 경우 핵심 자산인 토지를 잃지 않도록 보호 장치도 강화했다. 이제는 파트너가 사망하더라도 여성을 유산 상속에서 완전히 배제할 수 없게 되었다.[13]

여성을 위한 변화는 하룻밤 새 찾아오지 않았다. 여러 해가 걸렸으며 여러 번 닦달해야 했다. 콜롬비아는 관료 대부분이 남성이었고 이들은 남성에게 토지를 주고 싶어 했기에 토지 재분배 기관이 토지 권력을 이용하여 사회 전반의 편견을 바로잡기에 앞서 내부의 편견부터 극복해야 했다. 1989년 토지청 집행위원회는 담당 직원들에게 부부가 요청하면 여성을 토지 등기에 포함시키는 것을 의무화하는 지침을 발표했다.[14] 이 무렵 폭력 사건이 증가하여 남편과 사별하거나 혼자가 된 여성도 점차 늘고 있었는데, 1991년에 이 여성들에게 토지 신청 시 우선권을 부여하는 조치가 시행되었다.

1990년대 중반이 되자 마침내 여성들은 정착민 개혁을 통해 분배된 토지에 더 직접적으로 접근할 수 있게 되었다. 1990년대 후반, 공여 대상용 정착지의 절반 가까이가 여성에게 직접 지급되었다.[15] 수십 년 만에 처음으로 토지에서 성별 격차가 좁혀지기 시작했다.

한편 콜롬비아는 1994년에 세계은행과 손잡고 실험적인 토지 재분배 사업을 출범시켰다. 내전이 농촌의 불만을 연료로 삼아 격화되는 상황에서 시장 기반의 경자유전 개혁을 통해 사유지를 확보하여 농민들에게 공여한다는 발상이었다. 정부는 사유지 소유자들이 자발적으로 내놓은 토지를 시가에 매입하여 소농들과 무토지 농민들에게 보조금을 붙여 판매했다. 트랑킬란디아를 변화시키고 엘레나 부부에게 잠정적으로 토지를 쥐여준 바로 그 사업이었다.

새 사업에서는 부부의 경우 공동 명의를 의무화했으며 내전 때문에 위험에 처한 여성을 결혼 여부와 무관하게 우대했다. 이 사업은 불과 몇 년 만에 종료되었고 약 2만 가구가 혜택을 입었다.[16] 하지만 경자유전 개혁이 새롭게 보여준 성평등적인 진전을 반영한 것은 분명한 성과다. 공여 토지 중 70퍼센트 가까이가 공동 명의로 지급되었다. 12퍼센트는 여성 개인에게, 나머지는 남성에게 공여되었다.[17]

새로운 정책은 농촌에서의 성평등 증진에 결정적 역할을 했지만 걸림돌도 맞닥뜨렸다. 정부에서 재분배용 토지를 매입하기 위해 대지주들에게 선금을 지급해야 했기에 비용이 많이 들었다. 토지청의 관료 조직은 비대하고 비효율적이었으며 수혜자들에게 배정된 비용의 두 배 이상을 행정 업무에 썼다.[18]

2000년대에 접어들어 나라 전체가 위태로워진 것도 문제였다. 게릴라 집단과 준군사 집단이 세력권을 넓히고 수도와 도심을 잠식하면서 정치 체제와 관료 조직이 비틀거렸다. 엘레나와 그녀의 공동체 또한 이 폭력의 물결에 휩쓸렸다. 토지 재분배 기관은 잠시 문을 닫았다.

알바로 우리베Álvaro Uribe 정부는 군을 보강하기 위해 자금을 모았고 반란을 잔혹하게 진압했다. 보안군은 영토를 탈환하면서 숱한 인권 침해를 저질렀다. 하지만 2010년대가 되자 정부는 수백만 명의 삶을 뒤흔든 국가 내 폭력과 강제 이주 문제를 충분한 여유를 가지고서 숙고할 수 있게 되었다. 토지 문제는 이후의 배상과 화해 절차에서 중심에 있었다.

2010년, 콜롬비아 국민들은 오랜만에 안전한 환경에서 투표장에 갔다. 그들은 우리베의 후계자였던 후안 마누엘 산토스Juan Manuel Santos를 압도적 득표율로 대통령에 당선시켰다. 집권 초기 내전 피해자들에 대한 배상 문제에 주력한 산토스 정부는 2011년 획기적인 피해자법Victims Law을 통과시켰다. 이 법은 무장 분쟁의 피해자와 그 가족들에게 배상을 약속했다. 법의 핵심은 엘레나처럼 토지를 강탈당했거나 어쩔 수 없이 버리고 떠나야 했던 사람들을 위한 토지 반환 제도였다.[19] 이 법은 여성이 피해를 경험하는 고유한 양상을 명확히 고려하여, 여성이 반환 과정에서 성별에 따른 장벽을 극복할 수 있도록 지원했다. 산토스는 법안에 서명하면서 이렇게 선언했다. "다른 어떤 성과를 이루지 못한다 하더라도 이 법안만으로도 제 대통령직은 헛되지 않을 겁니다."

피해자법은 두 가지 면에서 여성을 특별히 고려했다. 첫째, 토지를 잃은 피해자의 파트너에게 토지 반환 요구 자격을 부여했다. 남성이 대부분의 토지를 소유하고 있었고 내전에서 살해당할 가능성이 여성보다 훨씬 컸기에 이 법 조항은 여성 파트너가 처음에 토지 등기에 이름을 올리지 못했더라도 토지 반환을 요구할 수 있도록 했다.[20] 둘째, 여성이 성차별 때문에 토지 반환 요구 과정에서 배제되지 않도록 여성을 위한 특별 프로그램을 신설했다. 토지 반환 담당자에게 성인지 교육을 실시하고, 반환 요구 과정에서 여성이 맞닥뜨리는 고유한 장벽을 인식하여 해결하고, 여성들이 권리를 청구하는 방법에 대해 정보를 제공하고 교육하는 내용이 포함되었다.

사업이 시행된 첫 10년간 900만여 명이 분쟁 피해자로 등록했으며 그중 절반이 여성이었다.[21] 분쟁 피해자 중에서 토지를 빼앗기거나 강제 이주당한 12만 7000명이 토지 반환을 청구했다.[22] 상당수 청구는 여전히 처리 중이며 엘레나의 토지 청구는 그 최전선에 있었다. 2019년 중반까지 법원이 토지 반환을 인정하는 판결을 내린 약 1만 건에서 피해자의 절반은 여성이었다.[23] 많은 피해자는 주택 보조금 같은 다른 형태의 보상을 요구했다. 피해자들에게 주택 보증금을 지급한 약 8만 건 중에서 여성이 가장인 가구는 전체의 30퍼센트였다. 또한 여성은 정부에서 지원하는 소규모 민간 기업에 37퍼센트나 참여했다.[24]

피해자법은 새로운 과제를 맞닥뜨렸다. 토지 반환 청구를 선별하는 일은 엄청나게 복잡했다. 게다가 내전이 몇 년간 다시 격화되었다. 납치 사건이 잇따라 일어나고 무장 단체, 민간인, 국가 간에 충돌이 벌어졌다. 이렇듯 폭력이 일상화되면서 토지 반환을 원하는 여성과 남성 모두에게 안전과 재정착을 보장하기란 쉬운 일이 아니었다. 이 나라에 필요한 것은 평화였다.

피해자법이 통과된 이듬해, 정부는 국내 최대의 게릴라 집단인 FARC와 평화 회담을 시작했다. 양측을 대리하는 협상단이 쿠바의 아바나Havana에서 만나 농촌 개혁, FARC의 정치 참여, 마약 정책, 분쟁 피해자 배상, 그리고 FARC의 해산, 무장 해제, 사회 편입 같은 합의 실행을 위한 절차 등 민감한 문제들을 논의했다. 회담은 시작 때만 해도 기본적으로 남성들의 일이었다. 여성들의 목소리는 거의 대변되지 않았다.

하지만 여성 단체, 페미니스트들, LGBTQ 단체, 피해자 단체가 유엔을 비롯한 국제 지원 단체들의 도움을 받아 여성을 회의 석상에 앉히도록 항의하고 조직적 활동을 펼쳤다. 여성들은 사안의 중대성을 이해하고 있었으며 뒷전에 물러나기를 거부했다. 양측 협상단은 여성들을 회담에 참여시키는 데 동의했다. 그리고 양측 협상단에 성평등 조치를 권고할 성별소위원회를 설립하기로 합의했다. 4년에 걸친 험난한 협상 끝에 최종 평화 협정이 조인되고 2016년 의회에서 비준되었다. 협정에는 성별 및 여성 권리에 관한 130여 개의 조항이 포함되었는데, 협상에서 논의된 주요 의제를 망라하는 내용이었다.

협정은 콜롬비아에서 가장 민감한 사안인 토지 문제에 주목했다. 내전이 토지 문제에서 비롯했으며 농촌 개혁을 진지하게 받아들이지 않고서는 분쟁이 끝나지 않으리라는 사실을 모두가 알고 있었다. 20세기 후반에 지난한 분쟁들을 매듭지은 여러 협상과 마찬가지로 토지는 평화의 중심에 있었다. 콜롬비아 및 국제 여성 단체들이 촉구하고 여성 협상가들이 노력한 끝에 토지 재분배 및 반환, 재산권 공식화, 신규 토지 매입, 법률 지원, 권리 보호, 토지 분쟁 해결 등에 여성을 포함하고 우대하는 특별 조치가 취해졌다. 예를 들어, 토지 청구인이 여성일 경우 평가 항목에서 추가 점수를 받았으며 여성 단체 회원일 경우에는 더 높은 점수를 얻었다.

이 노력들은 결실을 맺었다. 평화 협정이 타결된 지 5년 만에 2만 명의 여성이 약 40만 헥타르의 토지에 대한 접근권을 얻었는데, 이는 국가가 여러 사업을 통해 공여한 정착지 토지의 30퍼센트였다. 그 밖에도 수천 명의 여성이 토지에 대한 재산권을 보장받았다. 토지 매입 보조금을 받은 가구 중 절반은 여성이 가장이었다. 5만 명에 가까운 여성(전체 분쟁 피해자의 절반 이상)이 토지 분쟁 해결을 위한 특별 법원에서 절차를 밟았다.[25]

토지 접근권의 성별 격차를 해소하려는 콜롬비아의 노력은 실질적인 성과를 거뒀다. 엘레나 같은 농촌 여성들의 지위는 지난 수십 년에 걸쳐 눈에 띄게 향상되었다. 또한 토지 소유권 및 이 권리를 현실화하는 데 필요한 수단과 관련하여 여성의 조직적 활동과 인식이 훨씬 제고되었다. 엘레나의 공동체가 토지 반환을 위해 도움을 청한 법률 비영리 단체와 유사 기관들은 인식 증진에 힘썼으며 불리한 처지에 놓인 청구인들을 위해 토지 반환을 촉진하는 데 기여했다.

하지만 진정한 성평등까지는 아직도 갈 길이 멀다. 2014년, 평화 협정에 앞서 실시된 농업 인구조사에 따르면 여성은 농촌 토지의 26퍼센트, 남성은 61퍼센트를 소유하고 있었으며, 나머지 13퍼센트는 공동 소유였다. 여기서 보듯 1980년대 이후 여성에게 유리한 방향으로 상당한 진전이 이루어졌다. 인구의 4분의 1이 여전히 농촌 지역에 거주한다는 점을 고려하면 이것은 중요한 변화다. 하지만 이 결과는 성별 격차가 얼마나 고질적인지도 보여준다. 여성은 평균적으로 남성보다 작은 면적의 토지를 소유하고 있으며, 장비 기계화나 신용 접근성도 낮은 편이다.[26]

성별 격차가 사라지지 않는 데는 여러 이유가 있다. 정부가 토지 재분배를 통해 토지 소유권의 성별 격차를 줄이려고 노력해 왔지만 이것이 전체 토지 거래에서 차지하는 비중은 일부에 불과하다. 여전히 대부분의 토지는 토지 재분배보다는 민간 부문에서의 매매나 상속을 통해 이전된다.[27] 그간 정부는 토지의 소유와 관리가 한쪽 성별에 치우치지 않도록 규제하는 일에 매우 소극적이었다. 가부장적 성별 규범은 대부분의 농촌에, 특히 개혁의 손길이 닿지 않은 곳에 여전히 남아 있다.

토지 재분배의 느린 속도도 문제를 키웠다. 그 원인은 사회적 반발과 관료적 제약이었다. 저명한 토지 운동가들과 여성 운동가들이 반개혁 범죄 집단에 살해당했다.[28] 농촌 오지의 여성들은 끝없이 이어지는 폭력 앞에서 적절한 보호와 지원을 받지 못한 상태로 토지를 돌려받는 일을 두려워한다. 토지 관리 기관들도 토지 반환, 토지 등기, 경자유전 개혁과 정착민 개혁을 진척시키는 데 애를 먹고 있다. 미해결 토지 분쟁이 산더미처럼 쌓여 있는데, 그중에는 청구인이 범죄 조직이나 유력한 대지주를 상대하는 경우도 많다. 토지 기관들은 토지 분쟁 해소에 협조를 거부하는 다른 정부 기관이나 지방 판사 및 정치인과도 갈등을 빚곤 한다.

게다가 토지 개혁이 과거보다 성평등 측면에서 진일보하기는 했어도 성차별적인 편견에 여전히 발목이 붙잡혀 있다. 많은 여성들이 사회적 이유로 토지 접근권에 제약을 받으며 농업 외의 다른 분야에서 일하는 것을 선호한다. 관료들은 성차별적 편견에 민감해지도록 교육받았음에도 여전히 편견을 가지고 있다. 대부분의 사업에서 여성은 토지를 받을 가능성이 여전히 남성보다 적으며 더 작은 구획을 받는 경향이 있다.[29]

또한 정부가 여성을 획일적인 집단으로 치부하고 성별을 단순한 이분법적 개념으로 취급한다는 비판이 늘고 있다. 여성을 동질적인 범주로 취급하면 인종, 민족, 계층, 지역 정체성, 결혼 여부, 경험 같은 요인들의 중대한 차이를 무시하게 된다. 이 차이들은 서로 다른 집단들이 정부에 어떻게 요구를 제기해야 하는지, 정부의 대응 측면에서 가장 효과적인 정책이 무엇인지에 근본적인 영향을 미친다.[30] 비슷한 맥락에서, 전통적 성별 범주에 따라 자신을 규정하지 않는 개인들의 요구를 다루기 위한 정부의 관심이나 역량도 부족한 실정이다.[31]

그럼에도 점점 더 많은 조치가 취해지고 있으며 앞으로 훨씬 많은 토지가 재분배될 예정이다. 콜롬비아는 토지가 성평등의 촉매 역할을 할 수 있음을 전 세계에 보여주는 모범 사례이다. 올바른 주인을 만난 토지는 오랜 사회적 불의를 뒤집을 수 있다. 그리고 콜롬비아가 유일한 사례는 아니다.

볼리비아의 가부장제를 뒤흔들다

2006년 8월 7일, 실비아 라사르테Silvia Lazarte는 볼리비아에서 새로 구성된 제헌의회 앞에 의장으로서 섰다. 그녀는 농촌 토착민 혈통을 드러내는 케추아 부족Quechua의 전통 복장을 입은 채 의원들에게 자신을 소개했다. "저는 아주 가난한 집안 출신입니다. 경제적 지원을 받지 못해 학교에 계속 다닐 수도 없었습니다. 많은 사람이 제게 제헌의회를 이끌 자격이 있냐고 묻습니다. 그러면 저는 자랑스럽게 대답합니다. 제가 자격을 갖추지 못한 것은 제가 소외된 존재였고, 어릴 적에 아버지가 저는 여자이고 맏딸이니 남동생들에게 기회를 양보해야 한다고 말했기 때문이라고요."[32]

가난한 농촌 가정에서 자란 라사르테가 볼리비아의 새로운 사회 계약을 수립하는 임무를 맡은 제헌의회를 이끌게 된 것은 오랫동안 메스티소 남성들이 지배한 나라에서 놀라운 진일보였다. 비록 그녀는 공교육을 거의 받지 못했고 여성이며 토착민 출신이라는 사실 때문에 차별을 받긴 했어도 활동가이자 노동조합 조직가로서 타의 추종을 불허하는 경력을 자랑했다. 라사르테의 가장 중요한 정치적 후원자인 에보 모랄레스Evo Morales 볼리비아 대통령만이 그녀에 필적할 수 있었다.

라사르테가 열여섯 살이 된 1980년, 일군의 토착민 여성들이 장차 이 나라에서 가장 강력한 여성 단체가 될 조직을 결성했다. 이 조직은 대중에게 바르톨리나 시사스Bartolina Sisas 또는 바르톨리나스Bartolinas라고 불렸다.[33] 같은 해, 병을 앓던 라사르테의 아버지가 타지에 이주한 아들들 대신 그녀를 차파레Chapare 지역의 영농 조합에 데려가 대리로 내세우려던 일이 있었다. 그녀는 여성이자 미성년자라며 가입을 거부당했고 그때의 일을 쓰라리게 곱씹었다. 1982년, 그녀는 에보 모랄레스의 지원을 받아 독자적으로 지역 내에 여성 노동 조합을 결성했다. 그녀의 행로는 금세 바르톨리나스와 교차했으며 라사르테는 1999년부터 2001년까지 이 단체를 이끌었다.

제헌의회가 라사르테의 지휘를 따라 본격적인 활동을 시작하자 바르톨리나스 회원들은 토지와 여성 문제를 다루는 위원회에서 요직을 맡았다. 그들은 여성의 토지 접근과 상속에 대한 차별에 맞서 싸웠으며 토지 등기 및 토지 재분배 사업에서 여성의 권리를 보장받기 위해 투쟁했다. 의회에서 새 헌법을 초안하는 임무를 완수한 뒤 라사르테는 고향으로 돌아가 자신의 땅에서 농사지으며 운동에 전념했다. 제헌의회에서 초안한 새 헌법은 국민투표에서 압도적 승인을 받았고 보수적 전통이 만연하던 사회에서 농촌 여성의 삶에 극적인 변화를 일으키게 된다.

모랄레스가 대통령에 당선된 2006년에 볼리비아에서 법적으로 토지에 대한 권리를 소유한 여성은 거의 없었다. 또한 절대다수의 토지는 재산권이 취약한 상태였다. 1950년대에 시작되어 수십 년간 계속된 토지 재분배 사업은 대규모 토지를 몰수하여 주로 남성 농민에게 분배했다. 하지만 정부는 토지 수혜자들에게 검증이 가능하거나 확실한 법적 소유권을 부여하지 않았다. 남성들은 볼리비아 토지의 대부분을 차지했지만 이를 입증할 문서나 기록이 없었다.

정부는 1990년대 후반부터 토지 소유권 증서를 발급하여 혼란을 해소하기 시작했다. 여성들은 훨씬 많은 토지를 법적으로 소유할 기회를 포착했으며, 모랄레스가 당선되고 바르톨리나스의 부상으로 마침내 영향력 있는 정치적 우군을 얻었다. 모랄레스는 새 헌법과 정치적 다수당의 지지에 힘입어 사업에 박차를 가했다. 라사르테가 주도해서 만든 새 헌법과 바르톨리나스를 비롯한 여성 단체들의 요구에 따라 정부는

     | 3부 다시 태어나는 땅 |

토지 소유권을 남성과 여성 모두에게 부여하는 쪽으로 돌아섰다.

10년이 채 지나지 않아 여성은 볼리비아에서 주요 토지 소유자가 되었다. 볼리비아는 라틴아메리카에서 성 불평등이 가장 심각했던 나라에서 성평등이 진전된 나라로 변모하기 시작했다. 라사르테 같은 토착민 여성들은 남성들과 나란히 정치적 권력을 차지했으며 공동체의 의사 결정과 문제 해결에 대해 더 큰 발언권을 행사했다. 다만 여성에 대한 차별은 (특히 농촌 지역에서) 여전히 적잖이 남아 있다. 많은 여성이 집 안에 매여 있으며 목소리를 내지 못한다. 하지만 여성에 대한 존중, 가정 문제에 대한 여성의 발언권, 권력과 권위를 지닌 위치에서 남성과 나란히 일하는 능력 등이 2000년대 초에는 상상도 못했던 방식으로 발전했다. 토지는 이러한 역사적 변화에서 주춧돌 역할을 했다.

볼리비아는 스페인 식민지 시절부터 1950년대까지 봉건사회였다. 아시엔다가 확장될수록 토착민 집단은 토지와 독립을 잃어갔다. 가장 부유한 소수의 지주들이(대체로 유럽 혈통이거나 혼혈이었다) 볼리비아 농지의 90퍼센트 이상을 차지했다.[34] 인구의 절대다수를 차지하는 농민들은 대부분 대지주들의 아시엔다에서 살면서 그들의 밭과 집에서 일했다. 실비아 라사르테의 할머니와 어머니도 그렇게 살았다.[35] 여성들은 변변찮은 가구 소득으로 가사를 돌보고 밭을 매고 옷감 짜는 수공예 작업을 했으며 일부는 지주의 하녀로 일했다. 지주들은 채무 관계로 상주 노동자를 아시엔다에 묶어두었으며 토지와 함께 팔았다. 노동자들은 학대와 착취를 당했으며 많은 여성이 중매 결혼을 강요당했다. 1952년의 볼리비아 혁명은 콜롬비아가 피비린내 나는 내전의 수렁에 빠져 있던 때에 위태롭고 폭력적이던 기존의 질서를 무너뜨렸다. 새 정부는 집단주의 개혁을 채택하여 이용률이 낮았던 대토지를 농민들에게 재분배했다. 인구가 많았던 고산지대에서는 농민들이 조직화하여 토지 공여를 청원했다.[36] 1980년대까지 정부는 약 1700만 헥타르의 토지를 대지주들에게서 농민들에게로 이전하는 작업을 주도했다.[37] 고산지대의 인구 압박을 줄이기 위해 정부는 정착민 개혁도 병행하며 미개척지와 국유지를 공여했다.

토지 소유권과 자유의 급진적인 변화는 여성에게까지 바로 확산되진 않았다. 정부는 수혜 가구당 한 구획의 토지만 배정했으며 이는 남성 가장에게 유리하게 작용했다. 기혼 여성이 재산을 처분하고 관리하거나 가구를 대표할 권한을 얻은 것은 1972년이 되어서였다.[38] 남편과 사별한 기혼 여성과 미혼 여성만이 이런 권한을 가지고 있었다. 하지만 실제로 남성이 토지와 가계 자산을 지배하는 관습적 규범 때문에 제한된 법적 권리라도 행사하는 여성은 드물었다.

혁명으로 탄생한 새 정부와 연계된 영농 조합들도 남성 일색이었다. 이 조합들은 정부와 정치적으로 연관된 중요한 지역 조직들이었다. 그들은 볼리비아 농촌 사회의 근간인 공동체 운영을 뒷받침하고 토지 이용에 대해 중대한 결정을 내리고 상품과 서비스를 유통하고 농민들이 토지와 함께 받은 제한적 소유권을 관리했다.[39]

1979년, 토지를 공여받은 농민들이 자율적으로 자신의 길을 개척하고 싶어 했던 탓에 주요 영농 조합이 분열되었다. 이 여파로 1980년에 설립된 바르톨리나스는 토지 수혜자를 위한 전국 단위 조합인 볼리비아 농민 노동자 통합 노동조합 연합Unified Syndical Confederation of Peasant

Workers of Bolivia의 여성 지부였다.[40] 바르톨리나스라는 명칭은 볼리비아의 영웅 바르톨리나 시사Bartolina Sisa의 이름에서 따왔다. 그녀는 아이마라 부족Aymara 여성으로, 1700년대에 지금의 볼리비아 땅에서 스페인 식민지 개척자들에 맞서 일련의 토착민 봉기를 이끌었다. 1781년, 남편 투팍 카타리Túpac Katari를 비롯한 여러 토착민 지도자들과 함께 라파스에 있는 스페인 정부의 거점을 여섯 달간 포위한 사건이 가장 유명하다. 스페인인들은 그녀를 사로잡아 1년 뒤인 9월 5일에 잔혹하게 처형했다. 이날은 현재 국제 토착민 여성의 날로 기념된다.

바르톨리나스의 창립자들은 여성 농민이 토착민이자 농민이자 여성이기에 여러 층위의 차별을 겪는다는 점을 강조했다. 다층적 성격의 차별은 지독한 사회적 소외, 경제적 착취, 성별 억압으로 이어졌다.[41] 바르톨리나스는 다층적 정체성을 염두에 뒀으므로 1980년대에 도시에서 형성되기 시작한 중산층 메스티사(스페인계 백인과 토착민 사이에 태어난 여성—옮긴이) 여성 단체들과 달리 여성주의를 명시적으로 표방하지 않았다. 바르톨리나스의 성별에 대한 관점은 다양하지만 남성과 여성이 상호 보완성이라는 토착민의 개념에서 영향을 받았다. 이는 개인의 평등이라는 서구의 자유주의적 개념과 대립되는 사고다. 상호보완성 개념에 의하면 공적 영역과 사적 영역을 성역할에 따라 분리하지 않고 각 영역을 공유하면서 임무와 역할을 수행하는 것을 의미한다.[42]

이런 이유로 바르톨리나스는 토지, 공동체의 자율성, 민주주의를 위한 투쟁에서 남성과 '동행'하고자 했으며 노동조합 정치와 공동체의 의사 결정에서 여성의 목소리를 높이려 했다.[43] 강력한 토착민 운동이 힘을 얻기 시작하면서 바르톨리나스는 이 운동을 이끄는 주요 여성 조직이자 볼리비아 최대의 여성 조직이 되었다.

조직가로서 라사르테의 활약은 이 시기에 시작되었다. 그녀는 아버지가 설립에 관여하고 참여했던 지역 조합에서 성차별을 겪은 뒤 에보 모랄레스의 지원을 받아 여러 지역에서 여성 노동조합을 설립하고 이끌었다. 그즈음 모랄레스는 차파레 지역에서 코카를 재배하던 농민들과 다른 지역의 농민들을 적극적으로 조직하고 있었다. 주요 광산이 폐쇄되면서 농민의 수가 빠르게 늘고 있었다.

라사르테가 바르톨리나스를 이끌기 시작한 1999년에 여성들은 토지 재분배에서 대부분 배제되어 있었다. 볼리비아의 집단주의 개혁과 정착민 개혁은 경제 위기와 정부의 불안정으로 나라가 흔들리면서 1980년대 중후반에 시들해졌다. 1990년대 초반, 농촌 가구 22퍼센트의 여성이 가장이었으나 그 시점까지 토지 재분배의 수혜자 중 여성은 17퍼센트에 불과했다. 하지만 이 수치는 토지 재분배에서 여성이 맞닥뜨린 현실을 과장하고 있다. 1950년대와 1960년대에 토지를 공여받은 여성은 거의 없었다. 1970년대부터 여성들이 직접 토지를 공여받는 경우가 증가했지만 상당 수가 군사 독재 치하에서 부패와 연관된 듯하다. 독재 정권은 정착민 개혁을 통해 남성 동조자들에게 공여한 개척지의 규모를 숨기고 싶어 했다.[44]

1990년대에 볼리비아는 위기와 사회적 격변을 겪었고, 이는 결국 여성을 위한 변화의 기회를 만들어냈다. 라사르테의 투쟁은 이런 변화를 이루기 위한 것이었다. 새 민주주의 체제는 여전히 1980년대부터 이어진 경제 문제들로 비틀거리고 있었다. 1980년대 중반 초인플레이션이 발생하자 볼리비아는 IMF에 도움을 청했다. 하지만 경제는 침체에 빠지고 말았으며 1993년에는 IMF뿐 아니라 세계은행까지 불러들여야 했다. 이 국제기구들은 볼리비아가 경제 구조 개혁의 일환으로 재산권 문제를 진지하게 검토하길 바랐다. 지난 수십 년간 추진된 집단주의 개혁의 수혜자들과 저지대의 토착민 집단들도 재산권 강화를 요구하고 있었다. 그들에게 토지를 부여하는 것은 곧 권력을 쥐여주는 것이었다. 덕분에 그들은 자신들의 요구를 더 강력하게 밀어붙일 수 있었다. 그들은 법의 그늘 속에서 막대한 토지를 소유하고 있었으며 재산 침해로부터 보호받을 수 있도록 더 강력한 토지 보장을 원했다. 그리고 사회에서 더 공정하게 대우받고 싶어 했다.

그 결과 1996년에 새 법이 제정되었다. 이 법의 목표는 비공식적 소유지를 명확히 구획하고 등기하여 토지 접근권을 더 확실히 보장하는 것이었다.[45] 하지만 실제로는 토지를 소유한 자들의 지배권만 더 공고해졌다. 공여자, 비정부기구, 여성 단체의 요구에 따라 이 법은 토지의 접근과 관리 면에서 여성에게 평등을 약속했다. 여성이 발 딛고 살아가는 토지에 대해 더 큰 몫의 소유권을 얻을 수 있는 전례 없는 기회였다. 콜롬비아에서는 성평등을 지향하는 진보적인 법률을 도입했을 때 대다수 지역에서 재산권이 확고하게 안정되어 있었다. 그렇기에 토지 소유에서 남성을 우대하는 편향이 상당했으며 새로운 토지 거래의 틀을 제시한 법률만으로는 기존의 편견을 완전히 없앨 수 없었다. 반면에 볼리비아는 사실상 처음부터 시작할 기회를 갖고 있었다. 성별 관점에서 보자면, 적어도 부부가 주축인 대부분의 가구에서는 재산권이 백지 상태에 가까웠다.

하지만 새로운 토지 기관인 국립농업개혁원INRA은 토지 등기를 추진하면서 여성들에게 그들이 가진 법적 권리를 알리거나 등기 절차에 참여하도록 장려하는 조치를 취하지 않았다.[46] INRA 관료들은 남성 일색이었으며 여성에게 토지 권리를 부여하는 절차에 관한 행정 훈련을 전혀 받지 못했다. 비정부기구들, 실비아 라사르테가 이끄는 바르톨리나스, 기타 단체들은 여성이 INRA에 토지 권리를 요구하기가 힘들며 토지 등기 절차에서 배제되고 있다는 사실을 알아차렸다. 이러다가는 여성이 토지 소유권을 차지할 기회의 문이 닫혀버릴 터였다. 여성들이 신속히 조직화하지 않으면 자기 몫의 토지에서 다시 배제될 것 같았다.

2000년대 초, 비정부기구들은 INRA와 협력하여 좀 더 여성 친화적으로 토지 등기 절차를 개혁하는 과제에 착수했다.[47] 한편, 바르톨리나스는 라 비아 캄페시나La Vía Campesina(직역하면 '농민의 길')라는 국제 농민 단체에 도움을 청했다.[48] 라 비아 캄페시나는 토지 문제를 다루는 농민 단체, 토착민 단체, 농촌 노동자 단체, 여성 단체로 구성된 저명한 국제 연합체다. 바르톨리나스는 라 비아 캄페시나에 볼리비아 개혁 과정에서 작용한 성별 편향을 조사해 달라고 의뢰했으며 여성의 토지 권리에 대해 공동으로 세미나를 주최하기도 했다. 세미나에서는 공동체와 농촌 조직 내에서 어떻게 여성의 지위를 향상시키고 집단적인 토지 권리와 영역을 지원할지에 대해 토론이 이루어졌다.[49]

바르톨리나스는 여성이 개인 명의나 파트너와 함께 공동 명의로 토지를 등기하는 안을 강력하게 지지하기 시작했다. 그들은 농촌 여성들에게 출생 증명서와 신분증을 무상으로 발급하라고 의회를 로비하여 성공을 거뒀다. 상당수 여성들은 이 문서들이 없어서 토지 소유권 증서를 받을 수 없었다. 대중이 감시의 눈초리를 보내자 INRA는 부부 공동 명의의 토지 등기를 지원하기 시작했다.

하지만 이 모든 과정은 예고편에 불과했다. 볼리비아에서 인구가 가장 밀집한 고산지대의 토지 등기는 처음에는 더디게 진행되었다. 상황이 달라진 것은 볼리비아에서 최초로 토착민 출신 대통령이 당선되면서부터였다. 토지 등기에 대한 관심이 부쩍 커졌으며 여성들은 성차별을 바로잡는 일에 새로운 에너지를 활용할 수 있었다.

바르톨리나스는 2006년에 에보 모랄레스의 집권을 이끌어낸 정치 연합인 사회주의 운동Movimiento al Socialismo의 주축이었다. 이 연합의 뿌리는 농민 및 토착민 연합과 바르톨리나스를 비롯한 사회 운동 단체들로, 토지 재분배와 그 결함에 자극받은 집단들이다. 이들은 1990년대에 전국 무대에서 자신들을 대변할 정치 기획이 필요하다는 데 의기투합했다. 리더를 맡은 에보 모랄레스는 오랫동안 바르톨리나스를 후원했으며 차파레에서 실비아 라사르테와 함께 활동가이자 조직가로서 스스로를 단련했다.[50]

사회주의 운동 연합은 의회 의석의 절반 가까이를 여성에게 배정하는 전례 없는 조치를 취했으며, 토지법을 신속히 개정하여 부부의 경우 남녀 공동 명의로 토지 소유권을 등록하도록 의무화했다. 이어서 라사르테와 협력하여 더 포용적이고 진보적인 새 헌법을 초안했다. 바르톨리나스는 제헌의회에서 토지와 여성 문제를 다루는 위원회들의 요직을 차지했다. 2009년에 공포된 새 헌법은 토지에 대한 접근과 상속에서 여성 차별을 금지했으며 이후 토지 등기와 토지 재분배 사업에서 여성의 권리를 보장했다.

같은 해에 모랄레스는 재선에 성공했다. 바르톨리나스의 구성원들을 비롯하여 여성들은 더 많은 의석을 얻었다. 모랄레스는 내각의 절반을 여성으로 채웠는데 그들 대부분은 토착민 출신의 여성 운동가였다. 토지 등기 사업에도 탄력이 붙었다. 2014년 기준, 모랄레스 정부는 1996년 이후에 발급된 40만 건 가까운 토지 소유권 증서의 94퍼센트 이상과 등기된 토지의 70퍼센트 가까이를 관리하고 있었다.[51] 이는 볼리비아 사유지의 대부분에 해당하는 규모였다.

여성들은 마침내 토지 권력에 직접 접근할 수 있게 되었고 싸움의 결실을 거뒀다. 공동체가 소유한 토지를 제외하면 모랄레스 임기 중 토지 수혜자의 82퍼센트는 부부였으며 7퍼센트는 여성이었다. 나머지 11퍼센트의 토지 소유권은 남성에게 돌아갔다. 그 결과, 1996년 이후 누적된 토지 수혜자 중 46퍼센트가 여성이고 53퍼센트가 남성이었으며 나머지 몫은 공동체에 공여되었다.[52]

이러한 변화는 여성에게 힘을 실어주고 새로운 사회적 공간을 열어주었다. 이러한 변화가 일어나고 있는 중요한 분야 중 하나는 공동체의 운영이다. 공동체 운영에서는 정치적 권리가 토지 소유권과 연관될 때가 많다.[53] 여성들은 새롭게 차지한 토지 소유권을 바탕으로 공동체 문제에 대한 발언권을 얻었다. 한 여성은 공동체 회의에서의 발언에 대해 이렇게 증언했다. "이젠 남자들이 저희를 내쫓으려 해도 나가지 않고 회의에 참석해요. 저는 토지 소유주이며 발언하고 참여할 권리가 있다고 그들에게 말하죠."[54]

자기 몫의 토지 소유권을 가진 기혼 여성은 남편과 이혼하거나 사별하는 경우에도 더 안전하다. 한 여성은 이렇게 말했다. "전에는 여성이 남편과 사별하거나 별거하거나 이혼하면 공동체가 우리를 내쫓았어요. 이제는 남성들이 우리를 쫓아내지 못해요. 전에는 모든 게 그들의 이름이었지만 지금은 우리 이름으로 되어 있으니까요. 여성들은 권리를 가져야 해요. 결혼 후에도 마찬가지이고요. 남성들은 우리를 우리 집에서 내쫓을 수 없어요. 전에는 남편이 죽으면 시댁 식구들이 우리를 우리 집에서 쫓아냈지만 이젠 그렇게 못 해요."[55] 남성이 더 나은 일자리를 찾아 일시적으로 타지에 가 있을 때 남아 있는 여성이 자기 몫의 토지 소유권을 가지고 있으면 남성을 대신해 의사 결정에 참여할 여지가 커진다.

성별 문제를 둘러싼 급격한 사회 변화는 남성의 저항을 불러일으키기도 했다. 2009년, 볼리비아에서 여성의 진보를 가로막는 걸림돌이 무엇이냐는 질문에 저명한 활동가인 도미틸라 충가라Domitila Chúngara가 이렇게 대답했다. "마치스모Machismo(남성다움을 과시하는 행동으로 '마초'의 어원―옮긴이)예요. 얼마 전에 읽고 쓰기 수업이 끝나고 한 여성이 저를 찾아왔어요. 그녀는 남편이 보내주지 않아서 수업에 참석하지 못했다고 슬퍼했죠. 남편은 '네 부모가 키운 대로 그냥 그렇게 살아라'라고 했어요. 제 생각에 볼리비아 여성들이 가장 먼저 승리해야 하는 싸움은 가정 안에서의 싸움인 것 같아요."[56]

이런 유형의 가부장제는 여전히 만연해 있으며 전통적 관습에 따라 운영되는 공동체에서는 그 정도가 더욱 심한 편이다.[57] 공동체 안팎에서 남성들은 여성들에게 토지 소유권을 부여할 의무를 외면하거나 회피하려 들었다. 일부 공동체는 미혼 여성이 개인 명의로 토지를 소유하겠다는 요청을 지금도 거부하고 있다.[58] 그 밖의 불평등도 적잖이 남아 있다. 모랄레스의 집권 초기에는 남성 개인의 명의로 등기된 토지가 여성 명의의 토지보다 훨씬 넓은 경향이 있었다.[59]

볼리비아에서 일어나고 있는 규모의 사회 변화는 결코 금세 완성되거나 반발이 아예 없을 순 없다. 하지만 마침내 변화가 찾아오면 원래대로 되돌아가는 것 또한 힘들다. 여성들은 이제 당당한 토지 소유주다. 자신들의 토지를 통해 존재감과 인정을 누리고 있으며 더 포괄적인 시민권을 얻었다.

* * *

여성들에게 더 많은 토지를 부여함으로써 여성의 사회적 지위를 향상시키는 것은 많은 사회에서 아직 첫발조차 떼지 못한 긴 여정이다. 콜롬비아와 볼리비아에서처럼 여성들이 나서서 압박하고 정치적 기회가 열려야 한다. 때로는 붕괴, 비극, 전쟁이 계기가 되기도 한다. 변화를 이끌어내는 가장 빠른 방법은 토지 재분배가 아니라 볼리비아에서처럼 재산권과 재산법을 바꾸는 것이다. 부부 공동 명의로 재산권을 확대하거나, 상속법을 개정하여 아들 우대 조항을 폐지하거나 줄이는 세부 방안이 있다. 이렇게 하면 다른 식으로는 불가능한 기회와 독립을 여성에게 안겨줄 수 있다. 에콰도르, 인도, 아일랜드, 네팔, 베트남 같은 나라들이 이 길을 따랐다.

관습과 전통을 바꾸는 것은 힘든 일이다. 변화에 저항하거나 그것을 무시하는 남성들의 반격도 흔하다. 이런 반격이 개혁 시도를 압도할 수도 있다. 베트남에서 보듯 너무 소극적인 개혁은 큰 효과를 거두지 못할 수도 있다. 하지만 콜롬비아와 볼리비아의 경험은 실질적인 진전이 이루어질 수 있다는 가능성을 보여준다. 현대화와 도시화는 그 진전을 가속화할 수 있다. 현대화는 사회적 가치를 변화시키며, 변화를 이끌어낼 수 있는 더 큰 발언권을 여성에게 부여한다. 또한 현대화는 출산율 감소와도 연관되어 있어서 자녀들 사이의 재산 상속과 기회를 둘러싼 성별 경쟁이 부쩍 줄어들게 한다. 도시화는 토지에 대한 인구 압력을 감소시키며 현대화와 마찬가지로 가치 변화를 가져오고 여성의 이동을 촉진한다.

콜롬비아처럼 토지 재분배 사업을 통해 여성에게 힘을 실어주려 한 대부분의 나라들은 별다른 진전을 거두지 못했다. 그중 악명 높은 사례로는 소비에트연방과 중국이 있다. 두 나라에서는 집단농장 내 의사 결정에서 여성이 뒷전으로 밀려났다. 심지어 선의에서 비롯된 현대의 시도 중에도 실패한 사례들이 있다. 남아프리카공화국의 토지 반환 및 재분배 사업은 여성의 참여를 목표로 했으나 끈질긴 관행과 만연한 성별 편향, 여성 특수한 요구를 고려하지 않은 탓에 여성들은 여전히 주변부로 밀려난 상태이다.

사회적 장벽이 변화를 가로막는 현실을 감안하면 대부분의 나라에서 토지 소유 구조가 여전히 남성에게 유리하며 이 격차가 성 불평등을 더욱 심화시키고 있다는 점은 놀랄 일이 아니다. 하지만 이 장벽들은 여성들의 압박에 서서히 무너지고 있다. 가장 어두운 국면을 맞닥뜨린 나라들에서 가장 큰 진전이 이루어졌다는 점은 분명하다. 재앙, 혼란, 심지어 전쟁의 시기에는 국가적 상처를 치유하는 사업을 위해 여성에게 더 많은 권한을 부여하는 일이 가능해진다. 하지만 기회가 어떻게 생겨났든 간에 여성이 재산을 가진 곳에서는 남녀가 훨씬 더 평등해졌다.

9장

다시 숨 쉬는 땅

칠레와 스페인의 자연 복원

2018년 1월 하순의 서늘하고 화창한 오후, 한 대통령과 한 자선사업가가 칠레 남부의 파타고니아에서 만나 대규모 국립공원 네트워크를 출범하는 서명식을 가졌다.

서명식은 바람이 거센 차카부코계곡Valle Chacabuco의 복원중인 초원에서 열렸다. 이 곳은 미국의 자선사업가 크리스틴 톰킨스Kristine Tompkins가 운영하는 자연 보전 단체가 2004년에 사유지 소유자에게서 사들인 뒤 복원 작업을 진행한 곳이었다. 지난 1세기 동안 칠레 정부는 이 땅을 개발하겠다고 약속한 기업에 거대한 계곡을 공여했고, 다시 회수한 뒤 협동조합 개혁의 일환으로 현지 노동자들에게 나눠주었다. 그리고 또다시 회수한 뒤 민간인에게 경매로 팔아넘겼다. 80년에 걸친 목축과 거듭되는 소유자 변경의 우여곡절을 겪은 탓에 계곡의 자연 생태계와 야생동물은 손상을 입고 고통을 겪었다. 하지만 한때 계곡을 위협했던 토지 권력을 이제는 계곡을 보호하는 데 활용할 수 있게 되었다.

칠레 대통령 미첼 바첼레트Michelle Bachelet는 서명 한 번으로 톰킨스
자연보호재단으로부터 차카부코계곡과 소규모 토지를 포함한 8만 헥
타르의 토지를 기증받았다. 바첼레트 정부는 이 토지들과 인접한 국가
소유의 보호구역 두 곳을 합쳐 총 면적 28만 헥타르 이상의 파타고니
아 국립공원Patagonia National Park을 조성하기로 했다. 서명식에서 바첼레
트는 다른 국립공원 두 곳을 확장하고 두 곳을 더 신설하겠다고 발표
했다. 아웃도어 의류회사 파타고니아Patagonia Inc.의 전 CEO인 크리스
틴 톰킨스와 노스페이스North Face 창업자이자 자선사업가인 남편 더그
톰킨스Doug Tompkins는 전략적인 토지 매입과 자연 보전 활동을 통해
자연 녹지의 조성에 중요한 역할을 했다.

과나코guanaco(알파카와 비슷한 동물) 무리가 뒤쪽 계곡에서 풀을 뜯
는 동안 바첼레트는 그 자리에 모인 공무원들, 환경 운동가들, 자선사
업가들에게 이렇게 말했다. "이것은 전례 없는 보존 활동이자, 토지를
이용하는 다른 방식을 상상해 보자는 초대장입니다. 다른 경제 활동
을 고안하고, 천연자원을 고갈시키지 않는 이용 방법을 찾아내고, 장
기적으로 유일하게 안정적인 경제 발전인 지속 가능한 발전을 시도해
보자는 거죠. 국립공원 네트워크 조성으로 이어지는 길은 우리가 가
진 것이 무엇인지, 우리가 누구인지, 그리고 우리가 무엇을 이룰 수 있
는지를 보여줍니다."

크리스틴 톰킨스는 공원 조성이 "미래 세대가 번영할 수 있고 모든
생명이 번영에 필요한 공간과 안전을 누리는 세상을 물려줄 수 있다는
확신"을 입증한다고 선언했다. 크리스틴이 1994년 4월 차카부코계곡
텐트에 누워서 처음에 꿨던 꿈이 드디어 실현되는 순간이었다. 그녀는

2023년에 나와 한 인터뷰에서 자연 경관을 어떻게 복원할 수 있을지 남편 더그와 함께 고민을 나눈 대화를 회상했다. 두 사람에게 그곳은 "칠레의 보석 중 하나"였다.[1]

국립공원 조성 협약은 더그 톰킨스와 크리스틴 톰킨스가 칠레의 토지를 보전하기 위해 수십 년에 걸쳐 분투한 노력의 결실이었다. 두 사람은 1990년 초부터 칠레 남부의 토지 보전을 목적으로 매입하기 시작했다. 처음에는 목적을 밝히지 않고 활동했지만 점차 자신들의 목표를 공개적으로 드러냈다. 이들의 접근방식은 과거 존 D. 록펠러 주니어John D. Rockefeller Jr.가 와이오밍에서 그랜드티턴 국립공원Grand Teton National Park의 조성과 확장에 기여한 방식과 유사했다. 그는 이 지역의 상징적인 산봉우리 주변의 목장들을 매입하여 하나로 통합했다. 톰킨스 부부와 그들의 비영리단체들(훗날 통합되어 톰킨스자연보호재단이 된다)은 여러 기부자의 후원을 받아 수십 년에 걸쳐 약 40만 헥타르의 토지를 취득했다. 그들의 목표는 인접한 땅을 통합해서 더 넓은 규모의 보호구역을 조성하는 것이었다. 일부 토지는 이용률이 저조하거나 방치되다시피 하여 생태계가 거의 고스란히 남아 있었다. 하지만 차카부코계곡을 비롯한 다른 지역들은 심각하게 훼손되어 있었다.

톰킨스자연보호재단은 드넓은 소유지를 여러 번에 걸쳐 칠레에 기증했다. 1월의 서명식으로부터 한 달 뒤에는 30만 헥타르를 추가로 기증하여 푸말린 더글러스 톰킨스 국립공원Pumalin Douglas Tompkins National Park을 조성했다. 크리스틴은 첫 기증 직후 이렇게 말했다. "국립공원과 기념지, 공공 토지는 인종, 경제적 지위, 국적과 무관하게 우리 모두가 건강한 지구에 기대어 살아간다는 사실을 상기시켜 줍니다."[2]

이는 토지 복원 및 보전을 위한 세계 최대의 공공-민간 합작 사업이었다. 자선사업가들과 칠레 정부는 서로 협력함으로써 어느 한쪽만으로는 해내지 못했을 자연 보전의 위업을 달성했다. 토지 기부 협약을 법제화하는 업무를 맡았던 환경부 장관 마르셀로 메나Marcelo Mena는 이 사업이 "21세기의 가장 중요한 생태 행동"이며 "칠레의 운명과 정체성을 자연 보전 쪽으로 향하게 했다"고 평가했다.[3]

이 사업은 환경에도 크나큰 영향을 미쳤다. 칠레는 2014년만 해도 육지와 바다의 4퍼센트만을 보호구역으로 관리하고 있었으나 2018년에는 그 비율을 36퍼센트로 늘렸다.[4] 현재는 드넓은 미개척지가 보호구역으로 지정되어 있다. 앞으로 약 9억 톤의 탄소가 국립공원들의 토양과 식생 속에 자연적으로 격리될 것으로 추정된다. 정착 정책과 인간의 과도한 이용으로 훼손되었던 광활한 지역이 이제 회복되고 있으며 자연과 야생의 아름다움을 되찾는 중이다.

지난 수백 년에 걸쳐 인구가 증가하고 토지와 식량에 대한 수요가 커지면서 인간 사회는 광활한 야생지를 없애고 이를 농지, 주택지, 도심 개발지로 대체했다.

이로 인한 피해의 흔적은 어디서나 볼 수 있다. 미국 서부의 프레리를 생각해 보라. 1800년대 후반부터 수십 년에 걸쳐 토지를 갈구하는 정착민의 물결이 프레리로 몰려들어 지구 최대의 초원 중 하나를 쑥대밭으로 만들었다. 원래 프레리는 수백만 마리의 버펄로, 영양, 새 등이 살아가는 보금자리였다. 그러나 이후 많은 종이 멸종 직전까지 내몰리고 말았다. 오늘날 미국 서부는 비료투성이의 단일 작물 농지로 뒤덮였고 도로가 사방으로 나면서 토착 서식지는 듬성듬성 남게 되었다.

브라질에서 목축과 벌목을 목적으로 토지를 찾아다닌 정착민들도 비슷한 방식으로 아마존 열대우림을 갉아먹었다. 반세기 만에 수백만 헥타르의 원시림이 모두 베어 나갔으며 생태계가 파괴되고 전 세계의 탄소 저장고 역할을 하던 아마존의 능력이 심각하게 훼손되었다. 이와 비슷한 이야기를 전 세계 곳곳에서 들을 수 있다.

전 세계가 기후 변화와 싸우느라 애를 먹고 있는 지금, 과거의 피해를 제대로 평가하는 일은 상상만으로도 아찔해지는 어마어마한 과제다. 미국의 프레리나 브라질의 아마존에서 손실된 자원 및 생물 다양성을 원래대로 되돌리는 것은 비현실적으로 보이며 인구가 1세기 전보다 훨씬 많아졌기에 토지 복원도 현실성이 낮다. 개발도상국의 농촌 빈곤 문제와 안락한 삶에 대한 욕구 때문에 지속 가능한 환경 보호를 실천하고 유지하기도 힘들다. 개발도상국들에 필요한 단기적 경제 성장과 상충할 수밖에 없기 때문이다.

그와 동시에 토지와 남은 자원을 보전하고 보호하며 미래 세대를 위해 현상을 개선하려는 노력에서 창의적 시도와 투자가 급증하고 있다. 일부 시도는 처음 예상보다 더 유망한 것으로 드러났다. 이 장에서는 칠레와 스페인 두 나라가 토지 보전을 통해 환경을 보호하고 심지어 복원하는 데 진전을 거둔 이야기를 들려준다. 두 나라가 선택한 방법은 토지 권력을 정반대로 뒤집어 과거와 전혀 다른 목표를 추구하는 것이었다. 토지 권력은 이제까지와 반대로 작용했고 토지를 본래의 자연 상태로 되돌려놓았다.

칠레에서는 1990년대에 두 명의 미국인 자선사업가 더그 톰킨스와 크리스틴 톰킨스가 보전을 위해 토지를 대규모로 매입하면서 이러한 변화가 시작되었다. 그들은 이후 칠레 정부가 추가 토지를 제공하고 보호구역으로 지정한다는 조건으로, 자신들의 땅을 국립공원으로 전환한다는 전례 없는 토지 협약을 맺었다. 이 협약을 계기로 새 국립공원이 잇따라 조성되었으며 대규모 '자연 복원 사업rewilding'을 통해 과거에 정착지로 쓰였던 땅에서 자연 서식지를 보호하고 훼손된 생태계를 복원하는 작업이 한창이다.

수십 년 전, 내전이 끝난 스페인에서 정부의 야심 찬 토지 정착 사업이 시작되었다. 관개 및 배수 사업을 통해 건조지와 습지를 농지로 전환하는 사업이었다. 유럽 최대의 습지 중 한 곳까지 개발되어 조류와 해양 생물의 서식지가 위협받자 더 이상의 훼손을 막고 일부라도 되돌리기 위해 환경 운동가들이 조직적으로 나섰다. 그 덕분에 세계 야생동물 기금WWF(지금의 세계자연기금)과 스페인의 도냐나 국립공원Doñana National Park이 탄생했으며 이는 전 세계에 환경 운동의 유산을 남겼다.

이런 맥락에서 보면 토지 보전은 지난 수백 년을 풍미한 정착민 개혁, 경자유전 개혁, 협동조합 개혁, 집단주의 개혁과는 다른 종류의 토지 재편이라 할 수 있다. 토지에서 인간을 내보내거나 인간이 토지에 영향을 덜 미치도록 유도한다는 점에서 정착민 개혁의 정반대라고 할 수 있다. 하지만 칠레와 스페인에서처럼 토지 보전 활동이 토지를 반드시 원래 거주민이던 토착민 공동체에 돌려주는 것은 아니다. 토착민 공동체들이 완전히 파괴되거나 다른 곳으로 이주한 경우도 있으며 설령 아직 남아 있더라도 고향으로 돌아오게 하기보다는 토지를 함께 관리하는 파트너로 초대하는 것이 고작이다.

토지 보전 활동으로 자연환경을 되살리고 복원하려면 현지의 토지 권력을 압도해야 한다. 토지 소유자들을 설득하거나 매수하거나 집요한 압박으로 내보내는 것이다. 그러면 그 자리에 새로운 권력이 자리 잡는다. 이는 국가 권력과 결합해서 토지를 국민 모두의 공동 유산으로 여기게 만드는 새로운 개념을 탄생시킨다. 그리고 개인의 토지 권력이 초래한 환경적 병폐는 사회 전체의 더 큰 환경적·기후적 이익으로 대체된다. 여느 토지 재편과 마찬가지로 이 개혁들은 자원 채굴과 환경 파괴로 대표되는 과거의 경로와 전혀 다른 새로운 궤도를 따른다.

칠레가 자연 보전으로 돌아서다

파타고니아는 자연이 빚어낸 경이로운 보석이다. 화산과 피오르, 거대한 원시림과 초원, 고유한 동식물종이 곳곳에 흩뿌려져 있으며 눈으로 뒤덮인 험준한 산들이 왕관처럼 솟아 있다. 파타고니아는 칠레 남부의 3분의 1을 차지하며 이곳에만 있는 삼림 및 초원 생태계의 터전이다. 라틴아메리카에서 탄소 저장량이 가장 큰 몇몇 지역을 포함하고 있기에 기후 변화에 맞선 싸움에서 중요한 역할을 한다.[5]

톰킨스 부부의 기부로 신설된 국립공원들이 자리한 중부 파타고니아는 외딴 위치와 험준한 지형 때문에 1800년대 후반까지도 외부인이 찾아오거나 정착하는 일이 드물었다. 파타고니아 국립공원이 위치한 차카부코계곡과 그 주변 지역에서는 토착 부족인 테우엘체Teheiche가 수천 년간 수렵 채집인으로 살았다. 그들은 과나코 떼의 이동 경로를 따라다니면서 건조하고 춥고 바람이 거센 계곡을 오갔다.

이 지역을 향한 외부의 관심이 커진 시기는 칠레와 아르헨티나가 파타고니아를 둘러싼 국경 분쟁으로 전쟁 직전까지 갔던 1902년부터였다. 논란의 핵심은 두 나라를 가르는 경계선으로, 1881년 국경 조약에 의해 정해졌으나 모호한 구석이 있었다. 중부 파타고니아를 두고 대서양과 태평양 분수령을 나누는 가장 높은 산들을 경계로 삼은 것인지, 하천 유역을 기준으로 할 것인지에 대한 양국의 해석이 갈렸기 때문이다.

국경 침범에 대한 분쟁과 두려움 때문에 칠레 정부는 칠레 쪽 파타고니아에 자국민을 늘려서 방비하는 식으로 토지 정착 정책을 수립했다. 또한 이 지역을 자원 채굴과 생산을 위한 새로운 개척지로 여기기도 했다. 그리하여 솔깃한 조건의 대규모 목축과 벌목 사업권을 내걸고 사업가들에게 국유지를 임대하기 시작했다. 한편 사업가들은 그 대가로 정착 활동을 적극적으로 지원하고 인프라를 건설하고 성장 중인 국내 시장을 위해 상품을 생산하겠다고 약속했다.[6]

1904년, 파타고니아 지역에서 가장 큰 토지 양도권 중 하나가 바케르 개발회사Sociedad Explotadora del Baker라는 기업 집단에 부여되었다. 이 양도권은 바케르강Río Baker 유역 전체를 포함했으며, (칠레와 아르헨티나의 국경에 걸쳐 있는) 헤네랄카레라호Lago General Carrera의 남쪽에서 태평양까지 남북으로 145킬로미터에 달하는 지역이었다. 차카부코계곡은 광활한 베이커강의 유역에서 뻗어 나온 지류이다.

정착지가 되기 전 이 지역의 모습에 대한 최초의 묘사를 윌리엄 노리스William Norris의 일기에서 볼 수 있다. 그는 벌목과 목축의 적합도를 조사하기 위해 바케르 사가 고용한 인물이었다. 1905년의 첫 탐사에서 노리스는 이곳을 "숲과 초원으로 뒤덮인 아름다운 전원"이라고 평했다. 그는 이렇게 기록했다. "바케르 지역에 처음 들어섰을 때 탁 트인 계곡에서 수많은 과나코와 타조를 보았다. 우리가 처음 당도했을 때는 퓨마도 많이 있었던 것 같다. '우에물huemul'이라고 부르는 매우 멋진 산사슴은 숨을 곳이 하도 많아서 그런지 좀처럼 보이지 않는다."[7] 그 뒤로 몇 년간 노리스는 아르헨티나에서 안데스산맥으로 이어지는 고갯길을 따라 수천 마리의 양과 소를 이 지역에 데려왔다. 노리스는 테우엘체족을 만나지 못했으며 계곡에서 유럽인 탐사가와 테우엘체족이 만났다는 역사 기록도 전혀 없다. 1900년대 초에 테우엘체족 대부분은 훨씬 남쪽에 살고 있었는데, 이것은 초기 유럽인과의 접촉으로 인구가 줄어들었기 때문인지도 모른다.

바케르 사는 이후 몇 년간 경영난을 겪다 무너지자, 오브스 사Sociedad Hobbs y Compañía라는 또 다른 기업 집단이 이 지역에서 목축 가능성을 타진하기 시작했다. 오브스 사는 양여지 내 다른 지역들도 개발하기 위해 더 많은 참여업자들을 끌어들이고자 했고 브리지스 앤드 레이놀즈Bridges and Reynolds라는 기업 집단에 손을 내밀었다. 이들은 칠레 최남단인 티에라델푸에고Tierra del Fuego에서 대규모 토지 양도권을 성공적으로 관리한 경험이 있었다. 오브스사는 루카스 브리지스Lucas Bridges에게 차카부코계곡 지역을 탐사하도록 했다. 브리지스의 아버지는 영국계 이민자로, 티에라델푸에고에 성공회 선교회를 설립한 인물이었다.

1916년, 루카스 브리지스는 몇 주 동안 말과 도보로 파타고니아의 험준한 무법 지대를 가로질러 차카부코계곡에 도착했다. 그는 여행 일지에 계곡을 관통하거나 바케르강을 따라 새 루트를 개척하라는 정부의 요구를 이행하려면 "매우 어렵고 비용이 많이 들 것"이라고 생각했다고 기록했다. 그는 이렇게도 썼다. "그럼에도 그곳에는 풍부한 하천, 아늑하고 푸른 계곡, 온화한 기후가 있었고 내 모험심에 대한 열정은 그곳을 내게 거부할 수 없게 만들었다."[8]

브리지스는 계곡 북부에서 방목 사업을 시작했고 바람이 거센 계곡 동쪽 입구에 인부와 관리자를 위한 집을 지었다. 계곡 입구가 자리한 스텝 지대는 아르헨티나 국경과 가까웠다. 하지만 그는 목장이 완성되기 전에 그곳을 떠났으며 1차 세계대전에 참전해 영국을 위해 싸웠다가 이후 로디지아Rhodesia에 정착했다. 그동안 오브스 사는 인력 이탈과 자금 부족에 허덕였다. 1921년에 다시 도움을 요청받은 브리지스는 차카부코계곡으로 돌아왔다.

이번에도 사기충천한 브리지스는 칠레와 유럽의 정착민들을 이 지역에 끌어들였다. 그는 정신없이 바쁘게 움직였다. 인부들마저 놀랄 정도로 대담하게 나서서 현지의 강을 측량하고 산자락을 발파하여 다리를 놓고 상품을 운송하고 저장할 길을 냈다. 그러고서 1920년대 내내 차카부코계곡의 양 떼 규모를 7만 마리까지 늘렸다.[9] 이 양 떼로 국내외 시장을 겨냥한 양모와 내수용 고기를 생산했다. 인근에 코크라네Cochrane라는 작은 마을이 생겨났는데, 대부분의 주민이 브리지스 밑에서 일했다. 브리지스는 이 지역에 정착을 유도하는 데 성공했으며 새로운 경제 활동을 확립하여 정착민들을 참여시켰다.

브리지스는 지역 환경과 생태계를 세심하게 관리하지 않았다. 하지만 사업 규모와 목장 운영에 대한 그의 기록으로 보건대 지역 환경에 큰 문제가 있었음이 분명하다. 브리지스는 양에게 먹일 건초를 재배하기 위해 토착 초원 지대를 갈아엎었고, 이 때문에 계곡의 어리고 얇은 빙하토가 침식에 노출되었으며 강바닥과 습지에 토사가 쌓였다. 탁 트인 들판에 울타리를 쳐 과나코, 레아rhea(남아메리카 타조), 여우, 사슴, 퓨마 같은 종의 서식지가 훼손되었다. 그러고는 인부들에게 원시림을 벌목하여 다리, 주택, 헛간을 만들 목재와 난방용 땔감을 확보하라고 지시했다. 대규모 양 떼는 토착 초본 식물을 짓밟고, 수천 년에 걸쳐 형성된 토양을 침식시키고, 토착 동물들을 몰아냈다. 농사짓기에는 토양이 척박하고 가축을 먹일 풀이 다시 자라려면 한참이 걸리는 상황에서 이윤을 거둘 수 있는 유일한 방법은 대규모 목축뿐이었다. 10년이 채 지나지 않아 칠레 시장을 겨냥해 대형 목장을 개발하려던 브리지스의 근시안적인 계획은 풍부한 자연환경을 심각하게 훼손했다. 1943년 인구조사 시기에 개편된 기업 집단인 바예 차카부코 사Sociedad Valle Chacabuco가 라고 베르트란드Lago Bertrand라는 이름으로 운영하던 차카부코계곡의 토지는 48개의 울타리 구획으로 나뉘어 7만 5000마리의 양과 400마리의 소를 보유하고 있었다.[10]

칠레 정부는 이 지역에서 브리지스의 목장 외에도 다양한 방식으로 토지 정착과 경제 개발을 장려했으며 이 때문에 자연환경이 큰 피해를 입었다. 다른 정착민들도 차카부코계곡 안팎에 정착했는데, 정착민 개혁으로 토지 소유권을 얻게 해준다는 약속도 여기에 한몫했다. 그들은 가축을 방목하고 숲을 벌목하고 소규모 농업에 종사했다.[11]

많은 정착민들은 토지를 개간하기 위해 숲을 개벌하거나 불태웠으며 정부의 지침에 따라 토지를 이용했다면서 소유권을 주장했다. 차

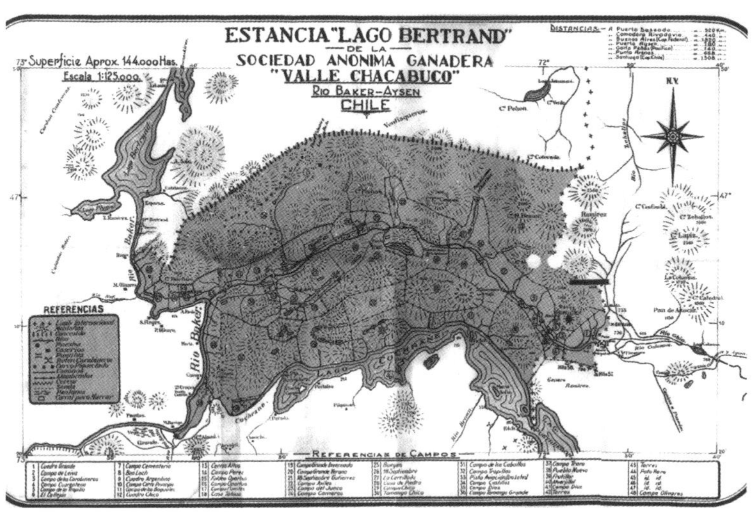

1945년 차카부코계곡 내 양도된 토지. 이는 오늘날 파타고니아 국립공원의 토대가 되었다.

카부코계곡 근처에 있는 코크라네 마을의 한 주민이 최근 이렇게 말했다. "정착민들의 문화는 환경 보호와 무관했습니다. 과거에는 자연에 적응하고 생존해야 했기에 매우 호전적인 태도를 취했죠."[12] 이 지역의 토양은 침식되고 사막화되었으며 야생동물이 사라지고 식물 군집이 달라지고 심지어 강줄기까지 바뀌었다. 아이센강Río Aysén 어귀에 있는 푸에르토 아이센Puerto Aysén 마을은 환경 교란으로 강줄기가 바뀌는 바람에 세 번이나 이주해야 했다.

브리지스는 정착민을 몇몇 고용했지만 양여지 내 통제권을 놓고 이따금 다른 정착민들이나 정치인들과 실랑이를 벌였다. 이 때문에 그가 관리하는 토지는 규모가 늘었다 줄었다 했으며, 20만 헥타르 가까이 늘어난 적도 있었지만 차카부코계곡 전역과 그 인접 지역을 포괄하는

약 8만 헥타르가 언제나 중심에 있었다.[13]

차카부코 지역에서 정착되고 대규모 목장화가 진행되는 동안 1800년 대 후반과 1900년대 초반에 걸쳐 칠레 경제 전반에 극적인 변화가 일어났다. 국제 교역이 늘어나고 도시가 성장하면서 농산물 수요도 증가했다. 농업용 개척지가 확대되면서 농지 면적이 1875년부터 1930년까지 두 배로 늘었다.[14] 하지만 그 토지에 접근할 권한은 지독히 불평등했다. 1928년에는 상위 3퍼센트 미만의 대지주들이 경작 가능한 토지의 80퍼센트를 차지하고 있었다.[15] 지주-소작인 토지 소유가 지배적이었으며 농촌 인구의 대부분은 대지주에게 종속된 상태였다. 이런 조건에서 농민들에게 자유란 불가능했다.

농촌 노동자들에게 더 큰 발언권을 부여하는 정치 개혁이 시행되면서 결국 토지 재분배에 대한 압박이 생겨났다. 1964년 에두아르도 프레이Eduardo Frei의 대통령 당선이 결정적 전환점이었다. 프레이는 대지주들에게서 대규모 토지를 매입하여 노동자들에게 재분배하는 토지 재편에 재빨리 착수했다. 몇 년 뒤인 1967년, 의회는 재분배 목적으로 사유지를 수용하고 국유지를 회수하는 권한을 국가에 부여하는 새 법을 통과시켰다.

프레이는 이 의제를 계속 밀어붙였으며 그의 후임인 살바도르 아엔데Salvador Allende는 더욱 박차를 가했다. 아엔데가 반동 세력의 군사 쿠데타로 실각한 1973년에는 다 합치면 1000만 헥타르에 달하는 약 6,000개의 토지가 약 5만 4000개의 농가에 재분배된 상태였다.[16] 개혁은 칠레 전역의 농지 대부분을 포괄했다. 정부는 전형적인 협동조합 개혁을 시행하여 노동자 협동조합에서 토지를 관리하게 했다. 생산의 연속성을 보장하고자 공식적인 토지 소유권은 정부가 가졌다.

협동조합 개혁은 차카부코계곡과 파타고니아 지역의 다른 토지 양도권을 포괄했다. 정부는 브리지스가 사망한 1949년 이후로도 목장 운영을 계속하던 브리지스의 사업 파트너들에게서 계곡 토지에 대한 임대 양도권을 거둬들였다. 그러고는 농사 경험이 있지만 자기 소유의 토지가 없는 지역 사회의 희망자들에게 이 토지를 넘겼다. 정부는 22개 가구로 협동조합을 구성하여 국가 토지 관리 기관을 통해 협동조합 운영을 감독하는 한편 공식적인 토지 소유권을 유지했다.[17] 또한 협동조합과 인접한 토지를 두 개의 국가 보호구역으로 지정했는데, 이 토지들은 훗날 파타고니아 국립공원에 통합되었다.

토지청은 브리지스의 파트너들이 양도권을 철회할 때 그들로부터 매입한 양과 소를 새 협동조합에 공여했으며 농민들에게 주택도 지어주었다. 그 대가로 가구들은 기관에 정기적으로 대금을 납부해야 했다. 이러한 투자에 대한 자본을 충당하고 자신들도 스스로 자본을 마련하기 위해서였다. 한때 협동조합원이었던 루이사 갈린도Luisa Galindo는 사람들이 "토지가 결국 우리 것이 되기를 희망했다"고 말했다.[18] 그녀는 협동조합이 계곡과 주변 산을 구획화하여 한 가구에 한 구획씩 나눠주었으며 양털을 깎고 계곡과 지류에서 자신에게 할당된 양 떼를 돌보는 등 공동 작업에 철마다 참여했다고 회상했다.

협동조합에 속한 가구들은 처음에는 적응에 애를 먹었다. 토지청은 수혜자와 마찬가지로 목장 관리에 대한 전문성이 부족했으며 수혜자가 떠난 자리는 다른 수혜자가 메워야 했다. 하지만 차차 상황이 안정되었으며 사람들은 협동조합에 삶의 터전을 꾸렸다. 그들은 당시에 일반적이었던 목축 관행을 따라 양과 소를 키우고자 했다. 하지만 이 관행은 이미 훼손된 상태였던 토양과 풀밭에 더 큰 부담을 줬다. 또한 조합원들은 남부의 너도밤나무 숲을 벌목하여 울타리를 짓고 난방을 했으며, 가축 사료용 채소 재배를 위해 초원의 일부를 농경지로 개간했고, 현상금 사냥꾼을 고용하여 양을 잡아먹는 퓨마 개체 수를 줄였다.[19]

몇 년 지나지 않아 문제가 생겼다. 1973년, 아우구스토 피노체트Augusto Pinochet 장군이 군사 쿠데타로 살바도르 아옌데를 실각시키고 토지 재분배 사업을 무효화하려 했다. 정부는 자본주의 경제 체제를 정착시키고 경제 성장을 촉진하기 위해 조합을 해산하기 시작했다. 일부 협동조합의 토지를 원래의 토지 소유자에게 돌려주었으며 다른 토지들은 생산 활동을 약속한 민간 입찰자들에게 경매로 넘겼다. 협동조합을 관리하던 토지 기관이 군인의 감독을 받게 되면서 차카부코계곡의 조합원들은 마치 지옥에 떨어진 듯 불안 속에서 자신들의 운명을 기다리며 토지를 경작해 나갔다.[20] 토지를 소유할 수 있다는 희망이 흐려지자 토지 관리가 부실해졌다. 일부 조합원들은 갑작스레 협동조합을 떠나면서 그들이 투자했던 가축과 기반 시설을 가지고 갔다.

1980년대 초, 결국 군사 정부는 남아 있던 조합원들을 강제로 토지에서 몰아냈다. 그러고는 그 토지를 벨기에 혈통의 칠레인 사업가 프랑수아 드 스메François de Smet에게 경매로 팔아넘겼다. 드 스메 가문은 2차 세계대전 이후 폐허가 된 유럽을 떠났고 미개척지를 주겠다는 칠레 정부의 약속에 1949년 차카부코계곡 북부에 도착했다. 드 스메 가문은 백지 상태에서 농경과 벌목으로 첫발을 뗐다.[21] 불과 30여 년 만에 그들은 차카부코계곡 전체를 매입할 수 있을 정도로 부유해졌다.

협동조합 시절의 환경 훼손과 토지 이전 과정에서의 관리 부실은 드 스메 가문이 차카부코계곡에 발을 디딘 순간 명확히 드러났다. 1981년부터 차카부코계곡을 관리하기 시작한 샤를리 드 스메Charlie de Smet는 이렇게 말했다. "우리가 넘겨받았을 때는 토지와 토양, 주택, 기계 전부가 엉망에 노후화된 상태였습니다."[22] 조합원들은 남은 양과 소를 대부분 데려가거나 팔거나 잡아먹었으며 마땅히 자신들의 소유라고 여긴 목장 설비의 핵심 부분들을 떼어 갔다. 드 스메 가문은 맨 땅에서 시작하여 기반 시설을 새로 짓고 목장에 들일 가축을 구입해야 했다.

드 스메 가문이 새로 들인 양과 소는 3만 마리 가까이 늘었으며 이들의 목장은 거기서 일하는 수십 가구의 보금자리가 되었다. 드 스메 가문은 인접한 코크라네 마을 주민들의 주요 고용처였다. 드 스메 가문이 고용한 노동자 중 일부는 예전에 협동조합에 소속되었던 사람들이었다. 이들은 차카부코계곡을 보금자리로 여겼으며 자신들의 정체성을 지키기 위해 목축업에서 벗어날 수 없다고 생각했다. 드 스메 가문의 목장은 인구가 밀집한 중부 계곡과 국제 시장에 양모와 양을 내다 팔았으며 지역에서 양고기를 판매하기도 했다.[23]

드 스메 가문은 루카스 브리지스 시절에 비해 더 적은 규모로 가축을 사육했으며 지속 가능성에 관심을 기울였다. 목초지가 황폐화되지 않도록 여러 땅을 돌아다니며 가축을 키웠다. 여름에는 계곡 바닥이 쉴 수 있도록 가축을 계곡 밖의 언덕과 산으로 내보냈다가 겨울이 되면 다시 계곡으로 데려왔다. 또한 멸종 위기에 처한 사슴 개체 수의 복

원을 위해 노력하고 과나코 개체 수도 관리했다.[24]

이렇듯 개선된 부분이 있긴 했지만 계속해서 이용을 멈추지 않았기에 일단 훼손된 자연 경관은 좀처럼 회복되지 않았다. 가족을 부양하고 지역 사회의 구성원들을 고용할 수 있을 정도로 목장을 운영하려면 환경 보호는 뒤로 밀릴 수밖에 없었다. 늘어난 양 떼는 계곡 바닥과 고지대의 분지, 계곡 지류에서 계속해서 섬세한 초원 초목을 짓밟고 뿌리째 뽑아냈다. 자생종인 과나코는 풀을 뜯어 먹더라도 뿌리는 고스란히 남겨두는 반면에 가축들은 뿌리까지 뽑아 먹었다. 고지대의 너도밤나무 숲에서 소를 방목하면서 하층 식생의 묘목을 뜯어내 숲이 훼손되었다. 울타리도 동물들의 서식지 내 이동을 방해했다. 상당수의 토착 동식물은 압박에 시달리거나 계곡 밖으로 내몰렸으며 외래종의 식물들이 침입하여 번성했다.

2012년, 크리스틴 톰킨스는 1990년대 중반에 이 계곡을 처음 방문했던 일을 생생하게 떠올렸다. "처음으로 차카부코계곡을 차로 지나갔을 때 뛰어난 점프 실력을 가진 과나코가 일급지인 저지대 초원에 들어가지 못하도록 세운 어마어마하게 높은 '과나코 울타리'를 보았습니다. 에스탄시아estancia(라틴아메리카에서 대지주가 소유한 농장이나 목장—옮긴이)의 가축만 그곳에서 풀을 뜯을 수 있었죠. 계곡 위아래에서 수만 마리의 양이 풀을 뜯는 광경을 보고서 눈이 휘둥그레졌어요. 풀은 듬성듬성 나 있고 말라 죽은 것처럼 보였습니다. 야생동물을 위해 남은 것은 아무것도 없었어요. 파타고니아에서 생물 다양성이 가장 풍요로운 지역 중 하나이던 차카부코계곡이 이제는 양과 소의 바다가 되어 있었습니다."[25]

이것은 그녀가 이전에도 수없이 보았던 풍경이었다. 그녀는 나중에 이렇게 말했다. "저는 목장 일을 하는 집안에서 자랐어요. 이건 전 세계에서 반복되는 이야기이고요. 일반적으로 보자면 가축이 토지 면적에 비해 너무 많고 관리 체계가 부실하고 과도한 방목이 이루어지고 있어요. 파타고니아 초원은 불과 100년 만에 쑥대밭이 되었죠."[26] 하지만 크리스틴과 더그의 대규모 보전 사업이 시작되면서 차카부코계곡의 운명은 반전을 맞이한다.

크리스틴 톰킨스는 파타고니아 사의 초대 CEO였으며 이 회사를 유수의 아웃도어 의류·용품 브랜드로 키워냈다. 더그 톰킨스는 아웃도어 용품 회사 노스페이스를 창업했으며 의류 회사 에스프리Esprit를 공동 창업했다. 그는 1960년대에 등반과 등산을 목적으로 파타고니아를 처음 여행했다. 둘은 1993년에 결혼했으며 이후 일선에서 물러나 보전 사업에 전념하기로 뜻을 모았다.

톰킨스 부부의 토지 보전 사업은 1990년대 칠레에서 시작되었으며, 이는 훗날 푸말린 더글러스 톰킨스 국립공원으로 결실을 맺었다. 1991년부터 1994년까지 더그 톰킨스는 재단을 통해 중부 파타고니아에 약 20만 헥타르의 토지를 매입했다. 이 땅들은 대부분 그곳에 거주하지 않는 부재지주들로부터 사들인 것이었으며, 지형이 험한 탓에 정착하여 살기가 불가능한 곳이었다. 이 지역은 온대 우림, 피오르, 우뚝한 산으로 뒤덮였으며 레드우드의 친척인 희귀종 알러스 나무의 최대 군락지 중 하나이다. 톰킨스 부부는 이후 15년간 보호 면적을 28만 헥타르로 넓혔으며 그 근처로 이주했다. 그동안 톰킨스자연보호재단은 대규모 토지 매입을 계속했다. 인근 코르코바도 국립공원Corcovado National Park의 토대가 된 8만 헥타르의 토지도 이때 매입했다.[27]

외부인이 어마어마한 규모로 사유지를 사들이자 보전 사업이 생소하던 칠레에서는 두 사람의 행동이 입에 오르내렸다. 인종주의와 국가적·지역적 두려움을 자극하는 음모론이 횡행했다. 더그 톰킨스가 파타고니아에 유대인 지역을 만들거나 CIA 기지, 핵 폐기장을 지으려 한다는 소문도 났다. 정치인들과 군부는 푸말린Pumalín(태평양에서 아르헨티나까지 칠레를 사실상 양분하는 지역) 매입을 국가 안보 위협으로 간주했다. 이 지역을 통과하는 국가 기반 시설의 공사를 더그가 막을지도 모른다는 우려도 제기되었다.

소문이 퍼져 나가는 동안 톰킨스자연보호재단은 정부에 뜻밖의 제안을 내놓았다. 코르코바도 지역의 대토지를 칠레 정부에 넘기겠다는 것이었다. 다만 그 토지와 인근의 국유지를 합쳐 국립공원을 조성해야 한다는 조건이 붙었다. 대통령과 군부는 결국 이 제안을 받아들였으며 2005년에 코르코바도 국립공원이 설립되었다. 또한 정부는 푸말린을 자연 보호 구역으로 지정하여 더 확실히 보호되도록 했다.

정부와의 협상이 진행되는 동안 크리스틴 톰킨스의 자연보호재단은 차카부코계곡의 토지를 매입했다. 이번에도 칠레 전역에서 의심의 눈초리를 보냈다. 계곡에서의 목축업에 생계와 뿌리가 얽힌 지역민들도 거세게 반대했다. 지역민들은 여러 세대에 걸쳐 계곡의 소유권이 수차례 바뀌는 동안 계곡을 지키며 목장을 위해 일했다. 심지어 이곳에서 태어난 사람들도 있었다. 지역민들은 땅과 목장에 자신들의 정체성을 뒀으며 개척자 선조들의 역사와 서사를 소중히 간직했다. 또한 삶의 터전이 변화하는 과정에서 자신들이 배제되는 것에 분개했으며 외부인의 유입으로 고유한 문화 관습이 변질될까 봐 우려했다. 하지만 모두가 반대한 것은 아니었다. 생태 관광으로 혜택을 보게 될 사람들과 마찬가지로 상당수 젊은이들이 이 지역을 보전한다는 목표를 지지했다.[28]

크리스틴 톰킨스의 자연보호재단이 차카부코계곡 매입 계약서에 서명했을 당시 이곳의 자연 경관은 심각하게 훼손되어 있었다. 연약한 초원에서 80년간 양과 소를 대규모로 방목한 탓에 풀밭이 손상되고 외래종이 침입했으며 토양 침식을 겪어 황폐해진 상태였다. 수백 킬로미터에 걸친 울타리가 계곡을 종횡으로 가로지르는 바람에 야생동물, 특히 이곳의 상징인 과나코의 자연 서식지가 줄어들었다. 레아 같은 일부 동물 종은 내몰리다 못해 현지에서 멸종하다시피 했다. 퓨마 개체 수도 사냥으로 급감했다. 이곳에서 퓨마는 생태계 최상위 포식자로서 약한 동물을 솎아내어 동물의 질병을 예방하는 중요한 역할을 하고 있었다. 퓨마가 먹고 남은 사체는 새와 다른 동물의 먹이가 되기도 했다.

그럼에도 불구하고 톰킨스 부부와 그들의 자연보호재단은 계곡의 자연 생태계를 복원할 수 있다는 엄청난 잠재력을 확인했다. 그들은 2004년에 차카부코계곡과 대규모 양 떼를 매입한 뒤 계곡의 회복과 자연 복원에 착수했다. 목장 사업을 접고는 몇 년에 걸쳐 양들을 매각했다. 자원봉사자들의 도움을 받아 644킬로미터에 이르는 울타리를 철거하여 자생 동물들이 계곡에서 자유롭게 오갈 수 있게 했다. 그다음 복원생태학자가 투입되어 계곡 전역에서 토양 시료를 채취했으며 토종 풀을 심고 외래종을 제거해 초원을 복원한다는 계획을 세웠다. 그들은 퓨마와 여우 같은 포식자, 레아와 멸종 위기에 처한 사슴 종 같은 희귀 동물의 개체군을 보호하고 늘리기 위한 조치도 취했다.

10년이 채 지나지 않아 계곡의 자연환경은 정착과 방목이 시작되기 전 수천 년 동안 그랬던 것처럼 다시 풍성해지기 시작했다. 토종 풀이 계곡 곳곳에서 돋아나 초원 지대의 침식된 구역들을 메워나갔고, 그 과정에서 대기 중의 탄소를 흡수했다. 퓨마, 과나코, 레아, 사슴을 비롯한 수십 종의 크고 작은 동물이 울타리에 가로막히지 않고 자유롭게 돌아다니기 시작했으며 개체 수도 증가했다. 하지만 울타리 기둥, 산속의 양치기 오두막, 계곡을 누비던 차량의 흔적 등 목축 시절의 잔재도 여전히 많이 남아 있다. 초원과 숲의 일부 지역은 아직도 복원에 애먹고 있으며 앞으로도 상당한 시간이 필요할 것이다. 하지만 차카부코계곡 일대를 위에서 내려다보면 1세기 동안 이곳에 깊이 새겨졌던 인간의 흔적을 찾아보기가 점점 어려워지고 있다.

차카부코계곡이 회복되면서 톰킨스 부부는 칠레 정부와 손잡고 이곳을 영구적으로 보호하기 위한 조치를 준비하기 시작했다. 두 사람은 칠레 정부가 국유지를 추가로 제공하여 파타고니아 국립공원 네트워크를 조성하는 데 합의하면 자신들이 자연 보존을 위해 매입한 40만 헥타르 이상의 토지를 기부하겠다는 대담한 계획을 세웠다. 2015년, 더그 톰킨스는 비극적인 카약 사고로 목숨을 잃기 직전 칠레 대통령 미첼 바첼레트에게 이 계획을 제안했다.

이 복잡한 제안을 실행하려면 정치적 지도력과 정부의 공조, 인적·물적 자원이 필요할 터였다. 정착과 개발 목적으로 한 세기 동안 양여된 드넓은 토지를 찾아내고 법으로 지정해서 보호하는 일은 어마어마한 과제였다. 또한 파타고니아에서 향후 개발에 대한 비전을 벌목과 방목 같은 착취적이고 집약적인 토지 이용 산업에서 생태 관광과 지속 가능성으로 전환해야 했다.

바첼레트 정부는 새로운 비전을 인식하고 공유했으며 실현하기 위해 열성적으로 노력했다. 바첼레트는 새로 국립공원들을 조성하던 때를 회상하며 이렇게 말했다. "우리 국민이 고품질의 환경에서 살아가고 지속 가능한 발전의 기회를 얻을 여건을 창출하는 것이 핵심이에요."[29] 결국 바첼레트 정부는 톰킨스 부부의 제안에 대담하게 화답했다. 360만 헥타르 이상의 토지를 자연 보존 용도로 기부했으며 파타고니아 국립공원을 비롯한 신규 국립공원을 잇따라 조성하고 기존의 국립공원들을 확장했다. 칠레의 국립공원 규모를 부쩍 늘리는 한편 희귀 동식물과 전체 생태계에 대해 보호 조치를 확대했다.

2018년, 칠레 정부는 톰킨스 부부와 연계된 자연보호재단들의 지원으로 국립공원 토지에 대한 통제와 관리 권한을 넘겨받았다. 그 뒤로 칠레의 국립공원은 자연 속에서 위로, 아름다움, 모험을 찾는 원근 각지의 여행객들에게 매력적인 여행지가 되었다. 이 모든 일은 토지를 보전하고 인간에 의한 대규모 변형으로부터 보호하는 데서 시작되었다. 지금은 이런 시도가 점점 드물어지고 있지만 말이다. 국립공원 협약 체결에 관여한 전직 환경부 장관은 이렇게 회상했다. "이것은 칠레가 맞이할 새로운 미래입니다. 정부 기관이 생태계 보존을 위해 협력하는 분위기를 강화시키기도 했고요."[30] 이 사례에서 보듯, 토지 권력이 지속 가능성을 뒷받침하는 쪽으로 돌아서면 각국을 환경 보호라는 새로운 길로 이끌 수 있다.

야생의 스페인

칠레의 차카부코계곡이 집약적 방목으로 몸살을 앓고 있던 1961년에 새로 설립된 세계 야생동물 기금의 초대 회장인 네덜란드 율리아나 여왕의 부군 베른하르트 공Prince Bernhard이 스페인의 지도자 프란시스코 프랑코에게 편지를 보냈다. 이는 WWF가 처음으로 관여한 자연 보존 사업의 일환이었다. 편지를 실제로 쓴 인물은 스페인에서 자연주의자로 이름을 알리기 시작했던 호세 안토니오 발베르데José Antonio Valverde였다. 발베르데는 도냐나Doñana의 넓은 습지와 모래언덕에 푹 빠져 있었는데, 이곳은 과달키비르강Río Guadalquivir이 바다로 흘러드는 스페인 남서부 해안의 삼각주 지역이었다. 편지에 담긴 요청은 대담하고 단순했다. "과달키비르 습지에 야생 조류 보호구역을 조성해 주십시오."[31]

이로부터 거의 10년 전인 1952년, 조류 애호가이자 스페인의 이름난 와이너리 곤살레스 비아스González Byass의 상속자인 마우리시오 곤살레스고르돈Mauricio González-Gordon이 도냐나 심장부에 있는 자신의 땅에서 조류를 조사하고 추적해 달라며 동물학자 프란시스코 베르니스Francisco Bernis와 그의 제자인 발베르데를 초청했다. 베르니스와 발베르데는 눈앞에 펼쳐진 광경에 깊이 감명받았다. 드넓은 습지와 모래언덕은 새와 해양 생물로 북적거렸다. 야생동물들로 가득한 "진정한 자연의 기념비"가 경외감을 불러일으키고 아름다움을 드러냈다.[32] 도냐나 습지는 유럽 대륙과 아프리카 대륙이 만나는 지점에 있기 때문에 철새 수백만 마리의 중요한 번식지이자 중간 기착지다. 멸종 위기종인 이베리아스라소니를 비롯한 온갖 육상·해양 동물의 보금자리이기도 하며 수백 종의 토종 식물도 서식한다.

베르니스와 발베르데는 도냐나의 경관이 중대한 위기를 맞았다는 사실을 이때 알게 되었다. 스페인 왕실이 지역 귀족에게 도냐나를 정착지로 하사하고 이곳이 사냥터로 유명해진 뒤로 수백 년간 자연 생태계가 점점 망가지고 있었다. 하지만 1930년대 스페인 내전의 잿더미에서 태어난 파시스트 정부가 초래한 위험은 전대미문이었다. 정치적·경제적 압박에 내몰린 프랑코 장군은 이용률이 저조한 토지의 생산성을 높이는 개발 사업을 벌였다.

개발 사업의 일환으로 스페인 정부는 도냐나 서부에서 훼손된 산림지에 다시 산림을 조성하는 야심 찬 재조림再造林 계획을 승인했다. 모래 지대와 습지를 소나무와 유칼립투스 인공림으로 전환하여 종이 펄프와 고무 유사 물질을 생산한다는 계획이었다. 당시 스페인은 국제 무대와 세계 시장으로부터 고립된 상황이었다. 1952년과 1953년, 도냐나 서부의 가장자리에 있는 지하 대수층에 나무 수백만 그루가 뿌리를 내렸다.[33] 그와 동시에 정부는 정착민 개혁을 뒷받침하겠다며 도냐나 동부 습지에 관개 수로를 설치해 생태적으로 민감한 수만 헥타르의 습지에서 물을 빼내기 시작했다. 베르니스는 곤살레스고르돈 편에 전달한 편지에서 "임박한 산업화로부터 도냐나 사냥터를 보호해 달라"고 간청했다.[34] 그러나 청원은 소 귀에 경 읽기였으며 개발의 발걸음은 도냐나 가장자리부터 좁혀 들어오기 시작했다.

발베르데는 베르니스와 함께 도냐나 지역을 여행하면서 이곳에 푹 빠졌다. 그는 도냐나가 조류 보호구역으로 지정되길 소망했다. 발베르데는 그 뒤로 몇 년간 도냐나를 여러 차례 방문했는데, 1957년에는 몇 주간 '도냐나 탐사'를 벌였다. 그 탐사에는 유럽에서 가장 유명한 자연주의자, 조류학자, 자연 사진가 등이 동행했다. 탐사팀은 〈야생의 스페인Wild Spain〉이라는 다큐멘터리를 촬영하여 도냐나의 전모를 처음으로 대중에게 선보였다. 발베르데는 유럽의 여러 학술 대회에 참석하여 과달키비르 습지가 철새 이주 경로에서 얼마나 중요한지를 알렸다.

1961년, 도냐나 탐사에 참여했던 사람들 중 일부가 전 세계 자연을 보호한다는 취지로 WWF를 설립했다. WWF가 처음 내건 목표 중 하나는 도냐나를 보호할 수 있도록 토지를 매입하여 보존하는 것이었다.[35] 발베르데가 이 사업을 주도했으며 도냐나에서의 첫 토지 매입을 위해 모금을 진행했다.

베른하르트 공에게서 편지를 받았을 때 프랑코 장군은 스페인의 국제적 고립을 타개할 기회를 찾고 있었다. 그는 스페인의 주요 학술 단체인 고등과학연구원에 청원을 검토해 달라고 의뢰했다. 이때 아이러니한 운명의 반전이 일어났다. 연구원 원장은 답장을 작성하기 위해 도냐나에 대한 최고의 전문가를 수소문했는데, 알고 보니 그 전문가는 원장이 평소에 존경하던 학자인 발베르데였다. 발베르데는 프랑코 몰래 자신의 편지에 대해 스페인을 대표하여 회심의 답장을 썼다. "스페인은 그 숭고한 제안에 전적으로 동의합니다."[36]

WWF는 몇 차례의 협상을 거쳐 1963년에 프랑코 정부의 추가 지원을 받았고 마우리시오 곤살레스고르돈이 다른 두 가문과 함께 소유하고 있던 약 6,900헥타르의 토지를 매입했다. 프랑코 정부와 WWF는 도냐나의 생물학적 보호구역을 관리하는 임무를 발베르데에게 맡겼다. 그럼에도 과달키비르강 서안이 대부분 농지로 바뀌면서 이후 몇 년간 습지 잠식이 계속되었다.

WWF와 발베르데는 도냐나 보호구역을 확장하고 지키려는 노력을 이어갔다. 이후 몇 년간 토지를 추가로 매입할 기금을 조성했으며, 습지 남단에 대형 댐을 건설하여 도냐나의 심장부를 개발하려 한 정부의 시도를 무산시켰다. 1969년에는 대부분의 사람들이 불가능하다고 여긴 목표를 달성했다. 도냐나가 3만 5000헥타르 면적의 국립공원으로 지정된 것이다. 스페인이 민주주의로 이행한 직후인 1978년에 도입된 후속 입법으로 도냐나 국립공원은 5만 헥타르까지 확대되었다. 1989년, 안달루시아Andalusia 정부는 국립공원보다 더 큰 면적의 완충 지대를 보호구역으로 지정했다. 국립공원을 인근의 정착지로부터 보호하려는 목적의 자연 보호 구역이었다.

오늘날 도냐나 국립공원과 주변의 자연 보호 구역은 유럽 최대의 생물학적 보호구역을 형성하고 있다. 도냐나는 유럽 최대의 습지이기도 하다. 75년 전, 도냐나와 인근 지역의 습지 중 상당 부분이 정착과 개발 사업에 집어삼켜졌다. 아직 남아 있는 습지는 기후 변화와 농장, 관광지, 광산의 물 수요 및 오염으로 위협받고 있다. 하지만 최근 수십 년 간 환경 보호와 복원 작업도 진전을 보였다. 원래의 도냐나 경관에서 남아 있는 부분들은 유럽 최후의 위대한 대자연이 빚어낸 보석으로 꼽힌다. 도냐나의 토지를 보존하려는 싸움에서 촉발된 환경 운동은 스페인 전역과 전 세계에서 토지 보호를 이뤄냈으며, 토지와 그것이 지탱하는 자연적·인간적 삶을 훼손할 뻔한 수십 건의 사업을 막아냈다.

도냐나 지역은 마지막 빙하기 말에 빙하가 녹고 해수면이 상승하면서 형성되었다. 과달키비르강이 대서양으로 흘러들면서 삼각주를 이루는 스페인 남서부 해안에 습지, 석호, 퇴적지, 연못이 만들어진 것도 이때였다. 도냐나 지역은 대서양과 과달키비르강의 물살에 실려온 모래와 실트로 점차 메워졌으며 해안을 따라 형성된 이동 사구와 조수가 빚어낸 해안선이 내륙의 습지를 둘러싸고 보호한다.

인간은 수천 년간 도냐나 지역에 거주하며 이곳을 오갔다. 페니키아, 그리스, 로마를 비롯한 수많은 문명이 이 지역에 흔적을 남겼다. 하지만 도냐나의 경관과 천연자원에 근본적 변화가 가해진 것은 스페인 왕실이 무어인들에게서 이곳을 탈환하여 배타적인 정착민 개혁의 일환으로 현지 귀족들에게 하사하기 시작하면서였다. 1400년대 후반, 메디나 시도니아 공작Duke of Medina Sidonia은 이 지역에 사냥용 사슴을 방사하고 늑대를 몰아내고 습지 일부에서 소를 방목했으며 습지 주변의 숲을 벌목했다. 공작가는 1800년대까지도 도냐나를 소유하면서 사냥, 방목, 임업용 소나무 식재를 통해 서서히 이곳을 변화시켰다.[37] 훗날 다른 귀족과 부유한 엘리트들이 이 지역을 부분적으로 매입하거나 임차했으며, 1900년대 초에는 스페인 국왕이 종종 귀빈을 대동하고 도냐나에서 사냥을 즐겼다.

사냥, 임업, 제한적 방목으로 습지 내 서식지의 일부가 훼손되었으며 해양·육상 생태계에 변화가 생겼다. 1920년대와 1930년대에 습지 북부에 배수 시설과 제방을 설치하는 실험을 했는데, 이 때문에 습지가 직접적으로 훼손되었지만 처음에는 피해가 제한적이었다. 도냐나의 자연환경에 근본적으로 위협이 닥친 것은 1939년에 파시스트 정부가 집권하여 대규모 관개 공사와 조림 사업을 통해 이 지역을 농업과 벌목에 적합한 땅으로 개조하려 했을 때였다.

1930년대 스페인은 가진 자와 못 가진 자로 뚜렷하게 나뉜 산업화 전 사회였다. 노동 인구의 절반이 농업에 종사했으며 그중 상당수는 자기 소유의 농지가 없는 임금 노동자였다. 토지 소유가 더 불평등했던 스페인 남부에서는 최상위 1퍼센트의 대지주들이 전체 토지의 절반 이상을 소유했다.[38] 극심한 불평등 때문에 농촌에서 파업과 토지 점거가 발생했으며 사유지를 빈곤층에게 재분배하라는 어마어마한 압박이 가해졌다. 1936년 선거에서 좌파가 승리한 뒤 논란의 여지가 큰 경자유전 개혁이 시작되었지만 쿠데타가 일어나고 내전이 발발하면서 금세 흐지부지되었다.[39] 3년간 격렬한 파벌 전쟁과 잔학 행위가 잇따르다가 프란시스코 프랑코 장군이 이끄는 군대가 좌파를 제압하고 권력을 장악했다.

프랑코는 대지주들과 긴밀한 관계였기에 토지 재분배 압박을 줄이고 내전의 재발을 막고자 했다. 또한 식량 생산을 늘리려고도 했다. 당시 스페인은 내전과 대공황이라는 이중의 문제로 휘청거렸으며 2차 세계대전이 발발하면서 유럽 무대에서도 소외되었다. 프랑코의 계획은 간단했다. 더 많은 토지를 농업 생산에 투입한다는 것이었다. 이탈리아의 무솔리니가 습지를 배수하여 농지를 확보했던 사례로부터 영감을 얻은 프랑코 정부는 건조지를 관개하고 습지를 배수하여 농사에 적합한 토지로 만든다는 목표를 세웠다. 그러고 나서 이 지역들에 농촌을 새로 조성하여 농업 노동자들을 이주시킬 작정이었다.

정부는 정착지를 조성하기 위해 민간 농장을 매입하고 국유지와 지역 정부 소유의 농지를 전용하여 정착민 개혁과 경자유전 개혁을 혼용해서 추진할 길을 닦았다. 1940년대부터 1970년대까지 정부는 300여 개의 마을을 새로 조성했으며 3만여 채의 주택을 지었다. 댐과 수로를 건설하고 관개 수로를 파고 도로와 송전선 같은 인프라도 구축했다. 이 사업은 100만 헥타르 가까운 토지를 아울렀다.[40]

도냐나 지역도 토지 개조 사업의 표적이 되었다. 공학자, 농학자, 군인 등은 습지를 배수하고 인프라를 구축하여 도냐나를 농지로 바꾼다는 계획을 내놓았다. 그들을 고무한 것은 1920년대와 1930년대에 도냐나 북부의 가장자리에서 제방을 쌓고 배수로를 파서 결국 벼를 재배하기 시작한 어느 민간 기업의 실험이었다.

1940년, 과달키비르강 하류에서 운하 공사가 시작되었다. 서안의 습지를 배수하고 민물을 끌어와 땅에서 소금기를 씻어내고 농사에 알맞은 토지로 개조하기 위해서였다. 공사에는 대규모 노동력이 동원되었고 완공까지 20년 넘게 걸렸다. 완성된 운하는 훗날 '죄수의 운하'라고 불렸는데, 스페인 내전과 그 여파로 수감된 정치범 수천 명이 공사에 동원되었기 때문이다.[41]

베르니스와 발베르데는 운하 공사가 진행되고 정부가 도냐나 습지 일부를 배수하기 시작한 시점에 이 지역을 방문했다. 1955년, 두 사람이 도냐나를 방문한 직후에 정부는 습지를 농지로 개조하는 사업을 국가적 관심사로 선포했다. 그와 동시에 이 지역에 새로운 마을을 조성하기 시작했다. 그 뒤 10년간 습지의 서안과 그 주변에 열 곳의 마을을 새로 조성했으며 정착민들을 위해 주택 1,000여 채를 건설했다.[42] 마을과 농지는 결국 과달키비르강 서안의 습지를 전부 집어삼켜 도냐나 습지의 약 3분의 1이 사라졌다. 습지가 있던 자리에는 반듯하게 정돈된 논밭이 들어섰으며 사람들은 거기서 곡물과 채소를 재배하기 시작했다.

이러한 개발은 도냐나 지역의 자연 생태계를 심각하게 훼손했다. 약 7만 5000헥타르의 습지가 농지로 전환되었다.[43] 이는 톰킨스자연보호재단이 파타고니아 국립공원을 조성하기 위해 칠레에 기증한 차카부코계곡과 얼추 비슷한 규모이다. 조류 산란지와 어류, 파충류, 양서류, 곤충류의 개체 수가 즉각적인 타격을 받았으며 자연 생태계 전체가 극심한 피해를 입었다. 농민들은 DDT와 같은 농약을 작물에 쏟아붓기 시작했으며, 그 결과 화학물질들이 유역에 흘러들어 조류의 개체 수와 건강을 위협했다. 집약적 농업으로 토양이 침식되면서 습지에 퇴적물이 증가했으며 이 때문에 서식지와 자연적인 범람 주기가 교란되었다.

한편 도냐나 반대편에서는 재조림으로 인한 위협이 부글거리고 있었다. 1952년과 1953년, 도냐나 서부의 가장자리에 자리한 모래 지대와 습지에 소나무와 유칼립투스 수백만 그루가 식재되었다. 특히 유칼립투스는 지하 대수층에서 어마어마한 양의 물을 빨아들여 인근의 습지 서식지를 말려버렸다. 인간의 활동이 도냐나를 양편에서 파괴하고 있었다.

개발에 정신이 팔렸던 프랑코는 1953년에 재조림 사업의 진척 상황을 감독하려고 현장을 방문했다. 그는 도냐나에 있는 마우리시오 곤살레스고르돈의 땅도 찾아갔다. 그가 몇 년 전에 사냥을 즐긴 곳이었다. 1년 전에 베르니스와 발베르데가 조류와 자연 생태계를 조사하고 탐문하려고 방문했던 것과 달리, 프랑코는 자신의 몇 안 되는 취미와 관련해서 이기적인 궁금증을 품고 있을 뿐이었다. "저 농장은 사냥에 좋겠는가?" 프랑코가 방문하고 얼마 지나지 않아 곤살레스고르돈은 이 질문에 답하는 편지를 들고 프랑코를 찾아갔다. 실제로는 베르니스가 작성했지만 서명인은 곤살레스고르돈이었다. 재조림 사업이 도냐나의 자연환경과 사냥터에 얼마나 위협적인지를 설명하는 편지였다.[44] 10년 뒤, WWF의 탄생과 발베르데, 베르니스, 여타 자연주의자들의 활동 덕분에 곤살레스고르돈의 소유지 일부가 도냐나 국립공원의 핵심이 되었다.

도냐나의 자연 경관과 생태계를 보호하는 일은 과거에 정착민 개혁으로 생긴 피해를 회복하려는 노력의 일환이었다. 정부는 국립공원 안에 있는 사유지들을 매입했다. 그리고 국립공원 내에서의 사냥과 농업을 금지하고 아직 남아 있는 소의 방목에 엄격한 제한을 두었으며 유칼립투스 같은 침입종을 근절했다. 훼손되었던 서식지와 멸종 위기에 처했던 생물 종이 이러한 보전 조치로 되살아날 수 있었다. 국립공원의 완충 구역에서는 사냥, 어획, 농업에 대해 엄격한 규제가 시행되었다.

호세 안토니오 발베르데의 지도력과 정치적 수완에 힘입어 정부는 도냐나에 생태연구소를 지었으며 발베르데가 그 운영에 참여했다. 이 연구소는 국립공원 내에서 야생동물을 보전하고 생태학, 생물 다양성,

개발과 기후 변화가 환경에 미치는 영향을 연구하기 위해 지정된 두 곳의 보호구역을 관리했다. 그리고 중금속, 농약, 기타 오염 물질을 검사하며 도냐나의 수질을 모니터링하기 시작했다.

도냐나의 환경 보호는 두 가지 계기로 더욱 강화되었다. 하나는 1994년에 도냐나가 유네스코 세계자연유산으로 지정된 일이고 다른 하나는 1998년에 탄광 사고로 수백만 톤의 유독성 폐기물이 도냐나 강의 상류와 습지로 흘러들어 조류 서식처가 파괴되고 어마어마한 수의 물고기가 폐사한 사건이다. WWF를 비롯한 환경 단체들, 스페인 정부, 유럽연합, 재계 기부자들이 다 함께 도냐나 보전 및 복원 사업에 뛰어들었다.[45] 2005년, 정부는 습지 복원 사업을 시작했다. 도냐나 북부의 농지 수천 헥타르를 습지로 복원했으며 2006년에 이를 국립공원에 병합했다. 1980년대에 습지와 강 사이에 차수벽이 세워졌는데, 물길을 다시 열면서 습지로 퇴적물이 다시 흘러들고 양서류, 파충류, 어류가 돌아올 수 있었다.[46] 그 뒤 정부는 습지와 주요 농업 지역에 물을 공급하는 대수층에서의 물 추출을 제한하기 위해 대규모 투자에 착수했다. 2016년, 안달루시아 정부는 국립공원 주변의 완충 구역을 확대했다. 오늘날 도냐나 습지의 약 30퍼센트는 자연 보호 구역으로 지정되어 있다.[47]

도냐나의 토지 보존 사업이 남긴 가장 큰 유산 중 하나는 지리적 경계를 뛰어넘어 환경에 영향을 미친다. 도냐나의 자연 경관을 지키려는 싸움으로 세계에서 손꼽히는 야생동물 보존 단체가 탄생했으며 스페인 안팎에서 환경 운동이 촉발되었다. 발베르데가 설립에 관여한 스페인 조류 학회, WWF 스페인 지부, 그린피스 스페인 지부, 행동하는 환경 운동가들Ecologístas en Acción 등의 단체들이 스페인에서 개발 사업으로 위협받으며 환경적으로 민감한 지역을 보호하기 위해 뭉쳤다. 이들은 저마다 다른 뿌리를 가지고 있지만 모두 근시안적 개발과 산업화로 인한 환경 훼손에 맞서 싸우고자 했다. 스페인의 개발 사업들은 도냐나 등지에서 프랑코에 의해 시작되었지만 그의 통치가 끝난 뒤에도 계속되고 있었다. 이 단체들은 경제 발전을 위해 자연환경을 변형하겠다는 프랑코의 발상이 실현되는 것을 거듭 막아냈다. 최근의 사례로는 에브로강 송수관 사업 철회가 있다. 이는 댐과 송수관을 잇는 네트워크를 구축하여 스페인 북부 에브로강 유역의 물을 수백 킬로미터 떨어진 네 곳의 유역으로 운반하는 거대한 사업이었다.

오늘날에는 흰색 비닐로 뒤덮인 온실의 바다가 도냐나 북서쪽으로 뻗어 있다. 비닐 아래에서는 수십억 달러의 딸기, 라즈베리, 블루베리가 자라면서 유럽의 한없는 베리 수요를 충족시키고 있다. 이 베리들은 도냐나에 있어 새로운 유칼립투스 나무인 셈이다. 베리 재배업자들은 도냐나의 대수층에서 엄청난 양의 물을 끌어다 쓴다(그중 상당량은 불법이다).[48] 이 때문에 습지를 유지하기 위한 수자원이 위험에 처해 있다. 현지의 수자원 관리 기관들은 물을 과도하게 끌어다 쓰는 불법 우물을 수색하고 있지만 지금까지는 막강한 업계의 상대가 되지 못했다.

도냐나는 지난 75년간 농업과 산업 활동에 점차 둘러싸이며 위험에 처했다. 1998년의 탄광 사고 같은 간헐적 위협과 물을 지나치게 많이 쓰는 베리 산업뿐 아니라, 국립공원 가장자리와 인근 마탈라스카냐스 해변 휴양지에서의 집약적 농업은 지역 생태계가 의존하는 수자원에 큰 압박을 가하고 있다. 1950년대와 1960년대에 프랑코 정부가 과달키비르강 서안에 세운 정착지에서는 환경 법규 위반이 빈번하게 일어난다.[49]

현재 도냐나로 유입되는 물의 양은 1960년대의 절반이며, 유역이 변형되기 전의 자연 상태에 비하면 5분의 1에 불과하다.[50] 기후 변화는 이 문제를 더 악화시킨다. 2022년 여름, 기온이 치솟고 가뭄이 여러 해 동안 이어지면서 공원 내 유일한 영구 담수 석호가 일시적으로 말랐다.

위태로운 처지이기는 하지만 도냐나의 심장부는 여전히 타의 추종을 불허하는 자연 녹지이며 중요한 가치를 지닌 야생동물 보호구역이다. 그리고 인간이 토지의 용도를 바꿔서 자연환경을 회복시키고 보호할 수 있음을 보여주는 기념비적인 장소이기도 하다. 스페인의 자연 녹지 중에는 프랑코 정부가 토지 정착 사업으로 경관을 변형시켜서 도냐나보다 더 큰 피해를 입은 곳도 있다. 정부는 도냐나 습지에 과달키비르강 하류 운하와 새 농업 정착지를 건설하는 한편, 피레네산맥 기슭의 에브로계곡 상류에 댐과 새 마을들을 건설했다. 이 사업으로 농지를 더 확보할 수 있었지만 환경도 심각한 피해를 입었다. 새로운 농지에서 농업이 시작되면서 토양의 염도가 증가했으며 화학물질과 농약이 쏟아져 나와 하천 유역을 오염시켰다. 또한 생태적으로 풍성하지만 민감한 환경의 에브로 삼각주에 흘러드는 퇴적물 양이 댐과 저수지로 인해 급감했다. 이 때문에 에브로 삼각주는 해수면 상승과 폭풍우에 취약해졌으며 조류와 해양 생물의 서식지는 도냐나보다 더 심각한 위험에 처해 있다. 정부는 에브로강 상류의 퇴적물을 해안으로 실어 날라 삼각주를 안정화하고, 지중해가 몰아닥쳐 삼각주를 쓸어버리지 않도록 하는 일에 해마다 수백만 유로를 지출하고 있다.

* * *

　인간이 자연환경을 파괴하는 일을 시작하기 전까지 둘은 수천 년간 함께 진화했다. 특히 토착민족들은 생물 다양성과 천연자원을 보존하고 환경을 존중하는 방식으로 자연 녹지를 돌보는 일에 능숙하다. 앞으로 인간은 사유지를 더 환경 친화적으로 관리하는 관행을 발전시킬 수도 있을 테다. 집주인들이 꽃가루받이 생물을 위해 뜰에 자생 식물을 심는 것부터 농민들이 토양과 유역을 회복시키는 유기농 및 재생 농업을 채택하는 것까지 다양한 방법이 있다.

　정부와 그들의 토지 정책은 규제, 보조금, 기타 유인책과 보호 조치를 통해 지속 가능한 관행을 장려하는 데 중요한 역할을 할 수 있다. 예를 들어, 미국 농무부 산하의 보전 휴경 프로그램은 환경적으로 민감한 토지를 생산에서 제외하고 적극적으로 복원 및 보전 조치를 취하는 농업 생산자에게 자금을 지원한다. 정부 기관은 사유지 소유자들과 보전 계약conservation easement을 맺어 토지에 대한 환경적 보호장치를 마련할 수도 있다. 미네소타주 천연자원부에서는 프레리를 복원하기 위해 이러한 프로그램을 진행하고 있다.

　인구 증가로 천연자원과 자연 경관에 대한 압박이 계속 커지는 상황에서 토지 이용 규제와 지속 가능한 관리 관행의 중요성이 점차 커질 것이다. 물론 이 수단들은 공원 조성보다 효과가 약하고 복잡하며, 정책이 뒤집힐 가능성도 크다. 또한 이전 상태로 복원하기보다는 자연

환경 파괴를 늦추는 선에서 그치는 경우가 많다. 인간은 아직 생태계 전체를 대대적으로 재구성하려는 의지를 다지지 못했으며 그렇게 할 수 있는 기술과 과학에 숙달하지도 못했다. 하지만 기후 변화와 멸종 위기를 늦추거나 상황을 반전시킬 수 있으려면 전 세계에서 토지 보전에 힘써야 한다. 서둘러야 한다.

10장

빼앗긴 자들의 귀환

남아프리카공화국과 호주의 토지 반환

　　텐보스Tenbosch 사탕수수 농장은 남아프리카공화국 크루거
국립공원Kruger National Park의 경계를 이루는 크로커다일강 건너편에 위
치한다. 평소에는 조용한 편이지만 2007년 6월 19일, 이날만큼은 떠들
썩했다. 인근 지역의 흑인 주민, 백인 사업가, 정부 관계자 등이 드넓게
펼쳐진 흐린 하늘 아래 모였다. 남아프리카공화국 농무부 장관 룰라
마 싱와나Lulama Xingwana가 청중 앞에 섰다. 급속한 변화를 겪고 있는
이 나라에 지각 변동을 일으킬 계획을 발표하기 위해서였다. 인종차별
정책인 아파르트헤이트가 시행되던 시절 자신들의 땅에서 쫓겨난 흑
인 토착민 공동체 네 곳에 드넓은 일급 농지를 반환하는 것이었다. 행
사 날짜는 운명을 가른 1913년 원주민토지법Natives Land Act의 제정일에
맞춘 터였다. 백인이 주도하던 정부는 이 법을 내세워 남아프리카공화
국 흑인 수백만 명을 그들의 땅에서 쫓아낸 뒤 척박한 오지의 '홈랜드
homeland'로 이주시켰다. 싱와나 장관이 말했다. "토지 권리의 박탈은 공
동체의 존엄을 앗아갔고 자신들이 태어난 나라에서 토지를 잃은 2등

시민으로 전락시켰습니다." 그녀는 엄숙하게 다짐했다. "네 곳의 공동체에 말씀드리고 싶습니다. 아프리카민족회의ANC가 주도하는 정부는 반드시 과거의 잘못을 바로잡고 인종차별적 이유로 토지를 수탈당한 피해자들에게 보상이 이뤄지도록 최선을 다할 겁니다."[1]

이 흥겨운 행사는 당시까지만 해도 남아프리카공화국 토지 반환 사업 중 최대 규모의 토지 양도 중 하나를 기념하는 자리였다. 그 직후 여러 공동체에서 보상을 청구했다. 2008년까지 정부는 남아프리카공화국 북동부 응코마지Nkomazi 지역의 흑인 공동체 일곱 곳에 6만 헥타르 이상의 토지를 이전했다. 수혜자는 2만 명 이상이었다.[2] 백인 농민들에게는 토지를 내놓는 대가로 5억 달러 가까운 금액을 지불했다.

그중 한 공동체를 대표하는 신탁의 의장이었던 응고마네 시보슈와Ngomane Siboshwa의 페트로스 실린다Petros Silinda는 나와의 대화에서 정부와 토지 반환 합의를 체결했던 일을 생생히 떠올렸다. "무덤까지 가져갈 경험이었습니다. 감정이 북받쳤죠."[3] 실린다와 마찬가지로 부모님이 강제 이주를 당했던(그들은 1954년에 옷가지만 등에 짊어진 채 먼 곳으로 보내졌다) 같은 공동체의 또 다른 구성원은 이렇게 말했다. "수혜자 번호를 받고 나서 누구보다 저희 어머니가 무척 기뻐하셨습니다. 지금까지도 신이 나 계십니다."[4]

싱와나 장관은 토지의 전 소유자인 백인들에게도 감사를 표했다. "TSB를 비롯한 여러 곳에서 새로운 토지 소유자들에게 정착을 지원해 주셔서 고맙습니다." TSB는 남아프리카공화국의 설탕 생산업체이자 농장 소유자 중 하나였다. TSB의 사탕수수는 모두 응코마지 지역 안팎의 농지에서 재배되었다. 이 회사는 1998년부터 토지 반환 작업에 착수하여 정부 및 공동체들과 협력하기 시작했으며 흑인 공동체에 재분배할 수 있도록 90퍼센트 이상의 토지를 매각했다. 또한 사탕수수를 재배하는 다른 백인 농민들의 참여도 이끌어냈다.

토지 반환으로 인해 이 지역의 사탕수수 생산은 백인 농민들에게서 흑인 공동체로 이동했다.[5] 하지만 수십 년간 조상의 땅으로부터 밀려나 있었던 대부분의 토지 수혜자들은 가난했으며 상업적 영농에 대한 지식이 거의 없었다. 실린다는 결국 공동체를 위해 TSB와 (훗날 TSB의 설탕 산업 부문을 인수한) RCL 푸즈RCL Foods에서 일하게 되었는데, 기자에게 이렇게 말했다. "공동체로서는 힘든 노릇이었습니다. 우리에게는 전문성이 없었으니까요. 경험을 가진 파트너를 찾아야만 했습니다."[6]

TSB는 수익성이 높은 설탕업계에 남고 싶었기에 응코마지 공동체에 손을 내밀었다. TSB의 농업 부문 국장 다위 판 로이Dawie van Rooy에 따르면 당시에 회사는 이렇게 판단했다. "공동체의 안정을 바란다면 다른 선택지는 없습니다. 우리는 이 땅을 팔아야 합니다. 지속 가능한 사탕수수 공급을 보장하는 공동체 파트너십을 구축해야 합니다."[7]

TSB는 토지를 공동체에 순조롭게 양도할 방안과 공동체와 꾸준한 제휴 관계를 맺을 방법을 오랫동안 구상했다. 여러 공동체와 50 대 50 투자 계약을 맺었으며 신탁 기관과 협회로부터 사탕수수 농장을 임차하고 이윤의 일정 부분을 공동체에 지급하기 시작했다. 합작 사업체에 기술 및 경영 지원을 해주고 구성원들에게 일자리와 더불어 훈련과 기술 개발의 기회를 제공했다. 그 일환으로 공동체 구성원들에게 경영·전략 관리에 대한 훈련과 교육을 제공하는 장학 프로그램을 실시하여 관리자급 인재를 길러냈다. TSB는 더 많은 구성원을 설탕 공장에 채용하기 시작했으며, 합작 사업체는 농장 관리 같은 위탁 업무에도 채용했다. TSB는 수십 년 전에 강제로 쫓겨났던 땅으로 돌아와 농사짓고 있는 흑인 소농들에게 투자하여 그들의 사업이 자리를 잡고 수익을 거둘 수 있도록 지원했으며 지속 가능한 생산을 촉진하기 위해 그들과 공동체 단위로 합작 투자 계약을 맺었다.

몇 년 지나지 않아 TSB가 공동체들과 맺은 제휴 관계는 남아프리카공화국 내에서 토지 반환과 재분배의 모범이 되었다. 판 로이는 이 유산을 떠올리며 말했다. "변화를 만들어내는 일은 정말이지 근사했습니다. 물론 쉬운 길은 아니었습니다. 모든 것이 여느 때보다 훨씬 힘들었고 온갖 감정을 느꼈습니다. 하지만 모든 당사자가 승리하는 균형 잡힌 모델을 논의하고 실행했다는 사실은 이 과정의 지속 가능성과 성공을 고려할 때 충분히 축하할 만한 일이었습니다."[8]

백인의 식민지 정착으로 시작되어 아파르트헤이트 시기에 흑인 토착민 공동체의 강제 이주로 절정에 이른 남아프리카공화국의 인종적 위계질서를 해체하는 데 토지 반환을 이용한 사례는 수천 건에 이른다. 인종차별에 의한 토지 수탈과 권리 침해의 규모가 엄청났기에 이 사업은 우려가 끊이지 않았고 비용이 많이 들었으며 상당히 복잡했다. 논란, 반대, 숱한 실패를 겪어야 했다. 하지만 남아프리카공화국의 흑인들에게 존엄성, 정의감, 심지어 경제적 기회를 회복시켜 주기도 했다. 이 사업은 인종 간의 정의와 화해를 실현하기 위해 어떻게 토지를 이용할 수 있는지를 보여주는 한층 진화한 모델이다.

토지는 인종적 위계질서를 구축하는 효과적인 수단이다. 인종 집단과 민족 집단은 타 집단의 토지와 생계 수단을 빼앗아 그들을 지배하고 여러 세대에 걸쳐 문명 전반에 깊은 상처를 남길 수 있다. 그리고 이 상처는 경제, 정치, 공동체를 분열시킨다.

하지만 토지 재분배는 그러한 위계질서를 해체하는 데 쓰일 수도 있다. 불이익을 당한 집단의 토지를 인정하고 반환하는 것, 토지 수탈 과정에서 발생한 모멸·학대·방관의 깊은 상처를 치유하기 위해 배상하는 것은 화해와 더 공정하고 포용적이고 평등한 사회의 건설에 일조할 수 있다. 물론 반환과 배상만으로 과거를 지우거나 재건할 수 없다. 수탈의 역사는 소외와 불평등을 매개로 여러 세대, 심지어 여러 세기까지 이어진다. 여러 세대에 걸쳐 기회로부터 배제되고 후손들이 뿔뿔이 흩어지고 경제 구조가 달라지면 뒤처진 사람들은 따라잡기가 더욱 힘들어진다. 그렇기에 토지 반환으로 과거사를 쉽게 '무를' 수는 없다.

하지만 진전을 거둘 수는 있다. 권력은 과거에도 이동했으며 또다시 움직일 수 있다. 토지 반환과 재분배는 생각만큼 새롭거나 불가능한 일은 아니다. 특정 방식의 토지 재분배가 철칙이라거나 불가역적이고, 다른 방식은 그림의 떡이라고 생각하는 건 잘못이다.

위계질서와 격차를 해소하는 일이 요원해 보일지 모르지만 남아프리카공화국과 호주의 사례에서 보듯 토지 반환, 배상, 재분배를 통해 인종적 불의를 바로잡는 작업이 이미 진행되고 있다. 남아프리카공화국은 흑인 토착민을 토지에서 내쫓고 '흑인 홈랜드'로 몰아넣었던 잔혹하고 인종주의적인 영국 식민 지배의 유산을 청산하기 위해 모든 정책을 동원하고 있다. 토지를 흑인의 손에 돌려주는 일은 과거와 화해하고 그것을 치유하기 위한 핵심 단계다. 그 과정은 험난했지만 변화는 부정할 수 없다. 호주는 원주민을 배제하고 착취하며 궁극적으로 호주

326　　　　　

주류 문화에 동화시키려는 정책을 오랫동안 펼쳤지만, 이제는 나라 전역에서 원주민들에게 조상의 토지에 대한 권리를 인정하고 있다. 호주 원주민 공동체는 전승되는 노래와 이야기, 공예를 통해 토지와의 관계를 입증함으로써 자신들의 토지를 보호하거나 되찾고 있다. 호주 원주민 공동체들은 현재 호주 전체 토지의 절반 이상에 대해 권리를 가지고 있으며 자원 및 토지 관리 부문에서 동등한 파트너로 점차 대우받고 있다.

토지 권력이 저지른 잘못을 바로잡는 방법을 알려면 대재편이 어떻게 수백 년에 걸쳐 잘못된 방향으로 엇나갔는지를 이해해야 한다. 이 이야기들에서 교훈을 배우면 오늘날 잘못을 바로잡는 노력에도 도움이 될 만한 실마리를 얻을 수 있다.

남아프리카공화국의 토지 반환

토지 수탈은 오늘날 남아프리카공화국이 된 지역에서 시행되었던 식민지 사업의 핵심이었다. 수백 년에 걸쳐 유럽계 정착민들은 토착민 집단을 조상의 토지로부터 점차 몰아내고 그곳을 차지했다. 1650년대에 희망봉 근처에 처음 정착한 사람들은 네덜란드 동인도 회사와 관련된 유럽인들이었다. 그들은 정착민의 수가 늘자 내륙으로 진출했고 자원과 토지를 놓고 토착민 집단과 경쟁하기 시작했다. 1800년대 초, 영국이 희망봉을 점령하자 네덜란드계 정착민들은 영국의 지배를 피해 북쪽과 동쪽으로 이주했다. 정착지가 확대되고 다이아몬드와 금이 발견되면서 영국인과 네덜란드인 둘 다 토착민 집단을 더욱 맹렬히 몰아 냈다.

토지 수탈과 인종 분리는 1910년에 남아프리카공화국이 영국으로 부터 자치권을 부여받은 이후 더 심해졌다.[9] 1913년의 원주민토지법은 소수의 백인 중심으로 운영되는 남아프리카공화국 정부가 채택한 가장 중요한 정책 중 하나였다. 이 법은 국토의 10퍼센트에도 미치지 못하는 면적을 흑인 보호구역으로 지정했다. 보호구역들은 대부분 척박한 땅이었으며 권력의 중심부에서 멀리 떨어진 변두리에 위치해 있었다. 흑인이 보호구역 밖에서 토지를 매입하거나 임차하는 일은 금지되었다. 백인이 소유한 토지에서 흑인의 소작도 불법화되었기에 이 지역의 흑인 농민들은 더 종속적인 처지의 임금 노동자로 전락했다. 10년 뒤, 정부는 도시 주거지에서도 흑인과 백인을 분리했다.

인종적 위계질서와 분리 정책은 수십 년 뒤 더욱 심화했다. 1948년에 국민당이 다수당이 되면서 아파르트헤이트가 시작되었다. 정부는 모든 국민을 백인, 흑인, 유색인, 인도인이라는 네 가지 인종 범주로 분류했다. 흑인은 인구의 4분의 3 이상을 차지했으며 백인은 약 10퍼센트였다. 유색인은 전체 인구의 10퍼센트에 약간 못 미쳤으며 주로 남아프리카공화국 서부에 살았고 혼혈 혈통이었다. 인도인은 소수에 불과했으며 대부분 도심 지역에서 살았다.

아파르트헤이트 체제에서는 인종 집단마다 제 나름의 권리와 규칙이 있었다. 일련의 강제 이주 정책을 통해 정부는 백인 거주지로 지정된 지역에 사는 비백인들을 그들의 집과 토지로부터 강제로 쫓아냈다. 대부분은 1913년에 지정된 보호구역과 얼추 일치하는 농촌의 홈랜드

('반투스탄'이라고 부르기도 한다)로 추방되었다. 도시에서는 주거 지역과 상업 지역을 엄격히 인종별로 분리하고 비백인을 지정된 구획(대개 도시 외곽 빈민가)으로 이주시켰다.[10] 이 조치로 약 350만 명이 강제 이주 당했다.[11]

응코마지에 정착했던 공동체들은 이 과정에서 심각한 피해를 입었다. 이들은 19세기 후반과 20세기 초반에 경제적 기회의 변화, 이웃 공동체와의 관계, (지금의 크루거 국립공원 지역에 사냥 금지 구역을 조성하려는) 정부의 압박에 따라 더 넓은 지역으로 뿔뿔이 흩어졌으며 인구 이동을 겪은 상태였다. 결국 이 공동체들은 텐보스 지역에 주로 정착했으며 많은 가족이 씨족 내에서 대대로 물려주는 토지를 소유하게 되었다. 그러나 남아프리카공화국 정부가 토지 투기 회사에 이 지역을 매각했다가 2차 세계대전 참전 군인을 비롯한 백인 정착민에게 토지를 나눠주기 위해 다시 회수하면서 이 정착지들도 위협받기 시작했다. 백인이 운영하는 광산이나 백인 소유의 농장에서 일하라는 압박이 거세지자 공동체들은 원치 않는 조건의 노동을 거부하겠다며 저항했다. 아파르트헤이트 정부는 이들이 홈랜드 바깥에 거주하며 점점 더 많은 백인 농민들 사이에서 거주한다며 '블랙 스팟'으로 간주하여 제거하려 했다.

대표적인 강제 이주 사건이 1954년 후반에 일어났다. 정부 트럭들이 도착하더니 응고마네 부족Ngomane 7,000명을 재빨리 실어 응코마지 남부의 비좁은 홈랜드에 내려놓았다(이곳은 훗날 캉그와네로 불리게 된다).[12] 텐보스의 공동체 신탁 기관인 응고마네 시보슈와와 RCL의 합작 사업체에서 농장 관리인으로 일하는 페트로스 실린다는 부모님과 어르신들에게서 들은 강제 이주 이야기를 내게도 들려주었다. 정부는 우선 텐보스 지역의 공동체들을 코마티포르트Komatipoort에 불러 모았다. "일부 족장들은 가지 않았습니다. 응고마네 부족의 족장 중에서 그곳에 간 유일한 사람은 루게들라네 씨족Lugedlane의 음포티Mpoti 족장이었습니다. 음포티 족장은 사람들과 함께 그곳에 가서 대표단에게 우리는 아무 데도 안 간다고 말하려 했죠." 하지만 정부 요원들은 음포티 족장을 응고마네족 대표로 방 안에 초대하고서 "문을 닫더니 그를 반대편으로 데려갔는데, 그곳에는 승합차가 대기하고 있었"으며 그를 억류하여 추방했다. "오후 5시경, 그와 함께 온 사람들은 허기진 채 족장이 돌아오기를 기다리고 있었습니다. 그때 한 남자가 와서 말했습니다. '당신네 족장이 이주에 동의했습니다.' 사람들은 격분하여 돌멩이를 던지기 시작했죠." 실린다는 돌멩이 던지는 소리를 흉내 내기 위해 연신 손가락을 튕기며 말을 이었다. "그들이 물었습니다. '족장은 지금 어디 있죠?' 족장은 사라졌고 그들은 집에 돌아가야 했습니다. 마침내 그들이 집에 도착했을 때는 트럭이 이미 사람들을 실어 나르기 시작한 상태였습니다. 족장은 동의하지 않았습니다. 그래서 강제 이주인 거죠. 제 할아버지는 인두나induna(장로)였는데, 그분도 동의하지 않았습니다. 응고마네 시보슈와는 결코 동의하지 않았습니다. 호이 부족Hoyi도 결코 동의하지 않았죠. 그런데도 다들 이주당했습니다."

그렇게 이주당한 사람들은 거의 모든 것을 잃었다. 강제 이주는 옥수수 수확 직전에 일어났고 너무 갑작스러웠기에 사람들은 가축이나 세간을 챙길 겨를도 없었다. 정부 트럭이 그들을 내려놓은 곳에는 기반 시설이나 주택은커녕 물을 길을 곳조차 없었다. 응고마네 루게들라

　　　　　　　　　　| 3부 다시 태어나는 땅 |

네Ngomane Lugedlane의 현 족장이 말했다. "우리는 아무것도 없는 덤불 속에 내동댕이쳐졌습니다."[13]

이웃 공동체들도 함께 퇴거당했다. 응코마지 남부에 살고 있던 흑인들은 새로 이주해 온 공동체들에 토지를 내어주고 다른 곳으로 떠나야 했다.[14] 아파르트헤이트 체제에서 정부는 이 공동체들을 각각의 부족으로 규정하고 분리시켰다. 그들을 각 지역에 강제로 몰아넣은 뒤 토지 접근권을 제한하고 전통적 생계 수단을 박탈했으며 빈곤으로 내몰았다. 많은 공동체 구성원은 아직도 이 지역에서 살고 있다. 이 시점에 TSB는 이미 텐보스 지역에서 토지를 매입하기 시작했으며 그 뒤로 매입을 계속하면서 사탕수수 농사를 확고히 했다.

국민당은 비백인들을 그들의 토지에서 몰아내어 사회와 격리하는 조치와 더불어, 남아프리카공화국의 시민권과 투표권을 박탈하고 흑인 홈랜드 내의 시민권을 부여했다. 표면적 명분은 홈랜드에서의 부족 자치를 위해서라고 했으나 실제로는 국민당이 홈랜드에서 고분고분한 파트너를 선별하여 관리했다. 엄격한 분리를 바탕으로 한 인종차별이 남아프리카공화국 사회의 구석구석에 스며들었다.

아파르트헤이트 체제는 1980년대에 그 잔혹함에 짓눌려 금이 가기 시작했다. 흑인 활동가들과 사회 운동들은 국민당을 거세게 압박했으며 국민당의 억압적이고 반민주적인 실체를 적나라하게 폭로했다. 외국의 정부와 투자자들은 남아프리카공화국에 보이콧을 선언하고 제재를 가하기 시작했다. 결국 국민당은 협상 테이블에 앉을 수밖에 없었다. 1990년, 이 나라에서 가장 유명한 정치 운동가인 넬슨 만델라Nelson Mandela를 석방했으며 아프리카민족회의 같은 반체제 운동과 정당을 합법화했다.

1994년에 공개적으로 실시된 민주 선거는 남아프리카공화국에 분수령이 되었다. 선거에서는 흑인이 다수를 차지하는 정당인 아프리카민족회의가 압승을 거뒀다. 그들이 물려받은 나라는 아파르트헤이트와 유럽인들의 정착에 따른 인종차별적 정책으로 깊은 상처가 나 있었다. 전체 인구의 절반 가까이가 여전히 농촌에 살고 있었지만 토지에서 비롯하는 인종 간 불평등이 극심했다. 인구의 11퍼센트에 불과한 소수의 백인이 전체 농지의 86퍼센트를 소유했다. 농지 대부분은 약 6만 명의 백인 농민에게 집중되어 있었다.[15] 인종차별적 관행 때문에 토지를 빼앗긴 1300만 명의 흑인은 열악한 토지에 조성된 옛 홈랜드에 빼곡히 밀집해서 살고 있었다.

전국의 흑인들은 토지 권리의 회복을 요구했다. 새 정부는 인종에 따라 토지를 박탈당했던 과거를 바로잡기 위해 1999년까지 전체 농지의 약 30퍼센트에 해당하는 2400만 헥타르를 재분배하겠다고 약속했다. 남아프리카공화국은 토지를 인종적 위계질서를 해체하는 수단으로 쓰는 야심 찬 시도를 벌일 참이었다.

토지 재분배는 화해와 정의의 여러 의미를 대변하는 상징이 되었다. 2004년에 실시된 전국 대표 여론조사에 따르면, 남아프리카공화국 흑인의 85퍼센트는 "남아프리카공화국 토지의 대부분을 백인 정착민들이 부당하게 차지했으며, 따라서 그들은 오늘날 그 토지에 대해 어떤 권리도 가지고 있지 않다"고 생각했다.[16] 백인 정착민들이 망가뜨린 토지는 귀한 자산이자 생계의 토대였으므로 근본적인 물질적 요건이었다. 토지에는 사회적·경제적 상실의 현현, 기억의 환기, 개인과 집단의 희망 회복이라는 상징적 의미도 깊이 담겨 있었다.

남아프리카공화국은 민주주의로 이행하면서 토지 재분배 요구에 응답하는 동시에 제한을 두었다. 그들에게는 과거를 대면하고 치유해야 한다는 공감대가 있었다. 토지를 빼앗긴 피해자들은 보상받을 권리를 얻었다. 헌법은 토지 재분배의 법적 토대를 마련했다. 넬슨 만델라는 1995년에 이렇게 말했다. "지난해에 자유와 민주주의와 함께 토지권리가 회복되었습니다. 그와 더불어 수백 년에 걸친 박탈과 부정의 결과를 바로잡을 기회도 찾아왔습니다. 마침내 우리는 한 명의 국민으로서 조상들의 얼굴을 바라보며 이렇게 말할 수 있게 되었습니다. 여러분의 희생은 헛되지 않았습니다."[17]

하지만 아파르트헤이트 시대의 국민당에서 아프리카민족회의로의 권력 이양은 지루한 협상과 까다로운 절차를 거쳐 이루어졌으며 이 때문에 만델라의 약속에는 제약이 따랐다. 소수의 백인은 정치 체제를 개방하는 대가로 자신들의 재산과 권력을 보호받는 양보를 얻어냈다. 백인들은 헌법에 의한 재산권 보호, 민주주의 시행 첫 5년간 국민당을 포함하는 국민 통합 정부 수립, 전환기 정의transitional justice(정치적 변혁기에 과거의 억압적 정권이나 군사 정권의 잘못과 범죄에 대한 법적 대응과 관련된 정의—옮긴이) 정책에 대한 제한, 연방 권한의 선별적 이전 등을 보장받았다.

민주주의 체제에서의 토지 재분배는 서로 다른 두 가지 경로로 진행되었다.[18] 두 경로 모두 사유지와 국유지를 개인과 공동체 집단 전체에 분배한다는 점에서 경자유전 개혁, 집단주의 개혁, 정착민 개혁을 혼합한 형태였다. 첫 번째 경로는 토지 반환을 목표로 한다. 정부는 1913년의 원주민토지법 이후 인종차별적 법률과 관행에 의해 강제로 토지에서 쫓겨난 사람들에게 토지 권리를 돌려주겠다고 약속했다. 토지를 수탈당한 피해자들은 1998년 말까지 국가에 토지 반환을 청구하면 토지를 돌려받거나 대안적 보상(다른 지역 토지로 대체 또는 금전적 보상)을 받을 자격이 생겼다. 강제 이주당한 응코마지 공동체들은 이 경로를 통해 토지를 돌려받고자 했다.

개인과 공동체가 8만 건 가까이 토지 반환을 청구했으며 청구 인원은 농촌과 도시를 망라하여 1500만 명 이상이었다. 대부분의 청구는 2000년대 중반까지 해결되었으며 금전적 보상, 국유지 반환, 소유자의 자발적 매각을 통해 국가가 매입한 사유지의 청구인 공여 등의 해결법을 채택했다. 하지만 약 6,700건의 청구는 2022년까지도 해결하지 못했는데, 대부분 농촌의 토지들이었다.[19] 미해결 건들 상당수가 복잡하고 중대한 청구들이었다. 미해결 건들이 여전히 남아 있긴 하지만 지금껏 약 400만 헥타르의 토지가 피해자들에게 반환되었다. 대부분의 토지는 개인이 아니라 국가에서 나왔다.[20] 200만 헥타르의 토지에서 추방당한 또 다른 피해자들은 금전적 보상을 선택했다.[21]

두 번째 경로는 단순히 반환을 넘어서서 화해와 배상의 일환으로 토지를 비백인에게 분배하는 것이다. 아파르트헤이트가 종식될 무렵 흑인 토착민과 혼혈인의 높은 빈곤율과 무토지 비율이 체계적인 인종차별 때문이라는 사실이 널리 알려졌다. 이런 상황을 보건대, 1913년 이후 강제 이주 정책까지 가족사를 구체적으로 거슬러 올라갈 수 없거나 토지 반환 청구를 제출하지 않은 사람들에게도 구제책이 절실했다. 이 경로의 본질적인 목표는 부유한 백인 지주들이 압도적으로 많이 소유한 토지를 흑인 농민들에게 이전하는 것이었다.

보다 일반적인 토지 분배 및 토지 재분배 정책도 있다. 이 정책의 핵심은 세계은행의 권고에 부합하는 시장 기반의 '자발적 매도자, 자발적 매수자' 개혁이다. 이 사업에서는 소유자가 자발적으로 내놓은 민간 농지를 정부가 시장 가격으로 매입한다.[22] 그러고 나서 경자유전 개혁과 집단주의 개혁을 혼합한 방식의 개혁으로 토지를 매입할 수 있도록 개인이나 집단 신청자에게 보조금을 준다. 신청자는 비백인이어야 하며 취득하고자 하는 토지 또는 그 인근에 살아야 한다.[23]

이 정책은 응코마지 지역과 그곳의 설탕 산업에도 영향을 미쳤다. 응코마지 토지 반환 청구인들과 흑인 농민들이 백인 소유의 농지를 청구하여 공여받았다. 일부 흑인 농민은 사탕수수를 재배하기 시작했으며 토지 반환 공동체와 마찬가지로 TSB(이후에 설탕 산업 부문은 RCL 푸즈가 인수)와 제휴 관계를 맺고 계약을 체결했다.[24]

시장 기반의 토지 재분배 사업으로 약 700만 헥타르의 토지가 흑인 농민들에게 이전되었다.[25] 조사에 따르면 이 사업을 통한 토지 이전으로 금세 대다수 토지 수혜자들의 소비가 늘고 가계의 생활 수준이 높아졌다. 하나의 토지에 여러 건의 반환 청구가 중복되어 처리가 늦어진 경우도 있었지만 이 사업으로 농민들은 자신들의 재산에 대해 명확한 권리 증서를 받을 수 있었다.[26]

또 다른 토지 재분배 사업들도 시장 기반의 개혁을 떠받치며 나란히 시행되었다. 가장 눈에 띄는 사업은 수혜자들이 국유지를 임차하여 상업적 영농을 시작할 수 있도록 보조금을 지급하는 방식으로, 농장이 성공을 거두고 생산적으로 운영되면 임차권을 소유권으로 전환할 수 있었다. 이것은 정착민 개혁의 일종인데, 사유지가 아니라 국유지를 대상으로 하기 때문이다. 정부는 이런 식으로 250만 헥타르의 토지를 공여했지만 부패와 관리 부실이 만연했으며 절대다수의 농장이 실패했다.[27]

남아프리카공화국이 아파르트헤이트에서 민주주의로 이행하는 과정에서 생긴 강력한 국가 신화 중 하나는 이 나라가 지배층 백인과 소외층 흑인을 대립시키던 경직된 인종적 위계질서를 초월하여 다문화적 다양성을 받아들인 '무지개 국가rainbow nation'로 탈바꿈했다는 것이다. 다양성은 남아프리카공화국 건국 이전의 토착 문화, 이 나라의 해안에 도착한 백인 정착민, 인도인, 기타 집단들의 이주 물결을 전부 포용한다. 이러한 사상은 넬슨 만델라의 집권에 관한 영웅담에 깊이 새겨져 있으며, 아파르트헤이트가 무너진 뒤 정치인, 사회 논평가, 교회 지도자 등이 널리 퍼뜨렸다.

포퓰리스트 선동가부터 사회운동가에 이르는 비판자들은 무지개 국가라는 말이 진정한 다문화주의에 필요한 진짜 인종 화해와 변화를 가리는 공허한 수사로 작동한다고 주장한다. 그들은 아파르트헤이트 시절부터 잔혹한 방식으로 이어진 인종차별, 불평등, 범죄의 유산들을 지적한다. 이 나라는 여전히 지구상에서 가장 불평등한 곳 중 하나다. 흑인의 평균 소득은 백인의 6분의 1이다.[28] 실업률은 몇 년째 20퍼센트를 웃돈다. 살인율은 세계에서 가장 높다. 흑인이 사회에서 맡은 새로운 역할에 불만을 가진 측에서는 같은 수치를 가지고도 다양성과 다

문화주의를 내세운 정책이 실패했으며 국정 운영에 문제가 있고 잘못된 방향으로 가고 있다고 주장한다.

하지만 이 나라가 숱한 난관을 맞닥뜨렸다고 해서 토지 반환과 화해에서 거둔 중대한 진전들이 없던 일로 되지는 않는다. 이것은 분명 복잡하고 뒤죽박죽인 과정들이지만 남아프리카공화국이 진지하게 임했다는 점은 인정해야 한다. 남아프리카공화국은 수백만 헥타르의 토지를 농촌의 흑인들에게 반환하고 수천 곳의 택지를 도시의 흑인들에게 이전하고 아파르트헤이트 시절에 인권을 탄압당한 피해자들에게 배상했다. 토지를 받은 사람들 모두가 부유해지지는 못했을지라도 과거보다 풍족해졌다. 토지 대신 보상을 선택한 사람들은 그 돈을 주택 개량 같은 장기적 유익에 투자했다.[29]

이러한 국가적 노력에 담긴 상징적 가치도 과거의 인종차별적 범죄와 화해의 필요성에 대해 공통의 서사를 만들어내고 지탱하는 데 한몫했다(이 서사는 국가적 담론, 기념물, 박물관을 통해 반복되었다). 개인들의 경우에 토지 반환은 기억을 불러일으키며 의미 창출에 활용된다. 토지 반환 수혜자에 관한 어느 연구는 이렇게 기록했다. "자신의 집이 불도저에 철거된 일은 존엄성의 파괴를 상징한 반면에 토지와 주택의 공급은 존엄성의 회복을 상징했다."[30] 현금 지급은 종종 집과 소유 그리고 여러 면에서 역사를 상징하는 창의적인 방식으로 작동하면서 의미를 부여받았다.[31]

TSB(지금은 RCL)와 응코마지 공동체의 화해는 이러한 역사적 변화를 보여준다. 토지를 받아 RCL과 합작 사업체를 설립한 공동체들은 높은 생산성을 유지했다. 공동체 구성원들은 이제 농장 관리인과 사무원으로 일하고, 상당수가 설탕 공장에서 일하며, 합작 사업체에서 계약직 노동자로 근무한다.[32] 옛 홈랜드 지역의 소규모 설탕 농가들은 소득이 증가했으며 주택과 차량을 개량하고 자녀에게 더 나은 교육을 제공할 수 있었다.[33] 중간 규모의 흑인 농장들도 성장했으며 설탕업계에서 흑인 전문가와 관리자도 늘어났다.[34] 이 모든 일은 RCL, 공동체와 그들의 신탁, 합작 사업체의 변동 속에서 수년에 걸쳐 이루어졌다.

토지를 반환받은 공동체에서 일부 수혜자들은 RCL과의 합작 사업체에서 관리자로서 일하면서 흑인 전문가 계층을 형성하고 과거의 노골적이고 완강했던 경계를 가로지르고 있다. 그중 한 명인 에드워드 은들로부Edward Ndlovu를 인터뷰했을 때 이런 이야기를 들었다. "두 가지 캐릭터를 가져야 합니다. 하나는 합작 사업체 직원으로서의 캐릭터이고, 다른 하나는 수혜자로서의 캐릭터입니다. 업무가 고되긴 하지만, 자신을 길러준 공동체에 무언가를 돌려준다는 사실을 알고 그곳에서 일하는 건 무척 두근거리는 일입니다. 남아프리카공화국에서는 이것을 우분투 정신ubuntu이라고 부릅니다. '사람이 사람인 것은 다른 사람이 있기 때문이다'라는 뜻이죠. 이 근사한 회사에서 일하게 되어 무척 기쁩니다. 연말까지 먹고살 수 있는 돈을 버는 것도 좋습니다. 매년 신탁 배당금을 받는 수혜자들은 저를 알지도 못하지만 마을에서 보거나 버스 정류장에서 만나면 자신들이 배당금을 받았다면서 말을 겁니다. 그들은 무척 행복해합니다. 제가 그들이 받는 혜택에 큰 역할을 했다는 사실이 뿌듯합니다."[35]

응코마지 공동체와 그 지역 백인들 사이의 토지 분쟁도 잦아들었다(물론 완전히 해소되진 않았다). 공동체 신탁 기관 중 한 곳의 사무국장은 토지 반환 전의 시절을 떠올리며 말했다. "백인들이 땅을 내놓으려 들지 않아서 이따금 싸움을 벌였습니다. 그 시절이 지나가서 다들 행복해합니다."[36] 소규모 재배업자들과의 제휴 업무를 맡은 RCL 임원이자 공동체 합작 사업체의 이사인 데이브 톰슨Dave Thomson도 나와의 대화에서 비슷한 감정을 드러냈다. 그는 이렇게 말했다. 전국의 농업 공동체들에서 토지 소유권과 노동 문제를 둘러싸고 논쟁이 벌어지는 와중에 "어느 농장도 침탈당하거나 훼손되거나 불타거나 파손되거나 시위 장소가 되거나 폐쇄되지 않았습니다. 공동체는 자신들이 RCL/TSB라고 느끼며 TSB는 자신들이 공동체라고 느낍니다."[37]

비슷한 사례는 얼마든지 있다. 마쿨레케 공동체Makuleke는 크루거 국립공원의 일부에 대한 소유권을 돌려받아 공원 측에 임대하는 동시에 보전 사업을 공동으로 관리하고 상업적 관광 활동으로 수익을 올린다. 기바 공동체Giba는 음푸말랑가주Mpumalanga에서 백인 농민들로부터 조상의 땅을 돌려받은 뒤 고부가가치 작물 재배지로 전환했으며 여성을 고용하고 청년 대상으로 영농 훈련 프로그램을 시작했다. 크레민 공동체Cremin는 1970년대에 콰줄루나탈주KwaZulu-Natal에서 강제로 쫓겨났는데, 그들도 토지를 되찾아 삶을 개선했다. 도시 토지의 반환은 인구 압력과 높은 부동산 가격 때문에 쉽지 않지만 게베하Gqeberha(과거의 포트엘리자베스) 같은 성공 사례도 있다.

이 사례들은 공동체 구성원들에게 깊은 인상을 남겼으며 회복과 화해에 한몫했다. 기바 공동체의 신탁 책임자는 이렇게 말했다. "농장은 희망을 회복시키고 더 많은 일자리를 창출할 겁니다. 기바 공동체는 이미 그 혜택을 누리고 있습니다."[38] 크레민 공동체의 한 구성원은 백인들이 토지를 돌려주던 일을 회상하며 말했다. "상처가 정말로 치유되는 것 같았어요." 또 다른 구성원이 말했다. "우리는 위로받았어요."[39] 포트엘리자베스에서는 토지 반환 기관의 최고 책임자가 이렇게 회상했다. "불의가 행해졌고 나름의 방식으로 보상이 이루어졌음을 사람들이 인정하는 게 중요했습니다."[40]

물론 과거는 무척 잔혹했고 거기서 빠져나오는 길은 상당히 복잡하고 험난했기에 실패와 실망도 많았다. 웨스턴케이프주Western Cape의 일란스클루프Elanskloof처럼 많은 이목을 끈 토지 반환 사업이 좌초하는가 하면 림포포주Limpopo의 제베디엘라 감귤 농장처럼 처음에 성공을 거두었으나 결국 실패한 곳도 있다. 한편으로는 아파르트헤이트 정권이 땅을 밀어버렸던 케이프타운 제6구역의 재정착처럼 성과를 내지 못하고 오랫동안 정체된 곳도 있다.

낙담스러운 실패 사례는 얼마든지 있다.[41] 수혜자들의 기대에 못 미친 소규모 사업도 수두룩하다. 이러한 실패들이 성공에 그림자를 드리우고 있다는 말은 납득할 만하다.

심지어 웅코마지 지역에서 토지를 반환받은 공동체 내에도 적잖은 불만이 있다. 일부 사람들은 TSB와의 계약이 기술 이전과 농업의 지속성 측면에서 중요하다는 사실을 인정하면서도 비판을 제기한다. 그들은 TSB를 비롯한 백인 주도의 설탕 회사들이 토착 흑인들에게서 훔쳤던 땅을 돌려주면서 적잖은 보상금을 받았고 합작 사업체를 통해 설탕 산업에 대한 지배권을 계속 유지하기 때문에 공동체에 임차료와 배당금을 더 많이 지급해야 한다고 주장한다. 이 지역에서 관리 문제를 겪은 한 공동체 신탁의 의장은 토지 반환을 두고 "삼키기에 쓴 약"

이었다고 말했다. "토지를 박탈당했던 우리에게 그 토지가 돌아왔다고 말할 수는 있습니다. 하지만 실제로는 어떨까요? 만약 제가 당신에게 무언가를 돌려줬는데 당신이 이런저런 일로 저와 제휴해야 한다면요? 토지도 마찬가지입니다. 그렇다면 토지가 정말로 제게 돌아온 것이 아닙니다. 그건 사업상 거래일 뿐이죠."[42] 게다가 광범위한 텐보스 토지 반환 청구에 참여한 몇몇 공동체가 TSB와 연계하지 않고서 진행한 합작 사업들은 실패로 돌아갔으며 그 공동체들은 다른 길을 모색해야 했다. 일부 공동체 신탁과 협회에서는 운영 문제를 놓고 실랑이가 벌어지고 있으며 이 때문에 공동체 내 배분이 지체되고 구성원의 참여가 제한되어 수혜자들이 광범위한 협력 체계 전반에 실망을 품었다.

토지 반환과 인종 간 화해의 과정은 험난했지만 분명한 성과가 있었다. 이는 남아프리카공화국이 겪어온 전반적인 분투와 맥을 같이한다. 오늘날 남아프리카공화국의 흑인들은 정치와 정부를 주도하고 있으며 공무원, 경찰, 군대는 아파르트헤이트 시절에 비해 인구 구성을 훨씬 잘 반영한다. 하지만 여전히 이 나라는 불평등과 미완의 꿈이 공존하는 땅이다.

남아프리카공화국의 토지 반환과 배상은 아직도 진행 중이다. 정부는 아파르트헤이트 종식 이후 약 1400만 헥타르의 토지를 흑인 농민들에게 이전했지만 1999년까지 이전을 하겠다고 약속한 면적의 절반에 불과하다. 정부는 데드라인을 여러 번 연기했으며 지금은 2030년을 목표로 삼고 있다. 하지만 그마저 공염불이 될 공산이 크다. 한편 도시 토지 반환 사업은 축소되었다. 비용이 많이 들고 그동안 인구 구조와 경제 구조에서 큰 변화가 일어난 탓에 도시 경관 전체를 복원하는 일은 정치적으로 까다롭고 현실적으로도 불가능했다.

토지 반환과 배상이 이토록 힘들고 느리고 지리멸렬한 이유 중 하나는 남아프리카공화국의 흑인이 단순하고 균일한 집단이 아니기 때문이다. 흑인을 하나의 인종 범주로 설정한 것은 토착민 공동체들 그리고 지역들 간의 차이를 지운 뒤 그 자리를 단일하고 획일적인 하층 계급으로 대체하려는 장기적이고 불완전한 지배 계획의 일환이었다. 이렇게 사회적으로 구성된 공통성의 허울 아래에는 토지 및 재산과의 관계가 제각각이고 고유한 박탈의 역사를 지닌 서로 다른 공동체가 놓여 있었다. 현실에는 다양한 공동체와 구성원이 있기 때문에 토지 반환과 배상 과정에서 맞춤형 접근이 필요하다.

토지 반환이 더디고 불규칙하게 진행된 데는 현실적인 이유가 많았다. 원주민토지법과 아파르트헤이트 초기의 강제 이주 정책 이후로 사회가 근본적으로 변한 탓도 있다. 지역 차원에서 토지 반환을 집행하려면 정당한 수혜자를 가려낼 수 있어야 한다. 그러려면 부실하게 기록된 역사를 톺아보고 토지 소유자와 반환 청구인, 청구인과 국가, 심지어 같은 땅을 놓고 다투는 여러 청구인 사이의 불가피한 분쟁을 해결해야 한다.[43] 도시화와 세대 교체 등으로 관심사, 기억, 기회가 변화하면 문제가 더 복잡해진다. 이런 요인들은 토지 반환 사업에서 흔히 나타나며 남아프리카공화국만의 문제는 아니다.

토지 반환이 예상보다 느리게 진행되는 것과 더불어 새로운 농민들은 자신들이 받은 농지에서 어려움을 겪기도 한다. 토지 반환 위원회는 처음에 자신들의 역할을 단순히 토지 구획을 이전하는 것으로 여겼으며 토지를 청구인에게 넘겨주면 임무가 끝난다고 생각했다. 이렇

　　　　　　　| 3부 다시 태어나는 땅 |

게 근시안적인 발상 탓에 초기의 상당수 토지 수혜자들이 실패를 겪었다. 수혜자들이 보다 온전한 회복에 이르는 길에 들어서고 현대 경제에서 새로운 삶을 꾸려서 장기적으로 번영하려면 국가 및 지방 정부 차원에서 포괄적이고 지속적인 지원을 제공해야 한다. 또한 상업형 농장을 받은 사람들이 자본, 시장, 전문 지식에 더 빠르게 익숙해지려면 기존 상업농들과 제휴할 필요가 있다. 정부는 이 교훈을 새겨서 허우적거리던 사업들을 살려냈으며 최근의 신규 사업들은 더 탄탄한 토대 위에서 추진했다. 하지만 사람들의 물질적 손실과 정의감을 회복시킬 책임을 가진 기관들은 여전히 예산 부족과 정책·인력 변동에 시달린다.

인구 역학의 변화에 따라 개별적 토지 분쟁도 심해지고 있다. 남아프리카공화국은 강제 이주 이후로 인구가 급증했다. 그래서 피해자보다 피해자 후손들이 훨씬 많다. 후손들은 토지를 어떻게 이용할지에 대한 견해가 제각각이며 자신들끼리 쉽게 합의에 도달하지 못한다. 이런 상황 때문에 내분, 투자 부족, 부패에 시달리며 정부, 민간 부문, 비영리 파트너와 효과적으로 협력하지 못한다.

토지 반환과 배상의 속도가 느리고 성과가 고르지 않다는 불만이 대중적으로 커지자 정부는 더 많이, 더 빠르게 일을 추진하는 방식으로 대처하고 있다. '자발적 매도자, 자발적 매수자' 원칙을 폐기하고 정부 주도로 시장가보다 낮게 토지를 수용할 수 있도록 하는 '공정 및 평등' 원칙을 채택하여 토지 재분배의 속도를 끌어올리고 있다. 이 접근법은 백인 토지 소유자가 흑인 토착민에게서 훔친 땅에 대해 시장가로 보상한다는 발상이 근본적으로 잘못되었다고 생각하는 사람들에게 특히 인기가 있다. 반면에 토지 재분배를 포퓰리즘적 영합이나 심지어

(농사 경험이 거의 없는 흑인들을 위해 백인 상업농을 희생시키는) 인종적 역차별이라고 주장하는 비판자들은 이 정책에 완강히 반대하고 있다.

정부는 1998년에 일단 종료되었던 청구 절차를 재개하여 토지 반환의 문호를 넓히려 하고 있다. 제이컵 주마Jacob Zuma 대통령은 2014년에 전국의 토착민 지도자들 앞에서 연설하면서 토지 반환이 추가로 필요한 이유를 역설했다. "우리가 발견한 중대 문제는 토착민에게서 토지를 빼앗는 과정이 수 세기에 걸쳐 다양한 형태로 진행되었으며 결국 토착민의 절대다수가 토지를 전혀 가지지 못하게 되었다는 겁니다. 그 과정에서 전쟁이 벌어졌고 법률이 제정되었으며 여러 수단이 동원되었습니다. 하지만 이 문제를 해결하려고 보니 우리에게 주어진 시간은 고작 몇 년에 불과했습니다. 우리는 이것이 불공정하며 실제로 많은 사람들을 배제한다고 생각했습니다."[44] 정부는 그해에 청구 절차를 재개했지만 헌법재판소와 의회의 갈등으로 다시 중단되었다.[45] 지금까지도 팽팽한 줄다리기가 이어지는 것으로 보건대 향후에 토지 반환을 위한 또 다른 시도가 있을 전망이다.

과정에서 드러나는 고통과 한계에 주목하다 보면 성과를 간과하기 쉽다. 남아프리카공화국은 과거의 토지 재편에서 발생한 잘못을 바로잡는 방향으로 나아가는 길을 닦았다. 하지만 이는 많은 시도 중 하나에 불과하다. 토지를 돌려주는 사업들은 다른 지역에서도 추진되고 있다.

호주의 원주민 권리

2023년 5월 중순, 호주 북동부 아넘랜드Arnhem Land의 원주민 공동체들은 욜누 부족Yolngu의 구마치 씨족Gumatj에서 오랫동안 족장을 역임한 갈라르위 유누핑구Galarrwuy Yunupingu의 삶을 기렸다. 유누핑구는 평생 호주 전역에서 원주민의 토지 권리를 위해 헌신한 인물이었다. 호주 총리 앤서니 앨버니지Anthony Albanese는 추모식에 참석하여 "호주 원주민들이 자신들의 미래를 스스로 결정해야 한다는 유누핑구의 굳은 신념"을 지지했다.[46]

나흘 뒤인 5월 22일, 유누핑구의 신념이 현실에 더 가까워졌다. 연방 법원은 정부가 욜누족 영토를 점유한 행위에 대해 구마치 씨족이 보상받을 자격이 있다고 판결했다.[47] 광범위한 파급 효과를 낳을 기념비적 판결이었다.

발단은 1963년 초에 일어난 사건이었다. 남아프리카공화국에서 아파르트헤이트가 극심하고 정부가 흑인을 토지에서 내쫓고 강제 이주시키고 있던 때 호주 정부는 욜누족 보호구역의 일부를 보크사이트 채굴 기업에 넘겨주려고 이르칼라Yirrkala 지역에 개입했다. 1931년에 정부가 '원주민 전용'의 아넘랜드 원주민 보호구역을 지정했을 때 욜누족은 자신들의 땅이 외부의 침입으로부터 안전하다고 생각했다. 하지만 이것은 착각이었다. 수십 년 뒤, 정부는 채굴 기업에 굴복하여 욜누족의 땅에서 탐광을 허용했다.

욜누족은 토지 수용 과정에서 사전에 어떤 이야기도 듣지 못했으므로 이에 반발했다. 그들은 토지를 돌려달라는 청원을 하원에 제기했다. 유누핑구는 당시 10대에 불과했지만 청원서 초안에 참여했다. 청원에 담긴 주장은 단순했다. "해당 토지는 태곳적부터 이르칼라에 사는 부족들의 사냥터이자 식량 채집 장소였습니다. 우리는 모두 이곳에서 태어났습니다." 욜누족은 이렇게 주장했다. "게다가 이 토지의 수용절차와 이곳에 사는 사람들의 운명에 대해 사전에 어떤 설명도 없었으며 모든 과정이 비밀리에 진행되었습니다."[48] 정부는 청원을 반려했으며 욜누족은 1969년에 제기한 소송에서도 패소했다. 채굴은 착착 진행되었다. 욜누족은 몇 년 뒤 법적으로 토지 권리를 획득하여 채굴과 관련해 로열티를 받기 시작했지만 여전히 토지의 관리와 이용에 대해 더 직접적인 발언권을 원했다.

수십 년 뒤, 조상의 토지에 대한 '원주민 권리native title'가 인정되는 등 호주 원주민과 토러스해협 도서민Torres Strait Islander의 토지와 공동체에 대한 대우가 달라지자 유누핑구는 다시 도전했다. 2019년, 유누핑구는 구마치 씨족을 대표하여 아넘랜드에서 원주민의 토지 권리를 청구했으며 공동체와 그 토지에 피해를 입힌 정부의 행위에 대해 보상을 신청했다. 정부는 자신들이 원주민의 권리를 무시할 권한을 가졌으며 해당 지역에서 다른 목적으로 전용한 재산에 대해 정당한 보상을 제공하지 않아도 된다고 법정에서 주장했다. 연방 법원은 정부의 주장을 모조리 기각하고 청구를 받아들였다.

갈라르위 유누핑구의 형이자 구마치 씨족의 새 지도자인 자와 유누핑구Djawa Yunupingu는 이 결정을 환영했다. 그는 이렇게 말했다. "제 동생은 오늘의 판결을 살아서 듣지 못했지만 연방 법원의 결정으로 퍼스트네이션이 호주 법률에 따라 평등하게 대우받을 기본권을 인정받았다는 사실에 기뻐했을 겁니다. 이번 소송은 원주민의 토지 권리가 모든 퍼스트네이션의 핵심 정체성으로 올바르게 인정받을 수 있도록 갈라르위 유누펑구가 일생에 걸쳐 매진한 과업의 연속선상에 있습니다.”[49]

율누족 소송은 호주 원주민과 토러스해협 도서민에 대한 대우가 크게 달라지게 된 중대한 변화의 일부다. 자와 유누펑구가 지적했듯 토지는 이 변화의 핵심이다. 토착민이 자신의 토지에 대해 권한을 인정받는 것은 자율성과 자기 결정권, (여타 호주인들과 사회적 지위 측면에서 대등하다는) 상징적 평등을 위한 토대가 된다. 또한 이는 호주 원주민 공동체의 복리를 증진하고 호주의 인종적 위계질서(거의 모든 사회적·경제적 지표에서 백인이 원주민보다 훨씬 앞선다)를 약화시키는 데 활용할 수 있는 귀중한 자원을 통제할 수 있게 해준다. 수 세기에 걸친 학대와 부당한 대우를 바로잡기 위한 정부 지원이 점점 늘어나면서 호주는 사상 처음으로 인종적 위계질서를 타파할 기회를 얻었다. 자와가 말했다. “다른 호주인들과 어우러져 살아가는 것이야말로 우리가 늘 애써온 목표입니다.”[50]

호주에서 퍼스트네이션의 토지를 인정하고 반환하는 일은 오랫동안 미뤄졌으며 수십 년간 여러 면에서 논란에 시달렸다. 하지만 상당한 진전도 있었기에 이제는 쉽게 무효화할 수 없으며 호주는 원주민 공동체와의 관계에서 새로운 궤도에 올라섰다. 퍼스트네이션은 호주 토지의 약 40퍼센트에 대해 원주민 권리를 갖고 있으며 이 비율은 계속 증가하고 있다.[51] 다른 지역에 대한 소유권과 공동 토지 접근권을 합치면 퍼스트네이션 공동체는 호주 전체 면적의 50퍼센트를 약간 넘는 토지에 대해 권리 혹은 소유권을 갖고 있다.

이러한 권리와 소유권의 성격은 호주의 주state와 준주territory마다 성문법과 관습법의 차이에 따라 상당히 다르다. 퍼스트네이션은 호주 동부보다 서부에서 더 많은 토지와 더 강력한 토지 권리를 갖고 있다. 욜누족이 거주하는 노던 준주는 여전히 여러 청구와 권리를 둘러싸고 논쟁 중이긴 해도 원주민 토지권이 가장 잘 보장된 지역이다. 하지만 원주민 토지권은 살기 좋은 동부와 해안 지역에서도 천천히 확대되고 있다.

영국이 호주에 정착하기 시작한 시기는 1700년대 후반으로, 남아프리카 남단에 거점을 마련하기 불과 수십 년 전의 일이었다. 제임스 쿡James Cook 선장이 1770년에 처음으로 호주 동부 해안의 지도를 그리고 그곳을 영국 영토라 주장했다. 1788년, 영국은 그곳에 유배지를 만들었으며 자유인 신분의 백인 정착민과 죄수가 오늘날 오스트레일리아라고 불리는 대륙에 조금씩 들어오기 시작했다.

오스트레일리아 대륙에 도착한 새 정착민들은 지구상에서 가장 오래된 인류 문화 중 하나를 맞닥뜨렸다. 호주 원주민들은 7만여 년 전에 최초로 아프리카를 떠나서 이주한 인류의 후손이다.[52] 영국인들과 조우했을 때 호주 원주민들은 수백 개 집단으로 나뉘어 대륙 전역에 흩어져 살면서 수백 가지 언어를 구사하고 있었다. 그들 대부분은 수렵·채집 생활을 했으며 땅과 친밀하고도 복잡한 관계를 맺고 있었다. 부족원들은 전통적으로 부계 대대로 씨족과 하위 씨족 영토에 대한 토지 접근권과 이용권을 물려받았으나 몇몇 특정 구역에서도 수렵과 채집을 할 수 있었으며 모계로부터 추가적으로 토지 접근권을 얻기도 했다. 이러한 체제에는 영적·종교적 요소가 스며 있었다. 토지, 동물, 인간이 드림타임Dreamtime에서 기원했다는 호주 원주민의 창조 신화는 현재까지도 강력한 힘을 발휘하고 있다. 욜누족에게 태곳적 이래 이어진 땅과의 유대, 그리고 이와 연관된 의미, 꿈, 송라인songline은 일종의 헌법이다.[53]

　정착을 시작하던 당시에 영국인들은 이 풍성한 역사에 대해 전혀 알지 못했다. 그러고는 영국의 제국주의 역사를 통틀어 가장 규모가 큰 토지 강탈을 벌였다. 18세기를 기점으로 영국은 호주에서 남아프리카공화국이 시행했던 것과 비슷한 대규모의 정착민 개혁을 밀어붙였다. 영국인들의 호주 정착 과정에는 인종차별과 고의적 무지가 깔려 있었다. 영국 정부의 고위 자문단은 1887년에 호주는 "정착 생활을 하는 주민이나 정착된 법이 없는 사실상 무주공산이었다"고 말했다. 정착 농업도 물론 없었다.[54]

　하지만 그즈음에는 오스트레일리아 대륙의 대다수 지역에 호주 원주민이 거주한다는 사실이 널리 알려져 있었다. 호주 원주민 문화에는 그들을 대리해 발언하는 중앙 집권 국가나 개별적이고 배타적인 영국식 재산권 개념이 없었는데, 영국은 이를 구실로 토지 강탈을 정당화했다. 영국 하원의 1837년 보고서는 호주 원주민을 "야만적"이며 "가장 저급한 시민 정치 체제조차 전혀 갖추지 못했다"고 표현했다.[55] 당시에 영국은 공식적으로 천명하진 않았어도 사실상 '테라 눌리우스'라는 국제법 원칙을 따랐다. 이에 따르면 주권 세력은 "누구에게도 속하지 않는" 토지를 점유하고 소유하고 관리할 수 있다. 원주민 문명은 야만적이고 통치 체제를 갖추지 못했다고 판단한 영국인의 눈에 호주 원주민은 대등한 존재가 아니었으며 그들의 토지는 빼앗아도 괜찮은 것이었다.

호주 이스턴시보드Eastern Seaboard에서 주 정부들은 토지를 꾸역꾸역 백인 정착민들에게 나눠주고 법적 소유권까지 부여하면서 원주민들을 내몰았다. 다른 백인 정착민들은 동부의 원주민 토지에 눌러앉았으며 결국 그곳을 소유했다. 소나 양을 방목하던 백인 목축업자들은 호주 중부 내륙과 서부의 드넓은 건조지를 차지하여 훗날 '스테이션station'으로 불린 목장을 지었다. 가축은 호주 원주민들이 식량을 구하며 의지하던 현지 생태계를 파괴했다. 마땅한 대안을 찾을 수 없었던 상당수의 원주민들은 식료품을 얻기 위해 스테이션 본부에 야영지를 차리고는 정착민들을 위해 일했다. 그들은 착취당하거나 심지어 노예와 같은 처지에 놓였다. 마을이나 선교지로 이주한 원주민들도 있었다. 한편으로는 백인들과 동떨어져 더 느슨하게 관리되는 '보호구역'에서 사는 원주민들도 있었다.

영국과 호주의 식민 정부들이 원주민을 땅에서 쫓아내고 유럽의 질병이 원주민 인구를 몰살하던 시기에 또 다른 영국식 정책이 등장했다. 그것은 '보호'였다. 영국 정부는 각 식민지에 '수석 보호관'을 임명하여 백인 정착민들의 폭력과 악덕, 특히 알코올로부터 원주민들을 보호하도록 했다. 하지만 보호 정책은 사실상 분리 조치였다. 이 정책은 금세 추악한 형태의 통제로 전락했으며 그중에는 이동을 제한하거나 혼혈 아동을 부모에게서 강제로 떼어놓는 조치도 있었다.

분리 정책은 1950년대를 지나서 1960년대까지 지속되다가 동화 정책으로 대체되었다. 호주 정부는 원주민을 다른 호주 국민과 법 앞에

　　　　　　　　　　　　　| 3부 다시 태어나는 땅 |

서 동등하게 대우하는 쪽으로 선회했는데, 개인의 권리와 자유에 초점을 맞추면서 원주민이 토지와 맺는 독특한 관계와 자율적으로 살아가려는 욕구를 무시했다. 호주가 영국으로부터 독립한 뒤에야 처음으로 원주민이 투표권을 받고 인구조사에도 포함되었지만 사회적·경제적·상징적 차원에서 원주민을 인종적 위계질서의 밑바닥으로 내몬 핵심 문제인 토지 강탈은 여전히 외면당했다.

욜누족은 1960년대에 토지 문제가 대중의 뇌리에 박히는 데 기여했다. 자신들의 토지를 채굴 기업에 넘기려는 조치를 철회해 달라며 나무껍질에 새긴 욜누족의 대정부 청원은 전국적인 반향을 일으켰다. 하원은 청원을 처리할 방법을 논의하기 위해 위원회를 꾸렸다. 위원회는 여러 차례 청문회를 열었는데, 욜누족이 사는 이르칼라에서 청문회가 열린 적도 있었다. 위원장이 욜누족의 장로 밀리르품Milirrpum에게 채굴이 그들의 토지에서 이루어져야 하는지, 그들에게 이익이 될 수 있는지를 묻자 밀리르품은 '컨트리Country'라는 말에 담긴 토지와의 풍부한 문화적 유대와 책임을 환기하는 답변을 내놓았다. "이곳은 호주 원주민의 땅입니다. 우리는 이 컨트리를 지키고 싶습니다. 이 컨트리를 잃고 싶지 않습니다."[56] 그러나 정부는 그들의 청원을 무시하고 채굴 계획을 밀어붙였다. 1968년에는 나발코Nabalco라는 스위스와 호주 합작의 채굴 대기업이 보크사이트 광산을 채굴하는 건을 승인했다. 훗날 자와 유누핑구는 이렇게 회상했다. "그들이 몰려와서 토지를 파괴하고 우리 조상의 컨트리 한가운데에 광산을 팠습니다."[57]

욜누족은 포기하지 않았다. 호주 원주민 운동이 활발해지면서(구린지족이 토지 반환을 요구하며 웨이브힐 소 목장에서 벌인 파업이 대표적이다)

밀리르품과 갈라르위 유누펑구의 아버지를 비롯한 욜누족 내의 씨족 지도자들은 나발코를 상대로 소송을 제기했다. 그들은 자신들이 태곳적부터 그 지역에 대한 토지 권리를 보유했으며 정부가 그 권리를 인정해야 한다고 주장했다. 하지만 판사는 '원주민 권리'라는 원칙의 법적 근거를 호주 법률에서 찾을 수 없다고 판결했다.

욜누족은 패소했지만 이 사건은 호주 원주민들에게 전환점이 되었다. 1972년 선거에서 노동당이 집권했다. 당 대표 고프 휘틀럼Gough Whitlam을 필두로 한 노동당 지도부는 호주 원주민의 토지 권리를 선거 정책에 포함시켰었다. 휘틀럼은 욜누족 소송에 참여한 변호사 중 한 명인 에드워드 우드워드Edward Woodward를 호주 원주민 토지 권리 위원회Aboriginal Land Rights Commission 위원장으로 임명하여 토지 권리 입법을 위한 권고안의 작성을 맡겼다. 우드워드의 보고서는 "본래라면 조상에게서 물려받았을 권리와 이익을 빼앗긴 호주 원주민들에게 토지의 형태로 기본적인 보상을 제공해야 한다"고 주장했다.

이러한 요구는 노던 준주에서 호주 원주민 토지 권리법Aboriginal Land Rights Act이라는 1976년의 기념비적 법률로 실현되었다. 사상 처음으로 호주 원주민들은 노던 준주에 있는 자신들의 토지나 (거주자 중에서 호주 원주민의 비율이 월등히 높은) 국유지에 대해 소유권을 주장할 수 있었다. 노래, 이야기, 제의를 통해 자신들이 해당 토지와 전통적으로 연관성이 있음을 입증할 수 있어야 한다는 것이 조건이었다. 이 토지는 매매나 저당이 불가능했기 때문에 빼앗길 염려가 없었고 남에게 증여할 수도 없었다. 소유권에는 핵심 자원과 로열티 수입을 통제하는 권한도 포함되었기에 노던 준주의 원주민 토지 권리는 당시에나 지금이나 다른 곳보다 뛰어난 수준이다. 정부는 원주민 토지 신탁에 소유권을 귀속시키고 신탁 기관과 외부의 이해관계자들 사이를 중재하는 토지 위원회를 설립했다.

이 입법은 원주민을 대하는 호주 정부의 입장이 급격히 달라졌다는 사실을 보여준다. 폭넓은 사회 변화도 뒤따랐다. 원주민 정책을 둘러싼 담론은 동화에서 자결로 바뀌었다. 1980년대에 노던 준주를 비롯한 여러 지역에서 많은 원주민들이 대규모 원주민 거주지에서 나와 자신들이 전통적으로 관계를 맺어 온 토지의 소규모 고향 공동체로 이주하기 시작했다.

이 법과 청구로 마침내 노던 준주의 절반이 호주 원주민 소유로 이전되었다. 이는 초기의 구상을 뛰어넘는 성과였다. 뒤이은 소송에서는 조간대 연안 어업 어장에까지 토지 청구가 확대되었다. 하지만 여기에는 분명한 한계가 있었다. 가장 큰 한계는 이 법이 연방 정부에서 관할하는 노던 준주에 국한되었다는 것이다. 호주의 다른 주에 사는 대부분의 원주민들은 몇몇 예외 말고는 조상 대대로의 토지에 대한 권리를 청구할 수단이 없었다.[58] 하지만 1990년대의 메가톤급 판결로 원주민 토지 권리가 보다 폭넓게 인정받는 길이 마침내 열리면서 상황이 달라진다.

1992년, 호주 연방대법원은 영국 식민지 시절부터 계속된 정책을 뒤집는 역사적 결정을 내렸다. 호주 원주민과 토러스해협 도서민이 호주 관습법에 의해 인정되는 전토적인 법과 관습에 근거하여 토지에 대한 '원주민 권리'를 소유할 수 있다고 판결한 것이다. 발단은 메리엄 부족Meriam의 에디 마보Eddie Mabo가 퀸즐랜드를 상대로 제기한 소송이었다. 토러스해협의 머리제도 출신인 마보는 메리엄족이 태곳적부터 머리제도에 살았고 수 세기 동안 그곳에서 농사를 지었으므로 사실상 그 땅의 소유권을 가지고 있으며 설령 영국 왕실이 여전히 근본적 소유권을 갖고 있더라도 퀸즐랜드주에는 어떤 권리도 없다고 주장했다.

법원은 마보의 주장에 대체로 동의했다. 영국 왕실과 이후의 호주 정부가 '원주민 권리'를 폐지할 수 있다면서도 주 정부가 이를 폐지하지 않은 곳에서는 그 권리가 존속할 수 있다고 판결했다. 또한 법원은 호주 원주민의 토지에 적용되던 200여 년 묵은 '테라 눌리우스' 원칙을 단호히 거부했다. 제라드 브레넌Gerard Brennan 대법관은 다수 의견에서 이렇게 표명했다. "호주 관습법에서는 '테라 눌리우스' 개념의 확대 해석을 받아들이지 않으며 토착 거주민이 토지에 대한 권리와 이익을 누릴 수 없을 만큼 사회조직 수준이 하등하다고 규정하는 주장도 더는 인정하지 않는다."

역사적 판결과 (이듬해 의회에서 통과된) 원주민권리법Native Title Act으로 호주 원주민과 토러스해협 도서민의 토지에 대한 보호 조치가 강화되었으며 강탈당한 토지의 반환을 요구할 법적 근거가 마련되었다. 몇 년 뒤 법원은 '원주민 권리'가 방목 또는 채굴 목적의 임대권과 공존할 수 있도록 함으로써 원주민의 권리를 한층 강화했다. 말하자면 이러한 임대권이 외딴 지역에서 '원주민 권리'를 소멸시키지 않았다.

1990년대 초중반에 퍼스트네이션이 토지 보호 부문에서 거둔 승리 중 일부는 훗날 무로 돌아갔다. '원주민 권리'를 통해 토지를 청구할 수 있는 권리와 가능 범위가 1990년대 후반과 2000년대에 걸친 입법과

　　　　　　　| 3부 다시 태어나는 땅 |

법원 결정으로 축소된 것이다. 특히 백인들이 정착한 지역에서는 토지에 대한 온전한 통제권 대신 유산 보호와 성지聖地 접근을 보장하는 쪽으로 권리가 후퇴했다. 이러한 권리들은 (오늘날까지도 호주에서 최고 수준으로 평가되는) 노던 준주의 법정 호주 원주민 토지 권리에 훨씬 못 미친다.[59]

하지만 퍼스트네이션과의 화해 과정은 계속되었으며 그 중심에는 토지의 인정과 반환이 있었다. 토착 공동체들은 새 토지 정책이 토착민 집단에 존엄성, 자율성, 경제적 자원을 돌려줌으로써 호주 내 인종적 위계질서를 해체하는 힘을 지녔음을 보여주는 굵직한 승리를 여럿 거뒀다. 이 승리들은 내륙의 건조지를 넘어서 해안 지역으로, 국립공원 같은 귀중한 자원으로, 인구가 밀집한 동부 해안으로 확대되었다.

2021년, 퀸즐랜드주 정부는 상징적인 데인트리 국립공원Daintree National Park을 비롯한 네 곳의 국립공원을 동부 쿠쿠얄란지 부족Eastern Kuku Yalanji에게 돌려주었다. 협약에 포함된 공원들의 면적은 약 16만 헥타르에 이른다. 이 지역의 다른 공원 수십 곳도 호주 원주민에게로 소유권이 이전되었다. 해당 원주민 공동체는 임시로 퀸즐랜드주 정부와 공동으로 관리하는 기간이 끝나면 관리 권한을 완전히 돌려받을 예정이다. 퀸즐랜드주 환경부 장관 메건 스캔런Meaghan Scanlon은 토지 반환을 기념하는 자리에서 이렇게 말했다. "동부 쿠쿠얄란지족의 문화는 세계에서 가장 오래된 현존하는 문화 중 하나이며 이 협약은 그들이 자신들의 컨트리를 소유 및 관리하고 자신들의 문화를 보호하고 방문객들과 공유할 권리가 있음을 인정합니다."[60] 장관은 이번 토지 반환이 "과거의 잘못을 바로잡으며 화해를 향한 길로 나아가는 한 걸음"이라고 말했다.[61] 얄란지족 지도자는 토지 반환에 담긴 깊은 의미를 되새기며 협약 조인에 대해 이렇게 평했다. "여기가 바로 우리의 터전입니다. 조상들이 우리를 고향으로 불렀습니다. 컨트리를 되찾기 위해 싸우다 수많은 이가 희생당했습니다. 그런데 이제 모든 것을 되찾았습니다."

1년 뒤, 퀸즐랜드주 정부는 국립공원 두 곳과 보호구역 두 곳을 비롯한 훨씬 넓은 토지를 오랫동안 반환 운동을 이어온 세 개의 토착민 집단에 돌려주었다. 스캔런은 토지 반환 사업에서 이 점을 강조했다. "이 사업의 본질은 토지 정의에 있습니다." 그녀가 말을 이었다. "호주 원주민 공동체는 이 땅을 수천 년간 지켜온 전통적 수호자였습니다. 그들은 컨트리를 보살펴 왔으며 이 중요한 생태계를 퀸즐랜드 공원·야생생물 관리국과 협력하여 관리할 적임자입니다."[62] 해당 공동체들은 마침내 토지를 돌려받게 되어 환호했다. 공동체 구성원 중 한 명은 이렇게 말했다. "우리 자녀들, 손주들, 증손주들에게 더 밝은 미래가 펼쳐질 겁니다. 무척 근사한 기분입니다. 마치 하늘을 나는 것 같습니다."

이와 같은 토지 반환 사업이 호주 전역에서 진행되고 있다. 2023년, 빅토리아주는 동부 마르 부족Eastern Maar을 국립공원 일부를 비롯한 광활한 해안 토지의 소유주로 인정했다. 빅토리아주의 조약·퍼스트피플스 장관 개브리엘 윌리엄스Gabrielle Williams는 토지 이전 기념식에서 이번 이양이 "하나의 결과를 지향하며, 그것은 우리 퍼스트네이션을 위해 더 나은 성과를 이루는 일"이라고 단언했다.[63] 기념식에 참석한 동부 마르족 여성은 고개를 끄덕이며 말했다. "이건 경제 발전부터 유의미한 인정까지 모든 것을 위한 토대를 놓는 권리에 대한 인정이에요.

미래에 우리의 정당한 자리를 확보할 수 있도록 자결권을 보장하죠."[64] 동부 마르족 남성은 뿌듯한 표정으로 말했다. "정의의 씨앗이 마침내 꽃을 피우기 시작했습니다."[65]

퍼스트네이션은 현재 호주 토지의 절반 이상에 대해 권리나 소유권을 갖고 있지만 인정과 반환, 화해의 과정은 아직 끝나지 않았다. 호주의 토지 반환에는 아직 까다롭고 논쟁적인 문제가 남아 있다. '호주 정착지', 특히 도시 지역과 (영국 정부와 호주 정부가 식민화 과정에서 백인들에게 분배한) 토지는 원주민의 권리 청구 대상에 해당하지 않는다. 호주 원주민의 소유로 인정된 대부분의 토지는 권력의 중심, 인구 밀집 지역, 경제적으로 활기가 넘치는 지역에서 멀리 떨어진 오지에 있다. 또한 호주 정부는 국가적 이유로 원주민의 권리를 소멸시킬 권한을 갖고 있다.

게다가 원주민 공동체가 '원주민 권리'를 주장하려면 관료제의 높은 허들을 넘어야 한다. 강제 추방, 토지 강탈, 이주 정책을 겪은 탓에 원주민들은 조상 대대로 토지와 영적으로 꾸준히 연결되어 있었음을 입증하기가 힘들며 그래서 청구 과정이 난항을 겪고 있다. 빼앗긴 토지에 대한 접근권이나 보상을 요구하는 데는 더 높은 허들이 있다. 이 때문에 최초에 토지를 빼앗긴 세대들은 정의가 실현될 즈음이면 이미 세상을 떠난 경우가 허다하다. 갈라르위 유누핑구도 욜누족이 강탈당한 토지에 대해 '원주민 권리'나 보상을 인정받기 전에 세상을 떠났다. 원주민 공동체는 자신들의 정당한 재산을 되찾기 위해 까다로운 요건들을 충족하고 토지와의 관계를 입증하는 증거를 수집하고 지루한 소송을 벌이느라 여러 해를 보내야 하며 그동안은 온당한 권리를 향유할 기회를 놓치게 된다.

율누족의 경우 최근 구마치 씨족이 연방 법원에서 승소했지만 토지를 둘러싼 그들의 투쟁은 60년째 계속되고 있다. 갈라르위 유누펑구가 구마치 씨족을 대리하여 승소했던 재판은 항소가 제기되어 최종 판결까지 법정 심리가 더 남아 있다. 설령 승소가 확정되더라도 토지 자체가 아니라 상실한 토지에 대한 보상만 받게 된다. 이르칼라 지역의 다른 율누 씨족들도 각자 절차를 밟아야 한다. 자와는 자신이 여전히 희망을 품고 있으며 공동체가 옳은 방향으로 가고 있다고 확신하지만 현재의 투쟁과 소송에 무력감을 느낀다고 했다.[66]

역사에는 긴 그림자가 따르며, 호주 원주민에게 드리운 그림자는 시커멓다. 2세기에 걸친 토지 강탈, 문화 말살, 분리 정책, 동화 정책이 남긴 상처는 아무리 훌륭한 정책을 펴더라도 한두 세대 만에 치유될 수 없다. 언론, 직장, 의료 등의 분야에서는 호주 원주민과 토러스해협 도서민에 대한 차별이 여전히 만연하다. 호주에서 원주민은 비원주민에 비해 소득이 적고 건강 상태가 나쁘며 수감률이 더 높다.[67]

호주 원주민의 토지 권리는 여전히 불완전하긴 해도 최근 수십 년간 대폭 개선되었는데, 이는 사회적·경제적 삶의 질 측면에서 백인과의 격차를 줄이는 토대가 될 수 있다. 일부 원주민 공동체는 이미 구체적인 성과를 거두었다. 원주민이 토지를 회복하고 권리를 인정받는 과정은 느리고 뒤죽박죽이며 문제투성이지만 호주는 올바른 방향으로 나아가고 있다. 이 추세가 몇 세대 더 계속되면 식민주의적 토지 수탈에 뿌리를 둔 오랜 인종적 위계질서가 눈에 띄게 힘을 잃을 것이다.

* * *

토지를 빼앗긴 사람들에게 돌려주고 사회를 탈식민화하라는 요구는 특히 청년층과 활동가들 사이에서 힘을 얻고 있다. 이러한 요구들은 급진적이고 십오하다. 하지만 전례가 없진 않다. 대재편의 역사를 두루 살펴보면 불가능해 보였던 일들을 사회가 거듭 해냈음을 알 수 있다. 과거에도 급진적 요구에 부응하여 토지를 재분배했던 적이 있다. 그렇다면 이번에도 다시 그렇게 할 수 있다. 이번에는 똑바로 해내리라고 상상하지 못할 이유가 없다.

토지 수탈이 만들어낸 인종적 위계질서를 타파하기 위해 토지 반환을 추진한 소수의 사회는 필연적으로 어마어마한 난관과 씨름해야 했다. 왜 다른 세대가 아니라 우리 세대가 과거에 대해 배상해야 하나? 최초의 가해자와 피해자가 세상을 뜬 뒤 후손들이 (종종 전혀 다른 사회적·정치적 환경에서) 문제 해결을 떠맡을 때도 많다. 하지만 치유가 이루어지려면 어떤 집단이든 나서서 행동을 취해야 한다. 원상회복의 무게를 사회 전체가 혼란에 빠질 위험과 어떻게 견주어야 할까? 주요 도시들 상당수는 강탈당한 토지 위에 건설되었으나 지금은 수백만 명의 보금자리다. 경우에 따라서는 국가 전체의 광대한 영역이 토지 반환의 대상일 수도 있다. 이 과제는 어디서 끝날까? 과거를 재구성할 수는 없다. 삶의 방식은 돌이킬 수 없을 정도로 달라졌다. 행복과 기회를 회복하는 일은 최상의 조건에서도 여러 세대가 걸릴 수 있다.

새로운 토지 재편에 따르는 수많은 도덕적·현실적 문제를 헤쳐 나가는 일은 험난할 수 있다. 토지 재분배가 승자와 패자 집단을 새롭게 결정하는 일이라는 즉각적인 통념을 뛰어넘기도 까다로울 수 있다. 하지만 사실 토지 권력은 모두를 위한 번영을 앞당길 크나큰 힘을 내포하고 있다. 이러한 결정은 섬세하고 구체적으로 고려되어야 한다는 것은 두말할 필요 없다. 호주 원주민, 남아프리카공화국 흑인, 미국 원주민, 캐나다 토착민, 팔레스타인인에게는 수탈의 역사가 있다는 공통점이 있지만 그들이 무엇을 보상받아야 하는가는 천차만별이다. 하지만 사회가 탄생한 이래로 분열을 심화시켜 온 상징적이면서도 물질적인 수단인 '토지'를 이용하여 인종 화해의 심장부에 도달하려면 이런 논쟁을 외면해서는 안 된다.

대재편은 끝나지 않았다

대재편은 아직 끝나지 않았다. 인간 사회에서 토지 권력을 영구히 변화시킨 두 번의 큰 전환점은 인구 곡선이 유의미하게 달라진 때와 일치한다. 토지가 처음으로 힘을 갖기 시작한 것은 인류가 번영을 누릴 방법을 찾으면서였다. 인류는 잉여 자원을 활용하고 농업을 발전시켜 복잡한 초기 사회를 건설했다. 기술적·사회적 변화로 인구가 급증하자 기존의 토지 소유 방식이 압박을 받고 결국 무너지면서 재편은 들불처럼 번졌다. 두 번째 재편은 더 격렬히 진행되었는데 국민국가를 건설하고 공고히 하여 개인적 이득, 이념적 성취, 사회적 통제에 동원하려는 정치적 욕구가 여기에 연료를 공급했다. 우리는 여전히 이 두 번째 재편 국면에서 살아가고 있다.

토지 재편은 아득히 먼 이야기처럼 느껴질 수 있다. 정치 체제가 안정되고 심지어 경직된 나라에서는 더더욱 그렇다. 프랑스 혁명과 미국 독립 혁명이 일어나기 전, 대재편이 본격적으로 시작되기 전에도 비슷한 분위기가 감돌았을 것이다. 하지만 토지 재분배를 강제했던 그 역학관계는 오늘날에도 작동하고 있다. 인구 증가로 인한 토지 수요의 확대, 사회 전반에 깊숙이 영향력을 행사하는 강력한 국가, 토지와 자원의 통제를 둘러싼 정치적 갈등은 여전히 토지 경쟁을 부추긴다. 이 요인들은 마치 지각판처럼 사회 전반을 가로지르고 서로 부딪치면서 토지 재분배 요구와 시도를 촉발한다. 더 많은 재편이 다가오고 있는 것이다.

현재의 인구 모델에 따르면 전 세계 인구는 2100년 이전에 100억 명에 달해 정점에 도달하게 된다. 따라서 수십 년 안에 토지 수요는 최고조에 이를 테다. 그 수요는 고르게 분포되지 않는다. 예를 들어 사하라 이남의 아프리카에서는 인구 폭발이 일어나 농지당 인구 밀도가 급격히 증가할 것이다. 이는 수백 년 전 유럽과 1세기 전 라틴아메리카에서 일어난 일들을 떠올리게 한다. 토지를 재편하라는 대중적 요구와 이를 실행하려는 정치적 욕구가 사회를 압도할 것이다.

세계적인 인구 위기가 벌어지는 지금, 기후도 전대미문의 방식으로 변화하고 있다. 인간이 오랫동안 거주해 온 토지가 더는 사용할 수 없게 되고, 모두 기피하던 토지가 정착과 농업의 최적지로 바뀌고 있다. 이는 가치가 급속히 사라져가는 토지에서 최대한의 이익을 추출하려는 경쟁과 유망한 영토를 차지하고 활용하려는 시도를 초래할 것이다. 방글라데시 저지대와 몰디브처럼 해수면 상승으로 바닷물에 잠길 지역에는 이미 그 징후가 나타나고 있다. 브라질 북동부, 미국 남서부, 아프리카 사헬도 위험 지대다. 이 지역들은 오랜 가뭄과 토지 황폐화로 이미 토지 활용도가 과거보다 낮아졌으며 일부 지역은 심지어 황무지로 바뀌고 있다. 이에 반해 캐나다, 핀란드, 노르웨이, 심지어 시베리아는 미래의 거주지로서 매력이 커지고 있다. 세계화가 진전되면서 글로벌 공급망을 갖춘 다국적 기업들이 전 세계에서 노른자위 땅을 차지하려고 지역민들과 경쟁하며 이런 추세가 더욱 가속화할 전망이다.

오늘날 우리는 영토와 자원을 둘러싼 싸움에서 토지 경쟁이 격화하는 광경을 이미 목격하고 있다. 콩고의 코발트 광산, 전략적으로 중요한 우크라이나 동부의 비옥한 곡창 지대, 콜롬비아의 팜유 농장, 수단 누바산맥의 농지를 둘러싼 분쟁은 토지와 자원을 축적하려는 필사적인 노력이 폭력으로 비화했을 때 어떤 일이 벌어지는지를 보여주는 암울한 전조이다. 하지만 폭력과 전쟁 외에도 다른 결과가 가능하다. 토지를 차지하려는 경쟁이 치열하되 평화롭게 진행될 수도 있다. 예를 들어, 전 세계 빙하와 영구동토층이 녹으면서 오지가 노른자위 땅으로 바뀔 수 있으며 이는 점점 비좁아지고 변화하는 세상에서 새로운 토지 쟁탈전의 물결을 일으킬 수 있다.

토지 권력은 인류가 기록을 시작한 이래로 역사를 정의해 왔으며 대재편은 현대적 삶을 빚어냈다. 하지만 향후 수백 년에 걸쳐 급격한 전환이 일어날 수도 있다. 인구 증가로 토지가 희소해졌지만 향후 정반대의 일이 일어날 수도 있다. 몇몇 장기적인 인구통계 예측이 옳다면 22세기와 23세기에는 세계 인구가 급감할 것이다.[1] 이는 부와 발전에 동반되는 낮은 출산율이 전 세계에 퍼지고 있기 때문이다. 대부분의 지역은 이미 대체 출산율(한 쌍이 자녀를 평균적으로 두 명 낳는 수준)을 밑돌고 있다. 유럽, 동아시아, 동남아시아의 대다수 사회는 인구 정점이 임박했거나 이미 지났다. 미국 인구는 이민으로 간신히 유지되고 있으며 일본, 중국, 독일은 인구가 감소하고 있다. 전 세계 인구는 금세

10억 명 이하로 내려갈 수도 있다. 수억 명의 토지 소유자가 사라진다면 다양한 결과가 나타나겠지만 그중 하나는 토지와 토지 부족 문제를 둘러싼 관계가 완전히 달라지리라는 것이다. 그와 더불어 전혀 새로운 형태의 재편이 진행될 것이다.

세계가 축소되는 가운데 새로운 재편은 인구 증가 시기에 토지를 빼앗겼던 공동체에 토지를 반환하는 대규모 사업에 마침내 숨통을 틔워줄 것이다. 하지만 이 공동체들에 대한 토지 반환을 우선 과제로 삼는 일은 여전히 치열한 싸움이 될지도 모른다. 이 싸움이 어떻게 전개될지는 누구도 정확히 알 수 없겠지만 점점 축소되고 뜨거워지는 세계에서 정치 권력의 변동성이 커지며 사회가 권위주의와 싸우게 될 가능성이 높다. 점점 줄어드는 온대 지역의 토지와 물, 기타 자원을 차지하기 위한 경쟁이 전 세계 차원에서 벌어질 것이다. 대규모 지구공학적 사업이 경제와 드넓은 토지를 뒤덮을 수도 있다. 한편, 부유하고 특권을 누리는 나라들이 국경을 봉쇄해 기후 문제로 고통받는 나라와 사람들 사이에 불평등이 심화될지도 모른다. 이런 역학이 작용하기에 토지에 대한 인구 압박이 사그라들더라도 토지 권력과 토지 재편의 중요성은 또 다른 형태로 이어질 수 있다.

현세대는 토지 권력을 활용하여 과거의 토지 권력이 낳은 문제를 바로잡는 방향으로 거침없이 나아가고 있다. 많은 사회에서 그랬듯 토지가 올바른 주인을 만나면 인종적 위계질서를 타파하고 성 불평등을 바로잡고 환경을 치유하고 발전을 앞당길 수 있다. 이러한 시도들은 상향식과 하향식 양방향으로 추진되고 있다. 각국 정부는 이를 실험하고 있으며 사회운동가와 자선사업가도 여기에 힘을 보태고 있다. 구호와 아이디어가 점차 현실적인 정책 처방으로 실현되고 있다.

전 세계의 정부, 공동체, 개인은 더 나은 미래를 만들기 위해 혁신적이고 새로운 토지 정책들을 모색하고 있다. 이를 위해 배타적이고 개인적인 소유라는 전통적이고 편협한 관념에서 벗어나 공유지 이용, 부분적 공동 소유, 사유재산 위에 중첩된 토지 관리, 보전 및 기타 지역권, 공동체 토지 신탁 등으로 눈을 돌리고 있다. 이 정책들은 소유권 및 경제 성장의 이점과 환경 관리, 평등, 토지 및 주거 접근성, 광범위한 공동체의 발언권 사이에서 균형을 유지하려 한다. 이를 통해, 과거에 토지 권력이 낳은 부정적 결과를 바로잡고자 한다.

성공은 시기와 영향력, 아이디어를 얼마나 조화롭게 구사하느냐에 달렸다. 그래서 개혁가들은 권력이 이동하고 과거를 바로잡을 절호의 기회를 포착하고 활용해야 한다. 몇몇 지역에서는 이미 이러한 일이 시도되고 있지만 너무 많은 사회가 적절한 타이밍을 놓쳐왔다. 이것이 내가 이 책을 쓴 결정적 이유다. 나는 수년간 자료를 취합하고 분석했으며, 발전·민주주의·포용에 대한 연구를 검토하거나 발표했고, 전 세계 곳곳의 토지를 답사했다. 그 과정에서 토지가 사회의 작동에 얼마나 중요한지, 잘못된 토지 재분배가 미래의 문제를 얼마나 고착화할 수 있는지, 주도면밀한 재분배가 가장 지독한 문제들을 개선하는 데 얼마나 효과를 발휘할 수 있는지를 우리가 과소평가했다는 사실을 깨달았다. (주류 정치인과 연구자들이 결코 일어나지 않을 것이라고 주장하는) 배상과 토지 반환 같은 고상하고 막연하고 이상주의적으로 보이는 목표를 위해 거리를 행진하는 사람들, 토지 정책을 변화시키기 위해 땀 흘리는 정책 입안자·관료·법률가는 그들이 인식하는 것보다 더 자주 공통의 목표를 추구한다는 사실도 확인했다.

지금의 세계를 더 나은 곳으로 바꾸고 앞으로 50년 혹은 100년 뒤 인류와 토지의 관계에서 또 다른 중요한 전환점이 찾아왔을 때 더 나은 미래를 만들기 위한 의식을 심어두려면 토지 권력을 제대로 인식해야 하며 선한 목적으로 활용하는 방법을 배워야 한다. 바로 이것이 이 책의 사명이다.

토지와 권력의 연결 고리는 아직까지 굳건하다. 한 사회가 토지를 어떻게 이용하고 누가 그 토지를 소유하는가는, 사람들이 어떻게 살아가고 누가 번영하고 누가 도태되고 누가 다음의 행보에 대해 발언권을 가지는지를 좌우한다.

토지는 과거에도 주인이 여러 차례 바뀌었으며 그때 내려진 결정들은 오늘날의 세계를 규정하는 가장 시급한 사회 문제가 등장하는 무대를 마련했다. 인류 문명이 더 공정하고 평등한 미래를 맞이하려면 우리는 토지 권력을 진지하게 마주해야 한다. 여기에는 많은 것이 걸려 있다. 다음 재편은 생각하는 것보다 더 가까이 다가와 있다. 그 순간이 왔을 때 우리는 올바른 길을 택할 준비가 되어 있어야 한다.

감사의 글

　　라틴아메리카를 오가는 초기의 예비 연구 이후로 나는 어
딜 가든 반드시 땅에 발을 디뎠다. 땅은 다양한 문화들의 보금자리이
자 보호자이고 식량을 공급하는 근원이며 자연의 아름다움을 품고
있다. 땅 위에서 사는 사람들은 대부분 땅을 정체성의 일부로 여기며
생명과 생계의 원천으로 대한다. 땅은 사람들의 내면에 단단히 아로새
겨져 있으며 내게도 마찬가지였다.

　수년간 전 세계를 조사하면서 도시와 도회적 삶을 좇아 땅을 떠난
사람들과 도시에서 태어난 사람들에게조차 땅이 바로 그들 곁에 있다
는 사실을 깨달았다. 페루를 예로 들어보자. 2020년 3월 16일, 나는 새
벽 어스름에 택시를 타고 리마 공항으로 향했다. 페루 대통령은 코로
나19 팬데믹의 공포에 대응하여 이날 저녁에 국경을 폐쇄하겠다고 선
포했다. 내가 페루에서 빠져나가는 마지막 항공편을 잡으려고 서두르
는 동안 또 다른 대탈주가 무르익고 있었다. 그 뒤 며칠, 몇 주에 걸쳐

거대한 인파가 리마를 비롯한 페루 도시를 떠나 가족과 친구들이 기다리는 땅으로 돌아갔다. 상당수는 몇 달간 그곳에 머물렀다.

위기 상황에서 자동적으로 땅으로 돌아가려는 움직임은 도시화의 역사가 두어 세대밖에 안 된 이 나라에서 자연스러운 반응이었다. 페루를 오가면서 알게 된 바로는 도시 사람들 중에서 그곳에 깊이 뿌리 내린 경우는 거의 없었다. 대다수 가족은 여전히 도시와 농촌에 나뉘어 살고 있으며, 청년들은 교육의 기회와 일자리가 있는 도시와 가족이 모여 사는 시골을 무시로 오간다. 페루만 그렇진 않다. 라틴아메리카, 남아시아와 동아시아, 동유럽, 아프리카도 마찬가지다. 산업 경제가 발달한 곳일수록 사람들이 도시에 더 깊게 뿌리 내렸지만 그래봐야 몇 세대에 불과하다. 우리는 모두 땅에서 왔다. 그 과거가 드리운 그림자는 페루에서처럼 여전히 뚜렷할 수도 있고 희미할 수도 있지만 언제나 우리 곁에 있다.

이 책은 토지를 깜박거리는 희미한 그림자뿐만 아니라 오늘날의 빛속에서 동일한 비율로 탐구한다. 이 책을 쓰면서 토지가 내 삶에 드리운 그림자를 더 깊이 이해할 수 있었다. 아버지는 폴란드 출신 조부모님의 이야기를 10년간 짜맞춰 왔는데, 최근에야 그 암호를 풀었다. 대부분의 1세대·2세대 미국인이 그렇듯, 우리 가족도 유럽인 조상들의 삶이 어땠고 그들이 왜 미국에 왔는지에 대한 이해에 공백이 있었다. 아버지에게 그것은 땅에 뿌리를 내린 이야기이기도 하고 땅에서 뿌리가 뽑힌 이야기이기도 했다. 내가 이 책을 쓰는 동안 아버지는 폴란드에 있는 친척과 기록 담당자 들에게 연락하여 토지 기록을 수소문했다. 얼마 지나지 않아 모든 단서가 폴란드 남부와 동부의 농노제를 가리킨다는 사실을 알 수 있었다. 가난, 자결권의 완전한 상실, 대지주가 정부의 개입을 거부할 수 있게 해준 토지 권력 등의 이유로 정확한 사정을 알아내긴 힘들다. 그럼에도 우리 조상들의 삶은 농노제가 폐지된 뒤로도 계속 험난했고, 1차 세계대전의 압박이 거세지고서야 가족 중 일부가 미국으로 피신했지만 일부는 유럽에 남았다. 하지만 이것은 이 책을 쓰는 과정에서 수집한 여러 이야기 중 하나에 불과하다.

내가 이 책을 집필하면서 정확히 무엇에 빚을 졌는지는 알기가 힘들다. 15년 전부터 숙성시켜 온 통찰과 이해, 이 책보다 앞선 몇 가지 이야기가 여기에 담겨 있기 때문이다. 멕시코, 페루, 볼리비아, 콜롬비아, 중국, 스페인, 포르투갈, 이탈리아, 아일랜드, 베네수엘라 등의 들판, 길거리, 버스에서 현장 조사를 진행하면서 나는 멀리 떨어져서는 결코 알 수 없었던 교훈을 얻었다. 다행히도 예전에 책을 내는 과정에서 내게 도움을 준 많은 사람들에게 이미 감사 인사를 전했었다. 그 덕분에 최신작인 이 책의 집필을 도와준 사람들에게 가장 밝은 스포트라이트를 비출 핑곗거리가 생겼다.

무엇보다 자신의 이야기와 삶을 내게 들려준 사람들에게 감사한다. 그들 덕분에 토지와 연결된 삶의 중심성과 복잡성을 이해할 수 있었다. 이 그룹은 계속 커지고 있지만 이 책을 쓰는 과정에서 새로운 방식으로 확대되었다. 캘리포니아 남부에서는 자신들의 경험과 관점을 내게 나눠준 카후일라족 아과칼리엔테 분파의 구성원 숀 밀라노비치와 모레이노 퍼텐치오, 박물관 기록 보관소에서 흥미로운 역사 자료를 찾아준 아과칼리엔테 문화 박물관의 줄리 하우스Julie Hause, 2023년 말 박물관 개관식에서 나를 환영하고 이야기를 나눠준 공동체 구성원들에게 특히 감사한다.

콜롬비아의 근면하고 단호한 여성 운동가들, 토지 반환 수혜자 집단과 대화를 나누면서는 겸허와 감사를 배웠다. 엘레나 안토니오 파로디스와 마리아 에우헤니아 리오스María Eugenia Ríos는 폭력적인 강제 이주 경험과 토지를 되찾기 위해 노력한 과정에 대해 길고 힘겨운 이야기를 내게 들려주었다. 토지 반환 소송 전문 변호사인 루스 마르가리타Luz Margarita는 엘레나의 가족과 그녀의 지역에서 토지 반환을 둘러싼 법적 쟁점과 현실적 난관에 대해 이야기해 주었다. 이라 카스트로 법률 지원 단체의 블랑카 이레네Blanca Irene는 토지 반환 메커니즘을 확립하기 위한 풀뿌리 운동 및 엘레나와 그녀의 공동체가 토지를 되찾도록 지원하는 재단의 활동에 대해 알려주었다.

남아프리카공화국에서는 스텔라 음템부Stella Mthembu와 RCL 푸즈가 너그럽게도 응코마지 지역의 사탕수수 농장 견학과 농장 관리자 인터뷰를 주선해 주었다. 스텔라, 논토베코 줄루Nontobeko Zulu, 페트로스 실린다, 에드워드 은들로부, 패트릭 빌라카지Patrick Vilakazi, 시즈웨 므쿨루Sizwe Mkhulu를 비롯하여 응고마네 시보슈와, 응고마네 루게들라네, 응고마네 호이, 므흘라바Mhlaba의 여러 공동체 구성원들이 내게 시간을 내어주고 사연을 들려주었으며 TSB의 전 임원 다위 판 로이와 신탁 관리인 제이컵 반 가더러Jacob van Garderer도 도움을 줬다. 아파르트헤이트의 유산에 맞서 싸우려는 그들의 의지와 토지 반환의 포용적 이상을 실현하려는 헌신은 깊은 영감을 선사한다.

칠레에서의 조사도 보람 있었다. 파타고니아 국립공원 이야기의 여러 측면들을 연결시켜준 톰킨스자연보호재단의 캐럴린 매카시Carolyn

McCarthy에게 감사한다. 크리스틴 톰킨스는 토지 보전과 공원 조성에 대한 자신의 이야기와 동기를 진솔하게 들려주었다. 리와일딩칠레Rewilding Chile의 잉그리드 에스피노사Ingrid Espinoza와 크리스티안 사우세도Cristián Saucedo는 공원 설립 과정을 설명해 주었으며 전 환경부 장관 마르셀로 메나는 토지 협약을 법률로 뒷받침한 과정을 알려주었다. 공원으로 전환되기 전에 바예 차카부코를 소유했던 프랑수아 드 스메와 그곳을 관리했던 그의 형제 샤를리 드 스메는 자신들의 가족과 목축업에 대해 속속들이 이야기해 주었다. 1970년대에 바예 차카부코에서 생활했던 전직 협동조합원 루이사 갈린도는 나를 집에 맞아들여 가족의 경험담을 들려주었다. 아버지의 경험을 토대로 협동조합 시절에 대한 정보를 알려준 엘비스 발데스Elvis Valdés에게도 감사한다. 그의 아버지는 협동조합으로부터 정기적으로 요청을 받아서 소와 양을 보호하기 위해 퓨마를 사냥했다고 한다.

페루에서 토지와 재산 소유권을 새로 얻은 수혜자들과 토지 등기 및 법률 기관의 관계자들에게 연결해 준 파올라 비야 파로Paola Villa Paro에게 마음 깊이 감사한다. 윌베르 비방코, 윌리엄 파뇨William Paño, 후안 데디오스 콘도리, 파블로 비야 잉카티토Pablo Villa Incattito, 윌베르트 우아마니Wilbert Huamani는 자신과 가족, 그리고 공동체의 이야기를 풍성하게 들려줬다. 그들은 농노로 살아온 가족사, 땅에서의 노동, 문화 보전, 농촌 발전에 대해 의연함, 용기, 낙관주의를 발휘하며 이야기했다. 그 밖의 무수한 페루인들도 비슷한 방식으로 내 작업에 영감을 불어넣었다. 그중 한 명이 이 책에 목소리를 보탠 후스티나 로페스다. 그녀는 내가 수년 전에 만났던 놀랍도록 강인한 여성으로, 1970년대 초에 자신이 태어난 아시엔다에서 해방되었다.

나를 호주 북동부 아넘랜드의 자와 유누펑구에게 연결해 주려고 애쓴 리엄 플래너건Liam Flanagan에게도 감사한다. 현재 욜누족 구마치 씨족의 지도자이자 그들의 토지 권리를 옹호하는 운동가인 자와는 욜누족과 토지의 관계, 욜누족 공동체와 호주 사회 전체와의 관계, 욜누족의 미래 세대를 위한 꿈과 목표에 대해 자신의 생각을 자세히 들려주었다.

이 책의 집필을 도와준 연구 보조원들에게도 감사한다. 필리프 베커Philippe Becker, 엘리 그림Ellie Grimm, 마이클 렌던Michael Rendon, 안드레아 마리노 바렐라Andrea Marino Varela, 잉후이 저우Yinghui Zhou는 이 책에서 강조한 다양한 토지 재분배 사례에 대해 타당성 분석을 실시하고 학문적 배경을 제시했다. 시오번 피너티Siobhan Finnerty는 인터뷰 대상을 수소문하는 일을 도와주었다. 이러한 도움이 없었다면 이 책의 야심 찬 기획을 실현하기가 훨씬 힘들었을 것이다.

초고를 읽고 논평해 준 동료들과 전문가들의 통찰과 피드백 덕에 이 책이 훨씬 나아질 수 있었다. 시카고 대학교의 명민한 동료들과 국제적인 네트워크가 큰 도움이 되었다. 프랜시스 모피Frances Morphy와 하워드 모피Howard Morphy, 클레어 라이트Clare Wright, 프레드 마이어스Fred Myers, 켄들 트러전Kendall Trudgen, 다이앤 벨Diane Bell, 톰 킬러Tom Keely를 비롯한 호주 전문가 및 대담자와의 대화와 성찰이 큰 도움이 되었다. 스페인 도냐나 국립공원에 대해서는 페데리코 발베르데Federico Valverde와 나눈 교류, 남아프리카공화국 토지 문제에 대해서는 알렉스 디젠하우스Alex Dyzenhaus, 앳 피셔At Fischer, 캐시 헐리Kathy Hurly의 피드백이 특히 유익했다.

기획 편집자 토머스 르비앵Thomas LeBien과 어맨다 문Amanda Moon을 만난 것은 큰 행운이었다. 두 사람은 나의 아이디어를 그럴듯한 개요와 출간 제안서로 탈바꿈시켰다. 베이식북스Basic Books의 브랜던 프로이아Brandon Proia보다 신중하고 유능한 편집자는 상상할 수 없다. 그의 감식안과 우아한 편집 솜씨는 초고를 훨씬 가독성이 높고 흥미진진한 원고로 바꿔놓았으며 매 순간 가장 중요한 요점을 부각했다.

이 연구 프로젝트는 시카고 대학교 국제사회과학연구소의 지원을 받았다. 현장 조사는 시카고 대학교 사회과학·행동과학 연구윤리위원회의 심의를 거쳐 수행되었다(IRB23-1388).

한편, 집에서는 다행히도 가족의 지지와 영감이 내게 삶의 토대를 마련해 주고 우리가 미래 세대를 위해 무엇을 만들어가고 있는지를 성찰하게 해주었다. 나의 비유를 꼼꼼히 점검해 준 어머니부터 곰에 푹 빠진 막내딸까지 모두가 매일같이 내게 새로운 활력, 기쁨, 희망을 선사한다.

우리는 마치 허공에 떠 있는 사람처럼 살아간다. 분명히 땅에 발을 디디고 있는데도, 발아래 땅이 어떤 의미인지, 우리 삶에 어떤 영향을 미치는지 고민하는 일은 드물다. 현대 도시인에게 토지는 나의 집과 직장과 도로를 떠받치는 추상적 공간이거나 투자의 대상에 지나지 않는다. 하지만 처음부터 그랬던 것은 아니다.

이 책에서는 인류가 정주 생활을 시작하면서부터 토지가 줄곧 권력의 원천이었다고 말한다. 토지는 가장 중요한 생산 활동인 농경의 토대이기에 토지를 소유한 자들은 그렇지 못한 자들을 절대적으로 지배할 수 있었다. 대한민국은 이 책에서 말하는 '경자유전 개혁' 방식의 대재편(토지 개혁)을 겪고 고도 산업사회로 탈바꿈하면서 토지와의 직접 연결이 끊겼지만 다른 경로를 선택한 나라들은 계급, 인종, 성별, 환경, 경제 발전 등 여러 방면에서 전혀 다른 결과를 맞닥뜨렸다.

토지 개혁은 소수의 손에 집중된 대토지를 다수에게 분배하는 문제다. 이 책에서 '대재편'이라고 일컫는 대규모 토지 개혁은 각국이 지금까지도 겪고 있는 여러 문제의 원인이기도 하고 해결책이기도 하다. 이를테면 토지를 분배하는 과정에서 여성을 배제하는 제도와 관행은 성불평등을 조장하고 여성의 삶을 열악하게 만들었지만 여성이 조직화하여 토지 권리를 쟁취하면서 경제력뿐 아니라 발언권까지 신장되는 효과를 거두기도 했다.

인류 역사를 토지 소유와 이용의 관점에서 들여다보면 많은 것이 설명된다. 세계 곳곳에서 지정학적 갈등을 일으키는 영토 분쟁도 어떤 면에서는 토지의 문제다. 기후 변화가 심각해지면서 토지쟁탈전은 더욱 치열해질 것이다. 또한 인류는 오염되고 황폐화된 토지를 어떻게 복원할 것인가의 과제를 해결해야 한다. 사막화가 진행되고 경작 가능 토지가 줄어들거나 이동하면서 그동안 추상적 공간으로 느껴지던 토지가 비로소 생생하게 다가올 것이다. 그때 비로소 우리가 발아래 땅을 디디고 서 있음을 절감할지도 모르겠다.

그림 출처

101쪽   National Archives NAID

173쪽   ESA

191쪽   저자 제공

295쪽   Rewilding Chile

머리말

1   선진국 경제만 놓고 보면 토지의 가치는 2022년에 약 130조 달러에 도달했다. Rudiger Ahrend and Matteo Schleicher, "Land-Value Capture: Money Doesn't Grow on Trees, It Grows Below Them," Organisation for Economic Co-operation and Development (OECD), *OECD Cogito* (블로그), 2022년 10월 7일, https://oecdcogito.blog/2022/10/07/land-value-capture-money-doesnt-grow-on-trees-it-grows-below-them. 부동산 회사 새빌스(Savills)는 토지, 주택, 사무실, 공장, 기계를 비롯한 전 세계 부동산의 가치가 2022년에 400조 달러에 육박했다고 추산했다. 전 세계 경제 산출과 자산 가치는 각각 약 100조 달러, 전 세계 부채는 130조 달러로 추산했다. Paul Tostevin and Charlotte Rushton, "Total Global Value of Real Estate Estimated at \$379.7 Trillion—Almost Four Times the Value of Global GDP," Savills, 2023년 9월 25일, www.savills.com/insight-and-opinion/savills-news/352068/total-global-value-of-real-estate-estimated-at-\$379.7-trillion---almost-four-times-the-value-of-global-gdp.

2   "Rural Population," United Nations Population Division, World Urbanization Prospects, 2018, World Bank, https://data.worldbank.org/indicator/SP.RUR.TOTL.

1장   토지와 권력

1   James C. Scott, *Against the Grain: A Deep History of the Earliest States* (New Haven, CT: Yale University Press, 2017), 10.

2   Roger Kain and Elizabeth Baigent, *The Cadastral Map in the Service of the State: A History of Property Mapping* (Chicago: University of Chicago Press, 1992), 1.

3   인구가 증가하기는 했지만 고고학적 증거에 따르면 대부분의 사회에서 수렵채집으로부터 농업으로 느리게 전환되는 동안 식단과 전반적 건강, 수명, 여가 면에서 최초의 하락이 일어났다. 《농경의 배신》, 제임스 스콧 지음, 전경훈 옮김, 책과함께, 2019.

4   다음 자료를 참고하라. Arthur A. Joyce, "The Founding of Monte Albán: Sacred Propositions and Social Practices," in *Agency in Archaeology*, ed. Marcia-Anne Dobres and John Robb, 71–91 (London: Routledge, 2000).

5 Benjamin Isaac, *Empire and Ideology in the Graeco-Roman World* (Cambridge: Cambridge University Press, 2017), 8장.

6 이러한 변화는 뿌리 작물에 치중한 사회보다는 곡물을 중심으로 한 농경 사회에서 더 일찍 더 결정적으로 일어났다. 농경이 확립되지 않고 쟁기가 없는 많은 사회에 성역할이 존재한다는 인류학적·고고학적 증거가 있지만 그럼에도 이런 변화는 성역할을 심화했다. Alberto Alesina, Paola Giuliano, and Nathan Nunn, "On the Origins of Gender Roles: Women and the Plough," *Quarterly Journal of Economics* 128, no. 2 (2013): 469–530; Casper Worm Hansen, Peter Sandholt Jensen, and Christian Volmar Skovsgaard, "Modern Gender Roles and Agricultural History: The Neolithic Inheritance," *Journal of Economic Growth* 20, no. 4 (2015): 365–404.

7 Fernand Braudel, *The Mediterranean in the Ancient World* (London: Allen Lane, 1998), 71.

8 '토착민(indigenous)'이라는 용어는 2차 세계대전에 뒤이어 전 세계적으로 탈식민지화 시기가 찾아오기 전까지는 널리 쓰이지 않았으며, 일반적으로는 식민 지배 세력과의 접촉 이전부터 그 지역에 거주한 사람들을 가리킨다.

9 이 집단들에서의 삶이 언제나 평등주의적이고 평화로운 것은 아니었다. 일부는 불평등과 위계질서를 발전시켰다. 하지만 이들의 계층화는 대체로 세습된 사회적 지위라기보다는 스스로 획득한 사회적 지위에 기반했으며 뚜렷한 한계가 있었다. 축적은 매우 제한적이었으며 불평등은 호혜성과 선물 주고받기의 규범에 의해 종종 완화되었다. Kent Flannery and Joyce Marcus, *The Creation of Inequality: How Our Prehistoric Ancestors Set the Stage for Monarchy, Slavery, and Empire* (Cambridge, MA: Harvard University Press, 2012).

10 초기 북아메리카의 토착민 토지와 재산에 대한 설명은 다음 자료를 참고하라. Allan Greer, *Property and Dispossession: Natives, Empires and Land in Early Modern North America* (Cambridge: Cambridge University Press, 2018). 심지어 공동체 전체가 배타적이고 명확하게 구분된 영토를 가진 경우도 드물었다. 예를 들면, 대다수 호주 원주민 집단 사이에서는 혈통에 근거한 집단들이 토지를 중첩되게 이용했다.

11 Greer, *Property and Dispossession*, 43–55.

12 Colin Scott, "Property, Practice and Aboriginal Rights Among Quebec Cree Hunters," in *Hunters and Gatherers*, vol. 2, *Property, Power and Ideology*, ed. Tim Ingold, David Riches, and James Woodburn (London: Routledge, 1988), 35–51.

13 Kathleen Bragdon, *Native People of Southern New England, 1650–1775* (Norman: University of Oklahoma Press, 2009).

14 이에 관한 수천 가지 사례 중 호주 아넘랜드 북동부의 욜누 부족과 볼리비아 융가스(Yungas) 지역의 치마네 부족(Tsimané)이 있다. 욜누 씨족들은 영토에 대한 토지 권리를 주장하지만 이 권리는 토지의 접근·이용·의사결정 면에서 다른 모계 씨족과 서로 영향을 주고받는다. 치마네 부족은 영세한 화전 농업을 수렵채집으로 보완하며 살아간다. 토지는 공동체의 공동 영토로 간주되며 결코 개인이나 가족의 소유로 규정되지 않는다.

15 Count Hermann zu Dohna-Kotzenau. Shearer Davis Bowman, *Masters and Lords: Mid-19th Century U.S. Planters and Prussian Junkers* (New York: Oxford University Press, 1993), 176에서 인용.

16 Baron Theodor von der Goltz, writing in 1896. Bowman, *Masters and Lords*, 168에서 인용. 일부 융커는 농노제를 온정적 가부장제와 유사한 것으로 묘사했다.

17 Bowman, *Masters and Lords*, 172.

18 Bowman, *Masters and Lords*, 33.

19 1870년대에 6,500명의 지주가 있었다. Terence Dooley, *Sources for the History of Landed Estates in Ireland* (Dublin: Irish Academic Press, 2000), 3 – 16.

20 Anne Kane, "Finding Emotion in Social Movement Processes: Irish Land Movement Metaphors and Narratives," in *Passionate Politics: Emotions and Social Movements*, ed. Jeff Goodwin, James M. Jasper, and Francesca Polletta, 251 – 266 (Chicago: University of Chicago Press, 2001).

21 William Hinton and Fred Magdoff, *Fanshen: A Documentary of Revolution in a Chinese Village* (New York: NYU Press, 2008), 22. 이 책은 힌턴이 1945년부터 1948년까지 중국 북부에서 수행한 뛰어난 연구를 바탕으로 한다. 최초 출간 연도는 1966년이다.

22 Hinton and Magdoff, *Fanshen*, 33, 39.

23 이 청원은 1970년 1월 15일 농무부에서 농지 개혁을 담당하던 11구역 책임자에게 제출되었다. 나는 페루 쿠스코의 센트로 바르톨로메 데 라스 카사스(Centro Bartolomé de las Casas)에서 이 자료를 열람했다. 해당 지주는 쿠스코 지역의 고위 관료였다.

24 이 청원은 1970년 1월 15일 농무부에서 농지 개혁을 담당하던 11구역 책임자에게 제출되었다. 나는 페루 쿠스코의 센트로 바르톨로메 데 라스 카사스에서 이 자료를 열람했다.

25 그럼에도 상당수 지역에서는 시장 요인과 정부 규제로 시간이 지나면서 집적이 장려되었다.

2장 재편되는 땅의 질서

1 Theresa Finley, Raphaël Franck, and Noel D. Johnson, "The Effects of Land Redistribution: Evidence from the French Revolution," *Journal of Law and Economics* 64, no. 2 (2021): 233 – 267, 242.

2 그럼에도 이러한 변화에는 시간이 필요했다. 정치적 불안정과 저항의 와중에 봉건적 권리를 사실상 폐지하고 교회와 귀족의 토지를 매각하기까지는 여러 해가 걸렸다. 이 토지의 일부가 농민의 손에 들어가기까지는 더 많은 시간이 지나야 했다. 토지 투기꾼과 신흥 사업가들이 초기 경매에 끼어들었기 때문이다.

3 Michael Albertus, *Autocracy and Redistribution: The Politics of Land Reform* (Cambridge: Cambridge University Press, 2015).

4 Paul Frymer, "'A Rush and a Push and the Land Is Ours': Territorial Expansion, Land Policy, and US State Formation," *Perspectives on Politics* 12, no. 1 (2014): 129 – 131. '5대 문명화 부족'은 체로키족, 치카소족, 촉토족, 머스코기 크리크족, 세미놀족(Seminole)이었다.

5 이러한 구분을 구성하는 집단들은 시간이 지남에 따라 변화했다. 하지만 초기 유럽인 정착민은 백인으로, 인디언은 비백인으로 꾸준히 분류되었다. 다음의 자료들을 참고하라.

Jennifer Hochschild and Brenna Marea Powell, "Racial Reorganization and the United States Census 1850–1930: Mulattoes, Half-Breeds, Mixed Parentage, Hindoos, and the Mexican Race," *Studies in American Political Development* 22, no. 1 (2008): 59–96. Matthew Frye Jacobson, *Whiteness of a Different Color: European Immigrants and the Alchemy of Race* (Cambridge, MA: Harvard University Press, 2009).

6   Lachlan McNamee, *Settling for Less: Why States Colonize and Why They Stop* (Princeton, NJ: Princeton University Press, 2023).

7   Sheila Fitzpatrick, *Stalin's Peasants: Resistance and Survival in the Russian Village After Collectivization* (New York: Oxford University Press, 1994), 3–4.

8   Elisabeth Croll, "Women in Rural Production and Reproduction in the Soviet Union, China, Cuba, and Tanzania: Socialist Development Experiences," *Signs: Journal of Women in Culture and Society* 7, no. 2 (1981): 361–374.

9   Ronald Dore, *Land Reform in Japan* (London: Oxford University Press, 1959), 30–35.

10   Ronald Dore, *Shinohata: A Portrait of a Japanese Village* (New York: Pantheon, 1978), 65.

11   《아시아의 힘》, 조 스터드웰 지음, 김태훈 옮김, 프롬북스, 2016.

12   Enrique Mayer, *Ugly Stories from the Peruvian Agrarian Reform* (Durham, NC: Duke University Press, 2009), 90, 125.

13   개혁 협동조합은 두 가지 유형이 있었다. 한 유형은 단일 농장을 관리하는 상근 노동자로 구성되었고 다른 유형은 이웃 농장과 인근의 토착민 공동체 출신인 노동자들을 규합했다.

14   Mayer, *Ugly Stories*, 3.

3장   인종적 위계질서의 탄생

1   2023년 11월 13일에 저자가 카후일라족 아과칼리엔테 분파의 등록 구성원인 숀 밀라노비치 박사와 인터뷰한 내용. 밀라노비치 박사는 땅, 식물, 동물, 물을 돌보는 전통을 오랫동안 이어온 가문 출신이다. 그는 부족의 전통적인 토지를 되찾으려는 활동을 벌이고 있다.

2   내가 아과칼리엔테를 분파, 공동체, 부족이라고 부르는 것은 그들의 관습을 따른 방식이다.

3   Mona De Crinis, "Cahuilla Territory," *Me Yah Whae*, Fall/Winter 2021–2022, https://aguacaliente.org/documents/Cahuilla_Territory.pdf, 58–69, 66.

4   2023년 11월 13일에 저자가 숀 밀라노비치와 인터뷰한 내용.

5   *Grants of Land in California Made by Spanish or Mexican Authorities*, California State Lands Commission, 1982, https://slcprdwordpressstorage.blob.core.windows.net/wordpressdata/2019/09/1982-GrantsSpanishMexican.pdf.

6   하지만 두 집단의 관계는 시간이 지나면서 틀어졌다. 다음의 자료를 참고하라. John Booss, "Survival of the Pilgrims: A Reevaluation of the Lethal Epidemic," *Historical Journal of Massachusetts* 47, no. 1 (2019): 108.

7   Russell Thornton, *American Indian Holocaust and Survival: A Population History Since 1492* (Norman: University of Oklahoma Press, 1987).

8   Carly Severn, "'How Do We Heal?' Toppling the Myth of Junípero Serra," KQED, 2020년 7월 7일, www.kqed.org/news/11826151/how-do-we-heal-toppling-the-myth-of-juni pero-serra.

9   Paul Frymer, "'A Rush and a Push and the Land Is Ours': Territorial Expansion, Land Policy, and US State Formation," *Perspectives on Politics* 12, no. 1 (2014): 119–144, 124에서 인용.

10   Frymer, "A Rush and a Push," 124에서 인용.

11   Sean Milanovich, "The Treaty of Temecula: A Story of Invasion, Deceit, Stolen Land, and the Persistence of Power, 1846–1905" (PhD diss., University of California Riverside, 2021).

12   US National Archives and Records Administration (NARA), NARA Record Series 75, Microfilm M-234, 인디언사무국에 접수된 편지들, 1824–1881, California Superintendency, 1849–1880, Roll 35 (1856–1857).

13   미국 정부는 채권 형태로 그들에게 직접 융자하기도 했다. Richard White, "Information, Markets, and Corruption: Transcontinental Railroads in the Gilded Age," *Journal of American History* 90, no. 1 (2003): 19–43, 22.

14   Frymer, "A Rush and a Push." 당시의 '백인'이 항상 명확하거나 일관된 범주가 아니라 사회적·정치적으로 계속해서 변화하던 범주였음에 유의하라.

15   Ross Mattheis and Itzchak Tzachi Raz, "There's No Such Thing as Free Land: The Homestead Act and Economic Development," 2019년 12월 31일, Scholars at Harvard, https://scholar.harvard.edu/sites/scholar.harvard.edu/files/iraz/files/Raz_JMP_2019.pdf, 9.

16   그 장벽은 미국의 흑인에게 특히 더 높았다. 그들은 노예제의 유산에 여전히 고통받고 있었으며 남부에서는 엄격한 짐크로법에 시달렸다.

17   Timothy J. Hatton and Jeffrey G. Williamson, "What Drove the Mass Migrations from Europe in the Late Nineteenth Century?," NBER Historical Paper No. 43, 1992, National Bureau of Economic Research, www.nber.org/papers/h0043.

18   White, "Information, Markets, and Corruption."

19   D. M. Ellis, "The Forfeiture of Railroad Land Grants, 1867–1894," *Mississippi Valley Historical Review* 33, no. 1 (1946): 27–60.

20   P. W. Gates, "The Homestead Law in an Incongruous Land System," *American Historical Review* 41, no. 4 (1936): 652–681; P. W. Gates, "Land Policy and Tenancy in the Prairie States," *Journal of Economic History* 1, no. 1 (1941): 60–82.

21   아과칼리엔테 분파의 일부 구성원은 역마차와 초기 철도를 활용하여 상품을 운송하거나 일자리를 얻었지만 토지 경쟁이 격화하면서 저임금의 철로 건설 노동에 참여하는 구성원들도 생겼다.

22   정부는 이 보호구역들 중 한 곳인 미션크리크(Mission Creek)를 1970년에 폐지했다.

23 Lowell Bean and Harry Lawton, *The Cahuilla Indians of Southern California: Their History and Culture* (Banning, CA: Malki Museum Press, 1965), 3 - 4.

24 "How Desert Became a Checkerboard," *Palm Springs Desert Sun* 43, no. 124 (1969), University of California, Riverside, Center for Bibliographical Studies and Research, California Digital Newspaper Collection, https://cdnc.ucr.edu/?a=d&d=DS19691229.2.120.

25 Rachel Dayton Shaw, "Evolving Ecoscape: An Environmental and Cultural History of Palm Springs, California, and the Agua Caliente Indian Reservation, 1877 - 1939" (PhD diss., University of California, San Diego, 1999), 115, 117.

26 Shaw, "Evolving Ecoscape," 119.

27 Shaw, "Evolving Ecoscape," 122.

28 그럼에도 토지 접근권을 관장한 것은 고유한 영토 권리를 가진 씨족들이었다.

29 1923년 5월 1일, 캘리포니아 팜스프링스 아과칼리엔테 인디언 보호구역의 페드로 치노 (Pedro Chino)와 서명인들이 내무장관에게 보낸 편지. US National Archives and Records Administration (NARA), National Archives Catalog, Record Group 75, Records of the Bureau of Indian Affairs, Series: Individual Indian Probate Case Files, Probate File Numbers 92347-20-103168-20 (part), 1920 (1 of 2), https://catalog.archives.gov/id/197708891?objectPage=806.

30 전원 백인으로 구성된 팜스프링스 인디언 위원회는 인디언캐니언스를 국립공원으로 지정하여 아과칼리엔테 분파에 문화적으로 중요한 팜캐니언을 빼앗으려고 시도했지만 수포로 돌아갔다. 위원회는 아과칼리엔테 공동체가 (토양을 재생시키고 산불 위험을 억제하기 위해) 이 지역에 주기적으로 불을 놓기 때문에 관리자로 신뢰할 수 없으며 이 지역을 보상 없이 공원으로 전환해야 한다고 주장했다. 부족 공동체는 토지 강탈 시도와 맞서 싸워 승리했다.

31 1923년 5월 4일, 인디언사무국 국장 찰스 버크(Charles Burke)가 아과칼리엔테 분파에 보낸 편지. US National Archives and Records Administration (NARA), National Archives Catalog, Record Group 75, Records of the Bureau of Indian Affairs, Series: Individual Indian Probate Case Files, Probate File Numbers 92347-20-103168-20 (part), 1920 (1 of 2), https://catalog.archives.gov/id/197708891?objectPage=788.

32 2024년 1월 4일, 저자가 카후일라족 아과칼리엔테 분파의 등록 구성원 모레이노 퍼텐치오와 서신을 주고받은 내용. 퍼텐치오 가문은 오랫동안 부족의 운영에 관여해 왔다.

33 개별 신탁 토지의 소유자들은 처음에 재산권 행사가 매우 제한되었으며 자신의 토지를 매도하거나 양도할 수 없었다. 신탁 형태로 보유된 토지는 이론상 25년이 지나면 온전한 토지 소유 형태로 전환될 수 있었다. 이후 1906년에 버크법(Burke Act)이 통과되자 현지의 인디언사무국 직원에게서 부동산을 관리할 '능력'이 있다고 인정받은 개인은 온전한 토지 소유권을 갖게 되었다.

34 2023년 11월 8일, 저자가 모레이노 퍼텐치오와 인터뷰한 내용.

35 Bureau of Indian Affairs (BIA), 보도 자료, 1957년 6월 19일, BIA, www.bia.gov/as-ia/opa/online-press-release/department-proposes-equalization-legislation-palm-springs-indians.

36   *Arenas v. United States*, 322 U.S. 419 (1944).

37   Renee Brown, "History of Equalization of Property Rights by Members of Agua Caliente Band of the Cahuilla Indians," *Palm Springs Desert Sun*, 2023년 4월 30일, www.desertsun.com/story/life/history/2023/04/30/history-property-rights-struggle-by-members-of-agua-caliente-band-of-the-cahuilla-indians-has-been-d/70165045007. 추가적인 정보는 2024년 1월 5일에 저자와 모레이노 퍼텐치오의 서신 교류에서 나왔다.

38   팜스프링스 시내의 할당지는 이즈음 가치가 매우 높아졌기 때문에 가치가 낮은 시외의 넓은 토지를 부족 구성원에게 할당하여 부족의 토지 기반을 보장하고 유지했다. 2024년 1월 4일, 모레이노 퍼텐치오와의 서신 교류.

39   Shaw, "Evolving Ecoscape," 122.

40   2023년 11월 13일, 저자가 숀 밀라노비치 박사와 인터뷰한 내용.

41   Miranda Caudell, "A People's Journey," *Me Yah Whae*, 2016 – 2017 가을/겨울: 50 – 54, www.aguacaliente.org/documents/OurStory-10.pdf.

42   2023년 11월 8일, 저자가 모레이노 퍼텐치오와 연락을 주고받은 내용.

43   *Journal of the Senate, Legislature of the State of California* (Sacramento: California State Print Office, 1961).

44   Arewen Nuttall, "Section 14: The Agua Caliente Tribe's Struggle for Sovereignty in Palm Springs, California," *American Indian Magazine* 20, no. 2 (2019), www.americanindianmagazine.org/story/section-14.

45   강제 퇴거는 주로 세입자들을 대상으로 집행되었으며 아과칼리엔테 구성원들은 영향을 덜 받았다. 몇몇 아과칼리엔테 구성원들은 온천을 비롯한 여러 지역에 사업체를 설립했으며 경우에 따라서는 백인 종업원을 고용하기도 했다.

46   "Frank Bogert: Palm Springs' Civic Leadership, Institutionalized Segregation, and Racial Bias, 1958 – 1966," Palm Springs City Hall Monument Report, 2021년 4월 28일, minutes of the City of Palm Springs, Human Rights Commission, 2021년 5월 5일 회의, www.palmspringsca.gov/home/showpublisheddocument/78757/6375537 44496070000.

47   전시회 "Section 14: The Other Palm Springs, California," National Museum of the American Indian, Washington, DC에서 인용.

48   2023년 11월 8일, 저자가 모레이노 퍼텐치오와 인터뷰한 내용.

49   J. David Hacker and Michael R. Haines, "American Indian Mortality in the Late Nineteenth Century: The Impact of Federal Assimilation Policies on a Vulnerable Population," NBER Working Paper No. 12572, 2006, National Bureau of Economic Research, published version in *Annales de démographie historique* 110, no. 2 (2005): 17 – 29, 20.

50   Andrew Mollica and Dominic Parker, "What Makes Economic Growth Inclusive? Evidence on the Role of Ethnicity from Native Americans," 2017년 4월 24일, Projects at Harvard, https://projects.iq.harvard.edu/files/canada/files/mollica_and_parker _4-24-2017_a.pdf.

51 Ronald Trosper, "American Indian Poverty on Reservations, 1969–1989," in *Changing Numbers, Changing Needs: American Indian Demography and Public Health*, ed. Gary D. Sandefur, Ronald R. Rindfuss, and Barney Cohen (Washington, DC: National Academies Press, 1996).

52 Donna Feir, "The Landscape of Opportunity in Indian Country: A Discussion of Data from the Opportunity Atlas," Center for Indian Country Development, Research Brief No. 2019-03, 2019년 4월 19일, Federal Reserve Bank of Minneapolis, www.minneapolisfed.org/-/media/files/community/indiancountry/the-landscape-of-opportunity-in-indian-country-04-19-19.pdf.

53 Alexia Fernández Campbell, "How America's Past Shapes Native Americans' Present," *The Atlantic*, 2016년 10월 12일.

54 Dedrick Asante-Muhammad, Esha Kamra, Connor Sanchez, Kathy Ramirez, and Rogelio Tec, "Racial Wealth Snapshot: Native Americans," National Community Reinvestment Coalition, 2022, https://ncrc.org/racial-wealth-snapshot-native-americans.

55 Kelli Mosteller, "For Native Americans, Land Is More Than Just the Ground Beneath Their Feet," *The Atlantic*, 2016년 9월 17일.

56 "Native Land Law: Can Native American People Find Justice in the US Legal System?," Indian Land Tenure Foundation, 2016, https://iltf.org/wp-content/uploads/2016/11/native_land_law_2010_MR6.pdf. 같은 맥락에서 2012년의 하스법(HEARTH Act)은 부족들이 토지 이용을 결정할 때 더 큰 자율성을 누릴 수 있도록 선택적 참여(opt-in) 메커니즘을 제공한다. 이 프로그램은 성공을 거뒀지만 2021년 후반까지 등록한 부족은 69곳에 불과했다.

57 Wil Del Pilar, "Degree Attainment for Native American Adults," Education Trust, 2018년 11월 15일, https://edtrust.org/resource/degree-attainment-for-native-american-adults.

58 "Disparities," Indian Health Services, www.ihs.gov/newsroom/factsheets/disparities, 2024년 5월 15일 확인.

59 Rebecca Carron, "Health Disparities in American Indians / Alaska Natives: Implications for Nurse Practitioners," *Nurse Practitioner* 45, no. 6 (2020): 26–32.

60 "Leading Causes of Death—Females—Non-Hispanic American Indian or Alaska Native—United States, 2016," Centers for Disease Control and Prevention, 2016, www.cdc.gov/women/lcod/2016/nonhispanic-native/index.htm.

61 Mary Findling, Logan Casey, Stephanie Fryberg, Steven Hafner, Robert Blendon, John Benson, Justin Sayde, and Carolyn Miller, "Discrimination in the United States: Experiences of Native Americans," *Health Services Research* 54 (2019): 1431–1441.

62 2023년 11월 8일, 저자가 모레이노 퍼텐치오와 인터뷰한 내용.

63 모레이노 퍼텐치오의 아버지는 전직 부족 의장으로, 14구역의 생활비가 너무 비싸지자 어릴 적에 살았던 집을 임대했는데 나중에 집이 철거되고 힐튼 호텔이 건설되는 광경을 목격했다. 이 호텔은 현재 광천鑛泉의 맞은편에 서 있다. 2023년 11월 8일, 저자가 모레이노 퍼

텐치오와 인터뷰한 내용.

64 "2013 – 2017 ACS 5 – Year Estimates," US Bureau of the Census, American Community Survey, 2017, www.census.gov/programs – surveys/acs/technical – documentation/table – and – geography – changes/2017/5 – year.html.

4장   이 땅은 남자들의 땅이다

1 캐나다 정부는 퍼스트네이션에게 토지 보상을 전혀 해주지 않았으며 이는 오늘날까지 논란 거리로 남아 있다.

2 여성이 자영 농지를 얻을 수 있는 또 다른 기회는 1908년에 지원병지원법(Volunteer Bounty Act)으로 열렸다. 보어 전쟁에 참전한 캐나다 군인들은 이 법을 통해 130헥타르의 홈스테드 토지를 신청하거나 대리인을 지명할 수 있었다. 대리인에는 성별 제한이 없었기 때문에 소수의 여성이 이 법을 바탕으로 토지를 신청했다.

3 Constance Backhouse, "Pure Patriarchy: Nineteenth – Century Canadian Marriage," *McGill Law Journal* 31, no. 2 (1985년 9월): 272 – 273.

4 Sarah Carter, *The Importance of Being Monogamous: Marriage and Nation Building in Western Canada to 1915* (Edmonton: University of Alberta Press, 2008), 59.

5 여성이 앨버타에서 홈스테드 권리를 쟁취한 것은 앨버타주에서 자치령토지법이 앨버타토지법(Alberta Lands Act)으로 대체되고 나서였다. 하지만 이 시점에 알짜배기 땅은 이미 분배가 끝난 뒤였으며 대공황으로 자영 농지 취득이 더 힘들어졌다.

6 Seymour Martin Lipset, *Continental Divide: The Values and Institutions of the United States and Canada* (New York: Routledge, 1991), 10 – 11.

7 Lipset, *Continental Divide*, 43. 영국의 자유주의자들과 캐나다의 대륙 정치 세력은 캐나다 연방의 여러 요소에 반대했지만 이를 막아내는 데 성공하지는 못했다.

8 상원의원의 재산 요건은 오늘날까지도 남아 있지만 영향력은 미미하다. 하지만 이 요건은 주기적으로 논란거리가 되기도 한다. 일례로 1997년에 청빈 서약을 한 가톨릭 수녀 페기 버츠(Peggy Butts)가 상원의원으로 지명되었을 때 그녀는 취임 선서를 하기 위해 얼마간의 땅을 자신의 명의로 등기해야 했다.

9 Sarah Carter, "'Daughters of British Blood' or 'Hordes of Men of Alien Race': The Homesteads – for – Women Campaign in Western Canada," *Great Plains Quarterly* 29, no. 4 (2009): 270.

10 Carter, "Daughters of British Blood," 71.

11 이 '과부권'은 자영 농지의 명의자가 아닌 그 배우자를 본인의 동의 없는 양도로부터 보호하고 배우자가 사망해도 토지에 머무를 수 있도록 보장해 줬다.

12 "Spinsters Want Homesteads," *Edmonton Bulletin*, 1893년 5월 21일, Carter, "Daughters of British Blood," 273에서 인용.

13 Bill Waiser, "History Matters: No Female Homesteaders Need Apply," *Saskatoon*

(*Saskatchewan*) *StarPhoenix*, 2017년 2월 14일, https://thestarphoenix.com/opinion/columnists/history-matters-no-female-homesteaders-need-apply.

14   조지나 비니클라크는 캐나다 내 이민자가 증가하자 외국인의 자영 농지 접근권을 불허해야 한다고 주장하기도 했다.

15   1910년 1월 15일에 R. W. 베버리지(R. W. Beveridge) 목사가 편집인에게 보낸 편지로, 1910년 4월 30일 하원 회의에서 로시가 올리버에게 읽어주었다. *House of Commons Debates*, vol. 97, *Second Session, Eleventh Parliament, 1909 – 1910* (Ottawa: Canada Parliament, 1910), 8488.

16   *House of Commons Debates*, 1910년 4월 30일, 97:8489 – 8490.

17   Carter, "Daughters of British Blood," 281.

18   1929년 앨버타농민연합(United Farmers of Alberta) 총회에서 통과된 일련의 결의안은 여성의 홈스테드 권리를 촉구했다. Carter, "Daughters of British Blood," 283.

19   이 법은 노스웨스트 준주에서 효력을 계속 발휘했지만 이마저도 1950년에 종료되었다.

20   "Uneven Progress, 1867 – 1919," in *A History of the Vote in Canada*, 3rd ed. (Quebec: Public Enquiries Unit, Elections Canada, 2020), www.elections.ca/res/his/WEB_EC%2091135%20History%20of%20the%20Vote_Third%20edition_EN.pdf.

21   Catherine Cavanaugh, "The Limitations of the Pioneering Partnership: The Alberta Campaign for Homestead Dower, 1905 – 25," *Canadian Historical Review* 74, no 2 (1993년 6월): 198 – 225.

22   Cristine Georgina Bye, "'I Like to Hoe My Own Row': A Saskatchewan Farm Woman's Notions About Work and Womanhood During the Great Depression," *Frontiers: A Journal of Women Studies* 26, no. 3 (2004): 135 – 167, 136. 캐나다 서부 변경 지대에서 미국 쪽 농촌 여성은 캐나다 쪽 여성보다 국가의 자원을 훨씬 많이 받았다.

23   Veronica Strong-Boag, "Pulling in Double Harness or Hauling a Double Load: Women, Work and Feminism on the Canadian Prairie," in *The Prairie West: Historical Readings*, ed. R. Douglas Francis and Howard Palmer, 2nd ed. (Edmonton: Pica Pica Press, 1992), 401 – 423; Christa Scowby, "'I Am a Worker, Not a Drone': Farm Women, Reproductive Work and the Western Producer, 1930 – 1939," *Saskatchewan History* 48, no. 2 (1996년 가을): 3 – 15.

24   Bye, "I Like to Hoe My Own Row."

25   Mary Kinnear, *Female Economy: Women's Work in a Prairie Province, 1870 – 1970* (Montreal: McGill-Queen's University Press, 1998).

26   Marjorie Griffin Cohen, *Women's Work, Markets and Economic Development in Nineteenth-Century Ontario* (Toronto: University of Toronto Press, 1988).

27   Clarence Lochhead and Katherine Scott, *The Dynamics of Women's Poverty in Canada* (Ottawa: Status of Women Canada, 2000), 19.

28   Norah Keating and Maryanne Doherty, *A Study of Alberta Farmers* (Edmonton: Agricultural Research Council of Alberta, 1985).

29 통계 수치의 출처는 2011년 농업 인구조사다. "Highlights and Analysis," Statistics Canada, www.statcan.gc.ca/en/ca2011/ha.

30 Ratan Ghosh, "Effect of Agricultural Legislations on Land Distribution in West Bengal," *Indian Journal of Agricultural Economics* 31, no. 3 (1976): 40–46.

31 B. K. Chowhury, "Land Reform Legislation and Implementation in West Bengal," *Indian Journal of Agricultural Economics* 17, no. 2 (1962): 141–151.

32 5헥타르 제한은 관개 토지에, 7헥타르 제한은 비관개 토지에 적용되었다. 이 제한은 5인 가구 기준이었다. 가족 구성원이 더 있는 가구는 1인당 0.5헥타르를 추가로 받을 자격이 있었으며 최대 7헥타르의 관개 토지까지 받을 수 있었다.

33 P. S. Appu, *Land Reforms in India: A Survey of Policy, Legislation and Implementation* (New Delhi: Vikas, 1996), Appendix IV.3.

34 Timothy Besley and Robin Burgess, "Land Reform, Poverty Reduction, and Growth: Evidence from India," *Quarterly Journal of Economics* 115, no. 2 (2000): 389–430, 401.

35 지주가 모든 물질적 투입 요소를 공급할 경우 최대 50퍼센트까지 요구할 수 있었다.

36 Pranab Bardhan and Dilip Mookherjee, "Subsidized Farm Input Programs and Agricultural Performance: A Farm-Level Analysis of West Bengal's Green Revolution, 1982–1995," *American Economic Journal: Applied Economics* 3, no. 4 (2011): 186–214; Abhijit V. Banerjee, Paul J. Gertler, and Maitreesh Ghatak, "Empowerment and Efficiency: Tenancy Reform in West Bengal," *Journal of Political Economy* 110, no. 2 (2002): 239–280.

37 Klaus Deininger, Songqing Jin, and Vandana Yadav, "Long-Term Effects of Land Reform on Human Capital Accumulation: Evidence from West Bengal," WIDER Working Paper No. 2011/82, 2011, United Nations University World Institute for Development Economics Research (UNU-WIDER), www.econstor.eu/bitstream/10419/53978/1/678366586.pdf.

38 Pranab Bardhan, Michael Luca, Dilip Mookherjee, and Francisco Pino, "Evolution of Land Distribution in West Bengal, 1967–2004: Role of Land Reform and Demographic Changes," *Journal of Development Economics* 110 (2014): 171–190, 174.

39 Sonia Bhalotra, Abhishek Chakravarty, Dilip Mookherjee, and Francisco J. Pino, "Property Rights and Gender Bias: Evidence from Land Reform in West Bengal," *American Economic Journal: Applied Economics* 11, no. 2 (2019): 205–237.

40 Prashant K. Trivedi, "Reinforcing Exclusions: Caste, Patriarchy and Land Reforms in India," *Journal of Land and Rural Studies* 10, no. 2 (2022): 262–277.

41 게다가 농지 상속은 주 정부 차원의 토지 개혁 법을 따랐는데, 이 법들은 성 불평등 문제가 매우 심했다.

42 Sanchari Roy, "Empowering Women? Inheritance Rights, Female Education and Dowry Payments in India," *Journal of Development Economics* 114 (2015): 233–251.

43 여아 사망률에 대해서는 다음 자료를 보라. Daniel Rosenblum, "Unintended Consequences

of Women's Inheritance Rights on Female Mortality in India," *Economic Development and Cultural Change* 63, no. 2 (2015): 223-248. 여성 자살(또한 남성 자살의 증가)과 아내 폭행에 대해서는 다음 자료를 보라. Siwan Anderson and Garance Genicot, "Suicide and Property Rights in India," *Journal of Development Economics* 114 (2015): 64-78.

44   최근까지도 농업 인구조사와 가구조사에서는 소유 지분에 대한 성별 분리 데이터를 수집하지 않았다. 그럼에도 Bhalotra et al., "Property Rights and Gender Bias"와 Trivedi, "Reinforcing Exclusions" 등의 연구에서는 토지 개혁이 무엇보다 토지 소유와 상속에서의 성별 편향을 지속시키거나 심지어 심화시켰다고 주장한다.

45   Bina Agarwal, Pervesh Anthwal, and Malvika Mahesh, "How Many and Which Women Own Land in India? Inter-Gender and Intra-Gender Gaps," *Journal of Development Studies* 57, no. 11 (2021): 1807-1829. 이 데이터는 2009년부터 2014년까지 인도의 아홉 개 주를 대상으로 조사를 실시한 결과이다.

46   Yuvaraj Krishnamoorthy, Karthika Ganesh, and Karthiga Vijayakumar, "Physical, Emotional and Sexual Violence Faced by Spouses in India: Evidence on Determinants and Help-Seeking Behaviour from a Nationally Representative Survey," *Journal of Epidemiology and Community Health* 74, no. 9 (2020): 732-740.

47   Dana Smith, "More Than a Third of Female Suicides Are Committed by Indian Women," *Scientific American*, 2018년 12월 1일. 공식 수치는 실제보다 훨씬 낮잡았을 가능성이 있다. 아마도 이보다 여섯 배에서 아홉 배는 더 많을 것이다. Anderson and Genicot, "Suicide and Property Rights in India," 64.

48   Sharangee Dutta, "In 2021, Over 45K Women Died by Suicide in India, 23,000 of Them Are Housewives: NCRB Data," *Hindustan Times*, 2022년 8월 30일, www.hindus tantimes.com/india-news/in-2021-over-45k-women-died-by-suicide-in-india-23-000-of-them-are-housewives-101661855990564.html.

49   Yunping Tong, "India's Sex Ratio at Birth Begins to Normalize," Pew Research Center, August 23, 2022, www.pewresearch.org/wp-content/uploads/sites/20/2022/08/PR_2022.08.26_India-sex-ratio_REPORT.pdf.

50   이 사건은 다음의 자료에 상세히 서술되어 있다. Rolando Antonio Velis Polío, "La Reforma Agraria de 1980 en El Salvador: Lucha política, diseño y ejecución," *Revista de humanidades y ciencias sociales* 3 (2012): 95-120. Eduardo Montero, "Cooperative Property Rights and Development: Evidence from Land Reform in El Salvador," *Journal of Political Economy* 130, no. 1 (2022): 48-93에서 재서술.

51   Michael Albertus, *Autocracy and Redistribution: The Politics of Land Reform* (Cambridge: Cambridge University Press, 2015), 31.

52   Paul Almeida, *Waves of Protest: Popular Struggle in El Salvador, 1925-2005* (Minneapolis: University of Minnesota Press, 2008), 114.

53   Almeida, *Waves of Protest*, 37.

54   Karen Musalo, "El Salvador—A Peace Worse Than War: Violence, Gender and a Failed Legal Response," *Yale Journal of Law and Feminism* 30, no. 3 (2018): 32-35.

55   Vincent McElhinny, "Inequality and Empowerment: The Political Foundations of Post-War Decentralization and Development in El Salvador, 1992–2000" (PhD diss., University of Pittsburgh, 2006), 283.

56   Montero, "Cooperative Property Rights and Development," 56–57.

57   Carmen Diana Deere, "Rural Women and State Policy: The Latin American Agrarian Reform Experience," *World Development* 13, no. 9 (1985): 1037–1053, 1041; Cristóbal Kay, "Latin America's Agrarian Reform: Lights and Shadows," Land Reform / Réforme agraire / Reforma agraria, 1998/2, https://openknowledge.fao.org/server/api/core/bitstreams/323dde22-f6e6-44cd-8244-da9d69c7d51a/content, 23.

58   Carmen Diana Deere and Magdalena León, *Empowering Women: Land and Property Rights in Latin America* (Pittsburgh: University of Pittsburgh Press, 2001), 98.

59   Deere and León, *Empowering Women*, 98.

60   Deere, "Rural Women and State Policy," 1046–1050.

61   Fabrice Lehoucq and Harold Sims, "Reform with Repression: The Land Reform in El Salvador," ISHI Occasional Papers in Social Change No. 6, 1982, Institute for the Study of Human Issues, https://libres.uncg.edu/ir/uncg/f/F_Lehoucq_Reform_1982.pdf.

62   Deere and León, *Empowering Women*, 98.

63   이 단체의 스페인어 이름은 Frente Farabundo Martí para la Liberación Nacional이다.

64   Morena Soledad Herrera, *Movimiento de mujeres en El Salvador, 1995–2006: Estrategias y miradas desde el feminismo* (San Salvador: Fundación Nacional para el Desarrollo [FUNDE], 2008), 89.

65   Albertus, *Autocracy and Redistribution*, 314.

66   Deere and León, *Empowering Women*, 212.

5장 사라지는 황무지

1   Robert Wilson, "Authoritarian Environmental Governance: Insights from the Past Century," *Annals of the American Association of Geographers* 109, no. 2 (2019): 314–323, 317.

2   Robert Marks, *China: An Environmental History*, 2nd ed. (London: Rowman and Littlefield, 2017), 327.

3   Zhang Xiaofang, "The Early Exploration of the Road to Socialist Industrialization in China," *Journal of Peking University* (Philosophy and Social Science Edition) 56, no. 4 (2019): 11–20, 17.

4   Marks, *China*, 327.

5   Robert Marks, *Tigers, Rice, Silk, and Silt: Environment and Economy in Late Imperial South China* (New York: Cambridge University Press, 1998).

6   Marks, *China*.

7   1930년대 후반, 전체적인 소작 비율은 약 20퍼센트였다. 최상위 3~4퍼센트의 대지주들이 중국 북부의 농경지 중 20~30퍼센트, 중국 남부의 농경지 중 30~50퍼센트를 소유했다. 이 비율은 인접국인 대만과 한국만큼 심각하지는 않은 편이었다. Michael Albertus, *Property Without Rights: Origins and Consequences of the Property Rights Gap* (Cambridge: Cambridge University Press, 2021), 295.

8   John Wong, *Land Reform in the People's Republic of China: Institutional Transformation in Agriculture* (New York: Praeger, 1973), 129 – 130.

9   Marks, *China*, 322.

10   Liu Dachang, "Tenure and Management of Non-State Forests in China Since 1950: A Historical Review," *Environmental History* 6, no. 2 (2001): 239 – 263.

11   Marks, *China*, 1.

12   "Sichuan People's Surprise Siege of Sparrows," *People's Daily*, 1958년 3월 25일, 7, http://data.people.com.cn.

13   Ruigang Bi, Hanyi Chen, Qinyun Wang, and Xuebin Wang, "Sparrow Slaughter and Grain Yield Reduction During the Great Famine of China," 2021년 4월 22일, 3, 출처: SSRN, https://ssrn.com/abstract=3832057.

14   Ruigang Bi et al., "Sparrow Slaughter."

15   Basil Ashton, Kenneth Hill, Alan Piazza, and Robin Zeitz, "Famine in China, 1958 – 61," in *The Population of Modern China*, ed. Dudley L. Poston and David Yaukey, 225 – 271 (Boston: Springer, 1992). 토지 집단화로 농업 관리가 부실해졌으며 기근과 관련된 환경적 요인이 악화되었다. 집단화는 소득을 노동 투입과 분리하고 사적 소유를 철폐함으로써 노동 의욕을 떨어뜨리고 농업에 대한 민간 투자를 말라붙게 만들었다. 인간과 자연환경에는 더없이 나쁜 상황이었다. 정치적 출세를 추구하는 관료들의 정치적 급단주의와 경력상의 인센티브도 의사결정 문제를 악화시켰다. James Kai-Sing Kung and Shuo Chen, "The Tragedy of the *Nomenklatura*: Career Incentives and Political Radicalism During China's Great Leap Famine," *American Political Science Review* 105, no. 1 (2011): 27 – 45.

16   Peter Ho, "Mao's War Against Nature? The Environmental Impact of the Grain-First Campaign in China," *China Journal* 50 (2003년 7월): 37 – 59, 41.

17   Marks, *China*, 327.

18   Marks, *China*, 328.

19   Naiping Song and Zhang Fengrong, "Re-evaluation of the 'Grain as the Key Link' Policy and Its Impact on the Ecological Environment," *Economic Geography* 26, no. 4 (2006): 628 – 631, 629.

20   Jintao Xu, Runsheng Yin, Zhou Li, and Can Liu, "China's Ecological Rehabilitation: Unprecedented Efforts, Dramatic Impacts, and Requisite Policies," *Ecological Economics* 57, no. 4 (2006): 595 – 607, 597.

21 Liu Dachang, "Reforestation After Deforestation in China," in *Good Earths: Regional and Historical Insights into China's Environment*, ed. Ken-ichi Abe and James E. Nickum, 90–105 (Kyoto: Kyoto University Press, 2009), 91.

22 Marks, *China*, 329.

23 Sandra Postel and Lori Heise, "Reforesting the Earth," Worldwatch Paper 83, 1988, Worldwatch Institute, 51–52, https://files.eric.ed.gov/fulltext/ED293701.pdf.

24 Marks, *China*, 316.

25 Yuxuan Li, Weifeng Zhang, Lin Ma, Gaoqiang Huang, Oene Oenema, Fusuo Zhang, and Zhengxia Dou, "An Analysis of China's Fertilizer Policies: Impacts on the Industry, Food Security, and the Environment," *Journal of Environmental Quality* 42, no. 4 (2013): 972–981.

26 W. L. Zhang, Z. X. Tian, N. Zhang, and X. Q. Li, "Nitrate Pollution of Groundwater in Northern China," *Agriculture, Ecosystems and Environment* 59, no. 3 (1996): 223–231. Marks, *China*, 367–370.

27 "Why Protect the Amazon," Amazon Conservation Association, www.amazonconservation.org/the-challenge/why-the-amazon, 2024년 5월 16일 확인.

28 "Why Protect the Amazon," Amazon Conservation Association.

29 Jake Spring, "Amazon Biome Hurtles Toward Death Spiral as Deforestation Jumps," Reuters, 2021년 1월 27일, www.reuters.com/business/environment/amazon-hurtles-toward-death-spiral-deforestation-jumps-2020-2021-01-27.

30 Kiley Price, "Study: How Years of Wildfires Have Devastated the Amazon," Conservation International, 2021년 9월 1일, www.conservation.org/blog/study-how-years-of-wildfires-have-devastated-the-amazon. Zoe Sullivan, "The Real Reason the Amazon Is on Fire," *Time*, 2019년 8월 26일, https://time.com/5661162/why-the-amazon-is-on-fire.

31 "Threats to the Amazon," Amazon Conservation Association, www.amazonconservation.org/the-challenge/threats, 2024년 5월 16일 확인.

32 Matt Sandy, "The Amazon Rainforest Is Nearly Gone. We Went to the Front Lines to See If It Could Be Saved," *Time*, 2019년 9월 12일, https://time.com/amazon-rainforest-disappearing.

33 특별한 중요한 법률로 1850년의 토지법(Land Law)이 있다. 이 법률은 법적으로는 토지의 무단 점유를 금지했지만 현실에서는 유력한 대지주들이 미개척지를 조직적으로 차지할 수 있게끔 해주었다. 또한 사실상의 토지 소유를 법적으로 인정했으며 독립 이전에 있었던 제국의 토지 하사를 정당화했다. Michael Albertus, Thomas Brambor, and Ricardo Ceneviva, "Land Inequality and Rural Unrest: Theory and Evidence from Brazil," *Journal of Conflict Resolution* 62, no. 3 (2018): 557–596.

34 Martin T. Katzman, "The Brazilian Frontier in Comparative Perspective," *Comparative Studies in Society and History* 17, no. 3 (1975): 266–285, 276.

35   Gabriel Ondetti, *Land, Protest, and Politics: The Landless Movement and the Struggle for Agrarian Reform in Brazil* (University Park: Pennsylvania State University Press, 2008).

36   브라질의 토지 소유에 관한 지니계수는 0.83이었다. International Fund for Agricultural Development (IFAD), *Rural Poverty Report 2001: The Challenge of Ending Rural Poverty* (Oxford: Oxford University Press for IFAD, 2001), chap. 3.

37   Michael Albertus, "Landowners and Democracy: The Social Origins of Democracy Reconsidered," *World Politics* 69, no. 2 (2017): 233 – 276. 유엔 식량농업기구의 세계 농업 인구조사에서 가져온 데이터.

38   Jessica Intrator, "From Squatter to Settler: Applying the Lessons of Nineteenth Century U.S. Public Land Policy to Twenty-First Century Land Struggles in Brazil," *Ecology Law Quarterly* 38, no. 1 (2011): 179 – 232, 187.

39   Lee Alston, Gary Libecap, and Bernardo Mueller, *Titles, Conflict, and Land Use: The Development of Property Rights and Land Reform on the Brazilian Amazon Frontier* (Ann Arbor: University of Michigan Press, 1999), 37.

40   Luiz Carlos Kopes Brandão, "A colonização brasileira, do descobrimento ao estatuto da terra," 미발표 원고, 2009, 7.

41   여덟 곳의 정착지는 고이아스(1941년), 아마조나스(1941년), 마라냥(1942년), 파라(1943년), 파라주의 제네라우 오조리우(1943년), 도라두스(1943년), 피아우이(1944년), 자이바(1948년)였다. Lucas Felicio Costa and Ricardo Trevisan, "Colônias Agrícolas Nacionais: Laboratórios experimentais de exploração e ocupação do território brasileiro, um arranjo possíve," *Eixo: A construção da cidade sul-americana contemporânea. História e historiografias* (Belo Horizonte, Brazil: Asociación de Escuelas y Facultades Públicas de Arquitectura de América del Sur, 2019); Wagner Abadio Freitas and Marcelo de Mello, "A Colônia Agrícola Nacional de Goiás e a redefinição nos usos do território," *Sociedade e natureza* 26, no. 3 (2014): 471 – 482.

42   Martin Katzman, "Colonization as an Approach to Regional Development: Northern Paraná, Brazil," *Economic Development and Cultural Change* 26, no. 4 (1978): 709 – 724, 712.

43   Ondetti, *Land, Protest, and Politics*, 11.

44   1964년의 토지법에 따르면 토지개혁기관은 수혜자들이 토지를 매도하거나 분할하거나 임대하거나 담보로 설정할 수 있도록 증서를 발행해야 했다. 하지만 많은 경우에 기관은 증서를 발행하지 않았으며 이를 토지 대장과 연계하지 않아 수혜자들을 법적으로 불확실한 상황에 처하게 했다.

45   Charles Wood and Marianne Schmink, "The Military and the Environment in the Brazilian Amazon," *Journal of Political and Military Sociology* 21, no. 1 (1993): 81 – 105, 88.

46   Nigel Smith, *Rainforest Corridors: The Transamazon Colonization Scheme* (Berkeley: University of California Press, 1982), 17. Robert Walker, Stephen Perz, Eugenio Arima, and Cynthia Simmons, "The Transamazon Highway: Past, Present, Future," in *Engineering Earth: The Impacts of Megaengineering Projects*, vol. 1, ed. Stanley Brunn, 569 – 599 (Dordrecht:

Springer, 2011), 580.

47   Wood and Schmink, "The Military and the Environment," 89.

48   Georgia Carvalho, Daniel Nepstad, David McGrath, Maria del Carmen Vera Diaz, Márcio Santilli, and Ana Cristina Barros, "Frontier Expansion in the Amazon: Balancing Development and Sustainability," *Environment: Science and Policy for Sustainable Development* 44, no. 3 (2002): 34–44, 37.

49   Aurora Miho Yanai, Paulo Maurício Lima de Alencastro Graça, Leonardo Guimarães Ziccardi, Maria Isabel Sobral Escada, and Philip Martin Fearnside, "Brazil's Amazonian Deforestation: The Role of Landholdings in Undesignated Public Lands," *Regional Environmental Change* 22, no. 1 (2002): 1–14.

50   Jesse Hyde, "The Lawless Frontier at the Heart of the Burning Amazon," *Rolling Stone*, 2019년 9월 17일, www.rollingstone.com/politics/politics-features/amazon-burning-bolsonaro-novo-progresso-deforestation-885114.

51   이 단체의 포르투갈어 이름은 Movimento dos Trabalhadores Rurais Sem Terra다.

52   농지 개혁을 통한 도시화와 범죄 억제에 대해서는 다음의 자료를 참고하라. Belén Fernández, *Agrarian Elites and Democracy in Latin America* (Cambridge: Cambridge University Press, 2024).

53   사유지 내 정착지에서의 재산권과 조직에 대해서는 다음의 자료를 참고하라. Aldiva Sales Diniz and Bruce Gilbert, "Socialist Values and Cooperation in Brazil's Landless Rural Workers' Movement," *Latin American Perspectives* 40, no. 4 (2013): 19–34.

54   Michael Albertus, Thomas Brambor, and Ricardo Ceneviva, "Land Inequality and Rural Unrest: Theory and Evidence from Brazil," *Journal of Conflict Resolution* 62, no. 3 (2018): 557–596. Instituto Nacional de Colonização e Reforma Agrária의 자료를 근거로 삼았다.

55   2019년, 자이르 보우소나루(Jairo Bolsonaro) 대통령은 개인이 아마조니아에서 최대 1,500헥타르의 토지에 대해 '스스로 천명한' 소유권을 합법화하는 임시 조치(MP-910)를 통과시켰다. 소유권은 주로 토지를 이용하는 방식으로 입증되는데, 삼림 개벌이 그 첫 단계이다. Lucas Ferrante, Maryane Andrade, and Philip Fearnside, "Land Grabbing on Brazil's Highway BR-319 as a Spearhead for Amazonian Deforestation," *Land Use Policy* 108 (2021): 2.

56   Karin-Marijke Vis, "The Road Transforming the Amazon," BBC, 2014년 11월 4일, www.bbc.com/travel/article/20141028-the-road-transforming-the-amazon.

57   Albertus et al., "Land Inequality and Rural Unrest."

58   Albertus et al., "Land Inequality and Rural Unrest."

59   Veronica Orellano, Paulo Furquim Azevedo, Maria Sylvia Saes, and Viviam Ester Nascimento, "Land Invasions, Insecure Property Rights and Production Decisions," *Journal of Agricultural Economics* 66, no. 3 (2015): 660–671.

60   Stephen Aldrich, Robert Walker, Cynthia Simmons, Marcellus Caldas, and Stephen Perz, "Contentious Land Change in the Amazon's Arc of Deforestation," *Annals of*

the Association of American Geographers 102, no. 1 (2012): 103 – 128; Claudio Araujo, Catherine Araujo Bonjean, Jean-Louis Combes, Pascale Combes Motel, and Eustaquio Reis, "Property Rights and Deforestation in the Brazilian Amazon," *Ecological Economics* 68, no. 8 (2009): 2461 – 2468.

61　Philip Fearnside, "Desmatamento na Amazônia brasileira: História, índices e consequências," *Megadiversidade* 1, no. 1 (2005): 113 – 123; Amintas Brandão Jr. and Carlos Souza Jr., "Deforestation in Land Reform Settlements in the Amazon," Imazon, no. 7 (2006년 6월): 1 – 4, https://imazon.org.br/PDFimazon/Ingles/the_state_of_amazon/de forastantion_land.pdf.

62　Brandão and Souza, "Deforestation in Land Reform Settlements in the Amazon."

63　Gabriel Cardoso Carrero, Philip Martin Fearnside, Denis Ribeiro do Valle, and Cristiano de Souza Alves, "Deforestation Trajectories on a Development Frontier in the Brazilian Amazon: 35 Years of Settlement Colonization, Policy and Economic Shifts, and Land Accumulation," *Environmental Management* 66, no. 6 (2020): 966 – 984.

64　Yiyun Wu, Xican Xi, Xin Tang, Deming Luo, Baojing Gu, Shu Kee Lam, Peter M. Vitousek, and Deli Chen, "Policy Distortions, Farm Size, and the Overuse of Agricultural Chemicals in China," *Proceedings of the National Academy of Sciences* 115, no. 27 (2018): 7010 – 7015, 7010.

65　Laura Mallonee, "The Lush Billion-Tree Spectacle of China's Great Green Wall," *Wired*, 2017년 10월 10일, www.wired.com/story/ian-teh-chinas-great-green-wall.

66　Jintao Xu et al., "China's Ecological Rehabilitation."

6장　경제 성장의 그림자

1　Alonso Domínguez Rascón, *La política de reforma agraria en Chihuahua, 1920 – 1924* (Mexico City: Instituto Nacional de Antropología e Historia, Plaza y Valdés, 2003), 74.

2　Domínguez Rascón, *La política de reforma agraria en Chihuahua*, 74.

3　Hans Werner Tobler, "Los campesinos y la formación del estado revolucionario, 1910 – 1940," in *Revuelta, rebelión, y revolución*, ed. Friedrich Katz (Mexico City: Ediciones Era, 1990), 439.

4　이 정당의 스페인어 이름은 Partido Revolucionario Institucional이다.

5　Domínguez Rascón, *La política de reforma agraria en Chihuahua*, 75.

6　Susan Walsh Sanderson, *Land Reform in Mexico, 1910 – 1980* (Orlando, FL: Academic Press, 1984), 16.

7　1910년 인구조사에 따르면 농촌 거주자는 1170만 명, 도시 거주자는 350만 명이었다.

8　Sanderson, *Land Reform in Mexico*, 18, 19.

9   제27조는 사파타와 판초 비야(Pancho Villa) 등 혁명가들의 강력한 압박으로 인한 1915년의 법령에서 비롯했다. Sanderson, *Land Reform in Mexico*.

10   Emilio Kourí, "La invención del ejido," *Nexos*, 2015년 1월, www.nexos.com.mx/?p=23778.

11   1930년대 제도혁명당 지도부의 상당수가 공산주의 이념을 지지했으며 에히도를 농업 집단화로 가는 징검다리로 여겼다. 일군의 실용주의자들은 집단 기반의 토지 재분배가 개별적 재분배보다 효율적이고 신속하며 용이하다고 생각했다. 민족주의자들은 에히도를 멕시코의 위대한 토착 문명과 연결된 고유하고 존엄한 유산으로 보았다. Kourí, "La invención del ejido".

12   Gerardo Otero, "Agrarian Reform in Mexico: Capitalism and the State," in *Searching for Agrarian Reform in Latin America*, ed. William Thiesenhusen, 276–304 (Boston: Unwin Hyman, 1989).

13   제도혁명당 창당 전에 일어났던 혁명 후 토지 재분배를 포함하면 제도혁명당의 집권 기간 동안 멕시코는 5000만 헥타르의 토지를 재분배했다. 상대적으로 자율적인 토지 통제권을 가지고 있던 공동체에 대한 인정이나 승인을 포함하면 재분배 면적은 8500만 헥타르에 달한다.

14   토지 소유 불평등의 지니 계수(범위는 0부터 1까지이며 0은 완벽한 평등을 나타낸다)는 1930년에 0.96에서 1960년대에는 0.62까지 낮아졌다. 1930년 수치는 다음 자료를 보라. Susan Eckstein, "The Impact of Revolution on Social Welfare in Latin America," *Theory and Society* 11, no. 1 (1982): 43–94. 1960년대 수치는 다음 자료를 보라. International Fund for Agricultural Development (IFAD), *Rural Poverty Report 2001: The Challenge of Ending Rural Poverty* (Oxford: Oxford University Press for IFAD, 2001), 118.

15   Jesus Silva Herzog, *El agrarismo mexicano y la reforma agraria* (Mexico City: Fondo de Cultura Económica, 1959); Eyler Simpson, *The Ejido: Mexico's Way Out* (Chapel Hill: University of North Carolina Press, 1937); Michael Albertus, Beatriz Magaloni, Barry Weingast, and Alberto Diaz-Cayeros, "Authoritarian Survival and Poverty Traps: Land Reform in Mexico," *World Development* 77 (2016): 154–170.

16   Albertus et al., "Authoritarian Survival and Poverty Traps."

17   Alain de Janvry, Marco Gonzalez-Navarro, and Elisabeth Sadoulet, "Are Land Reforms Granting Complete Property Rights Politically Risky? Electoral Outcomes of Mexico's Certification Program," *Journal of Development Economics* 110 (2014): 216–225.

18   1910년대부터 1930년대까지 혁명과 급진적 정책을 통해 이뤄낸 부의 평준화는 그 뒤로 수십 년간 경제적 불평등을 완화했다. David Felix, "Income Inequality in Mexico," *Current History* 72, no. 425 (1977): 111–116.

19   William Thiesenhusen, *Broken Promises: Agrarian Reform and the Latin American Campesino* (Boulder: Westview Press, 1995), 2장.

20   Albertus et al., "Authoritarian Survival and Poverty Traps," 156.

21   Gustavo Gordillo, Alain de Janvry, and Elisabeth Sadoulet, "Between Political Control and Efficiency Gains: The Evolution of Agrarian Property Rights in Mexico," *CEPAL*

Review 66 (1998): 151 – 169, 158.

22   Gustavo Perez-Verdin, Yeon-Su Kim, Denver Hospodarsky, and Aregai Tecle, "Factors Driving Deforestation in Common-Pool Resources in Northern Mexico," *Journal of Environmental Management* 90, no. 1 (2009): 331 – 340; Marcela Vásquez-León and Diana Liverman, "The Political Ecology of Land-Use Change: Affluent Ranchers and Destitute Farmers in the Mexican Municipio of Alamos," *Human Organization* 63, no. 1 (2004): 21 – 33.

23   Angus Wright, "Downslope and North: How Soil Degradation and Synthetic Pesticides Drove the Trajectory of Mexican Agriculture Through the Twentieth Century," in *A Land Between Waters: Environmental Histories of Modern Mexico*, ed. Christopher R. Boyer, 22 – 49 (Tucson: University of Arizona Press, 2012).

24   Gordillo et al., "Between Political Control and Efficiency Gains," 159.

25   Alejandro Encinas and Fernando Rascón, *Reporte y cronología del movimiento campesino e indígena*, vol. 5 (Mexico City: Universidad Autónoma de Chapingo, 1983), 130.

26   기업조정위원회도 그중 하나였다. Carlos Arriola, "Los grupos empresariales frente al Estado (1973 – 1975)," *Foro internacional* 16, no. 4 (1976): 449 – 495, 475.

27   Julio Calderón Cockburn, "Luchas por la tierra, contradicciones sociales y sistema político: El caso de las zonas ejidales y comunales en la ciudad de México (1980 – 1984)," *Estudios demográficos y urbanos* 2, no. 2 (1987): 301 – 324; Gordillo et al., "Between Political Control and Efficiency Gains."

28   Gordillo et al., "Between Political Control and Efficiency Gains," 158; Albertus et al., "Authoritarian Survival and Poverty Traps," 158.

29   Eckstein, "The Impact of Revolution on Social Welfare in Latin America," 71.

30   Gordillo et al., "Between Political Control and Efficiency Gains."

31   가족 전체가 토지 접근권을 잃을 경우 타격이 너무 컸기 때문에 대부분의 이주민은 가족의 일원이되 에히도 내의 경작권을 보유한 가장은 아니었다.

32   Felix, "Income Inequality in Mexico," 112.

33   Albertus et al., "Authoritarian Survival and Poverty Traps."

34   식량농업기구 자료에 따르면 2015년부터 2017년까지 멕시코에서 경작 면적 대비 최상위 농산물인 옥수수, 콩, 밀, 사탕수수, 곡물의 농업 노동자 1인당 평균 생산량은 에히도 토지 권리 인증 사업(Program for Certification of Rights to Ejido Lands, PROCEDE) 직전인 1989년부터 1991년 사이의 평균 생산량보다 많았다. 대부분의 농산물은 중소 규모의 농가에서 나왔다. 게다가 2014년 농촌 인구 중에서 세계은행의 국제 빈곤선인 1일 1.9달러 미만으로 살아가는 비율은 14퍼센트를 약간 웃돌 뿐이었는데, 이것은 1990년대 초의 약 28퍼센트보다 낮아진 수치다. Paloma Villagómez Ornelas, "Rural Poverty in Mexico: Prevalence and Challenges," National Council for the Evaluation of Social Development Policy, Mexico City, 2019, 2, 출처: United Nations, www.un.org/development/desa/dspd/wp-content/uploads/sites/22/2019/03/RURAL-POVERTY-IN-MEXICO.-CONEVAL.-Expert-

Meeting.-15022019.pdf.

35   2001년 12월 10일 우고 차베스 대통령의 바리나스주 산타이네스 연설, 녹취록 출처:
      Todo Chávez, www.todochavezenlaweb.gob.ve/todochavez/2943-interven cion-del-
      comandante-presidente-hugo-chavez-en-la-promulgacion-de-la-ley-de-tierras-y-
      desarrollo-agrario.

36   Margarita López Maya, "Venezuela: El paro cívico del 10 de diciembre," *Nueva Sociedad*
      177 (2002): 8-12.

37   Michael Albertus, *Autocracy and Redistribution: The Politics of Land Reform* (Cambridge:
      Cambridge University Press, 2015), 237.

38   유가에 따라 석유 수입이 정부 수입에서 차지하는 비율은 약 40퍼센트에서 70퍼센트 사
      이를 오르내렸다. Osmel Manzano and Jose Sebastian Scrofina, "Resource Revenue
      Management in Venezuela: A Consumption-Based Poverty Reduction Strategy," 2013,
      출처: Natural Resource Governance Institute, www.resourcegovernance.org/sites/default/
      files/Venezuela_Final.pdf.

39   Gregory Wilpert, "Land for People Not for Profit in Venezuela," Venezuelanalysis.com,
      2005년 8월 23일, https://venezuelanalysis.com/analysis/1310.

40   Michael Albertus, "The Role of Subnational Politicians in Distributive Politics: Political
      Bias in Venezuela's Land Reform Under Chávez," *Comparative Political Studies* 48, no. 13
      (2015): 1667-1710.

41   면적이 지역 평균보다 넓고 생산성이 경작 가능성의 80퍼센트 미만인 토지가 대상이었다.

42   한편 정부는 모든 토지 소유자들에게 부동산을 등록하라고 요구했다. 하지만 1848년까지
      거슬러 올라가 토지 소유권을 추적할 수 있는 사람은 거의 없었기 때문에 절대다수가 등록
      하지 못했다.

43   이 사례들은 다음의 자료에서 가져왔다. Michael Albertus, "This Land Was Your Land,"
      Foreign Policy, 2015년 11월 13일.

44   Albertus, *Autocracy and Redistribution*, 240.

45   Michael Albertus, "The Role of Subnational Politicians."

46   토지 재분배가 몰락의 유일한 원인은 아니었다. 유가 하락, 여타 경제 정책, 권위주의 강화
      도 경제 파탄에 일조했다. 하지만 토지 재분배는 문제의 핵심이었다.

47   "Will Venezuela's Dictatorship Survive?," *The Economist*, 2017년 3월 9일; Amelia
      Cheatham, Diana Roy, and Rocio Cara Labrador, "Venezuela: The Rise and Fall of a
      Petrostate," Council on Foreign Relations, 2023년 3월 10일, www.cfr.org/backgrounder/
      venezuela-crisis.

48   Marco Arena, Emilio Fernandez Corugedo, Jaime Guajardo, and Juan Francisco Yepez,
      "Venezuela's Migrants Bring Economic Opportunity to Latin America," *IMF Country
      Focus*, 2022년 12월 7일, www.imf.org/en/News/Articles/2022/12/06/cf-venezuelas-
      migrants-bring-economic-opportunity-to-latin-america.

49 《이탈리아 현대사》, 폴 긴스버그 지음, 안준범 옮김, 후마니타스, 2018; Paolo Cinanni, *Lotte per la terra e comunisti in Calabria (1943 – 1953): Terre pubbliche e Mezzogiorno* (Milan: Feltrinelli, 1977), 84 – 87. 긴스버그는 다른 학자들의 이야기와 직접 경험한 일을 모두 참고했다.

50 Giovanni Mottura and Umberto Ursetta, *Il diritto alla terra* (Milan: Feltrinelli Economica, 1981), 201 – 202.

51 Ethan Kapstein, *Seeds of Stability: Land Reform and US Foreign Policy* (New York: Cambridge University Press, 2017), chap. 4.

52 여덟 개 지역은 남부 칼라브리아 고지대, 중남부 캄파니아 일부, 북부 델타 포다노 지역, 중서부 마렘마, 중부 푸치노 분지, 동남부의 드넓은 루카니아와 몰리세와 풀리아, 사르데냐섬 전체, 시칠리아 전체였다.

53 사실 이런 식으로 수용을 피한 토지는 적었다.

54 농무부의 계산에 따르면 1950년부터 1964년까지 토지 개혁에 든 비용은 7090억 리라였다. 이것은 수혜 가구당 500만 리라를 넘는 거액이었다. 나는 인플레이션 계산기를 이용하여 이 금액을 현재의 미국 달러로 환산했다.

55 Kapstein, *Seeds of Stability*, 119 – 122.

56 Giovanni Marciani, *L'esperienza di riforma agraria in Italia* (Rome: Giuffrè Editore, 1966).

57 자급자족이 가능한 농장의 규모는 지역에 따라 달랐으며 이 범위를 넘는 경우도 있었다. 토양과 재배 조건에 대한 지식이 불완전하고 토지 수요가 높았다는 점을 감안하면 상당수 농장은 가족을 먹여 살리기에 턱없이 미흡했다.

58 일부 지역에서는 훨씬 빨랐다. 예를 들면 마렘마에서는 토지 개혁 법안이 통과된 지 약 1년 안에 수용이 거의 마무리되었다.

59 Russell King, "Italian Land Reform: Critique, Effects and Evaluation," *Tijdschrift voor economische en sociale geografie* 62, no. 6 (1971): 368 – 382, 377, 372.

60 Bruno Caprettini, Lorenzo Casaburi, and Miriam Venturini, "Redistribution, Voting and Clientelism: Evidence from the Italian Land Reform," CEPR Discussion Paper No. DP15679, 2021년 9월, https://papers.ssrn.com/sol3/papers.cfm?abstract_id=3783894; King, "Italian Land Reform," 372.

61 《이탈리아 현대사》, 폴 긴스버그 지음, 안준범 옮김, 후마니타스, 2018.

62 《이탈리아 현대사》, 폴 긴스버그 지음, 안준범 옮김, 후마니타스, 2018.

63 칼라브리아와 마렘마의 결과는 유별나지 않다. 많은 연구자들은 마렘마에서 거둔 최종 결과를 이탈리아 여타 지역에서도 발견할 수 있으리라 예상했다. Alessandro Bonanno, "Theories of the State: The Case of Land Reform in Italy, 1944 – 1961," *Sociological Quarterly* 29, no. 1 (1988): 131 – 147; Guido Fabiani, *L'agricoltura italiana tra sviluppo e crisis* (Bologna: Il Mulino, 1979); King, "Italian Land Reform".

64 토지 개혁 지역은 사회적·물질적 취약성이 크다. 이 지역들은 국가 내 복지 지수도 낮다. Michael Albertus, "The Persistence of Rural Underdevelopment: Evidence from Land

Reform in Italy," *Comparative Political Studies* 56, no. 1 (2023): 65 – 100를 보라.

65 마렘마의 평균적인 토지 수혜자는 지역 평균인 13헥타르보다 작은 약 9헥타르의 토지를 받았다. 소규모 농장은 대규모 농장의 상대가 되지 못했으며 상당수는 소규모 농장만으로 대가족을 먹여 살리지 못했다. 게다가 새로운 농장 소유주들은 윤작과 비료 사용 같은 필수 기술을 익히는 데 오랜 기간이 걸렸다.

66 개혁 이후 20년이 지났을 때 칼라브리아의 수혜자 중 90퍼센트, 시칠리아의 수혜자 중 80퍼센트 이상이 여전히 토지를 소유하고 있었다. 《이탈리아 현대사》, 폴 긴스버그 지음, 안준범 옮김, 후마니타스, 2018.

67 마렘마 지역의 노년층 비율은 주변 지역에 비해 약 5퍼센트 더 높다. Albertus, "The Persistence of Rural Underdevelopment".

68 Bonanno, "Theories of the State."

69 Lorenzo Belotti, "An Analysis of the Italian Agrarian Reform," *Land Economics* 36, no. 2 (1960): 118 – 128.

7장 혼돈에서 질서로

1 Eric Hobsbawm, "A Case of Neo-Feudalism: La Convención, Perú," *Journal of Latin American Studies* 1, no. 1 (1969): 31 – 50, 35.

2 2024년 1월 22일, 저자가 윌베르 비방코와 인터뷰한 내용.

3 2024년 1월 18일, 저자가 윌베르 비방코와 인터뷰한 내용.

4 1961년 농촌 실태조사와 1961년 인구조사에서 발췌한 자료이다.

5 2014년 6월 20일, 저자가 옛 아시엔다에서 후스티나 로페스와 인터뷰한 내용.

6 이 아시엔다는 쿠스코주 우아란에 있었다.

7 Michael Albertus, *Property Without Rights: Origins and Consequences of the Property Rights Gap* (Cambridge: Cambridge University Press, 2021), 213 – 215.

8 Michael Albertus, "Land Reform and Civil Conflict: Theory and Evidence from Peru," *American Journal of Political Science* 64, no. 2 (2020): 256 – 274.

9 William Long, "Peru's Big Debate. Novelist Takes on Charismatic Leader: Garcia's Plan to Nationalize Banks Has Polarized His Nation," *Los Angeles Times*, 1987년 9월 14일.

10 Susan Stokes, "Democratic Accountability and Policy Change: Economic Policy in Fujimori's Peru," *Comparative Politics* 29, no. 2 (1997): 209 – 226, 214 – 215.

11 Stokes, "Democratic Accountability and Policy Change," 217.

12 Grigore Pop-Eleches, *From Economic Crisis to Reform: IMF Programs in Latin America and Eastern Europe* (Princeton, NJ: Princeton University Press, 2008), 274.

13 Timothy Mitchell, "The Work of Economics: How a Discipline Makes Its World,"

European Journal of Sociology 46, no. 2 (2005): 297 – 320.

14   이 사업의 스페인어 이름은 Proyecto Especial de Titulación de Tierras y Catastro Rural이 었다.

15   2024년 1월 20일, 저자가 윌리엄 파뇨와 인터뷰한 내용.

16   이 사업의 스페인어 이름은 Comisión de Formalización de la Propiedad Informal이다.

17   Pablo Bandeira, José María Sumpsi, and Cesar Falconi, "Evaluating Land Administration Systems: A Comparative Method with an Application to Peru and Honduras," *Land Use Policy* 27, no. 2 (2010): 351 – 363.

18   2024년 1월 16일, 저자가 후안 데디오스 콘도리와 인터뷰한 내용.

19   Marlene Castillo, Laureano del Castillo, Carlos Monge, and Minda Bustamante, *Las comunidades campesinas en el siglo XXI* (Lima: Grupo ALLPA, 2004), 27.

20   Román Robles Mendoza, "Tradición y modernidad en las comunidades campesinas," *Investigaciones sociales* 8, no. 12 (2004): 25 – 54, 28.

21   Instituto del Bien Común and Centro Peruano de Estudios Sociales, *Directorio de Comunidades Campesinas del Perú* (Lima: Tarea Asociación Gráfica Educativa, 2016), 6 – 7. 1980 년대 이후 공동체의 절반 이상이 권리를 인정받고 토지 소유권을 부여받았다.

22   *Multi-Dimensional Review of Peru*, vol. 3, *From Analysis to Action*, OECD Development Pathways (Paris: Organisation for Economic Co-operation and Development, 2019), www.oecd-ilibrary.org/sites/d9afdddd-en/index.html?itemId=/content/component/d9afdddd-en.

23   Owen Dyer, "Covid-19: Peru's Official Death Toll Triples to Become World's Highest," *BMJ* 373 (2021): n1442.

24   Albertus, *Property Without Rights*, 255 – 256.

25   Guro Glavin, Kristian Stokke, and Henrik Wiig, "The Impact of Women's Mobilisation: Civil Society Organisations and the Implementation of Land Titling in Peru," *Forum for Development Studies* 40, no. 1 (2013): 129 – 152, 129 – 130.

26   John Crabtree, "The Impact of Neo-liberal Economics on Peruvian Peasant Agriculture in the 1990s," *Journal of Peasant Studies* 29, no. 3 (2002): 131 – 161, 140 – 141.

27   2024년 1월 18일, 저자가 윌베르 비방코와 인터뷰한 내용. 비방코가 토지 등기 업무를 담 당하는 변호사로서 살아온 궤적은 정부의 토지 등기 사업이 어떻게 변화해 왔는지를 보여 주는 증거다. 그는 1997년에 PETT로 경력을 시작하여, 2006년에 등기 업무가 COFOPRI 로 이전되자 그곳에서 일했으며, 2001년에 업무가 다시 이전되고 탈중앙화되자 쿠스코주 정부로 자리를 옮겼다.

28   "Estos son los 68 congresistas que tienen procesos en investigación en el Ministerio Público," *Caretas*, 2020년 11월 8일.

8장 가장 빠른 변화의 길

1   2023년 10월 4일, 저자가 엘레나 안토니아 파로디스 메디나와 인터뷰한 내용.

2   엘레나의 가족을 비롯한 강제 이주 집단은 2011년에 토지 반환에 유리한 판결을 얻어냈다. 콜롬비아의 내전 시기에 강제 이주당한 사람들에게 토지를 반환하려는 움직임이 생긴 덕분이었다. 하지만 엘레나의 가족이 토지를 최종적으로 공여받아 돌아갈 수 있게 된 것은 그로부터 8년이 지난 뒤였다.

3   2023년 12월 13일, 저자가 엘레나 안토니아 파로디스 메디나와 교신한 내용.

4   2023년 10월 4일, 저자가 엘레나 안토니아 파로디스 메디나와 인터뷰한 내용.

5   Michael Albertus and Oliver Kaplan, "Land Reform as a Counterinsurgency Policy: Evidence from Colombia," *Journal of Conflict Resolution* 57, no. 2 (2013): 198–231, 203.

6   Michael Albertus, *Autocracy and Redistribution: The Politics of Land Reform* (New York: Cambridge University Press, 2015), 30.

7   Carmen Diana Deere and Magdalena León, *Empowering Women: Land and Property Rights in Latin America* (Pittsburgh: University of Pittsburgh Press, 2001), 43.

8   이 단체의 스페인어 이름은 Fuerzas Armadas Revolucionarias de Colombia다.

9   Instituto Colombiano de Desarrollo Rural (INCODER), "Resoluciones Históricas de Baldíos," 2015.

10   Carmen Diana Deere and Magdalena León, "The Gender Asset Gap: Land in Latin America," *World Development* 31, no. 6 (2003): 925–947, 937.

11   Deere and León, *Empowering Women*, 87.

12   Deere and León, *Empowering Women*, 87.

13   1990년에 제정된 또 다른 법률은 한 발 더 나아가 파트너 관계에서 생산한 결과가 양 파트너에게 동등하게 속한다고 규정했다.

14   Deere and León, *Empowering Women*, 87.

15   Deere and León, "The Gender Asset Gap," 937. 정확한 수치는 45퍼센트다.

16   João Márcio Mendes Pereira, "The World Bank and Market-Assisted Land Reform in Colombia, Brazil, and Guatemala," *Land Use Policy* 100 (2021): 7.

17   Deere and León, "The Gender Asset Gap," 939.

18   Marcelo M. Giugale, Olivier Lafourcade, and Connie Luff, *Colombia: The Economic Foundation of Peace* (Washington, DC: World Bank, 2003), 581.

19   이 절차는 1991년부터 관련 법이 종료될 때까지 피해를 입은 사람들에게 유효했다.

20   폭력 분쟁으로 인한 사망자의 약 90퍼센트가 남성으로 추산된다. Donny Meertens and Richard Stoller, "Facing Destruction, Rebuilding Life: Gender and the Internally Displaced in Colombia," *Latin American Perspectives* 28, no. 1 (2001): 132–148, 133.

21   *Octavo informe de seguimienteo al Congreso de la República* (Bogotá: Comisión de Seguimiento y

Monitoreo a la Implementación de la Ley 1448 de 2011, 2021), 411.

22 토지를 강탈당하거나 강제 이주당한 피해자로 등록한 사람은 15만 명에 가까웠다. 이 수치는 정부의 최초 추산보다 훨씬 낮다. 정부 추산에 따르면 얼추 35만 가구가 약 200만 헥타르의 토지를 청구할 자격이 있었다. 수치가 낮은 첫 번째 이유는 일부 피해자가 토지 반환 청구를 해도 안전하리라 확신하지 못했기 때문이고, 두 번째 이유는 비공식적인 토지 소유로 인해 일부 사람들은 청구 자체를 상상하지 못하거나 자료가 충분하지 않았기 때문이다.

23 "Mujeres lideran la restitución de tierras en Colombia," *Semana*, 2019년 7월 25일, www.semana.com/las-mujeres-se-han-convertido-en-lideres-en-los-procesos-de-restitucion-de-tierras/1047.

24 *Octavo informe de seguimienteo al Congreso de la República*, 182, 160.

25 Vanesa Botero Blandón and Ana María Serrano Ávila, "Reforma rural integral y construcción de paz para las mujeres en Colombia," *Estudios políticos* 62 (2021): 152–182.

26 María Juliana Gómez Mendoza and Luisa Paola Sanabria Torres, "Las mujeres rurales y su derecho a la tierra: Retos de la política pública en Colombia," *Trabajo social* (Universidad Nacional de Colombia) 22 (2020): 85–104, 89.

27 이 수치는 1970년대부터 1990년대까지 약 80퍼센트에서 95퍼센트 사이를 오르내렸다. Giugale et al., *Colombia*, 569.

28 "Left Undefended: Killings of Rights Defenders in Colombia's Remote Communities," Human Rights Watch, www.hrw.org/report/2021/02/10/left-undefended/killings-rights-defenders-colombias-remote-communities.

29 2020년 말에도 남성이 가장인 가구는 여성이 가장인 가구보다 10퍼센트 더 많은 토지를 토지기금으로부터 받았다. 토지 사업은 남성이 가장인 가구를 여성이 가장인 가구에 비해 1.4 대 1(면적 기준) 비율로 우대했다. Adam Isacson, *A Long Way to Go: Implementing Colombia's Peace Accord After Five Years* (Washington, DC: Washington Office on Latin America, 2021), 55.

30 Zapata Serna, Gloria Estella, Antonio Iáñez-Domínguez, José Roberto Álvarez, and Múnera Antonio J. Pareja Amador, "Mujeres víctimas del conflicto armado: Análisis de su reparación en el marco de la ley 1448 de 2011," *Investigación y desarrollo* 28, no. 1 (2020): 157–184.

31 Isacson, *A Long Way to Go*, 56–57.

32 "Silvia Lazarte, mujer del año en Bolivia," *CIMAC Noticias*, 2007년 12월 28일.

33 전체 이름은 Confederación Nacional de Mujeres Campesinas Indígenas Originarias de Bolivia다.

34 Albertus, *Autocracy and Redistribution*, 29.

35 Sandra Ramos, *Transformaciones en la participación política de las mujeres* (La Paz: Instituto de Investigaciones Sociológicas, 2013), 45.

36 실제로 많은 집단이 공여 토지를 가구 단위로 분할했지만 그에 대한 소유권은 가지지 못했다.

37   Albertus, *Autocracy and Redistribution*, 132.

38   Deere and León, *Empowering Women*, 43.

39   Deere and León, *Empowering Women*, 74.

40   스페인어 이름은 Confederación Sindical Única de Trabajadores Campesinos de Bolivia(CSUTCB)다.

41   Lucila Mejía, with Irma García, Marcela Valdivia, Celinda Sosa, Lidia Anti, Florentina Alegre, Jacinta Mamani, and Bernardina Laura, *Las hijas de Bartolina Sisa* (La Paz: HISBOL, 1984).

42   Stéphanie Rousseau, "Indigenous and Feminist Movements at the Constituent Assembly in Bolivia: Locating the Representation of Indigenous Women," *Latin American Research Review* 46, no. 2 (2011): 5 – 28, 18.

43   Rousseau, "Indigenous and Feminist Movements," 17.

44   Deere and León, *Empowering Women*, 75.

45   1996년의 새 법은 도시 여성 운동과 비정부기구의 주장대로 토지의 분배와 관리에서 성평등 기준을 포함했지만 이 요소들은 토지 소유권 부여에 비하면 부차적이었다.

46   이 기관의 스페인어 이름은 Instituto Nacional de Reforma Agraria다.

47   Susana Lastarria-Cornhiel, "Land Tenure, Titling, and Gender in Bolivia," *St. Louis University Public Law Review* 29 (2009): 193 – 242, 224.

48   그와 동시에 바르톨리나스는 2002년에 볼리비아 농민 노동자 통합 노동조합 연합보다 더 자율적인 길을 개척했다.

49   Carmen Diana Deere, "Women's Land Rights, Rural Social Movements, and the State in the 21st…Century Latin American Agrarian Reforms," *Journal of Agrarian Change* 17, no. 2 (2017): 258 – 278, 262 – 263.

50   모랄레스는 라사르테 가족과 친분이 있었다. Ramos, *Transformaciones*, 46.

51   Deere, "Women's Land Rights," 268. 모랄레스는 정착민 개혁으로 국유지를 농민들에게 나눠주고 소량의 사유지를 재분배하기 시작했다.

52   Deere, "Women's Land Rights," 269.

53   Stéphanie Rousseau and Anahi Morales Hudon, *Indigenous Women's Movements in Latin America: Gender and Ethnicity in Peru, Mexico, and Bolivia* (New York: Palgrave Macmillan, 2016), 61.

54   Lastarria-Cornhiel, "Land Tenure, Titling, and Gender in Bolivia," 237.

55   Deborah Carvalho, "Patriarchy, Culture and Land: Challenges in Securing Women's Ownership and Titling Rights in La Paz, Bolivia" (master's thesis, Simon Fraser University, Canada, 2012), 47.

56   Melissa Camille Buice, "Indigenous Women, the State, and Policy Change: Evidence from Bolivia, 1994 – 2012" (PhD diss., University of Tennessee, 2013), 77.

57   Deere, "Women's Land Rights," 270.

58   Buice, "Indigenous Women, the State, and Policy Change," 187.

59   Deere, "Women's Land Rights," 270.

9장   다시 숨 쉬는 땅

1   2023년 12월 18일, 저자가 크리스틴 톰킨스와 인터뷰한 내용.

2   Kristine Mcdivitt Tompkins, "Protecting Wilderness as an Act of Democracy," *New York Times*, 2018년 2월 1일.

3   2023년 12월 20일, 저자가 마르셀로 메나와 교신한 내용.

4   Michelle Bachelet, "Foreword," in *Pumalín Douglas Tompkins National Park*, Tompkins Conservation, 2021, 27, www.rewildingchile.org/web/wp-content/uploads/2021/08/Pumalin-Douglas-Tompkins-National-Park.pdf.

5   Ingrid Espinoza and Lorena Valenzuela, "Carbon Capture and Sequestration in the Route of Parks," Tompkins Conservation Chile, 2020. 이 지역의 탄소 농도, 특히 토양과 생물량에서의 탄소 농도는 아마존강 유역과 콜롬비아 태평양 연안과 맞먹거나 능가한다.

6   Martín Martinic, *La trapanada al Aysén* (Chile: Pehuen Editores, 2005).

7   William Norris, *Triumph and Tragedy*, 1939, Biblioteca Patagónica (Patagonia Bookshelf), Memoirs, 5–6, https://patlibros.org/wn/memoirs.php?lan=esp.

8   Lucas Bridges, *Memorias del Baker*, n.d., Biblioteca Patagónica (Patagonia Bookshelf), Memoirs, https://patlibros.org/elb/memorias.php.

9   Claudia Sepúlveda Luque and Montserrat Lara Sutulovp, *Comunidades y áreas protegidas de la Patagonia Chilena* (Santiago: Andros, 2001), 66, 출처: Educación Ambiental y Participación Ciudadana (Environmental Education and Citizen Participation), Ministry for the Environment, Chile, https://educacion.mma.gob.cl/wp-content/uploads/2022/03/Libro-comunidades-y-AP-de-la-Patagonia-chilena.pdf.

10   Martinic, *La trapanada al Aysén*, 321.

11   Sepúlveda and Lara, *Comunidades y áreas protegidas de la Patagonia Chilena*, 229.

12   Claudia Sepúlveda Luque, *Línea de base social de las áreas protegidas de la Patagonia Chilena* (Valdivia, Chile: Programa Austral Patagonia de la Universidad Austral de Chile, 2020), 150.

13   Martinic, *La trapanada al Aysén*, 156.

14   William Thiesenhusen, *Broken Promises: Agrarian Reform and the Latin American Campesino* (Boulder: Westview Press, 1995), 90.

15   Thiesenhusen, *Broken Promises*, 89–90; Michael Albertus, *Autocracy and Redistribution: The Politics of Land Reform* (Cambridge: Cambridge University Press, 2015).

16 Antonio Bellisario, "The Chilean Agrarian Transformation: Agrarian Reform and Capitalist 'Partial' Counter…Agrarian Reform, 1964–1980: Part 1: Reformism, Socialism and Free…Market Neoliberalism," *Journal of Agrarian Change* 7, no. 1 (2007): 1–34.

17 Elena Louder and Keith Bosak, "What the Gringos Brought," *Conservation and Society* 17, no. 2 (2019): 161–172, 165.

18 2024년 2월 5일, 저자가 루이사 갈린도와 인터뷰한 내용.

19 2024년 2월 5일에 저자가 루이사 갈린도와 인터뷰한 내용 그리고 퓨마 사냥을 위해 협동조합에 고용되었던 사람의 아들인 엘비스 발데스와 2024년 2월 5일에 인터뷰한 내용.

20 Louder and Bosak, "What the Gringos Brought," 165.

21 2023년 11월 22일, 저자가 프랑수아 드 스메와 인터뷰한 내용.

22 2023년 11월 24일, 저자가 샤를리 드 스메와 인터뷰한 내용.

23 Louder and Bosak, "What the Gringos Brought," 165.

24 2023년 11월 24일, 저자가 샤를리 드 스메와 인터뷰한 내용.

25 Kris Tompkins, "A History of Valle Chacabuco," Conservacion Patagonica, 블로그, 2012년 8월 28일, www.conservacionpatagonica.org/blog/2012/08/28/a-history-ofvalle-chacabuco. Alzar School, "A History of Parque Patagonia," November 17, 2017, https://alzarschool.org/history-of-parque-patagonia에서 재인용.

26 2023년 12월 18일, 저자가 크리스틴 톰킨스와 인터뷰한 내용.

27 자선사업가 피터 버클리(Peter Buckley)가 매입에 도움을 주었다.

28 Sepúlveda and Lara, *Comunidades y áreas protegidas de la Patagonia Chilena*, 229, 230–231.

29 Bachelet, "Foreword," 27.

30 2023년 12월 20일, 저자가 마르셀로 메나와 교신한 내용.

31 Antonio Cerrillo, "Cómo se engañó a Franco para salvar Doñana," *La vanguardia*, 2019년 8월 14일.

32 Benigno Varillas, "José A. Valverde, el cientíco que salvó Doñana," *El diario*, 2023년 8월 4일.

33 Carlos López, "La repoblación forestal de Doñana," *Huelva información*, 2008년 12월 29일.

34 World Wildlife Fund, "Doñana, las raíces del panda," *Panda* 145 (2019년 10월): 11–15.

35 론강 삼각주(Rhône Delta) 보전에 참여하고 몇 년 전 발베르데와 협력한 적이 있던 자연보전 운동가 뤽 호프만(Luc Hoffman)은 WWF 초대 부회장이자 도냐나 보전을 열성적으로 옹호하는 인물이었다.

36 Cerrillo, "Cómo se engañó a Franco para salvar Doñana."

37 Francisco García García, *Doñana en su historia* (Madrid: Organismo Autónomo Parques Nacionales, 2014).

38   Pascual Carrión, *Los latifundios en España* (Barcelona: Ariel, 1975).

39   이 개혁의 토대는 몇 년 전 무토지 농민들을 유휴 농지에 정착시키려는 소규모 시도들이었다. 이 개혁은 주로 가족 단위로 구획을 지급했지만 경우에 따라서는 공동체가 집단적으로 토지를 차지하기도 했다. Stanley Payne, *The Collapse of the Spanish Republic, 1933–1936: Origins of the Civil War* (New Haven, CT: Yale University Press, 2006), 216–219.

40   Michael Albertus, "The Political Price of Authoritarian Control: Evidence from Francoist Land Settlements in Spain," *Journal of Politics* 85, no. 4 (2023): 1258–1274.

41   Gonzalo Acosta Bono, José Luis Gutiérrez Molina, Angel del Río Sánchez, and Lola Martínez Macías, *El canal de los presos (1940–1962)* (Barcelona: Crítica, 2004).

42   새로 생긴 열 곳의 마을은 아드리아노, 차파탈레스, 마리바녜스, 마리스미야스, 핀손, 트라하노, 엘 트로발, 베타에라도, 과달레마 데 로스 킨테로, 트로야다.

43   Berta Martín-López, Marina García-Llorente, Ignacio Palomo, and Carlos Montes, "The Conservation Against Development Paradigm in Protected Areas: Valuation of Ecosystem Services in the Doñana Social-Ecological System (Southwestern Spain)," *Ecological Economics* 70, no. 8 (2011): 1481–1491, 1482.

44   Cerrillo, "Cómo se engañó a Franco para salvar Doñana."

45   기업의 자연보전 사례로 2016~2017년 하이네켄 스페인 지사의 활동이 있다. 이들은 도냐나 석호들의 토양과 생태계를 회복시켜 더 많은 수량이 유지되도록 했다.

46   "Doñana National Park, Spain," UNESCO World Heritage Convention, 2010, https://whc.unesco.org/en/soc/489.

47   Pedro Zorrilla-Miras, Ignacio Palomo, Erick Gómez-Baggethun, Berta Martín-López, Pedro L. Lomas, and Carlos Montes, "Effects of Land-Use Change on Wetland Ecosystem Services: A Case Study in the Doñana Marshes (SW Spain)," *Landscape and Urban Planning* 122 (2014): 160–174, 165.

48   "Doñana bajo plástico: Avanza la invasión de los frutos rojos," World Wildlife Fund, 2024년 5월 27일 확인, www.wwf.es/?51960/Donana-bajo-plastico-avanza-la-invasion-de-los-frutos-rojos.

49   Juanjo Carmona and Pablo Flores, *Doñana y el estuario del Río Guadalquivir: Análisis de WWF españa sobre sus problemas ambientales* (Madrid: WWF Spain, 2020), 5, https://wwfes.awsassets.panda.org/downloads/analisisimpactosdonana.pdf.

50   Rafael Sánchez Navarro, *Environmental Flows in the Marsh of the National Park of Doñana and Its Area of Influence*, 종합 보고서 (Madrid: WWF Spain, 2009), http://awsassets.wwf.es/downloads/synthesis_report_final_ecological_flows_1.pdf.

10장 빼앗긴 자들의 귀환

1   Lulama Xingwana, "L Xingwana: Tenbosch Land Handover Celebration," speech

delivered for the land handover celebration for the greater Tenbosch communities' claim, Mpumalanga, 2007년 6월 19일, South African Government website, www.gov.za/news/l-xingwana-tenbosch-land-handover-celebration-19-jun-2007.

2 Paul James and Philip Woodhouse, "Crisis and Differentiation Among Small-Scale Sugar Cane Growers in Nkomazi, South Africa," *Journal of Southern African Studies* 43, no. 3 (2017): 535–549, 538. 엄밀히 말해서 청구를 제기한 공동체 연합은 해당 부족이 역사적으로 정착했던 지역에 거주할 권리를 입증할 수 있는 사람들로 이루어졌다.

3 2023년 10월 26일, 저자가 페트로스 실린다와 인터뷰한 내용. 실린다는 응고마네 시보슈와 공동체를 대리하는 시푸멜렐레 텐보스 신탁(Siphumelele Tenbosch Trust)의 의장이었다.

4 2023년 10월 6일, 저자가 에드워드 은들로부와 인터뷰한 내용.

5 TSB의 설탕 산업을 인수한 RCL 푸즈에 따르면, 2022년 기준으로 응코마지 지역에서 사탕수수를 재배하는 토지의 약 71퍼센트가 흑인 소유였다.

6 Olivia Kumwenda, "New South African Farmers Team Up with Predecessors," Reuters, 2013년 4월 19일, www.reuters.com/article/safrica-farmers-cooperation/new-south-african-farmers-team-up-with-predecessors-idUKL5N0D61BZ20130419.

7 2023년 11월 16일, 저자가 다위 판 로이와 인터뷰한 내용. 판 로이는 이양 기념식 오전에 진행한 TSB 공장 항공 시찰에서 싱그와나 장관과 동행했다. 이 지역의 잠재력과 이를 실현하기 위한 공동체와의 협력을 그녀에게 설명하기 위해서였다.

8 2023년 11월 16일, 저자가 다위 판 로이와 인터뷰한 내용.

9 영국은 1931년까지도 남아프리카공화국의 외교 부문에 일정한 영향력을 행사했다.

10 보호구역은 1936년의 원주민신탁토지법(Native Trust and Land Act) 이후 약간 확대되었다.

11 Cherryl Walker, *Landmarked: Land Claims and Land Restitution in South Africa* (Johannesburg: Jacana Media, 2008), 36.

12 Charles Mather, "Forced Removal and the Struggle for Land and Labour in South Africa: The Ngomane of Tenbosch, 1926–1954," *Journal of Historical Geography* 21, no. 2 (1995): 169–183. 현재 이곳에는 RCL과 제휴하는 소규모 경작자들이 거주하고 있다.

13 2023년 10월 18일, 저자가 시즈웨 므쿨루 응고마네와 인터뷰한 내용.

14 James and Woodhouse, "Crisis and Differentiation," 538.

15 Edward Lahiff, "Land Redistribution in South Africa," in *Agricultural Land Redistribution: Toward Greater Consensus*, ed. Hans Binswanger-Mkhize, Camille Bourguignon, and Rogerius van den Brink, 169–200 (Washington, DC: World Bank Publications, 2009), 170.

16 James Gibson, *Overcoming Historical Injustices* (Cambridge: Cambridge University Press, 2009), 31.

17 Nelson Mandela, "Speech by President Nelson Mandela at the launch of the Kwazulu-Natal Land Reform Pilot Programme," 1995년 3월 26일, 원고 출처: Nelson Mandela Foundation Archive at the Centre of Memory, https://archive.nelsonmandela.org/index.php/za-com-mr-s-237.

18 예전에 홈랜드였던 지역에서 토지 권리를 강화하고 사유지 농장과 국유지 점유자들에 대한 보호를 확대하는 일에 주력하는 제3의 길인 토지 보유 개혁(land tenure reform)도 있었다. 이 경로는 대규모 토지 이전을 필요로 하지 않았으며 나머지 방법에 비해 영향력이 적었다.

19 Clarissa Pienaar, "Old- and New-Order Land Claims: What to Expect," *AgriOrbit*, 2022년 9월 9일, https://agriorbit.com/old-and-new-order-land-claims-what-to-expect.

20 400만 헥타르라는 수치에 대해서는 다음의 자료를 참고하라. Johann Kirsten and Wandile Sihlobo, "Land Reform in South Africa: 5 Myths About Farming Debunked," *The Conversation*, 2022년 11월 26일. 토지 반환의 어려움, 정부 통계의 불투명함, 국유지 의존도에 대해서는 다음의 자료를 참고하라. Lahiff, "Land Redistribution in South Africa," 172–178.

21 Kirsten and Sihlobo, "Land Reform in South Africa."

22 이 사업은 극빈층에 대한 토지 재분배를 주로 염두에 두고 시작되었다. 2001년에는 상업적 영농을 진흥하는 쪽으로 재편되었다. 정부는 자발적 매입 이외에도 2007년 이후 시장 가격으로 보상하는 수용도 실시했지만 이는 매우 제한적이었으며 논란을 불러일으켰다.

23 보조금은 그에 상응하는 신청자의 분담금을 필요로 했다. 보조금과 그에 상응하는 분담금은 신청인을 대신해 사유지를 매입하기 위한 기금으로 통합되었다.

24 James and Woodhouse, "Crisis and Differentiation," 539.

25 Kirsten and Sihlobo, "Land Reform in South Africa."

26 Malcolm Keswell and Michael R. Carter, "Poverty and Land Redistribution," *Journal of Development Economics* 110 (2014): 250–261, 253.

27 For the figure of 6 million acres, see Kirsten and Sihlobo, "Land Reform in South Africa." On the farm failures, see Noko Masipa, "South Africa: ANC's Land Reform Shame—75% of Land Reform Farms Have Failed," All Africa, November 27, 2022, https://allafrica.com/stories/202211270025.html.

28 Michael Albertus and Victor Menaldo, *Authoritarianism and the Elite Origins of Democracy* (Cambridge: Cambridge University Press, 2018), 2.

29 Bernadette Atuahene, "Paying for the Past: Redressing the Legacy of Land Dispossession in South Africa," *Law and Society Review* 45, no. 4 (2011): 955–989; Anna Bohlin, "A Price on the Past: Cash as Compensation in South African Land Restitution," *Canadian Journal of African Studies/Revue canadienne des études africaines* 38, no. 3 (2004): 672–687.

30 Bernadette Atuahene, *We Want What's Ours: Learning from South Africa's Land Restitution Program* (Oxford: Oxford University Press, 2014), 163.

31 Bohlin, "A Price on the Past." 지연되거나 미미한 금전적 보상이 별다른 의미를 가지지 못하고 심지어 토지 반환이 실패했다는 증거라는 반론에 대해서는 다음의 자료를 보라. Uma Dhupelia-Mesthrie, "Tales of Urban Restitution, Black River, Rondebosch," *Kronos: Journal of Cape History* 32, no. 1 (2006): 216–243.

32 저자가 RCL 및 합작 사업체와 토의한 내용, 그리고 RCL 내부 고용 데이터.

33 James and Woodhouse, "Crisis and Differentiation," 541.

34 이 거래를 비판하는 사람들도 있다. 그들의 주장에 따르면 TSB를 비롯한 백인 중심의 설탕 업계는 흑인 토착민에게서 강탈했던 토지에 대해 두둑한 보상을 받았고 합작 사업을 통해 설탕 생산에 대한 통제권을 지켜냈으며 배당금을 충분히 지급하지 않았다. 이 청구에 참여한 여러 공동체 중에서 TSB와 연계되지 않은 공동체들(므흘라바와 루게들라네)의 합작 사업은 실패했다. 공동체 신탁의 운용을 놓고도 분란이 계속되고 있다.

35 2023년 10월 6일, 저자가 에드워드 은들로부와 인터뷰한 내용.

36 Nomsa Maphanga, quoted in "Black Sugar Farmers Get a Sweet Deal with TSB," Independent Online, 2007년 8월 13일, www.iol.co.za/business-report/economy/black-sugar-farmers-get-a-sweet-deal-with-tsb-718385.

37 2023년 12월 2일, 저자가 데이브 톰슨과 인터뷰한 내용.

38 "Giba CPA's Redevelopment Plan at an Advance Stage," South African Government, 2013년 4월 23일, www.gov.za/giba-cpas-redevelopment-plan-advance-stage.

39 Walker, *Landmarked*, 103.

40 Tshepiso Mamatela, "Gqeberha Land Initiative Nears Completion After Three Decades," Herald Live, 2022년 6월 9일, www.heraldlive.co.za/business/2022-06-09-gqeberha-land-initiative-nears-completion-after-three-decades.

41 실패에 대한 자세한 내용은 다음의 자료를 보라. Lahiff, "Land Redistribution in South Africa," and Eve Fairbanks, *The Inheritors: An Intimate Portrait of South Africa's Racial Reckoning* (New York: Simon and Schuster, 2022).

42 2023년 10월 26일, 저자가 패트릭 빌라카지와 인터뷰한 내용.

43 Walker, *Landmarked*, 37-38.

44 Andisiwe Makinana, "No One Will Be Left Out of Land Claims Process, Says Zuma," *Mail and Guardian*, 2014년 2월 27일, https://mg.co.za/article/2014-02-27-no-one-will-be-left-out-of-land-claims-process-says-zuma.

45 여러 농촌 단체는 기존 청구가 모두 해결되기 전에 새 토지 청구를 진행하지 말라고 정부에 소송을 제기했다.

46 Anthony Albanese, "Eulogy for a Giant," 2023년 5월 18일, PM Transcripts, Australia, https://pmtranscripts.pmc.gov.au/release/transcript-44970.

47 엄밀히 말하면 이 토지는 왕실(공공) 토지로, 호주 원주민이 이용하고 이익을 얻도록 따로 지정된 상태였다. 하지만 욜누족은 태곳적부터 그곳에 살고 있었다. 그들의 토지 이용에 대해서는 다음 자료를 보라. Nancy Williams, *The Yolngu and Their Land* (Stanford, CA: Stanford University Press, 1986).

48 Yirrkala bark petitions, 1963, transcript, 출처: Documenting a Democracy, Australia, www.foundingdocs.gov.au/resources/transcripts/cth15_doc_1963.pdf.

49 Giovanni Torre, "Gumatj Clan Welcomes Court Win in Land Rights Case Brought by the Late Yunupingu," *National Indigenous Times*, 2023년 5월 22일, https://nit.com.au/22-

05-2023/6054/gumatj-clan-welcomes-court-win-in-land-rights-compensa tion-case-brought-by-the-late-yunupingu.

50 2024년 6월 24일, 저자가 자와 유누펑구와 인터뷰한 내용.

51 Josh Nicholas, Calla Wahlquist, Andy Ball, and Nick Evershed, "Who Owns Australia?," *Guardian*, 2021년 5월 17일.

52 "DNA Confirms Aboriginal Culture One of Earth's Oldest," *Australian Geographic*, 2011 년 9월 23일, www.australiangeographic.com.au/news/2011/09/dna-confirms-aboriginal-culture-one-of-earths-oldest. 토러스해협 도서민들이 이 지역에 도착한 것은 고작 수천 년 전으로 훨씬 나중이었다.

53 2024년 6월 24일, 저자가 자와 유누펑구와 인터뷰한 내용. 송라인은 세대에서 세대로 전해 지는 이야기 노래로, 땅을 가로지르는 길을 표시하며 그 지형과 역사를 문화적 맥락 속에 담는다.

54 *Cooper v. Stuart*. Lewis Hinchman and Sandra Hinchman, "Australia's Judicial Revolution: Aboriginal Land Rights and the Transformation of Liberalism," *Polity* 31, no. 1 (1998): 23–51, 29.

55 Hinchman and Hinchman, "Australia's Judicial Revolution," 31.

56 Frank Brennan, *No Small Change: The Road to Recognition for Indigenous Australia* (Brisbane: University of Queensland Press, 2015), 51.

57 2024년 6월 24일, 저자가 자와 유누펑구와 인터뷰한 내용.

58 사우스오스트레일리아(South Australia)와 뉴사우스웨일스(New South Wales) 같은 몇몇 주에 는 (강제력이 약하긴 하지만) 원주민을 위한 법정 토지 권리가 존재했다.

59 Nicolas Peterson, "Common Law, Statutory Law, and the Political Economy of the Recognition of Indigenous Australian Rights in Land," in *Aboriginal Title and Indigenous Peoples*, ed. Louis Knafla and Haijo Westra (Vancouver: University of British Columbia Press, 2010), 171–184, 177.

60 Jaclyn Diaz, "A Historic Rainforest and Other Lands Have Been Returned to Indigenous Australians," National Public Radio, 2021년 10월 5일, www.npr.org/2021/10/05/1043256101/indigenous-australians-get-land-back-queensland.

61 Carli Willis, Dwayne Wyles, and Holly Richardson, "Historic Moment as Daintree National Park Returned to Eastern Kuku Yalanji People," Australian Broadcasting Corporation, 2021년 9월 29일, www.abc.net.au/news/2021-09-30/daintree-handed-back-to-traditional-owners/100498982.

62 Lily Nothling, "Historic Land Handover as 360,000 Hectares Returned to Traditional Owners on Cape York," Australian Broadcasting Corporation, 2022년 9월 6일, www.abc.net.au/news/2022-09-07/cape-york-land-handover-traditional-owners/101414006.

63 "Land Returned to Eastern Maar People in Victoria's First Native Title Decision in a Decade," *Guardian*, 2023년 3월 28일, www.theguardian.com/australia-news/2023/mar/28/land-returned-to-eastern-maar-people-in-victorias-first-native-title-decision-

in-a-decade.

64 Emily Bissland, "Eastern Maar Traditional Owners' Land Rights Formally Recognized at Warrnambool," Australian Broadcasting Corporation, 2023년 3월 28일, www.abc.net.au/news/2023-03-28/eastern-maar-native-title-formal-determination-warrnambool/102153426.

65 "Land Returned to Eastern Maar People."

66 2024년 6월 24일, 저자가 자와 유누핑구와 인터뷰한 내용.

67 Australian Institute of Health and Welfare (AIHW), *Aboriginal and Torres Strait Islander Health Performance Framework: Summary Report* (Canberra: AIHW, 2023년 7월), www.indigenoushpf.gov.au/report-overview/overview/summary-report?ext=. Francis Markham and Nicholas Biddle, *Income, Poverty and Inequality* (Canberra: Centre for Aboriginal Economic Policy Research [CAEPR], Australian National University, 2018).

맺음말

1 Dean Spears, Sangina Vyas, Gage Weston, and Michael Geruso, "Long-Term Population Projections: Scenarios of Low or Rebounding Fertility," *PLoS One* 19, no. 4 (2024): e0298190. 2100년 이후에 대한 인구통계 예측은 상대적으로 드물지만 거의 모든 단기 전망은 2100년 이전에 인구가 정점에 도달하고 (이미 정점에 도달했거나 정점을 지난) 유럽과 일부 지역에서는 인구가 감소하리라 예상한다. United Nations, *World Population Prospects 2022*, https://population.un.org/wpp.

잉카족 33

ㅈ

자영농 31, 131, 146, 211
자영 농지 57, 98, 100, 127, 130~133
자치령토지법 125~126, 130, 133~134
잭슨, 앤드루 94
저개발 14, 19, 46, 61, 65, 72, 78~79,
    224, 228~229, 231, 245, 247, 249, 255
정착민 13~14, 34, 43~44, 46, 53~54,
    56~62, 72, 86~87, 90~92, 94~100,
    102, 104, 114~116, 124~126,
    129~130, 135, 156, 166~167, 170,
    172, 175, 177, 287~288, 293~295,
    313, 327, 329, 332, 336, 348, 350
정착민 개혁 54~57, 60~62, 71, 87,
    121~122, 125, 135, 148~149, 167, 170,
    174~175, 178, 186, 198~199, 259, 261,
    267, 272, 274, 289, 294, 307, 310, 312,
    314, 333, 336, 349
제국주의 55~56, 69, 349
제도혁명당 184~185, 189~190,
    192~193, 195
주마, 제이컵 344
중국 18, 30, 38, 45, 54, 60, 63~64, 66,
    68, 70, 149, 152~166, 173, 178~180,
    186, 198, 281, 363
짐크로법 40, 47
집단농장 63~67, 78, 152~153, 175,
    189, 200, 247~248, 281
집단주의 개혁 54, 64~68, 73~77,

149, 158, 178, 184~185, 189~191,
    194~195, 209, 224, 231, 247~248,
    272, 274~275, 289, 333, 335
러시아 64, 149
멕시코 67, 184~185, 189~191,
    194~195, 209, 248
볼리비아 68, 274~275
소비에트연방 62~63, 65
중국 63~64, 66, 149, 158
짐바브웨 64
쿠바 63~64, 66
콜롬비아 68
페루 224, 231

ㅊ

차카부코계곡 284~286, 290~304, 306,
    313
천융구이 162
체로키족 94, 116
촉토족 94
치카소족 94, 116

ㅋ

카리브해 39~40, 59, 197
카바존 분파 101
카스트로, 이라 254
    이라 카스트로 법률 지원 단체 254,
    370
카스티요, 페드로 244~245
카예스, 플루타르코 183~184, 189
카우이시크족 107

235, 237, 241~248
프랑스 혁명 50~53, 62, 361
프랑코, 프란시스코 149, 306~309, 311,
  313~314, 316~317
프레이, 에두아르도 296
프레리 52, 124~125, 127~128, 130,
  132~134, 154, 287~288, 318
프로이센 36
플랜테이션 15, 39~40, 47, 167, 186
피노체트, 아우구스토 298
피해자법 263~265
핀토밤바 220~222, 226

ㅎ

한국 16, 68, 70, 72, 186, 243~244
한족 33, 156
헤이스팅스, 토머스 38
협동조합 개혁 54, 74~78, 145~146,
  149, 158, 175, 178, 201, 208,
  221~224, 227~231, 236~237, 239,
  243, 247, 284, 289, 296~299
  니카과라 76
  멕시코 208
  볼리비아 76~77
  브라질 175
  엘살바도르 76, 145~146
  유고슬라비아 76
  중국 158
  칠레 76~77, 284, 296~299
  페루 74~77, 221~224, 227~231,
  236~237, 239, 243, 247

포르투갈 76
호이족 330
호주 원주민 토지 권리법 352
호주 원주민 토지 권리 위원회 352
혼합 개혁 54, 199, 201, 209, 334~335
  베네수엘라 199, 201
홈랜드 322, 326, 328~329, 331~332,
  338
홈스테드법 43, 57, 97, 99, 125~126,
  130, 133, 178
  홈스테드 사업 127, 133, 135
  여성을 위한 홈스테드 126, 131~133
화베이평원 30, 155~156
후지모리, 알베르토 231~233, 235~237,
  243
히다차족 102
힌두상속법 140~141

옮긴이 **노승영**

서울대학교 영문과를 졸업하고 서울대학교 대학원 인지과학 협동과정을 수료했다. 컴퓨터 회사에서 번역 프로그램을 만들었고 환경 단체에서 일했다. '내가 깨끗해질수록 세상이 더러워진다'고 생각한다. 《기계는 왜 학습하는가》, 《언어가 세계를 감각하는 법》, 《어떻게 수학을 사랑하지 않을 수 있을까?》, 《향모를 땋으며》, 《나무의 노래》, 《새의 감각》, 《숲에서 우주를 보다》 등을 옮겼다. 2024년 제65회 한국출판문화상 번역상을 수상했다.

랜드 파워

부와 권력을 결정짓는 토지의 힘

초판 1쇄   2026년 3월 13일

지은이   마이클 앨버터스
옮긴이   노승영

발행인   문태진
본부장   서금선
책임편집   원지연   **편집 2팀** 임은선 김광연   **교정** 이보람

기획편집팀   한성수 임선아 허문선 강유정 최지인 이준환 송은하 송현경 이은지 김수현 이예림
마케팅팀   김동준 이재성 박병국 문무현 김은지 이지현 조용환 전지혜 김화정 천윤정
저작권팀   정선주 김하림
디자인팀   김현철 강재준 황주미
경영지원팀   노강희 윤현성 정현준 조샘 이지연 조희연 김기현
강연팀   장진항 조은빛 신유리 김수연 송해인

펴낸곳   ㈜인플루엔셜
출판신고   2012년 5월 18일 제300-2012-1043호
주소   (06619) 서울특별시 서초구 서초대로 398 그레이츠 강남 11층
전화   02)720-1034(기획편집)   02)720-1024(마케팅)   02)720-1042(강연섭외)
팩스   02)720-1043
전자우편   books@influential.co.kr
홈페이지   www.influential.co.kr

한국어판 출판권 ⓒ ㈜인플루엔셜, 2026

ISBN 979-11-6834-366-5 (03900)